「互联网＋政务服务」实践

金震宇　房迎　主编

经济日报出版社

图书在版编目（CIP）数据

“互联网+政务服务”实践 / 金震宇，房迎主编．—北京：经济日报出版社，2018.1
ISBN 978-7-5196-0298-7

Ⅰ．①互… Ⅱ．①金… ②房… Ⅲ．①电子政务—研究—中国 Ⅳ．① D63-39

中国版本图书馆 CIP 数据核字 (2018) 第 011929 号

“互联网+政务服务”实践

主　　编	金震宇　房迎
责任编辑	张建国
出版发行	经济日报出版社
地　　址	北京市西城区白纸坊东街 2 号 A 座综合楼 701
邮政编码	100054
电　　话	010-63567691（编辑部） 010-63567692（发行部）
网　　址	www.edpbook.com.cn
E - mail	edpbook@126.com
经　　销	全国新华书店
印　　刷	三河市宏顺兴印刷有限公司
开　　本	710 × 1000 毫米　1/16
印　　张	23
字　　数	434 千字
版　　次	2018 年 5 月第一版
印　　次	2018 年 5 月第一次印刷
书　　号	ISBN 978-7-5196-0298-7
定　　价	68.00 元

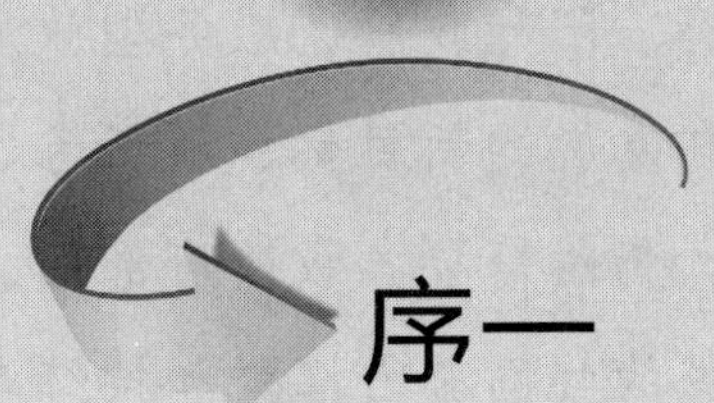

序一

1987年，我国通过中国学术网（CANET）向世界发出第一封E-mail，标志着我国正式应用互联网至今已经30年了。现在，互联网已经全面覆盖我国政治、军事、经济、社会、文化等各个领域，全面渗透到我国社会生产和再生产过程中生产、流通、分配、消费等所有环节。依托互联网，我国电子政务全面推进，电子商务迅速发展，企业信息化取得长足进展，数字化生活惠及数亿网民。就我国直接利用互联网的网民数量超过7.5亿而言，我国已成为世界第一“网络用户大国”。

党的十八大明确提出了“网络强国战略”，并于2015年全面启动了“互联网+”行动计划。其中，通过全面深入推进“互联网+政务”，进一步提升了政府部门办公自动化及部署政府核心业务应用的水平，进一步提高了电子政务网络覆盖率、传输能力和安全保障能力，进一步推进了跨部门跨地区跨系统的政务数据共享和开放平台建设，进一步促进了运用大数据技术深度开发利用政务信息资源的能力。今年，国务院又明确要求，要通过“互联网+政务服务”，实现简政放权、放管结合和优化服务三位一体。

但是，在电子政务发展以及推进“互联网+政务服务”过程中，我国各地区之间、部门之间仍然明显存在着发展上不平衡、理念上不主动、部门之间不配套、建成工程不管用、系统和平台运维上不可持续等实际问题。另一方面，广大人民群众迫切希望我国电子政务发展能够有效支撑全面建设法制政府、阳光政府、服务型政府。因此，深化改革和着力创新中国电子政务建设和发展的新目标、新任务、新要求、新路径、新模式、新机制、新技术等等，仍然需要各级政府部门、技术支撑及服务方、科研机构及学术界、全体居民的共同努力探索和持续实践。

可喜的是，在各个方面改革创新“互联网+政务服务”的队伍中，“智政院”已汇聚各地政府信息化负责人、电子政务领域专家、学者、业内知名企业家千人以上，作为一个供国内智慧政务工作者们交流、学习、共进的平台，已经发挥出越来越大的影响。他们通过利用微信平台设立“智政讲堂”，每周邀请各地智慧政务工作者以“智政院院士”的名义把其在工作中探索、总结出的智慧政务建设方面的崭新思路、最新经验和创新应用分享出来，在探讨和碰撞中激发大家进一步推进智慧政务的创造力和热情。至今，这个系列“院士课程”已经坚持不懈地开展了百期以上。

一年前，“智政讲堂”将每位“院士”在讲堂的内容录文、成稿并出版第一部“智政丛书”时，我感到很难得也为他们的精神所打动，欣然接受主编的约请为之作了序。时隔一年，智政院的人们以更高的热情、更丰富的实践经验、更新颖的前沿思路打造的第二部智政丛书如期而至。总的来看，这一部的内容以及深度有了进一步的提升，其原因也顺理成章：一是经过一年时间，智慧政务在我国又经历了新的发展，许多新的理念和术语相继被提出与深化，如政务开展中的“获得感”“微政务”“最多跑一次”“不见面审批”等，本书内容紧跟形势变化对这些新概念均进行了全面展示与探讨；二是随着我国移动互联网的发展，能明显感受到本书的作者们对移动政务的思考和实践又上了一个新的台阶；三是从书名可以看出，上一部为“当下探索”，这一部为“实践”，通过“探索”取得经验和方法，把其应用到“实践”当中，并通过“实践”的成果验证“探索”的正确性，从而辨明进一步“探索”的方向。因此，两部丛书之间是有合理的、逻辑性传承的。

鉴于我与智政院丛书的缘分，很高兴地再次作序。

杜　平

国家信息中心原党委书记、常务副主任（法人)

兼国家电子政务外网管理中心主任和国家发改委电子政务工程中心主任

2017年12月5日

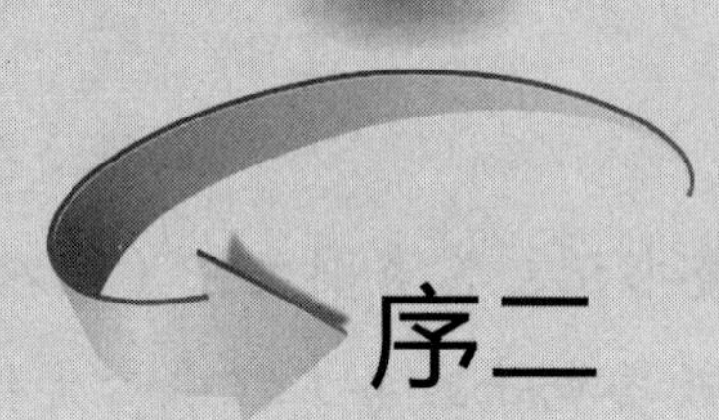

序二

我国已有网民7亿多，互联网已由“阳春白雪”成为“下里巴人”，我们正享受着新四大发明（高铁、移动支付、共享单车和网购）带来的极大便利。铁路互联网售票超60%，有了移动支付，一部手机走遍世界、购遍全球，共享单车也快速成长全球布局。新四大发明，其共同的基色都是互联网和移动互联网。可以说，互联网尤其是移动互联网已经成为当前中国在新时代踏上新征程时实现伟大梦想的重要支撑力量。近年来，习近平总书记多次强调要让互联网更好造福人民，在十九大报告中8次提到互联网，要求善于运用互联网技术和信息化手段开展工作。“互联网+一切”已成为时代召唤，已进入“无须扬鞭自奋蹄”的阶段。

近年来，各级政府顺势、应时、识变，加快推进“互联网+政务服务”，用互联网思维把简政放权、放管结合、优化服务改革推向纵深，推行公共透明服务，持续改善营商环境，深入推进“双创”，最大程度利企便民，让企业和群众少跑腿、好办事、不添堵。这个“+”是一次裂变、聚变的过程，是要让政府施政的理念、方式、方法、手段来一次大变革、大突破，融入互联网基因，实现治理能力现代化。江苏的“不见面审批（服务）”、浙江的“最多跑一次”、广东的“一门式一网式”等改革是在这样的大背景下的一些积极探索、大胆创新，政务服务网、微警务、电子税务局、不动产交易登记一体化办理、商事登记全程电子化、投资项目在线审批等新载体、新应用、新服务如雨后春笋般出现，并在老百姓的“点赞”“吐槽”中加速迭代优化，亿万人民在共享互联网发展成果上有了更多获得感。

“智政院”为“互联网+政务服务”建设者提供了一个“不见面”交流平台，可以展示工作成果、可以分享心得体会、可以求助解惑，也可以畅想未来发展。“智政院”是“互联网+‘互联网+政务服务’”，是利用“互联网+”思维进行学习和分享的创新模式，这本书是“智政院”关于“互联网+政务服务”丛书的第二辑，汇集了全国各地电子政务一线工作者、业内专家、互联网精英以及国内电子政务领域知名企业家的真知灼见，记录了对“互联网+政务服务”工作的思考、感悟、经验和探索，对从事电子政务工作的各行业人士都有着很好的启发、借鉴、学习价值。

方 伟

江苏省人民政府副秘书长

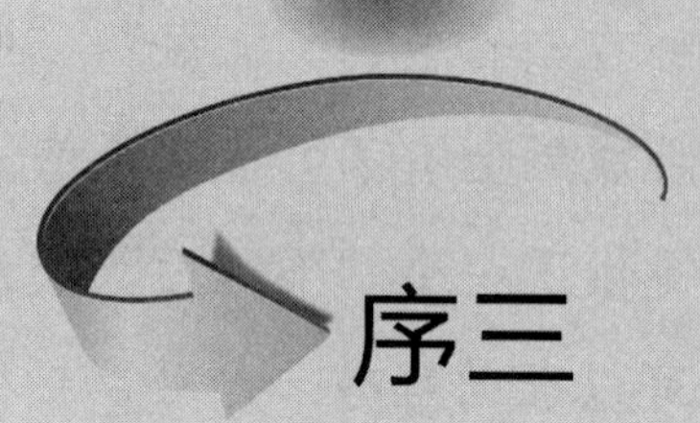

序三

浙江省政府在全国最早开始“互联网+政务服务”的探索，这是利用“互联网+”思维在最传统的政务领域进行的一次革新性探索，涉及到流程再造、资源共享、数据融合、用户感知等等，这个实践过程中，我深刻地感受到互联网、数据、计算已经成为推动这个过程进行的支柱。

互联网的万物互联性、互联过程中产生的新数据、云计算技术提供的强大的数据计算能力为我们在政务服务领域的“互联网+”政务服务实践提供了无穷的想象空间，“互联网+”与其他传统行业深入融合所创造出新的成功机遇和价值，也让我们对这次探索充满成功的期待。

电子政务经过多年的发展，已经有了很好的积累，我们现在在做的事情，就是在互联网的帮助下，让这些多年积累下来的数据形成有效协同的机制，从而迸发出一种新的政务服务的创造力。这种创新力，或许体现在政务服务方式的微创新上、或许体现在政务服务流程的简化上、或许体现在政务服务应用的扩展上，而随着我们在探索和实践过程中经验和能力的积累，最终会演进成为突破性的创新和变革。我们在利用“互联网+”思维的同时，又在政务服务体系里建立了新机制、新思维、新方式，这对于我们做电子政务工作的人来说，也是一个难得的机遇，用好它，可以真正实现电子政务所包含的最终目标。

我们都深知这种探索和实践的不易，在这个过程中，改变和突破是“新常态”。行业交流和跨界讨论会带给我们更多的启发和思路，也可以让我们相互学习和借鉴。

“智政院”正是借助互联网这个工具，让我们“端端”相联，每周四晚上通过微信群坚持进行的业内分享、专家论道、经验交流，让这个平台充满了价值感，并且有心将每周分享内容进行收集整理，集结成册，是对所有参与“智政院”分享活动专家的一种尊重，也是对“互联网+政务服务”探索和实践过程的真实记录。

“智政院”已经成为电子政务行业里小有名气的“品牌”，我很高兴能受到“智政院”的邀请，为本书做序，也祝愿“智政院”越办越好！

陈新忠

浙江省数据管理中心主任

本书编委成员

顾　问（按姓氏笔画排序）

王益民　方　伟　杜　平　陈新忠

编　委（按姓氏笔画排序）

刘春贵　刘　烨　许跃军　师建国

沈渭智　李　荣　吴中东　杨　平

杨立波　胥家鸣

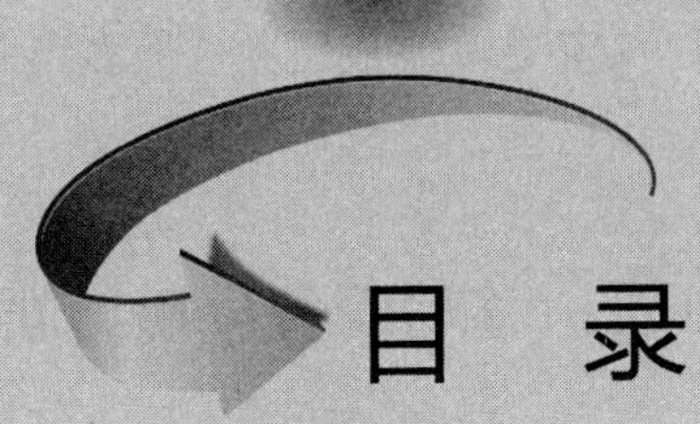

目 录

第三篇 政务服务网建设模式探索

第四篇 移动政务应用与新媒体

第五篇 政府网站集约化研究

第六篇 数据挖掘与大数据应用

第七篇 政府网站集约化实践

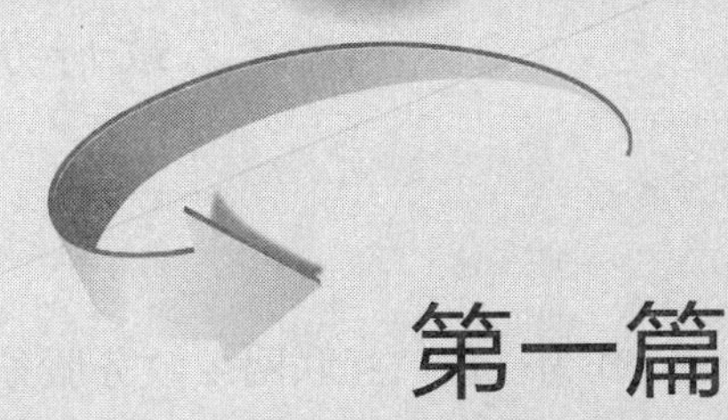

第一篇
“互联网+政务服务”研究

互联网+政务服务：浙江模式的实践、创新和突破

浙江省政府办公厅信息中心副主任 金加和

作为一位"互联网＋政务服务"的实践者，很高兴参加由南京大汉组织的2016年最后一次"智政院"交流会。一年来，我聆听了多场"智政院"有关"互联网＋"的声音和互联网思想的碰撞，深受感动。在新年即将来临之际，与大家再次分享"互联网＋政务服务"的一些想法、体会和观点。我很荣幸，也很激动。

"互联网＋政务服务"，在浙江先行先试，取得了一些成功经验，初步形成了"浙江模式"，如果用一句话概括就是："四张清单一张网"。

浙江政务服务网，简称"一张网"，是四张清单（行政权力清单、企业投资负面清单、部门责任清单、财政专项资金管理清单）的载体和平台，并称为"四张清单一张网"，这是浙江省深化政府自身改革的总抓手。

围绕"四张清单一张网"，我主要讲三个部分：一是浙江实践：取得了哪些实践经验和成果；二是创新模式：有哪些创新，主要讲六个方面；三是突破方向：方向在哪里？"互联网＋政务服务"的重点、难点和痛点在哪里？

一、"互联网+政务服务"：浙江实践

"互联网＋政务服务"在浙江的实践，从"一张网"取得的建设成效来说，主要包括：一组数字、两个端、三个关键字。

一组数字：访问量、注册用户数、办件数、缴款额、覆盖面。

浙江政务服务网于2014年6月上线，截至2016年10月底已有350万注册用户，其中个人用户290万，法人用户60万。日均浏览量超过380万。

累计受理"一站式"办件2900余万笔，2016年以来工作日日均7万余件，网上申报

比例超过25%。累计缴款逾30亿元，为1000万人次提供网上支付服务。

站点和应用系统覆盖省市县3000余个政府部门，并延伸至1300余个乡镇（开发区），覆盖的政府部门用户超过10万。

统一建设的政务云平台已覆盖55个省级单位，159个信息系统和业务平台。人口库涵盖31家省级单位、5896万人数据；法人库涵盖46家省级单位、249万家各类法人的相关数据；信用库涉及9000万条企业数据、1.5亿条个人数据以及3045个数据项。

两个端：前端一体化、后端一站式。

前端一体化：在前端，着力打造建设集约、服务集聚的“政务超市”。

全省101个市县政府、31个开发区和43个省级部门依托“一张网”平台统一构建服务窗口，设置“2+4”的功能板块。

“2”即个人办事、法人办事两个主体板块，按主题、部门分类，对全省政务服务资源进行了全口径汇聚；“4”即行政审批、便民服务、阳光政务、数据开放四个专项板块。

按照用户导向建立标准化的服务体系，实现全省网上政务服务一站式汇聚，并推进平台向乡镇（街道）、村（社区）延伸。

后端一站式：在后台，致力于打造一个数据集中、管理集成的“智慧政府”。

推进建设省市县一体化的信息资源共享平台，打造统一的人口、法人基础数据库、电子证照库和社会信用信息公示平台，在海量数据汇聚融通的基础上，分层次、分类型推进数据共享开放。

依托统一的架构建设经济运行监测分析、财政专项资金监管等综合监测分析平台，开展公共数据挖掘，打造政府智慧决策支撑平台。

在统一的业务协同信息平台基础上构建社会综治、综合执法、市场监管等业务系统，构建“无缝隙”的政府监管和协同治理体系。

三个关键字：七统一、四集中和两导向。

2014年6月25日，集行政审批、便民服务、政务公开、数据开放、互动交流等功能于一体，省市县统一架构、多级联动的网上政务平台——浙江政务服务网正式上线运行，有力地推动了服务型政府、透明政府、法治政府建设，初步形成“互联网＋政务服务”的浙江模式。

七统一：统一门户、统一认证、统一申报、统一查询、统一互动、统一支付、统一评价。在整体架构上，以“七统一”为原则，构建“一张网”，有效破解了地方部门业务割裂、服务碎片化的局面。

四集中：权力事项集中进驻、网上服务集中提供、政务信息集中公开、数据资源集中共享。在资源整合上，以“四集中”为原则，对行政权力事项库进行统一编码、规范入库，构建标准化的应用汇聚平台、政务信息公开平台和数据开放共享平台，有效实现了政务信息和服务资源的集中共享和开放利用。

两导向：需求导向、问题导向。在建设导向上，以“两导向”为原则，对“一张网”进行快速迭代、不断更新，遵循用户体验至上原则，欢迎找碴儿、不怕吐槽。

二、“互联网+政务服务”：创新模式

商业互联网的应用创新，已经突飞猛进，在生活中随处可见，我们已经离不开它，也不能没有它。

而“互联网 + 政务服务”创新，还是 1.0 版，还在起步阶段。我认为，“互联网 + 政务服务”不是简单地将线下的政务服务“搬”到线上，也不是政务信息化的模式复制，而是互联网与政务服务的深度融合，不分彼此，你中有我、我中有你，要围绕用户体验与应用场景，实现流程优化再造、数据充分共享，产生 1+1 大于 2 甚至大于 3 的聚合和放大效应，这才是所谓“+”的目的。

利用互联网思维，将“一张网”作为一个互联网产品进行设计、开发、运营，在“制度供给、用户体验、新技术应用、应用整合、产品运营、数据分析”六个方面，实现“互联网 + 政务服务”模式的创新发展。

1.制度供给

当前“互联网 + 政务服务”还有很多困难和问题，困难显而易见，而问题最大的是：从国家到地方，目前还缺少一些法律法规和政策文件的强有力制度保障，现有政务服务体系仍然还存在许多掣肘和不匹配的地方。制度瓶颈，已成“互联网 + 政务服务”的最大障碍。

浙江除了拥有一种天然的互联网基因外，更重要的是因为有强有力的制度供给，而制度供给的动力来自哪里？那是来自高层领导的互联网思维、互联网理念和非一般的创新意识，以及浙江人敢想、敢提、敢干的精神，从上到下，形成合力，共同推动“互联网 + 政务服务”始终走在全国前列。

浙江率先出台“互联网 +”行动计划和促进大数据发展实施计划，强化对“互联网 + 政务服务”工作的统筹规划和顶层设计；制定政务云平台管理办法、信息资源共享管理暂行办法等规范性文件；建立电子政务项目审核管理机制，组建省数据管理中心，为探

索建立“互联网＋政务服务”浙江模式提供很好的制度供给和机制保障。

2.用户体验

10年前，在商业互联网领域，已非常强调用户体验和用户流量。而在电子政务领域，很少有人提倡与推崇，推出一个网站、上线一个应用，就算万事大吉，服务体系缺失，用户体验差，自己也看不下去，正所谓“己所不欲，勿施于人”。

最近几年，在“互联网＋政务服务”火了之后，用户体验和访问量越来越重要，几乎就是摆在政务服务面前的第一要务：能用、好用，努力让用户多用。

在用户体验上，要改变传统政府信息化“技术导向、忽视业务痛点；视觉导向、忽视体验逻辑；功能导向、忽视用户场景”等问题。

要换位思考，如果你是一个老百姓，你要办事，你一定会问：**为什么要提交这么多材料，难道不能再减少？！为什么已经提交的材料还要再提交，难道不能数据共享？！为什么网上办事层级这么复杂，难道不能再简化，不能少点击几次？！**

对浙江来说，政务服务“一张网”遵循的是用户体验至上原则，要快速迭代、不断更新、持续优化，欢迎找碴儿、不怕吐槽。

3.新技术应用

新技术是创新的源泉，也是推动“一张网”可持续发展的动力。需要“拿来主义”，追踪借鉴商业互联网新技术、新思想，为我所用。

在新技术应用上，着力打造四大支撑平台，即云平台、数据平台、汇聚平台、支付平台。

云平台和数据平台：起着承载应用服务和数据资源的作用，是“一张网”的两大基础性平台。

汇聚平台：搭建全省统一的应用汇聚平台，汇聚便民服务，为公众集中提供网上服务。通过汇聚平台，积极推进“互联网＋政务服务”的深度融合，努力形成浙江政务服务的应用生态，进一步集聚人气，汇聚流量，提升“一张网”的影响力。

支付平台：打通政务服务的最后“一公里”，方便群众办事，改进用户体验。2014年12月，浙江政务服务网在全国率先推出统一公共支付平台，缴款项目涵盖了交通、考试、学费、水电费等。

“一张网”是一个大平台，大平台上搭建了许多小平台，小平台各司其职，各尽其才，并与大平台无缝对接，做大做强。

4.应用整合

目前汇聚了100多个移动端应用，通过政务服务App，与支付宝、微信等第三方互联网入口，输出、分享和连接服务，汇聚流量、引流用户，已推出应用的流量贡献率最高达到了40%。

整合其实不是最终目的，目的是基于整合的应用，实现数据共享，并构建各种各样的政务服务应用场景，实现应用价值的最大化和用户体验的最优化。

互联网的价值是连接一切，不独享，具有开放性和包容性，是利他主义和分享精神的最好传播渠道。"互联网＋政务服务"同样如此，应用整合与数据共享更是如此。

5.产品运营

小步快跑、快速迭代；轻体验、重后台；轻客户端、重服务端。2014年6月25日上线以来，PC端已进行1次全面改版、4次频道改版、功能迭代和栏目迭代需求300多项；移动端已经历三次大的版本迭代，12次小版本迭代。

这是一种摒弃传统政务服务理念，打上互联网烙印的产品思维。

6.数据分析

充分利用"一张网"积累的数据，通过对用户的访问行为、访问路径、搜索关键词和基本属性的数据分析，对改版的需求、重点进行评估，对网站的结构内容进行简化、优化，持续改进用户体验，不断提升服务效率。

不要忽视"一张网"产生的数据和数据利用，要实现"一张网"数据的价值再生，形成一条完整、循环、内生于网的数据价值链。

三、"互联网+政务服务"：突破方向

如何实现"互联网＋政务服务"突破，突破方向在哪里？下一步重点、难点和痛点在哪儿？

1.制度层面

加快推动《促进大数据发展行动纲要》、"互联网＋政务服务"工作指导意见的落地实施。

尽快出台适用于“互联网 + 政务服务”领域的电子票据、电子文件、电子签章、电子证照等应用管理办法，打通数据壁垒，实现跨部门、跨层级和跨区域的互联互通、数据共享、应用整合和安全认证。

建立统一的“互联网 + 政务服务”建设应用绩效考核体系，加强工作的指导、检查和考核。

2.建设层面

“互联网 + 政务服务”，其核心是网上审批和便民服务。从建设层面来讲，其就是围绕“互联网 + 政务服务”的“新四化”推进。

一是标准化。推动网上审批、便民应用的事项标准化、流程标准化、服务标准化。标准化是“互联网 + 政务服务”获得成功的关键所在。

二是最小化。审批材料、前置条件和办理环节必须一减再减，达到不可减、不能减为止，只有实现最小化，才能快速实现事项在线化。

三是在线化。积极推动行政审批和便民服务从线下向线上转移，要应上尽上，网上能办的事，不得要求去现场；网上办不了的事，去现场最多一次。而在线化的核心就是移动化。

四是生态化。如果我们把政务服务看成是一个商业化的互联网应用，那么，政务服务，同样需要构建一个应用生态，应用不再碎片化，形成集聚、关联和智慧，实现政务服务的生态化。

3.应用层面

着力推进电子证照、电子签章、电子文件的应用，优化审批流程，线上线下联动，形成应用服务的数据闭环。

对浙江来说，重点贯彻落实《关于优化行政流程推进网上审批的通知（浙政办发[2016]105 号）》和《关于实施服务型政府建设“1113”行动计划的通知（浙政办发 [2016]116 号）》精神和要求。

各地、各部门行政审批承诺办理时间缩短 20% 以上，可上网办理的审批事项全面开展网上申报（预审），单一审批事项服务对象办事上门力争不超过 1 次。

在全面深化“四张清单一张网”改革的同时，围绕政务服务“找谁办、哪里办、怎么办”等问题，大力推进“一端一号一窗三库”建设，即服务型政府“1113”行动计划，打造网上网下联动“一张网”。

"一端"，即优化浙江政务服务网移动客户端（App）功能；"一号"，即构建以"12345"热线电话号码为统一接入口的政务咨询投诉举报平台；"一窗"，即加快各地行政服务中心办事窗口的服务提升；"三库"，即推进公共服务事项目录库、电子证照库、公共信用信息库建设。

要基于政务大数据应用，不断完善"四张清单"，简政放权，优化行政审批流程，推动"一张网"升级，提高服务效率。用更大的放、更好的管、更优的服，持续推进政府职能转变，充分释放发展潜能。

4.实现目标

从办公自动化到政务信息化，从电子政务到"互联网＋政务服务"，每一个过程都是一种蜕变，都会伴随着再生的阵痛和呐喊。

但是，"互联网＋政务服务"的实现目标已越来越清晰，那就是打造一个无缝隙的政务应用生态：**（1）互动式：线上线下联动，面对面，如 VR 身临其境；（2）全链条：以人为本，贯穿始终，单应用环环相扣，多应用互联共享；（3）强黏性：随时随地、随身携带，用了你就离不开；（4）智慧化：越来越聪明，只有想不到，没有办不了。**

在浙江乃至全国，"互联网＋政务服务"，虽然取得了一些成效，积累了一些经验，有了明确的突破方向与实现目标。但是，"互联网＋政务服务"，还有漫长的路要走，痛点与难点还有很多，比如：如何破除"信息孤岛"，打通数据壁垒，已成为当前"互联网＋政务服务"最大的痛点，再不痛下决心，"互联网＋"的深度融合和放大效应，也许会是一句空谈。

不管困难有多大、问题有多少，相信通过全社会的创新与努力，通过"互联网＋政务服务"的连接、融合和开放，我们一定能够实现政府的治理现代化和服务智慧化，让人民群众享有更多的获得感和幸福感。

“互联网+政务服务”的突破与创新

大汉科技副总裁 房 迎

“互联网 + 政务服务”是顺应互联网思维“在线”“连接”“开放”“互动”的属性和特征，突破传统政务服务方式，实现“政务服务”从管理角度到服务角度的转变，完成政府管理和服务模式重构，创建新型政务服务模型。

- 在线（Online）就是让服务随时在线并能锁定用户，让用户不断地依赖应用并保留下他的个人信息、访问习惯和访问历史，才能真正沉淀大数据，积累和分析用户行为，更好地提供精准服务。
- 连接（Link）是指应用互联、数据互联和服务互联。在政务服务领域，就是利用互联网的手段、方法和工具，打通各政府部门间的数据共享和业务协同的环节。
- 开放（Open）是形成数据和服务平台的基础，建立开放平台，制定数据开放的整体规划和思路，建立数据接口标准和服务标准，提供标准化的服务能力，为更多的政务服务通过开放平台提供接入服务。
- 互动（Interaction）才能形成线上和线下的融合，在政府和民众之间形成服务闭环，从而提升用户的参与度。用户参与度对于政务服务的口碑建立、用户黏性和品牌影响都有着重要作用。

“互联网 + 政务服务”是政务服务的转型升级，互联网思维下的政务服务不是简单的网上照搬，而是要以用户为中心不断做减法，减掉面向公众服务不必要的环节，减掉一切与最终用户直接沟通的障碍，减掉烦琐多余的架构层级，让政务服务直接面对最终用户，即个人和企业，从而让公众对政务服务更有获得感。

一、做好“互联网＋政务服务”，要完成三大突破，即思维突破、能力突破、体系突破

1.思维突破，就是充分理解互联网思维，并将互联网思维运用到“互联网+政务服务”体系架构设计中

- 开放共享思维：实现跨部门、跨区域、跨层级、跨系统的数据交换与共享，构建全流程、全覆盖、全模式、全响应的信息化管理与服务体系。
- 生态思维：就是注重内部和外部互联互动、线上线下一体化，打造数据闭环、服务闭环。
- 产品思维：就是站在用户的角度，从用户场景、用户体验出发，发现需求，解决问题，对政务服务流程、服务方式进行不断优化。
- 大数据思维：以数据为核心的思维方式，用数据说话，让数据说话，通过数据发现问题，提供服务。

2.能力突破，就是充分利用新技术，打造全新的互联网能力

- 连接能力：是指用互联网和移动互联网，将政务服务的不同模式、不同方法、不同渠道、不同环节与用户连接在一起，形成以用户为中心的服务闭环。连接能力是“互联网+政务服务”的最核心能力。连接能力不是物理“链接”，而是通过利用新的技术将政务服务连接在一起的过程。
- 开放能力：是指“互联网+政务服务”技术平台要能提供开放式服务，让政务服务业务可以通过开放技术平台所提供的服务，连接在一起。
- 融合能力：是指将传统政务服务方式与互联网和移动互联网相融合，形成新的政务服务方式。
- 数据能力：是指“互联网+政务服务”平台汇聚数据、分析数据、利用数据的能力。

3.体系突破，就是对原先政务服务技术规划和建设体系进行重新思考，建立符合“互联网+”的新体系

- 顶层设计：是指以用户角度、政务服务全局角度、服务全流程角度、服务闭环角度，而不是站在单一业务角度，进行“互联网+政务服务”顶层设计。

- 渐次推进：是指政务服务不断地深入连接、融合的过程，也是一种推进“互联网+政务服务”的工作方法和手段。
- 动态迭代：是通过用户数据分析，对政务服务不断改进和优化的过程。

二、“互联网+政务服务”的创新体现在四个方面

1.以用户为中心

以往的政务服务系统的建设，多是站在管理的角度，以管理者的思维进行系统的开发，注重单一业务流程；而“互联网 + 政务服务”是站在用户角度，研究政务服务的用户场景和用户入口，通过基于互联网和移动互联网的服务平台，赋予原有各级各类政务服务系统新的服务能力。

2.以连接为能力

围绕用户需求，打造“互联网 + 政务服务”接入平台，从用户需求角度，将原先独立的、以管理为目标的政务服务系统通过用户身份、业务流程数据等连接在一起，打造政务服务的闭环流程，“让数据跑路”，最终实现“不见一个人、不推一扇门、办成所有事”。

3.以数据为基础

“互联网 + 政务服务”倒逼“孤岛”数据进行开放和共享，按照体系思维进行“互联网 + 政务服务”建设规范，将“孤岛”数据融入政务大数据。以数据为基础是“互联网 + 政务服务”“数据多跑路”的基础，是通过对数据的汇聚、分析，让数据发挥创造性的价值，找到政务服务各方连接的关键要素和关键效率，找到用户需求痛点，打通服务难点，从而最终实现“以用户为中心”的智能化服务。

4.以融合为手段

传统的政务服务信息化系统是“互联网 + 政务服务”的支撑，通过构建新型的“互联网 + 政务服务”平台，将传统信息化系统以“用户”和“服务”为核心进行互联网及移动互联网融合，完成传统政务服务向“互联网 + 政务服务”的转型。

三、“互联网+政务服务”的创新必须基于五大技术框架

国务院办公厅印发的《“互联网 + 政务服务”技术体系建设指南》中明确了“互联网 + 政务服务”的主要内容:“指各级政务服务实施机构运用互联网、大数据、云计算等技术手段，构建“互联网 + 政务服务”平台，整合各类政务服务事项和业务办理等信息，通过网上大厅、办事窗口、移动客户端、自助终端等多种形式，结合第三方平台，为自然人和法人（含其他组织，下同）提供一站式办理的政务服务。”

因此，要完成“互联网 + 政务服务”的创新，必须基于以下五大技术平台。

1.服务展现与能力提供平台

“互联网 + 政务服务”门户网站和移动客户端、微信服务号，是为用户提供政务服务的总入口和总导航、总搜索，是打造“惠企利民”的政务服务获得感第一平台（如图 1–1 所示）。

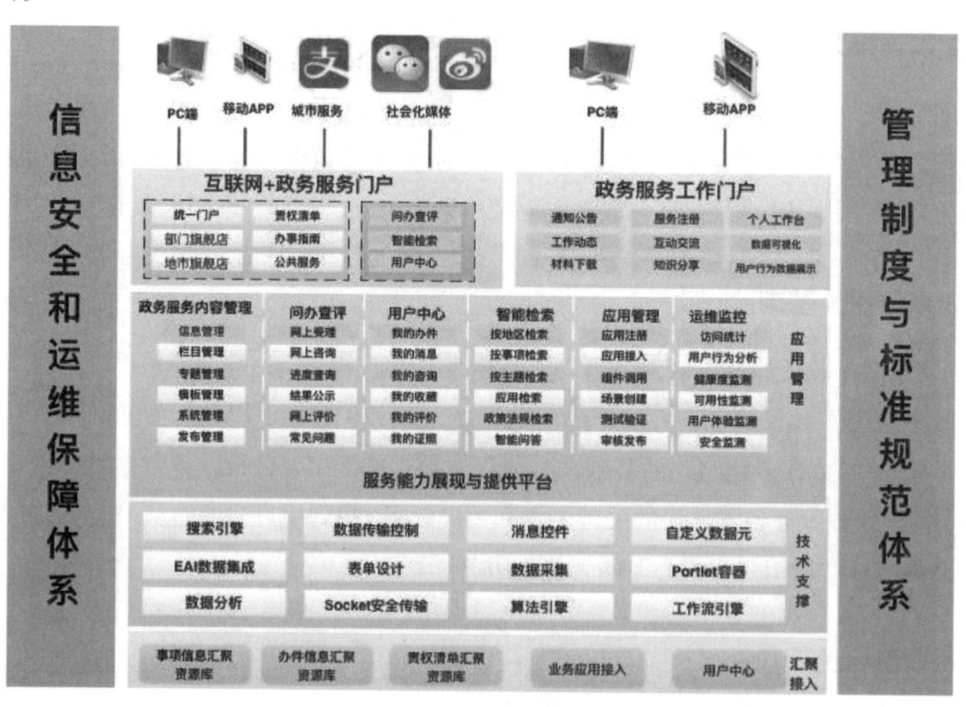

图1–1 “互联网+政务服务”平台

服务展现与能力提供平台是“互联网 + 政务服务”门户的支撑平台，实现了政务服务各业务支撑系统与政务服务门户网站、移动客户端及微信服务号多服务平台的数据同源、服务同步。通过平台，构架多级一体化的政务服务导航体系、实现共性服务与个性

服务的融合，将各种业务应用按不同的场景进行展现。

在技术体系上，对内要提供支持大量业务数据秒级同步更新能力、数据维护大用户并发支撑能力、系统运行异常预警能力等；对外要提供大并发安全访问能力、多屏（多渠道）服务一体化能力、用户行为收集分析能力和智能服务能力。

除此之外，平台对于政务服务迭代式更新上线要提供服务不间断情况下的网站改版和服务上线能力。

2.应用接入开放平台

应用接入开放平台是“互联网 + 政务服务”的基础平台。应用接入开放平台为各类政务服务应用提供各种接入服务，解决了政务服务应用接入时面临的以下挑战。

一是不同业务服务改造成互联网服务和移动互联网服务的用户体验一致性问题。业务系统都是由不同技术公司、不同时间、采用各不相同的技术手段开发的，各自的业务逻辑、界面设计、响应速度都不一致，应用接入开放平台提供了包括组件接入、场景接入、用户体验模板接入等功能，使得这一问题得到解决。

二是对接入政务服务应用进行统一管理，并为对政务服务应用优化提供数据支撑。通过平台可以对接入的政务服务应用的可用性、被访问情况、安全性等进行日常监控和分析。

三是大量业务系统接入时的安全受信问题，通过平台，可以完成业务系统与门户网站间访问的安全受信，并对全省（市）政务服务门户网站及移动客户端等多渠道政务服务应用进行统一安全受信管理，确保其权威性（如图 1–2 所示）。

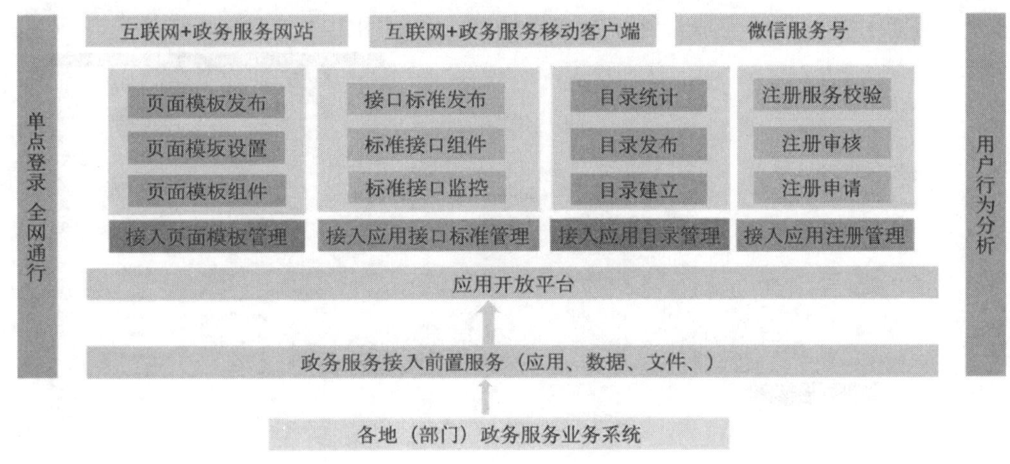

图1–2　“互联网+政务服务”应用接入开放平台

3.统一用户认证和用户中心平台

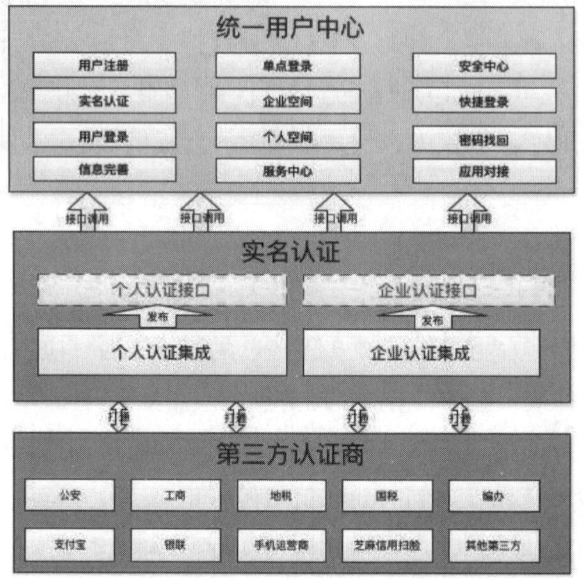

图1-3　统一用户认证系统

统一用户认证和用户中心平台是"互联网＋政务服务"的核心平台，也是"互联网＋政务服务"技术体系里的难点，有用户的服务才是真正落地的服务，才是真正有用、能用的服务。统一用户认证也是"连接"的要素之一，但用户是散落在不同的业务系统里的，可以说，有多少个业务系统就有多少个用户。在进行统一用户认证的建设过程中，可以充分利用"渐次推进"和"动态迭代"的方式，通过"快捷登录""单点登录""认证登录"等多种方式逐步完成最终用户身份的统一（如图1–3、图1–4所示）。

图1-4　用户中心平台

4.服务能力评估和数据可视化平台

服务能力评估的数据由四个方面组成：一是对互联网和移动互联网用户访问行为数据的收集；二是对基础服务数据的收集，如清单要素的完整性与准确性、事项服务能力的完备性；三是各业务系统运用应用接入开放平台的能力数据；四是对各业务系统提供服务基本性能数据的收集。通过对这三种数据的汇聚、清洗、比对，从而对政务服务网的服务能力进行综合评估，并进行数据可视化展现，直观动态地反映政务服务建设成效（如图 1–5、图 1–6 所示）。

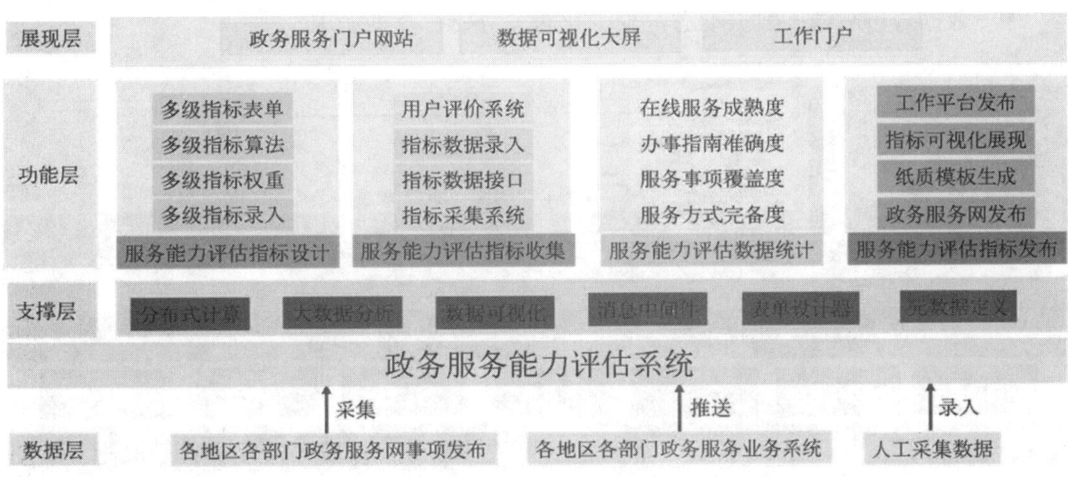

图1–5 服务能力评估系统

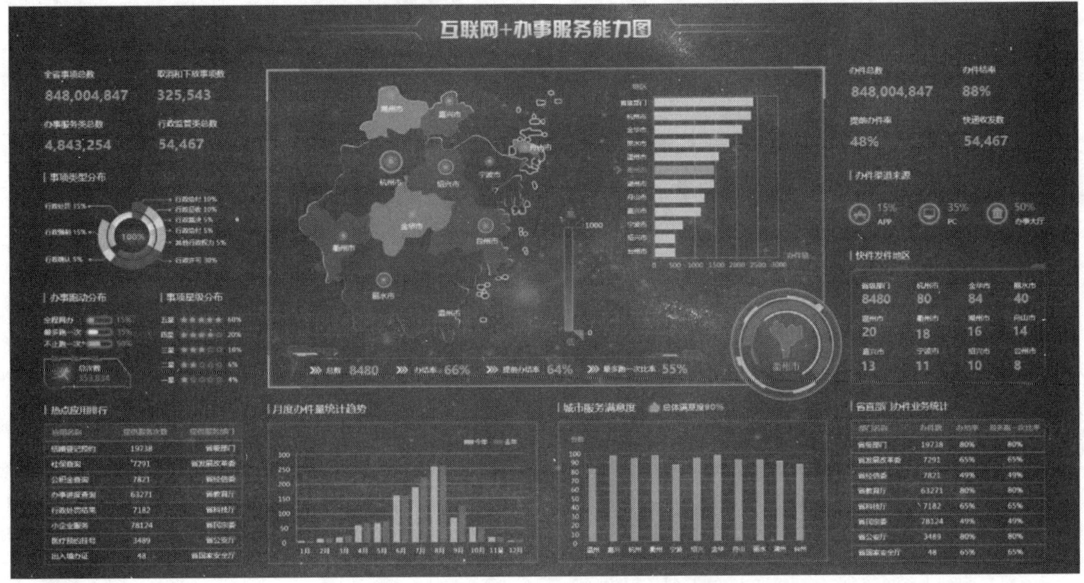

图1–6 互联网+办事服务能力图

5.云计算平台

云计算平台是指政务服务平台建设要具备使用云计算服务的能力，包括分布式存储、分布式缓存、分布式数据库和消息中间件等技术，以及运用云安全的能力（如图 1–7 所示）。政务服务平台对云计算的需求主要体现在几个方面。

- 服务汇聚后访问更集中，且不同服务的并发高峰期不同，要可以随时响应大并发访问需求。
- 用户中心承载大量用户数据和数据对接任务。
- 数据分析承载了数据动态汇聚、比对、分析、查询需求。

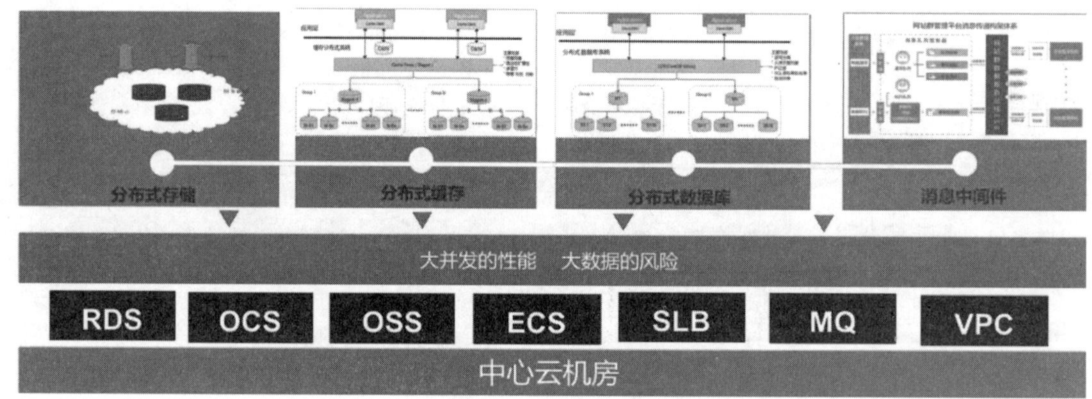

图1–7　云计算平台

“互联网 + 政务服务”本质上就是对政务服务的突破与创新，需要我们充分理解并运用互联网的特征和属性，并通过先进的技术框架作为手段和能力，确保突破与创新成功。

互联网+政务服务：从群众少跑腿到最多跑一次

浙江省政府办公厅信息中心副主任 金加和

多年前，在我国电子政务领域，有一句很著名的口号：“让信息多跑路，让群众少跑腿。”

当然，一句口号不能改变历史、改变电子政务的发展进程，但一语中的，切中了电子政务的痛点，也喊出了很多人的心声。

“信息多跑”，首先要解决的是“路”通不通的问题，“路”要通——互联互通，打通最后一公路，否则都是空中楼阁；其次是要有信息，没有信息，你想跑也跑不了；最后，才是解决信息多“跑”的问题。

信息“跑”起来了，数据可以共享，群众不需要重复提交材料，少跑几个办事窗口，也就少跑了许多冤枉路。

当前，我国的电子政务在互联网大潮的推动下已嬗变成为一种新业态——“互联网＋政务服务”，并且有了快速的发展，取得了一定的成效。

但是，这还远远不够。

如果说，“让信息多跑路，让群众少跑腿”解决的是电子政务互联互通、数据共享的根本问题，那么，浙江省提出的“让群众最多跑一次”，就是一切围绕群众、围绕应用成效、围绕“互联网＋政务服务”的一个重要举措，更是一种彻底的、倒逼政府自身改革的实际行动。

群众少跑到最多跑一次，不是一个简单的量的变化，而是一次质的飞跃。

怎么跑、少跑、跑一次，甚至不需要跑，不是小问题。要运用互联网思维和新技术，从线上到线下，从跑前到跑后，从供给侧到需求侧，必须全方位、多维度地改变、改造传统的政务服务和网上办事模式。

一是梳理事项清单。对政务服务事项进行分类梳理，哪些不需要跑，可全流程网上办结；哪些需要跑、跑几次，要实现标准化管理，公布于众，让办事对象跑之前了然于胸，便于群众监督。

二是简化流程环节。对上门超过一次的事项，要重点研究、重点解决，哪些流程、哪些环节，在制度框架内，直接进行简化优化，下决心花气力“砍”掉。上门必须超过一次的，必须论证并说明。

三是推进数据共享。建立统一数据库，通过电子证照、个人库和法人库等数据的开放共享，减少申报材料的重复提交，减少上门办事的次数，方便群众办事，争取不超过一次，跑一次办完事。

四是提供快递服务。网上办结后，需要上门取件的材料，如证照、证明、证书等，要开展多种线下合作模式，加快实现“网上申请、快递送达”服务全覆盖，让办事对象足不出户即可收到证件材料。

五是创新应用模式。推进电子签章在申报和办结端的应用，确保申报材料和办件证照的真实性、合法性，引入网上支付手段和人脸识别技术，减少办事对象上门缴费和提交申报材料次数，以及身份和材料现场核验的过程。

六是推广自助服务。除大力推广 PC 端和移动端线上服务外，还要在大型商场、公共图书馆、社区服务站、乡村便民点，大力推广线下自助终端服务，提供扫描打印、材料申报、查询支付等服务，延伸应用触觉，缩短服务距离。

七是改善用户体验。线上讲究用户体验，线下“跑”也要讲用户体验，要明明白白地告诉办事对象，跑哪里，怎么跑，坐船乘车还是步行，怎么去方便。同时，在办事服务中心，要设置 OTO 体验区，形成线上线下联动，引导群众去网上办事。

八是听取群众意见。在群众上门办事过程中，要亲切友好、服务周到；对群众反映工作中存在的问题，要充分听取群众意见建议，研究分析用户评价，积极改进工作方式，切切实实加以解决；让群众的每一次跑，都跑得舒心，走得称心。

从群众少跑到最多跑一次，看起来好像强调的是线下工作、现实距离。其实，它的聚焦点和核心仍然是网上办事，仍然是互联网与政务服务的深度融合和创新发展。

从群众少跑到最多跑一次，对于一心装着群众的政府是没有其他选项的，只能开动脑筋想办法、想招数，撸起袖子加油干！

“互联网+政务服务”技术指南下的用户中心建设

大汉智政原创

2017年1月12日，国务院办公厅印发了《“互联网＋政务服务”技术体系建设指南》（以下简称《建设指南》）。《建设指南》按照“坚持问题导向、加强顶层设计、推动资源整合、注重开放协同”的原则，以服务驱动和技术支撑为主线，围绕“互联网＋政务服务”业务支撑体系、基础平台体系、关键保障技术、评价考核体系等方面，提出了优化政务服务供给的信息化解决路径和操作方法，为构建统一、规范、多级联动的“互联网＋政务服务”技术和服务体系提供保障。

用户作为“互联网＋政务服务”的服务主体，是政府开展“互联网＋政务服务”的前提，没有用户就等于无源之水，无本之木。在用户中心作为底层支撑平台的情况下，如何构建统一的用户中心，提供基础的用户认证及单点服务，成为建设的重点和难题。

一、目前存在的问题

目前各个地方政务服务门户除了自身的统一用户入口外，各个业务系统还存在单独的用户认证入口，同时认证标准模糊，系统间的用户互相独立。用户在跨业务和地区办理时，需要二次注册和登录，极不方便，同时用户数据存放分散，数据标准也不统一，整合极其困难且容易造成安全隐患。

《建设指南》提出要进行顶层设计，各省、市要解决跨地区、跨部门数据共享和业务协同，实现一网办理、一站式服务，首先要搭建统一身份认证体系、统一证照库和统一支付体系等基础支撑平台，要集中统一用户服务入口，要从根本上实现用户“一地注册，多地互认”。

二、三种用户建设模式

《建设指南》结合目前各省市已建成的用户中心架构和平台建设的不同特点，提出三种建设模式，分别为分建方式、统分方式和统建方式。

1.分建方式

用户可通过国家、省、地市级互联网政务服务门户注册和验证，注册用户账号分别存储在各自的政务服务数据共享平台中，通过交叉实现共享互认。用户在跨省、跨市登录验证时，通过国家、省级用户互认服务，调用获取外省（区、市）、地市（州）用户信息。详细用户注册和认证流程如图 1-8 所示。

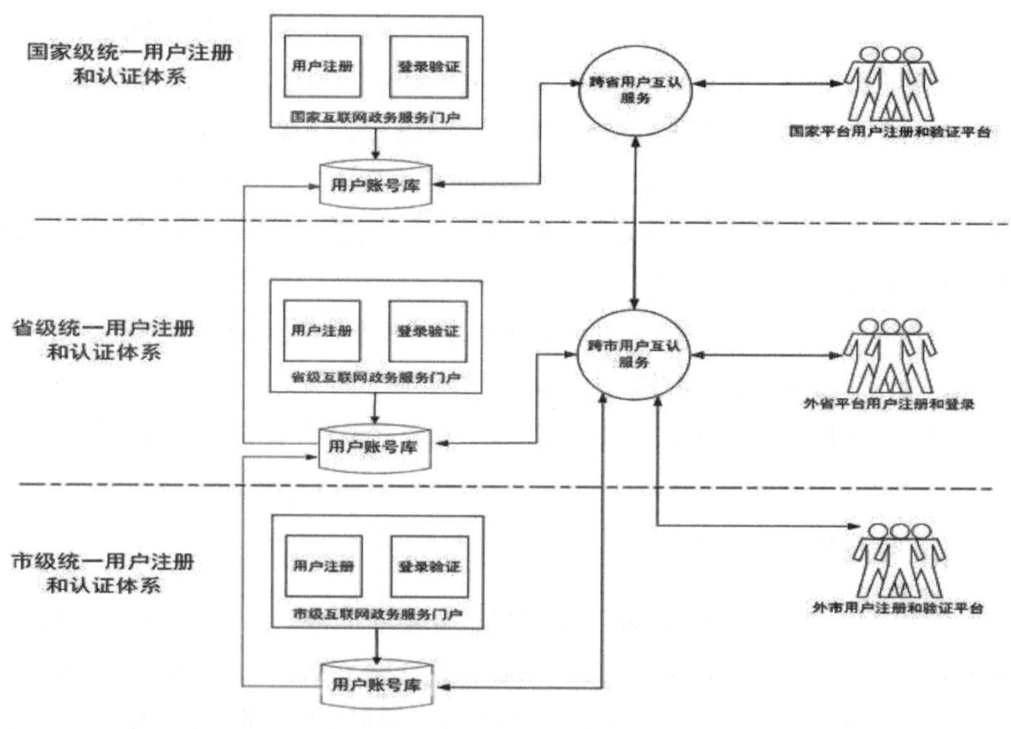

图1-8 用户注册和认证流程图1

分建方式保留了各级的用户注册和登录入口，用户账号存储在各级的共享平台中。一方面减少上级的访问压力，将用户流量分散到下级，另一方面减少了上下之间的业务耦合，各级可以根据自己的功能需求进行有效扩展。但是下级需要将用户账号报送给上级，各级之间必须建立统一的数据交换平台且规范用户体系标准，方便用户在跨地区访问时可在互认服务中查询到用户信息。

2.统分方式

用户可通过国家、省、市级互联网政务服务门户注册和验证，市级互联网政务服务门户注册和验证页面直接嵌入省级互联网政务服务门户用户注册和验证页面，用户账号信息集中存储在省级政务服务数据共享平台，省（区、市）内用户信息互认，用户跨省（区、市）登录验证时，通过国家用户互认服务，调用获取外省（区、市）用户信息。详细用户注册和认证流程如图 1–9 所示。

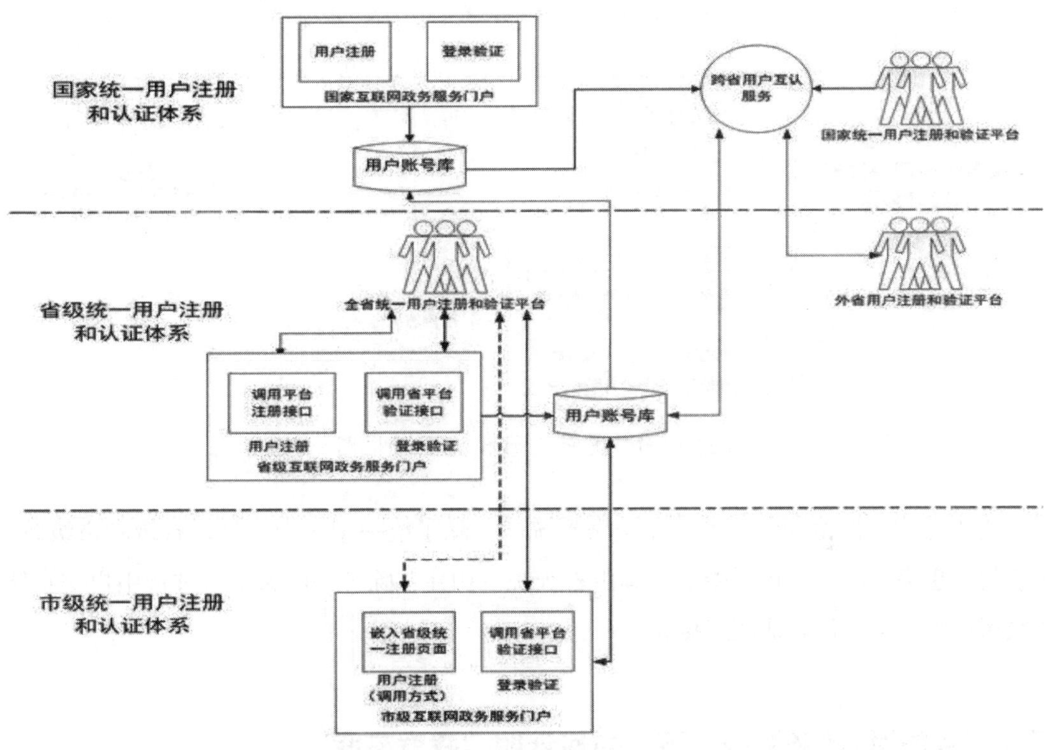

图1–9：用户注册和认证流程图2

统分方式保留一定的扩展，同时也做到了统一，市级不再保留自己的用户库和注册登录入口，统一引用省级接口，将用户信息存储在省级平台中，由省级汇聚到国家平台。用户库由省级统一维护，可以解决用户账号分散不统一的问题，同时减轻市级构建成本。市级平台按照统一标准进行接入，无须管理用户本身，将重点更多地转移到自身业务中。

3.统建方式

用户可通过国家、省级互联网政务服务门户注册和验证，用户账号信息集中存储在省级政务服务数据共享平台，省（区、市）内用户信息互认，用户跨省（区、市）登录验证时，通过国家平台用户互认服务，调用获取外省（区、市）用户信息。详细用户注册和验证流程如图 1-10 所示所示：

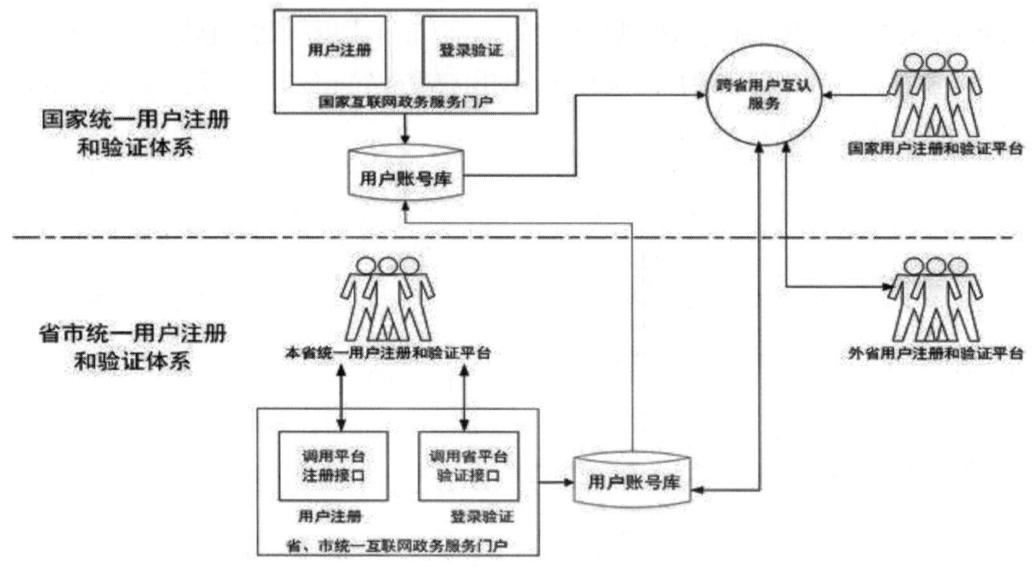

图1-10：用户注册和认证流程图3

统建方式不保留任何扩展，完全做到统一，除了统一用户中心外，省级和市级政务服务门户也完全统一，用户中心继续由省级统一构建，除了与国家平台进行用户交互外，省级用户中心不提供其他调用接口。

三、"互联网+政务服务"下，如何证明"我就是我"

怎么证明"我就是我"，其实就是如何解决用户（个人及法人）的实名认证问题。实名认证是开展"互联网＋政务服务"、建立行政机关和行政相对人线上服务法律关系的前提，是全国政务服务网上"一地注册，各地互认"的基础，只有实名认证，才可以保障"互联网＋政务服务"的各项服务得以有效运行。

1.实名认证的主要手段及认证过程

《建设指南》中要求，为保证网上政务服务用户信息的真实性、合法性和有效性，自然人、法人用户注册和验证都应采用实名制，无论是自然人还是法人建设单位都应提供线上及线下模式。

自然人线上实名认证首先要调用公安的人口信息库对身份信息进行基础核对，然后从手机号码、社保账户、银行卡账户、公积金账户、驾驶证档案编号这五种方式中任意选择两种进行实名校验，校验成功之后签订网上服务协议完成实名认证过程。如果本地平台有成熟的第三方实名认证平台，也可利用第三方认证平台完成关联认证，目前比较流行的其他认证方式有：生物识别认证（例如：扫脸、指纹识别等）、商业认证（例如：支付宝、微信等）、电子身份认证（例如：市民卡、U盾、KEY）等。

自然人线下实名认证需要带齐身份材料到实体政务大厅专设窗口，申请人刷卡进行身份信息验证，并输入手机短信验证码进行确认，验证完成后书面签订服务协议即可完成实名认证。

法人线上实名认证首先要成为自然人实名用户，用户上传证照图片，输入证照信息，与工商、民政、编制管理部门的法人注册信息进行信息比对验证，或用户上传电子营业执照，验证通过后，网上签订服务协议，完成法人实名认证；法人也可以借助于已有的CA或电子营业执照进行绑定关联，完成绑定认证。

法人线下实名认证需要法定代表人携带本人身份证、营业执照（社团组织登记证、机关事业单位法人登记证等）到实体政务大厅专设窗口人工核验，核验通过后，书面签订服务协议，完成法人用户实名注册。法定代表人委托他人现场办理的，被委托人需携带被委托人身份证、法定代表人身份证、法定代表人授权委托书、企业营业执照（社团组织登记证、机关事业单位法人登记证等）到实体政务大厅专设窗口人工核验，核验通过后，书面签订服务协议，完成法人用户实名认证。

2.认证层级

实名认证需要分等级，不同的网上服务都有不同的认证级别，通过用户的认证级别提供不同的认证服务。对同一个用户而言，可根据所使用的应用系统的要求采用相应的认证方式，如果用户已经通过了高安全级别的身份认证，对只要求低安全级别认证的系统服务则无须进行再次认证。如果用户已经通过了低安全级别的身份认证，需要高安全级别的认证时则需要再次进行相应的高安全级别认证。

建设单位在构建统一用户时需要制定一系列的认证规范来推动各个业务系统的有效运行，用户在政务服务网享受各项网上服务时，需要打通各项业务系统，打通业务系统的基本要求就是实现各个业务系统之间的用户互认、互信及共享。业务系统只有满足用户的认证标准，进行用户互认，才可以获取系统的各项业务数据。

四、如何做到统一用户

除了证明“我就是我”实现统一认证之外，用户中心建设还需解决用户分散不统一的问题,即统一用户。《建设指南》提出需要统一的用户分为三类:个人、法人及政府用户。目前，无论哪一种类型都有存量用户及交叉重复用户存在于各个业务系统中，在构建用户中心时，无论采用哪种构建方式，都需要对该用户进行处理。

1.统一登录注册入口

统一用户的前提为必须先整合所有的用户注册入口，保证政务服务门户的所有涉及登录应用都统一调用用户中心的注册登录页面，不再保留自己的登录注册入口。用户数据统一汇集到用户中心数据库，这样从底层到页面层都做到了完全统一。

2.存量用户整合

存量用户一般存在于已建的独立业务系统中，在构建用户中心时，需要与这类应用进行用户数据整合，整合的方式一般有两种：用户导入和用户绑定。

用户导入是将存量用户数据导入到用户中心，用户中心对接入业务系统的存量用户进行数据分析、清洗、整合，然后统一导入到用户库中，导入成功后接入系统的用户可以直接通过政务服务门户统一登录页面进行登录。这类用户一般为实名用户。

用户绑定需要用户重新在政务服务门户进行用户注册，在使用接入业务系统时，需要用户和已有账号进行绑定,方可实现用户信息关联,通过关联映射关系将用户进行融合。这类用户一般为非实名用户。

五、业务应用的接入

用户中心的构建除了基础的功能支撑，还需要对接各类应用系统。不仅仅包括互联网的各类服务应用，还包括后台的管理应用，都需要和用户中心进行对接，所以制定统一的对接方案和对接标准尤为重要。

1.制定对接规范

对接规范可以统一对接流程和接入标准，是用户中心的指南针和灯塔。对接规范的制定可以避免在对接过程中，多方出现分歧和矛盾，也可以避免开发标准不统一而出现返工的情况。对接规范不仅仅包括接口定义规范，还应包括对接流程规范、功能规范、数据格式规范等。

2.建立开放平台

为了解决对接流程不规范且线下监管困难的问题，建设单位需要构建用户中心对接开放平台，对于第三方开发商可以在线申请进行接入，对于管理员也可以在线进行审批及监管，保证应用接入的有条不紊。同时开放平台的建立可以提高接入效率，降低对接及运营成本，对接开发商可以进行在线开发调试，调试成功直接申请上线，可以省去传统线下模式的烦琐流程，建设单位的管理者只需点点鼠标即可完成应用上线、应用监管和应用统计。

六、性能及安全

用户中心在构建过程中要充分考虑系统性能，不能简单视为一个业务系统，只是单纯地开发用户基础功能，而忽略系统的扩展性和使用性。用户中心作为底层支撑平台，在性能上不仅要满足千万以上的用户注册量，同时要满足高并发量和访问量，系统要支持分布式部署，业务要松耦合，可以按业务进行拆解，满足某种特定业务的性能要求。

《建设指南》单独对安全保障进行全面的描述，用户中心不仅要遵循国家信息安全等级保护规范及国家保密管理，同时也要对个人的隐私和用户授权进行访问控制，加强对用户行为进行追溯审计等一系列措施。安全性对于用户而言至关重要，不仅涉及用户的隐私泄露，甚至对财产安全造成影响，所以在进行用户中心功能设计时要多考虑用户身份的进一步确认，并且对用户的数据进行加密保护，互联网的用户信息需要加密传输，用户敏感信息展现要进行脱敏，接口需要授权限制。另外需要构建单独的安全中心来保护账号安全，对用户风险进行监控。

七、总结

如果说“互联网 + 政务服务”是一间房，统一用户认证就是一扇门，用户则是开启这扇门的钥匙。用户是政务服务资源整合的关键，只有解决统一用户才可以让各类应用资源有效归集，才可以解决各个信息孤岛，才可以连接各类信息。

随着“互联网 + 政务服务”的不断发展，用户中心的构建技术已经日益成熟，基于大量的探索、实践和技术研究，大汉科技自主研发了统一身份认证管理平台，并形成了稳定可靠的产品体系，先后在浙江政务服务网、江苏政务服务网、山东政务服务网、甘肃政务服务网、河南政务服务网和河北政务服务网等项目中承担统一认证和用户中心的构建，同时受国家信息中心之邀参与构建国家平台统一用户体系建设的研究和讨论，并致力于为各级政府构建完美的用户中心提供有效的帮助。

第二篇
政府网站运维与安全保障

创新管理 完善机制
提升网站安全高效运行管理水平

工业和信息化部信息中心 胡欣 杜莹 张林涛

2015年年底，工业和信息化部门户网站进行了全面改版，整合了相关信息，加强了服务大厅建设，并进一步提高了网站性能和安全保障措施，取得了显著成效。2016年，工业和信息化部在新平台的基础上从管理制度、管理模式、管理工具等方面创新网站管理服务体系，使网站运行管理水平再上台阶。

一、建立健全“自上而下”“由外向内”管理制度，提升网站深度

（一）自上而下，建立网站群评估及考核制度，提升服务水平

一是完善网站信息发布管理机制。坚持网站信息“谁发布、谁负责”原则，实施分级管理模式，同时完善相应审核流程，主站及时转载子站信息，针对地方主管部门、部属单位、直属高校开通信息报送专用邮箱通道，确保信息及时发布。一系列措施既有效保证了网站信息的有效审核、监督，又确保了各级部门信息的及时公开，能够第一时间发布重要会议、重要活动、重大决策、回应关切等信息，充分发挥网站平台的信息公开、办事服务和交流互动的综合效应。

二是建立并落实网站群综合长效评估考核机制。出台《工业和信息化部政府网站信息内容建设和管理规定》，制定《工业和信息化部政府网站2016年度监测评估方案》，为部政府网站群信息内容建设提供制度依据，并建立了相应的监督评价体系。通过采取部内自查、组织第三方专业机构检查、人工和信息化手段相结合方式，按季度开展我部网站群综合扫描检查考核工作。检查考核评估结果及时反馈相关部门并监督整改，提交整

改报告，提升部网站群整体水平。

（二）由外向内，构建网络舆情分析研判体系，提升信息质量

一是建立舆情热点分析总结机制，挖掘有效信息。每月通过部长信箱将公众留言分类汇总，梳理分析重大热点问题。此外，借助网站访问量统计分析平台掌握用户行为，实时关注热点，定期形成舆情分析总结材料，积极回应公众关切，指导相关工作。

二是建立舆情热点分析研判机制，指导网站良性循环发展。建立相关部门负责人舆情分析研判机制，定期召开专题会议，通报近期舆情，针对舆情分析结果安排部署下一步工作要求和方案，切实做到上传下达，积极促进部工作良性发展。

二、构建网站安全防护体系，为网站保驾护航

（一）做好日常安全防护，抓好制度落实

一是严把系统接入关，按照《部机关电子政务系统接入管理办法》《部机关外网电子政务系统安全技术要求与管理规范》中的系统接入和安全技术管理要求，对拟接入部网站的系统均要求进行信息安全风险评估，经整改合格后方予接入。二是做好日常安全巡检工作，及时发现修补系统隐患，加固系统安全配置，降低信息安全事件发生概率。三是加强值班值守和应急响应，及时发现信息安全事件，并进行妥善处置，实现无重大网络和信息安全事件发生。

（二）完善信息安全基础设施

通过网站统一认证平台、防病毒网关、防篡改、访问量监控、第三方安全防护专业机构 24 小时安全监控、改造使用安全可靠电子邮件系统，网站业务部门、技术部门分别对网站信息进行备份，实行双备份和异机备份机制等手段，实现从身份鉴别、访问控制、安全审计、入侵防范、资源控制和数据安全等方面不断完善部外网信息安全基础设施，提升防护能力。

（三）建立应急预案及应急演练，突发事件处置井然有序

每天分时段进行漏洞扫描，聘请第三方专业机构不定期开展网站安全评测，对发现的安全漏洞及时进行修补整改，起到安全监测预警作用。制定《工业和信息化部网站网

络信息安全突发事件应急响应预案》，并针对特定节日执行现场应急预案，每年不定期组织网站应急演练，严格根据应急响应预案要求处理安全事件，联合管理部门、技术部门和相关支撑单位组成应急保障技术支撑队伍。

三、加强渠道拓展，实现“两微”与网站内容分享，提升网站广度

多渠道间内容融合及分享，提升影响力。部“工信微报”微博、微信开通以来受关注度逐步提升，形成与网站平台的良好融合与互补，扩大了受众覆盖广度。网站平台与两微在内容上相互融合，各具特色。两微：短平快，聚焦亮点，风格更亲民；网站平台：服务更多样，信息更完整全面。在信息写作方法上，突出两个平台的不同特色，即使是同一条信息，也依据不同语言风格分别撰写，适应不同受众需求，相得益彰。

数据保护为网站安全背书

大汉智政原创

一、国家重视——强调重视数据安全

“十二五”期间，在我国信息化发展战略中，已将“构建可信、可管、可控的网络空间”列入信息安全发展的总体目标。信息安全的重要性已然提升至国家安全战略层面。

在 2014 年 2 月 27 日召开的中央网络安全和信息化领导小组第一次会议中，习近平总书记提到：“没有网络安全就没有国家安全，没有信息化就没有现代化。”建设网络强国，要有良好的信息基础设施，形成实力雄厚的信息经济，要完善有关关键信息基础设施保护等的法律法规。

在 2016 年 4 月 19 日的网信工作座谈会上，习近平总书记指出：“我们必须深入研究，采取有效措施，切实做好国家关键信息基础设施安全防护。”因此，构建关键信息基础设施安全保障体系，增强网络安全防御能力和威慑能力，是当前国家安全战略层面非常紧迫的任务和要求。

2016 年 10 月 9 日，习近平在中共中央政治局第三十六次集体学习时再一次提到：“要加快推进网络信息技术自主创建，维护网络空间安全及网络数据的安全性、完整性、可靠性，提高维护网络空间安全的能力。”

习近平总书记的一系列重要讲话，突显了我国维护网络空间及国家关键信息基础设施信息安全的决心。

二、连续发文——数据安全保驾护航

2003年8月，中央办公厅、国务院办公厅联合下发《国家信息化领导小组关于加强信息安全保障工作的意见》，对基础信息网络和重要信息系统灾难备份与恢复做了原则规定，第一次提到重要信息系统需要具备灾难恢复能力，并强调信息网络和信息系统的容灾和灾难恢复工作的重要性，要求不断制定和完善信息安全应急处理预案。

2007年，国标《信息系统灾难恢复规范（GB/T20988-2007）》正式发布。该标准适用于信息系统灾难恢复的规划、审批、实施和管理。标准规定了信息系统灾难恢复应遵循的基本要求，并将信息系统灾难恢复能力划分为6个等级。同时，规范对灾难恢复能力等级评定原则、灾难备份中心的等级等也做了要求。《信息系统灾难恢复规范》对灾难恢复预案框架、对相应行业RTO/RPO与灾难恢复能力等级的关系比例做了规范要求。遵循此标准，部分单位的灾备设计必须按要求达到3~6级（如图2-1所示）。

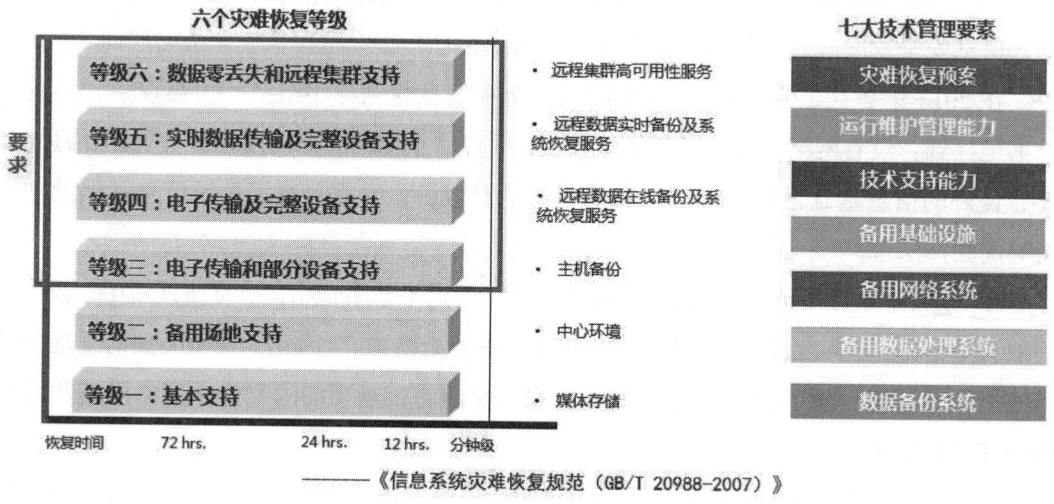

图2-1 信息系统灾难恢复规范

2008年，国标《信息安全技术－信息系统安全等级保护基本要求（GB/T 22239-2008）》颁布，也明确要求涉及国家安全、社会利益的重要信息系统必须建立信息系统安全保护机制。该标准将信息系统的保护级别划分为五级。其中，三、四、五级都要求进行数据备份（如图2-2所示）。

GB/T 22239-2008 《信息安全技术-信息系统安全等级保护基本要求》

等级保护涉及的内容： 信息系统、信息安全产品、信息安全事件

分级依据： 重要程度、危害程度(业务信息/系统服务)

保护级别划分：

保护级别划分。	等保要求	分保要求
	一级：自主保护级（一般系统/合法权益）	-
	二级：指导保护级（一般系统/合法权益/社会利益）	-
	三级：监督保护级（重要系统/社会利益/国家安全）	秘密级
	四级：强制保护级（重要系统/社会利益/国家安全）	机密级
	五级：专控保护级（极端重要系统/国家安全）	绝密级

标准规定：

达到三级、四级、五级、秘密、机密、绝密的信息系统必须进行备份保护

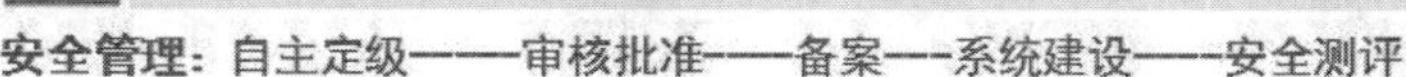

图2-2　安全管理争议要求

2016年11月，全国人大通过了《中华人民共和国网络安全法》，于2017年6月1日起施行（如图2-3所示）。网络安全法中提到，网络安全是指通过采取必要措施，防范对网络的攻击、侵入、干扰、破坏和非法使用以及意外事故，使网络处于稳定可靠运行的状态，以及保障网络数据的完整性、保密性、可用性的能力。第三十四条提出，关键信息基础设施的运营者应当对重要系统和数据库进行容灾备份，制订网络安全事件应急预案，并定期进行演练。网络安全法中针对网络运营者基本责任义务的第十条也提到，建设、运营网络或者通过网络提供服务，应当依照法律、行政法规的规定和国家标准的强制性要求，采取技术措施和其他必要措施，保障网络安全、稳定运行，有效应对网络安全事件，防范网络违法犯罪活动，维护网络数据的完整性、保密性和可用性。

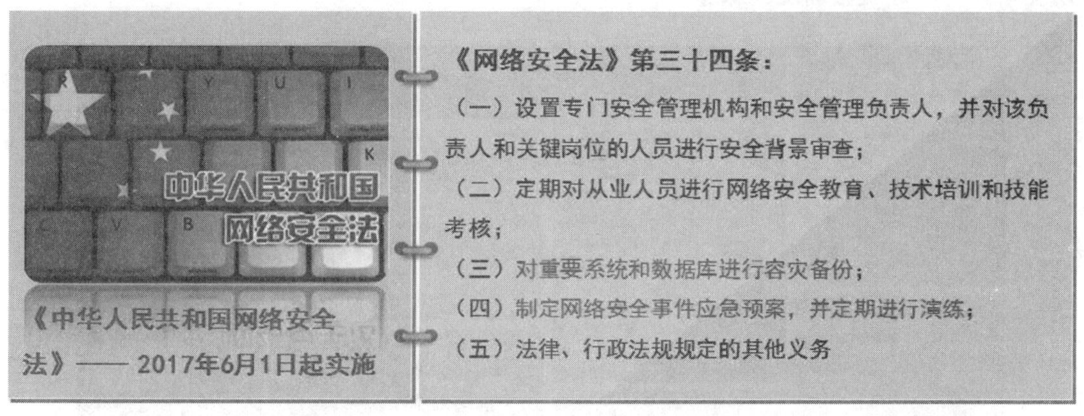

图2-3　《网络安全法》中对安全管理的要求

三、分类定义——细分数据归类保护

那到底什么是关键信息基础设施？关键信息基础设施的业务连续性又面临着哪些安全风险隐患呢？

2016年中央网信领导小组办公室下发的《关键信息基础设施确定和填报》方案中，对关键信息基础设施做了明确的定义和分类（如图2-4所示）。

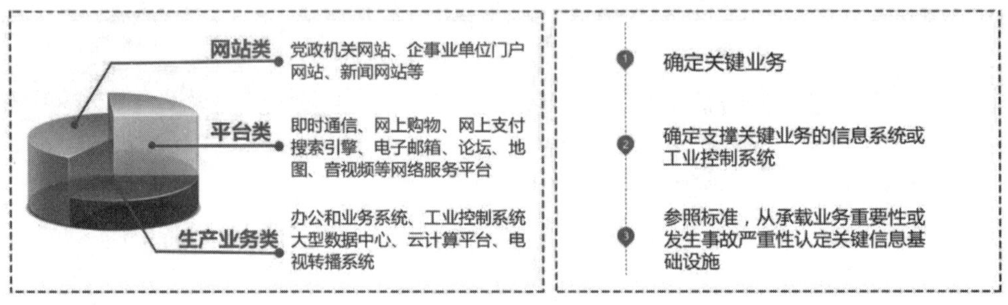

图2-4　中央网信领导小组办公室《关键信息基础设施确定和填报》方案

关键信息基础设施是指面向公众提供网络信息服务或支撑能源、通信、金融、交通、公用事业等重要行业运行的门户网站、即时通信、网上支付、办公和业务系统、工业控制系统等。

这些系统一旦因硬件故障、人为误操作、软件缺陷、恶意软件破坏、黑客攻击等因素造成数据损坏或宕机将会造成业务中断，对国家政治、经济、科技、社会、文化、国防、环境以及人民生命财产造成严重损失。

历史事件——经验教训发人深省

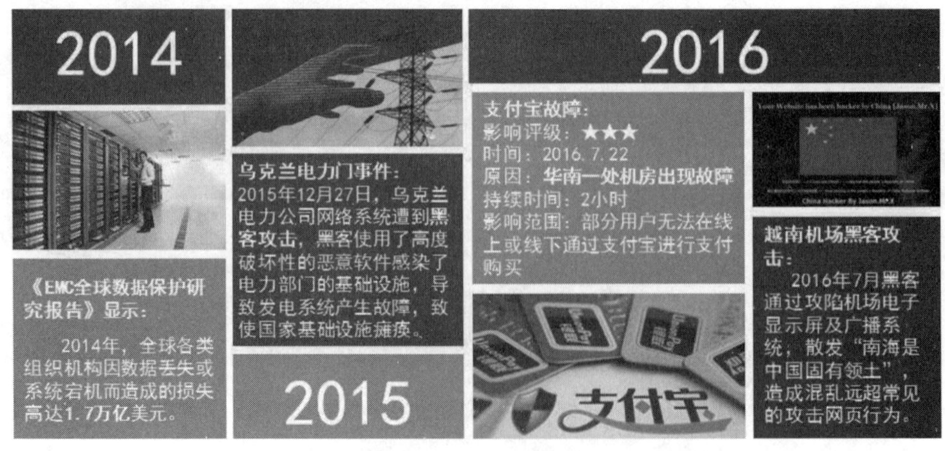

图2-5　近年来发生的部分网络安全故障影响

如图 2–5 所示，近年来，由于各种人为或意外导致的关键基础设施安全事件屡见不鲜。比如：2014 年《EMC 全球数据保护研究报告》显示：全球因数据丢失或系统宕机而造成的损失高达 1.7 万亿美元，这一数字概念相当于德国当年 GDP 的近 50%；2015 年轰动全球的黑客恶性攻击国家电力系统的乌克兰电力门事件、2016 年的支付宝故障事件及越南机场黑客攻击等事件，进一步证实了业务系统信息安全现状不容乐观。而数据的损失、业务的中断，牵涉的不仅是金钱，更有商誉、法律责任。

四、安全隐患——排查隐患防患未然

引发关键信息基础设施业务中断的灾难事件主要包括软件故障、硬件故障、人为故障、环境风险和自然灾害等因素（如图 2–6 所示）。

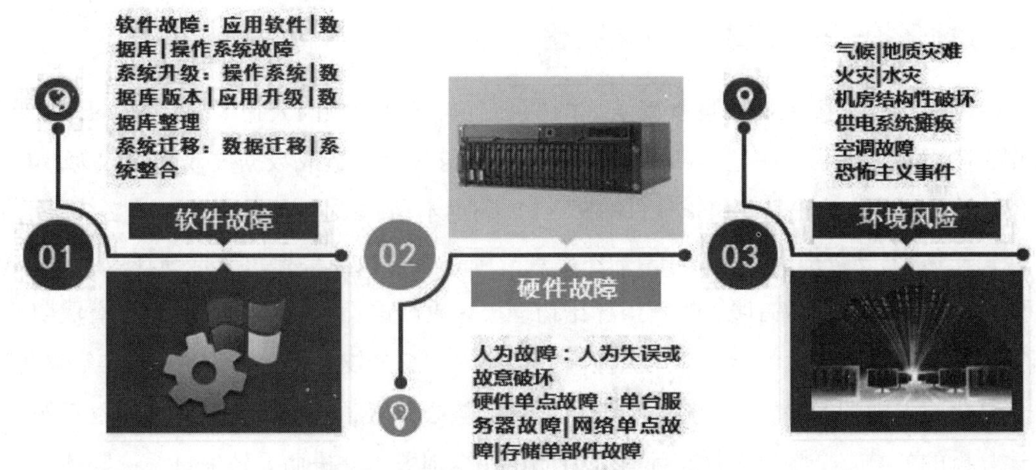

图2–6　常见的信息基础设施安全隐患

（1）软件故障主要包括应用软件故障、数据库软件故障、操作系统故障等。因软件自身设计缺陷、使用不当、兼容性冲突、参数设置不正确以及感染计算机病毒等均可能造成软件系统工作中断。这些软件故障因素只能通过持续提升人员素质、技术能力和管理水平等尽量避免，而难以杜绝。

（2）硬件故障可分为单点与多点故障，具体包括服务器故障、存储部件故障和网络故障等。其中，存储部件故障不仅会触发信息系统工作中断，严重情况下甚至会造成数据丢失。考虑到硬件成本因素，大部分关键信息基础设施的硬件系统只有限地采用了硬件容错与高可用性等技术手段，仍然存在诸多的单点或多点硬件故障隐患。

（3）人为故障包含人为失误与故意破坏。人为失误的“乌龙指”造成影响信息系统正常运行的情况难以完全消除，人总有出差错的时候，只有不断提升关键信息基础设施的全自动化运行能力，才能从根本上减少这方面的故障。故意破坏来自外部和内部两个源头，传统的网络与信息安全技术侧重构建防御对抗和认证加密等体系，以应对故意破坏的威胁，不过一旦信息系统的防御体系被突破或加密体系被破解，则关键信息基础设施的数据安全与持续运行服务能力，均可能面临挑战。

（4）环境风险包括火灾、漏水、机房结构性破坏、供电系统瘫痪、空调故障等。机房环境风险来源于机房设计缺陷、施工缺陷、不严谨的管理和低水平的运维保障等。

（5）自然灾害有气候灾害、地质灾难等。影响关键信息基础设施正常运行的气象灾害包括暴雨、洪涝、台风等，地质灾害包括地震、滑坡、泥石流、崩塌、地面塌陷、地裂缝等，这些可能造成机房设备损毁与工作中断的自然灾害主要为不可抗力因素。

五、数据保护——确保数据安全完整

数据保护是保障关键信息基础设施的核心。全球风险顾问公司 Kroll Ontrack 对导致数据丢失的因素，做了一份详细的调查报告。报告显示：造成数据失效的原因为，44% 硬件故障、32% 人为破坏、14% 软件故障、7% 病毒木马、3% 自然灾害（如图 2-7 所示）。因此，任何 IT 设备都不能保证 100% 不出现故障，有些故障会导致数据损坏或丢失；有些则会导致数据的逻辑错误。逻辑损坏比物理损坏更严重，逻辑损坏不易发现，潜伏期长，当发现数据存在错误时可能已经无法挽回。行业内“三分技术、七分管理、十二分数据”，是信息化建设中的经验之谈。数据是信息系统的核心要素，关键信息基础设施也不例外。上述分析的各类安全隐患事件，都有可能造成数据损毁，并进而导致信息系统服务中断，可谓防不胜防。

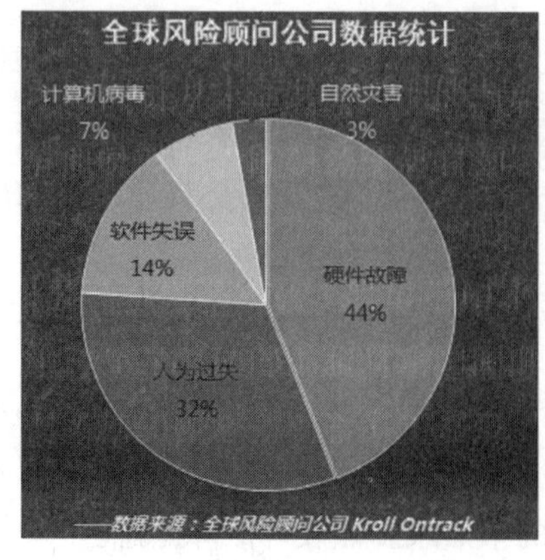

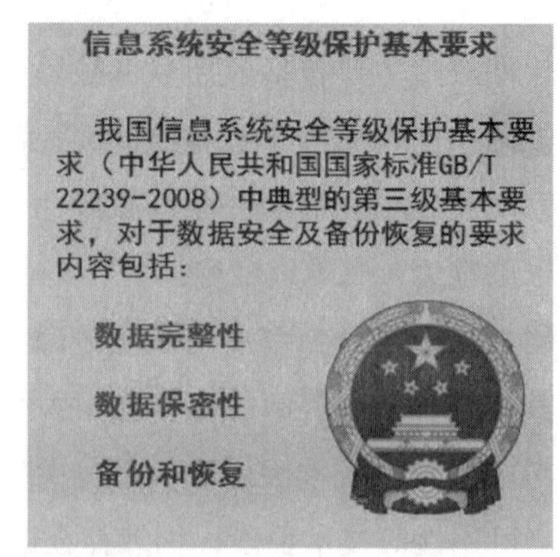

图2-7 数据损失的因素占比及我国对信息保护的基本要求

要保障好关键信息基础设施的业务连续性，首要工作是做好数据的安全保护。我国信息系统安全等级保护基本要求《中华人民共和国国家标准（GB/T22239）》中典型的第三级基本要求，对于数据安全及备份恢复的要求内容包括：数据完整性、数据保密性、数据备份和恢复。

（1）针对关键信息基础设施的数据完整性：应具备能够检测系统在管理数据、鉴别信息和重要业务数据存储的过程中完整性受到破坏的能力，并要求在检测到完整性错误时采取必要的恢复措施；

（2）针对关键信息基础设施的数据保密性：应采用加密或其他有效措施实现系统管理数据、鉴别信息和重要业务数据传输保密性；

（3）针对关键信息基础设施的数据备份和恢复：应提供本地数据备份与恢复功能、异地数据备份功能以及系统的高可用性。

从保障关键信息基础设施业务连续性的需求角度出发，上述标准中涉及的相关内容条款主要包括数据完整性、备份和恢复。概而言之，要保障关键信息基础设施的业务连续性，首先要保护数据完整性，当完整性被破坏造成数据损毁时需要具备相应的检测和恢复能力。

六、应用容灾——保障服务连续不断

业务连续性是在中断事件发生后，在预先确定的可接受水平上连续交付产品或提供服务的能力。因此应用容灾是保障业务连续性的后盾。

现如今，关键信息基础设施已然成为网络攻击的重要目标。从全球范围看，网络安全威胁和风险日益突出，且关键信息基础设施的自身安全隐患类型众多。要确保关键信息基础设施能够应对各种灾难并保持业务连续性，在做好数据的安全保护工作基础上，还需要进一步准备信息系统的应用容灾和业务接管措施。正如模型所表达的，通过事先准备好的本地或异地应急备用系统以不变应万变。这样，信息系统面临任何类型硬件故障、软件故障、人为故障、环境风险或自然灾害等灾难事件，都可以通过备用系统的容灾接管来保障关键信息基础设施的业务连续性。

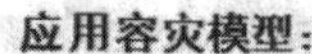

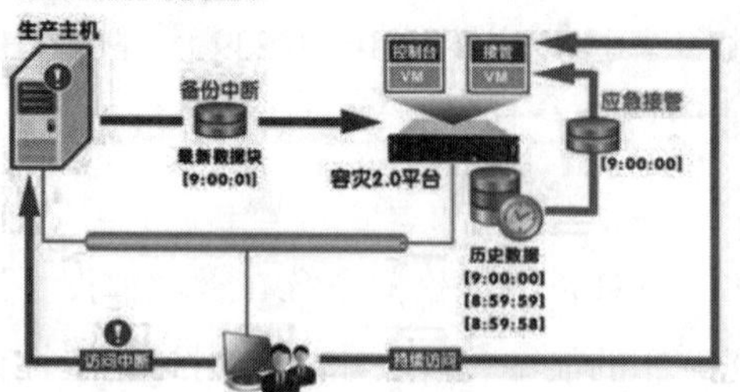

灾难发生后，通过事先准备好的应急备用系统来保障关键信息基础设施的业务连续性，以不变应万变。

GB/T 20988国标规范：

阶段	灾难恢复等级	RTO	RPO
初期建设目标	第1级	2天以上	1天至7天
	第2级	24小时以上	1天至7天
	第3级	12小时以上	数小时至1天
中期建设目标	第4级	数小时至2天	数小时至1天
终级建设目标	第5级	数分钟至1天	0至30分钟
	第6级	数分钟	0

图2-8 信息系统灾难恢复能力等级

我国信息系统灾难恢复规范（国标 GB/T20988）将信息系统的灾难恢复能力等级划分为六级。其中衡量灾难恢复的两个核心技术指标为 RPO 和 RTO。RPO 以数据为出发点，表示能够容忍此前多长时间内的数据丢失。RTO 以应用为出发点，表示能够容忍应用恢复正常运行所用的时间。对于关键信息基础设施的不同信息系统应用，可根据应达到的 RPO 和 RTO 指标，配置相应级别的灾难恢复资源要素作为后盾，在灾难事件发生后可通过备用系统实现应用容灾和业务接管,从而保障关键信息基础设施的业务连续性(如图 2-8 所示)。

七、终极目标——应用不停数据不丢

图2-9 信息基础设施的安全保障机制

针对关键信息基础设施的数据安全保护和业务连续性保障，没有准备就是“准备没有”。来自外部的网络安全威胁，我们需要部署防火墙等边界安全设备来建立关键信息基础设施的第一道防线，通过提升防御对抗能力尽力将信息系统安全风险拒之门外。同时，我们还要部署数据保护和应用容灾系统来建立最后一道防线，提升应急保障能力以确保在第一道防线被突破或发生其他灾难事件的情况下关键信息基础设施的核心数据不丢、关键应用不停，这也是关键信息基础设施安全保障的终极目标（如图 2-9 所示）。

八、常规手段——传统模式风险犹存

值得注意的是，我们在信息化平台建设方面，传统上往往较重视硬件设备的可用性和安全性，而忽视数据安全保护。比如架设磁盘阵列、双机热备、数据镜像等（如图 2-10 所示）。

而实际上，磁盘阵列的主要作用是通过多块磁盘组成 Raid 组，以此来容错和提高磁盘读写性能，数据存储在磁盘组中仍然是孤本，当发生多块硬盘损坏、误操作删改、软件缺陷损坏、人为因素破坏等情况时，磁盘阵列显然是没有太大意义的。

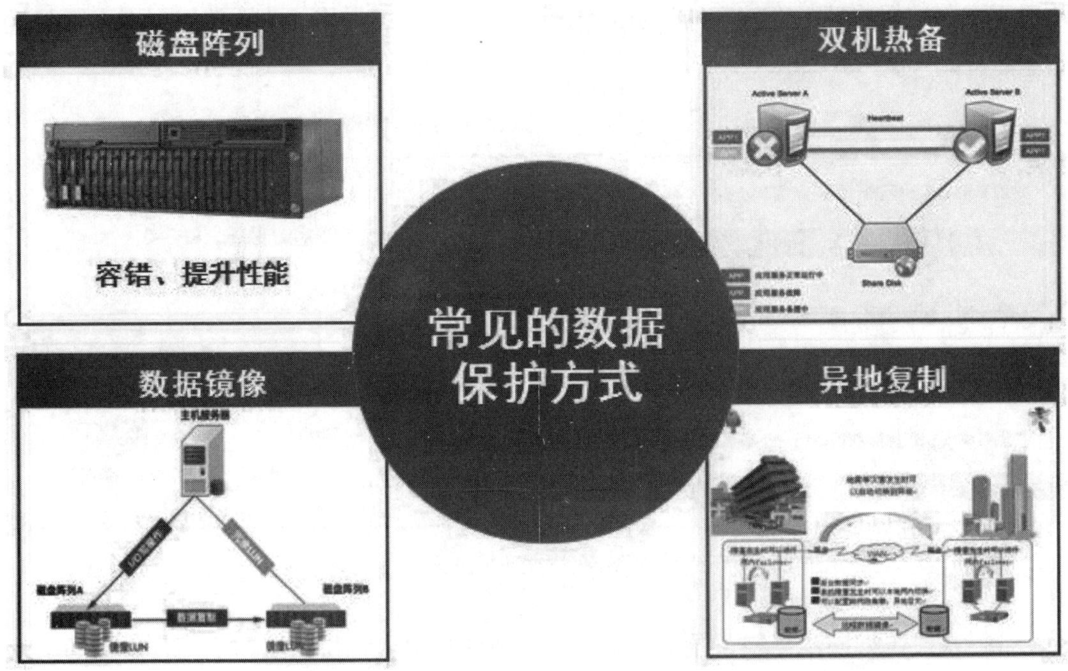

图2-10　常见的数据保护方式

双机热备模式则是通过硬件冗余来杜绝应用服务器的单点故障问题，而数据在共享磁盘中仍然只存有一份，一旦发生存储故障，显然业务连续性得不到保障，并且数据也面临丢失风险。

而数据复制或者镜像看似拥有数据副本，然而数据复制或镜像无法应对人为误删改、恶意破坏等产生的数据逻辑层面损坏。当原始数据发生错误时，备用副本也会一并错误。因此，真正的数据保护应该具备可回退机制，杜绝数据丢失或者逻辑错误问题。

九、技术比较——软硬兼施以策万全

关于数据保护，全球网络存储工业协会（SNIA）给出的定义是：数据保护是指保证数据不被损坏，仅用于经授权的目的访问，并符合相关要求。

SNIA 所定义的数据保护技术包括建立数据副本和控制数据非授权访问的技术，本文探讨的业务连续性保障主要涉及前者，具体包括：备份与恢复、多版本、数据复制和 CDP 持续数据保护以及各自之间的区别和差异。

其中，备份与恢复（如完全备份、增量备份、差异备份）及多版本（如快照）技术所建立的多个数据副本之间通常存在一定的时间间隔期，典型的时间间隔为天或小时。这对于重要数据更新频度较高的信息系统而言，就存在丢失相邻两个数据副本中间新生数据的可能性。

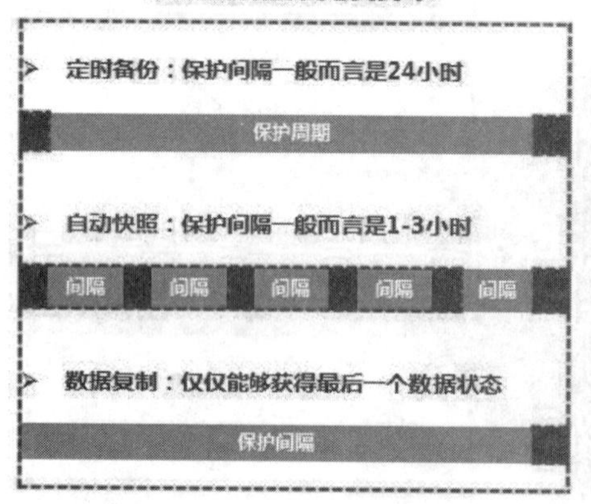

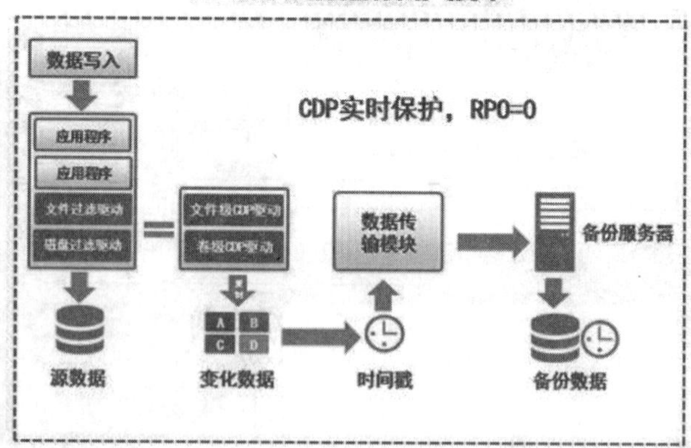

图2-11　传统数据备份技术与CDP持续数据维持技术

数据复制（如同步复制、异步复制）技术通常只保留一份数据副本，若采用同步数据复制可保证数据副本与最新生产数据的一致性，不过一旦生产数据发生逻辑错误则副本也会因同样的逻辑错误而无法使用（如图 2-11 所示）。

持续数据保护（如块级、文件级和应用级 CDP）技术分为“准 CDP”和“真 CDP”。其中“准 CDP”技术采用频繁的快照实现，RPO 通常为分钟级以上，存在丢失短时间内数据的可能性。而“真 CDP”技术通过实时持续捕获数据变化，可将数据恢复到过去任意历史时间点。

十、数据保护技术对比

而关于应用容灾，传统的做法大多是采用基于数据实时复制（前文介绍到）的技术进行实现的。其最大的缺点是无法应对逻辑错误的回退接管、缺少数据演练校验机制，无法校验数据的可用性，一旦发生灾难，实际上是没有充分把握去成功恢复业务和数据的。另外，传统的应用容灾技术还存在使用门槛高、管理复杂、建设成本高、服务难等诸多缺点。

而当前基于磁盘 IO 级数据捕获的 CDP 持续数据保护技术实现的应用容灾，在确保数据零丢失、业务分钟级恢复的同时，凭借着其高性价比、傻瓜化操作、任意时间点接管、任意时间点仿真演练、报表自动发送等特色亮点，很好地规避了传统容灾存在的不足（如图 2–12 所示）。

基于数据实时复制的应用容灾

- 无法应对人为误删改、恶意破坏等行为
- 无法应对生产数据逻辑层面的损坏
- 缺少生产环境的数据校验演练机制

基于CDP的应用容灾

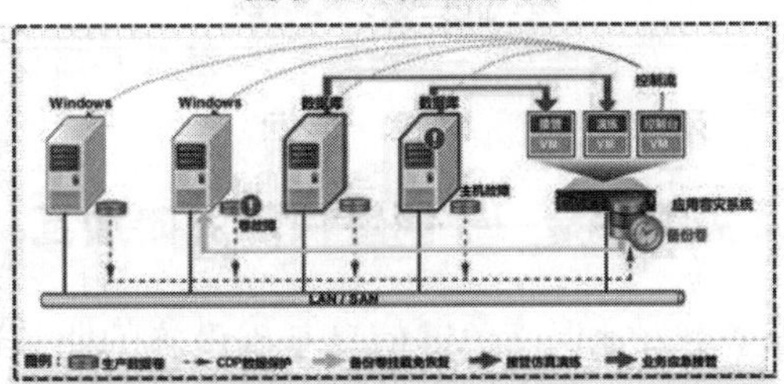

- 可将数据回滚到任意历史时间点
- 可应对生产数据物理或逻辑损坏
- 可提供数据仿真校验演练机制

图2–12　基本数据实时复制与基于CDP的应用容灾

当然对于关键信息基础设施，应按照不同应用的业务连续性需求，选择适合的数据保护技术以保障数据完整性与本地恢复及异地灾难恢复能力。

十一、应用容灾技术对比

遵循相关的法律法规以及结合前面分析的各类安全风险隐患，针对关键信息基础设施业务连续性保障体系的建设，建议制订一套完善且具备生命周期管理的解决方案来全方位保护从应用到数据、从软件到硬件等关键信息基础设施，从而实现重要数据的多副本保护、关键数据的实时保护、核心业务系统的远程灾备保护和高可用接管保护。具体而言，针对业务系统数据库、文件、操作系统、虚拟化平台、云平台等数据要实现全面、集中的备份保护，解决关键信息基础设施数据丢失和逻辑错误问题。消除关键信息基础设施应用单点故障和应用多点故障，实现故障应急接管、双活容灾，确保应用系统 7×24 小时连续性运行（如图 2-13 所示）。同时要实现异构存储资源整合、数据长期异介质离线归档，确保数据安全存储，以此满足国家政策法规及业务连续性的要求。

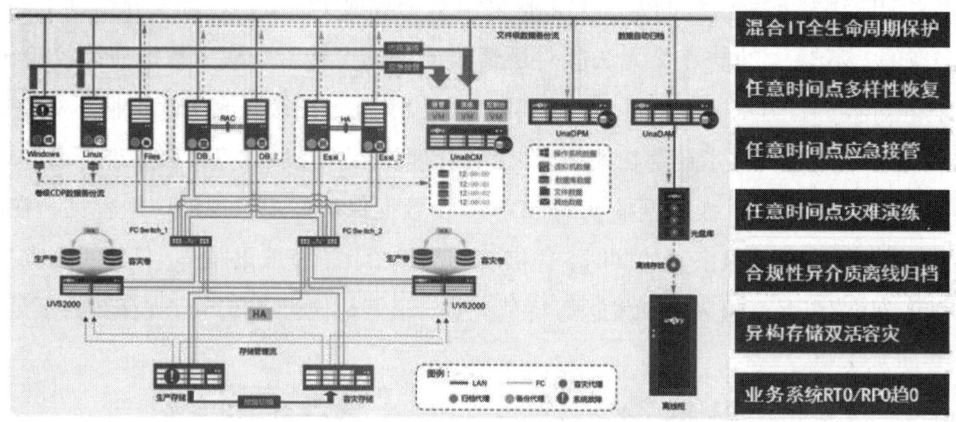

图2-13 信息基础设施连续保障体系

十二、关键举措——制度保障添砖加瓦

为了更好地保障关键信息基础设施的业务连续性，需有配套的完善举措保障（如图 2-14 所示）。

图2-14 信息基础设施保障的关键举措

团队组建： 组建一支业务连续性管理团队，并确定在灾难事件发生时与发生后相关人员和团队的角色与职责。为确保该项工作的成功，高级管理层必须参与其中。

目标明确： 明确在灾难后保障核心数据不丢、关键应用不停顿。

风险分析： 围绕业务连续性保障目标，进行详细而量化的风险分析，以确定当前IT环境之中存在哪些无法接受的风险、威胁或者可能发生的灾难，并对灾难发生的可能性、目前防护措施的有效性和该灾难所威胁的资产价值进行分析，最终得到具有优先级别的风险、灾难防护列表。

策略制定： 结合以上各阶段的分析成果，以及组织本身的投入能力，制定短期、长期范围内的业务连续性保障策略，并有意识地对人员组成和组织架构做出调整以适应策略要求。最后，尤为重要的一点是制定出实施步骤，优先解决关键问题。

方案设计： 前提是自主可控，在此基础上方案必须考虑的因素包括恢复时间目标、恢复点目标、实施与维护所需的投入以及自主可控性等。恢复时间的需求越紧迫，所需的实施成本就越大，实施难度也就越高。

实施运行： 将设计好的业务连续性保障方案付诸实施，定期进行演练并评估和记录计划演练的结果。编制维持业务连续性能力和灾难恢复计划的文档。编排计划操作手册，由一系列简单明确的指令构成，各种操作之间的相互关系必须加以明确说明，所有的指令和说明做到明白无误，以免因误解或不明了导致时间损失。这样，恢复团队遵循指令即可顺利完成恢复操作。

持续改进： 任何制订的计划，都必须经过不断测试和修正，才能满足继续发展和持续改进的需求。基于管理评审以及重新评审的业务连续性保障目标、策略与运行结果等，采取纠正措施，以持续改进业务连续性保障体系。

网络安全风险与防范

山东省电子信息产品检验院 信息安全应急支援中心副主任 赵道明

习近平总书记指出，“没有网络安全就没有国家安全”。当前，以互联网为核心的网络空间已成为继陆、海、空、天之后的第五大战略空间，各国均高度重视网络空间的安全问题。《中华人民共和国网络安全法》已于2017年6月1日起正式实施，其在提高网络空间管理水平，增强网络空间安全综合防御能力，推进网络社会法治创新，提升我国在网络空间的国际话语权和规则制定权等方面都具有至关重要的保障作用。

政府网站是各级政府机关履行职能、面向社会提供服务的窗口，是实现政务信息公开、服务社会公众、互动交流的重要渠道。近年来，针对政府网站恶意攻击事件不断发生，不但威胁重要数据的安全，而且给政府公众形象带来不良影响。加强网络安全保障工作对于有效预防、及时控制和最大限度消除危害和影响，确保信息系统安全，和谐发展起着极为重要的作用。

一、重新认识网络安全的内涵

当前，中央已经把网络安全提升到了国家安全的高度，因此，我们应当重新认识网络安全的内涵。

我们常说的网络安全就是指网络空间的安全。这里可以来比较两组概念：物理空间与网络空间；现实社会与虚拟社会。物理空间是由客观存在物（自然人、法人、其他组织及物质）和运动（人类活动和物质运动）两方面组成，物理空间的客观存在物及其运动就构成了丰富多彩的现实社会。网络空间同样也是由客观存在物和运动组成，网络空间的客观存在物变成了设备、软件，而其运动则变成信息的流动或者数据的传输。网络空间的客观存在物和运动构成了网络世界或虚拟世界。

前面提到网络安全是指网络空间的安全，那么网络空间安全与物理空间安全也是密切相关的，网络空间的安全问题都是与物理空间的人、机构或者是组织有关。之所以这样理解，是因为网络空间的虚拟活动都是由前面提到的物理空间的行为主体人或者是机构引发的，虚拟活动的结果或者是后果，势必会对现实社会产生影响。比如木马、病毒、攻击这一类的网络攻击事件，都是由人或机构发起的，而系统宕机或瘫痪也必然会对现实社会的秩序产生影响。另外，身份盗用、商业欺诈等一些犯罪活动，受害者都是现实世界的企业或人。因此我们可以得出结论，网络空间的安全问题是物理空间安全问题的延伸和反映。因此，在实际工作中，网络空间的安全问题要和物理空间的安全问题综合统筹考虑。首先我们应该清楚无论是利用网络进行犯罪，例如，网络诈骗、网上赌博还有针对网络实施犯罪，比如窃取数据、恶意攻击，实际上都是现实社会矛盾的反映，现实社会冲突越激烈，矛盾越尖锐，反映在网络社会中的问题也会更加突出，因此网络安全的保障不能孤立地看待网络空间的安全问题。

当前网络安全业界有一个共识，从技术层面上讲，“没有绝对的网络安全”，网络空间的安全问题和现实社会的安全问题一样，难以做到完全杜绝。因此网络安全中最为关键的是我们要对网络空间的安全威胁和风险进行充分的评估，采取必要的手段和措施，把网络安全事件造成的影响和损失控制在我们可以承受的范围之内，这才是正确的网络安全观。

二、影响网络安全的主要因素

世界顶级黑客 Kevin Mitnick 说过这样一句话，“人是最薄弱的环节，你可能拥有最好的技术、防火墙、入侵检测系统，甚至指纹、视网膜识别等生物鉴别设备，可只要有人给毫无戒心的员工打个电话……”省略号中的内容自然不言而喻，我们可以充分发挥想象，如果这位毫无安全防范意识的员工接到这个电话会产生什么样的后果。实际上许多网络安全事件，除了技术保障不足的环节外都是由于相关从业人员缺少足够的网络安全防范意识造成的。例如，有些工作人员利用自己职务的便利，不能重新遵守国家、行业或者本单位的网络安全相关管理制度，随意地内外网混用、使用来历不明的介质等等，他们可能自己意识不到，就是因为他们的行为，会将他本人和整个单位都推向危险的境地。

这是谷安天下 2010 年发布的中国首份《中国企业员工网络安全调查报告》中的一组数字。

（1）58.6% 的受访者半年以上更换一次密码，或者从不更换密码；

（2）仅有 26.4% 的人会定期给电脑做备份，不做备份和不定期做备份的比例共为 73.6%；

（3）如果遇到与工作无关但关系要好的同事索取工作资料，94.4% 的受访者会根据情况的不同，最终还是选择给同事；

（4）当收到熟悉发件人发送的自动播放 flash 动画或邮件内部嵌入的网页时，69% 的人会看动画、下载动画、浏览网页或点击网页链接；

（5）面对内容吸引人的不明邮件，42.5% 的受访者会看邮件内容。

虽然这组数据是早在七年前的调查结果，但就目前的实际情况看，上述情况依然广泛存在于社会各行各业中。因此，政府、企事业单位、高校等部门应通过加强网络安全意识培训，使本单位的相关从业人员以至全体工作人员，特别是领导干部共同建立起保护个人以及单位网络安全的责任感，才能够全面提高整个单位乃至全社会的网络安全水平。我们常说的“网络安全三分靠技术，七分靠管理”，同样是这个道理。

三、严峻的网络安全形势

1.网络安全风险发展历程

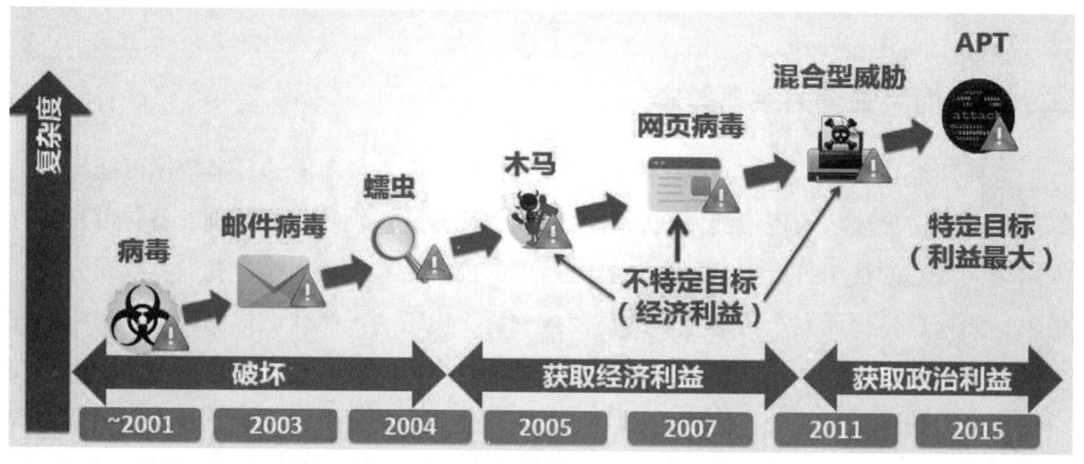

图2-15　网络安全风险发展历程

首先来看一下“网络安全风险”这个概念的发展历程。图 2-15 所示主要是从复杂度进行的排列。在 2001 年以前，我们所谓的网络安全事件主要是单机病毒，比如说大名鼎鼎的 CIH 病毒、红色代码病毒、宏病毒等，到 2003 年 ~2004 年的邮件病毒、蠕虫病毒。

这个阶段网络安全事件产生的后果主要是数据遭受破坏。目的较为简单，一小部分开发人员为显示自己的技术水平，通过恶意代码把我们的操作系统搞瘫痪，文档、照片打不开，使我们无法正常地使用计算机。而到了2005年之后，就出现了以获取经济利益为目的的木马、网页病毒，通过对目标主机植入木马，来窃取比如银行账户密码，或者信息系统的数据库来贩卖，获取经济利益。从2011年之后，一直到现在，出现了有组织的APT攻击，也就是高级持续性攻击。简单地说就是这种木马不再是以破坏数据为主要目的，而是有针对性地进行潜伏，它可能潜伏在一个重要的系统里面长时间不进行任何动作，而一旦发现它想获取的信息，就果断出手，将信息传递出去，然后再进行潜伏。这种木马实际上就是典型的间谍软件，多数是境内外敌对势力组织，甚至是西方某些国家的政府组织的行为。

2.木马和僵尸网络

黑客发动攻击最常用的攻击手段就是对被攻击者植入木马，进行数据窃取或者远程控制。另外还能够利用木马或僵尸程度组成僵尸网络，来发动大规模的攻击。我们了解一下什么是木马和僵尸网络。

木马是以盗取用户个人信息甚至是远程控制用户计算机为主要目的的恶意程序，由于它像间谍一样潜入用户电脑，与战争中的木马战术十分相似，因而得名为“木马”。按功能分类，木马程序可进一步分为盗号木马、网银木马、泄密木马、远程控制木马、流量劫持木马、下载者木马和其他木马。随着木马程序编写技术的发展，一个木马程序往往能够同时包含上面所说的多种功能。

僵尸网络是被黑客通过木马集中控制的计算机群，其核心特点是黑客能够通过一对多的命令与控制信道操纵感染木马或僵尸程序的主机，执行相同的恶意行为，从而对某目标网站或者是主机进行分布式的拒绝服务攻击，或者是同时发送大量的垃圾邮件。分布式拒绝服务攻击，也称DDoS攻击，其攻击原理为黑客在获取到一定数量的主机控制权，并且组成僵尸网络后，利用被控主机同时向一个目标大量发送数据包，如果僵尸网络规模足够庞大，又或是被攻击方网络带宽不够，很快就被阻塞，应用系统和主机也就无法提供正常服务，而攻击源来自多个被控主机，分布面广，因此得名“分布式拒绝服务攻击”。

根据国家计算机网络应急技术处理协调中心2017年5月份发布的《2016年中国互联网网络安全报告》数据显示，2016年约9.7万个木马和僵尸网络控制服务器控制了我国境内1699万余台主机，控制服务器数量较2015年下降8.0%，近5年来总体保持平稳向好发展。其中，来自境外的约4.8万个控制服务器控制了我国境内1499万余台主机，其中来自美国的控制服务器数量居首位，其次是中国香港和日本。就所控制的我国境内主机数量来看，来自美国、中国台湾和荷兰的控制服务器规模分列前三位，分别控制了我国境内约 475 万、182 万、153 万台主机。在监测发现的因感染恶意程序而形成的僵尸网络中，规模在 100 台主机以上的僵尸网络数量 4896 个，其中规模在 10 万台以上的僵尸网络数量 52 个。

2016 年监测到 1Gbit/s 以上的 DDoS 攻击事件日均 452 起，比 2015 年下降 60%。但同时发现，2016 年大流量攻击事件数量全年持续增加，10Gbit/s 以上的攻击事件数量第四季度日均攻击次数较第一季度增长 1.1 倍，全年日均达 133 次，占日均攻击事件的 29.4%。另外，100Gbit/s 以上的攻击事件数量日均在 6 起以上，并监测发现阿里云多次遭受 500Gbit/s 以上的攻击。从攻击流量来源来看，在 2016 年攻击事件中，超 2016 年的 DDoS 攻击事件中，超过 60% 的攻击流量来自境外；从攻击目的来看，67% 涉及互联网地下黑色产业链；从攻击方式来看，反射攻击依旧占据主流；从攻击源 IP 地址对应的设备来看，除了传统的 PC"肉鸡"和 IDC 服务器外，智能设备逐渐被利用为 DDoS 攻击工具。

3.安全漏洞

众所周知，绝大多数的黑客向被攻击对象植入木马来窃取数据或者是远程控制计算机的主要手段是利用安全漏洞。安全漏洞是在硬件、软件协议的具体实现或系统安全策略上存在的缺陷，从而可以使攻击者在未被授权的情况下访问或破坏系统，使受限制的计算机组建应用程序或者是其他连接资源，在程序编写中留下的不受保护的入口点。我们在日常使用计算机时，安全防护软件经常会弹出一些应用系统的补丁更新提示，这些就是由于应用系统中存在漏洞，而开发商在发现安全漏洞以后所采取的补救措施。《2016 年中国互联网网络安全报告》数据显示，2016 年，国家信息安全漏洞共享平台（CNVD）共收录通用软硬件漏洞 10 822 个，较 2015 年增长 33.9%。其中，高危漏洞收录数量高达 4146 个（占 38.3%），较 2015 年增长 29.8%；"零日"漏洞 2203 个，较 2015 年增长 82.5%。漏洞主要涵盖 Google、Oracle、Adobe、Microsoft、IBM、Apple、Cisco、Wordpress、Linux、Mozilla、Huawei 等厂商产品，其中涉及 Google 产品（含操作系统、手机设备以及应用软件等）的漏洞最多，达到 819 个，占全部收录漏洞的 7.6%。按影响对象类型分类，应用程序漏洞占 60.0%，Web 应用漏洞占 16.8%，操作系统漏洞占 13.2%，网络设备漏洞（如路由器、交换机等）占 6.5%，安全产品漏洞占 2.0%，数据库漏洞（如防火墙、入侵检测系统等）占 1.5%。

漏洞涉及产品	漏洞数量（个）	占全年收录数量比
Google	819	7.6%
Oracle	689	6.4%
Adobe	561	5.2%
Microsoft	522	4.8%
IBM	500	4.6%
Apple	439	4.1%
Cisco	356	3.3%
Wordpress	233	2.2%
Linux	218	2.0%
Mozilla	183	1.7%
Huawei	155	1.4%
其他	6147	56.7%

表2-1　2016年国家信息安全漏洞共享平台（CNVD）数据

产品存在安全漏洞意味着系统中存在安全隐患，系统中存在安全隐患势必会产生安全事件，对于政府部门来讲，门户网站及信息系统是黑客发动攻击的关注点。2016 年，CNCERT/CC 监测发现，我国境内约 1.7 万个网站被篡改，较 2015 年减少 31.7%，其中被篡改的政府网站有 467 个，较 2015 年减少 47.9%。从网页篡改的方式来看，被植入暗链的网站占全部被篡改网站的比例高达 86%，是我国境内网站被篡改的主要方式。从境内网页被篡改的类型分布来看，以 .com 为后缀的商业网站被篡改的数量最多，占总数的 72.3%，其次是以 .net 为后缀的网络服务公司网站和以 .gov 为后缀的政府网站，分别占总数的 7.3% 和 2.8%。相信本文的读者中有大部分是政府部门、企事业单位的信息化、网络安全负责人，向大家介绍这些数据是想提醒信息安全从业人员，一定要充分认识网络安全重要性，并要有充分的安全保障手段和措施。说实话，网站被攻击瘫痪受影响的可能只是本部门、本单位或者本行业，而一旦出现被篡改的政治事件，会造成严重的影响，网站安全管理人员作为直接责任人势必要承担一定的责任。

山东省电子信息产品检验院作为山东省省级网络信息安全技术支撑机构，近年来协助省、市各级网络安全主管部门处理若干起网络安全的事件，对于涉及政治类网络安全事件，网站主管单位都会被逐级问责。但是，我们前面提到了，没有绝对的网络安全。黑客攻击的手段永远会比防护措施要快一步，那么如果我们在日常工作中把网络安全保障工作做到位，定期对网站及信息系统进行安全测评、风险评估，对测评发现的问题和隐患及时整改，并制定一系列的管理制度抓好落实，即使发生了问题，网络安全主管部门在进行调查时发现用户单位的网络安全防范水平和意识足够高，技术保障措施也基本到位，相信主管部门在进行问责时会充分考虑这些因素。这也是前面所提到的什么是正确的网络安全观：把网络安全事件造成的影响和后果控制在我们可以承受的范围之内，才是正确的网络安全观。

四、常见的网络安全风险

山东省电子信息产品检验院是山东省经济和信息化委员会直属的社会公益型科研事业单位，自 2009 年起承担全省政府部门的网络安全检查工作，本人有幸多次作为检查组成员，全程参与了检查工作。通过这些年的检查经验和数据的积累，个人总结出以下几条目前普遍存在的网络安全问题和风险。

（1）WEB 应用攻击风险。此类风险最典型的就是网站及信息系统存在安全漏洞，另外包括源代码泄露、网站管理员账号存在弱口令等。

（2）非法数据包的入侵。主要是指网络边界处没有部署入侵检测类安全设备，无法对非法数据包进行过滤。

（3）主机的漏洞攻击。顾名思义，就是主机操作系统存在高危漏洞，或者是主机的系统管理员弱口令。

（4）有害程序入侵。主要是对病毒、木马防护措施不到位。

（5）DDoS 攻击防御能力不足。对于政府部门中面向互联网用户的门户网站或信息系统，如果不采用技术防护 + 流量迁引之类的保障措施，黑客一旦发动大规模 DDoS 攻击，普通用户单位的带宽完全无法应付。

（6）数据库漏洞的攻击。也就是数据库系统存在高危漏洞以及管理员的弱口令。据近年来网络安全检查工作中发现，目前还存在部分用户的 SQL Service 数据库的管理员用户名、密码都是 SA 的情况。

上述 6 个问题可以视为前面提到的网络安全保障三分靠技术，七分靠管理的技术部分，能够依托安全设备和安全服务进行有效解决，而提升安全意识和加强安全监管才是保障安全技术措施能够真正发挥其作用的重要手段。当前，随着各级各部门对网络安全认识的逐步提高，各级各部门在网络安全的软硬件投入上也越来越大，然而购置安全设备是否真正起到了防护作用，是否最大限度地发挥其防护功能，安全策略是不是进行了有效设置，策略的设置是不是符合我们的网络结构，策略库、规则库是不是定期进行了更新，以及防护日志是否按照要求进行定期保存，是否定期进行回溯和总结，都需要一系列的管理制度来进行保障和监督。

当前，国家鼓励服务外包，很多单位也采取了花钱购买服务的方式来解决信息化运维、网络安全保障人员不足的问题。这种方式值得提倡，能够有效节约运营成本。但是需要着重注意一点：对操作系统、数据库、网络设备、安全设备、网站及信息系统进行操作的主动权、自主权一定要掌握在用户方手里，管理员密码不能由设备的厂商、集成商或者是维保厂商掌握。首先，企业，特别是安全类企业的人员流动性相对较大，甚至经常会在不同的竞争对手中流动，不确定因素太多。我们进行网络安全检查和测评过程中，时常对数据库系统进行授权安全监测，需要用户提供管理员密码，测评机构对测评人员的要求是在进行这类检测时，应在测评人员回避的情况下由用户进行账号输入，但在实际测评中经常出现本单位技术人员不知道密码，然后电话询问开发商，一边听，一边重复，一边记纸上，然后到测试平台输入甚至直接交给测评人员，检测完毕后将记录着 IP 地址、数据库名、管理员密码的纸随手一扔。如果这张纸被别有用心的人捡到，就轻而易举地获取了数据库的完全控制权。

更可怕的是，由于获取到的账户密码是管理员的合法账户，在进行登录和操作时，安全设备会一路放行，用户单位更是无法察觉，如果进行破坏性操作，后果将不堪设想。因此，网络安全管理问题一定要抓好，不能嫌麻烦，嫌一时的小麻烦，以后就可能造成不可想象的大麻烦。

五、常见的网络安全风险防范建议

1.建立周期性网站漏洞检测及信息安全突发事件监测长效机制

俗话说“知己知彼，百战不殆”，用户在进行安全防护时，首先要做到“知己”，也就是应该充分了解自己的系统存在什么问题，系统的脆弱点在哪里，有什么安全隐患，才能够有针对性地进行防范。那么发现问题，定位脆弱点就要通过安全测评或者是风险评估来实现。目前我们国家全面推行信息系统安全等级保护测评、信息安全风险评估，就是最好的发现问题、查找隐患的手段。对系统进行充分的测试评估，再通过安全设备或者是安全服务来有针对性地进行解决。另外，在严格落实制度、岗位职责等措施进行传统网站防护的同时，应定期对门户网站、重要信息系统进行安全漏洞检测及信息安全突发事件的监测，分析评估网络与信息系统的威胁、薄弱环节、防护措施，发现问题，查找隐患、堵塞漏洞，从而保障系统的安全应用，提高网络安全的科学管理水平，提升网络与信息系统安全保障能力，由被动防御向主动预警转变。

2.加强信息系统的总体安全设计

规范新建信息系统的开发流程，提高网站开发商的准入门槛，降低网站建设之初就遗留各类漏洞的安全风险。对存在高危漏洞的网站进行加固，做好网站针对性安全加固和整改工作，明确并细化安全策略。

随着信息技术的不断发展，黑客的攻击手段越来越丰富。目前，绝大多数的政府部门、企事业单位的信息系统开发都外包给了开发商，有一小部分开发商为了节约成本，只会在页面设计和功能实现上下功夫，开发出来的系统功能强大、页面美观，但是采用了落后的开发技术，或者由于网站开发工程师本身就缺乏代码安全的意识和知识，开发完成以后，用户单位也未进行上线前的漏洞检测，这些漏洞就成为黑客发动攻击最有效的途径。因此，建议在进行网站及系统开发时，一定选择有资质、有实力的机构，确保其采用先进技术、安全的代码。同时开发完成后要进行系统的源代码检测、WEB 应用漏洞检测和渗透测试后再上线运行，要从源头上保障网站程序的安全。另外，正在运行的网站及信息系统，应保证系统在开发商的服务期限内，如果超出服务期限要及时购买延保服务，同样包括网络设备和安全设备。前篇提到了安全漏洞是会不断出现的，信息系统和网站的程序及代码也要不断完善，同样安全设备的规则库、漏洞库也在不断更新，当前信息系统开发商向用户交付产品时是不会提供源代码的，因此 WEB 应用漏洞修复这项工作只能由开发商来完成，因此要确保信息系统、设备软件在厂商的服务期限内运行。安全设备能够对一些攻击类事件进行防御和阻断，但是现在黑客的攻击手段层出不穷，防火墙绕过攻击已经不是新鲜事，因此，要从源头上保证网站及信息系统的安全，也就是源代码安全。

3.定期组织培训和网络安全应急演练

组织参加各种形式的学习培训，提高全体工作人员的网络安全专业知识和技能水平。

定期进行链路、主机、数据、应用多方位的网络安全应急演练，按照“预防为主，积极处置”的原则，完善本单位应急处置机制，提高应对网络安全突发事件的应急处置能力。

最后，表达一下对网络安全事件责任界定问题的个人理解。当前，很多单位的网站和信息系统进行了从开发、物理机房、服务器空间、数据库到安全服务全方位的外包、代管，用户只负责使用和信息发布。会造成一种服务器不在我们这里，安全问题交给托管机构的观点。在这里我要告诉大家，这个观点是完全错误的。公安部关于印发《关于信息安全等级保护工作的实施意见》的通知（公通字 [2004]66 号）中明确规定，信息系统“谁主管谁负责、谁运营谁负责”，信息系统托管外包，服务机构只是代管、代运营，用户单位才是信息系统的主管方和运营方，因此，一定要正确认清责任，确实做好本单位网络安全保障工作。

关于政府网站建设运维工作的思考

济南市信息中心信息资源处副处长 张立群

大家晚上好，非常荣幸有机会在这里和各位专家、同行就政府网站的建设运维工作分享一点个人的心得体会。

我从 2003 年开始接触政府网站建设运维工作，伴随着济南市政府门户网站经过十几年的发展至今，遇到了一些困惑，也总结出一点个人心得，今天我想就我曾经或者目前正在面临的困惑、问题与大家交流分享，以下是我准备的六个问题。

（1）政府门户网站究竟应该如何定位？它的服务对象有哪些？

（2）政府网站是否属于媒体？如何界定与其他新闻媒体的区别？

（3）政务公开与政府信息公开的关系。

（4）政府门户网站与部门网站以及政务服务网的关系。

（5）政府门户网站日常内容如何运维？

（6）政府网站与微博、微信等移动端的关系。

带着这些问题我们准备开始吧！

在分享政府网站的工作思考前，我想先跟大家分享自己对信息化领域中几个概念关系的理解：信息化、电子政务、云计算、大数据、智能化（智慧化）、社会信用体系（诚信体系）。百度上的解释大家可以自行查阅，我就不赘述了。我想说的是乍听这些名词似乎各成体系，但实际上从政务工作角度来看，我认为它们只是我们以信息化或者电子化手段改进我们的传统工作这一过程中不同阶段的概念产物。也就是说它们的最终目标是一致的，本质也是相同的，就像一棵树上长出不同的枝芽。这些概念下衍生出的工作之间不是矛盾和竞争的关系，而是和谐统一的关系。虽然由于我们传统部门职能的划分导致不同的部门分别在推进这些方面的工作，但应该是协同推进而不应该互相掣肘。

另外需要注意的是，这些概念的出现其实是有先后次序的，是有依存关系的。信息化的概念是20世纪六七十年代提出的，电子政务可以简单理解为就是政府系统的信息化，随着互联网技术的发展，出现了云计算以及大数据的概念，二者相互依存，在此基础上才会逐步实现智能化，并形成完善的社会信用体系。我们目前很多工作是在同步推进，上面提出要求后不加分析，只针对自己这方面考虑执行，结果只能是条块越来越多，谁也无法做好。我们这个领域的很多工作如果不注意前后次序，就像是没盖一楼就要盖二楼三楼一样，听起来很可笑，但实际工作中恰恰很多都是这样干的。另外，很多工作如果不统筹考虑就闷头干的后果甚至会南辕北辙，就像去年的政府网站普查工作与编办之前的规范中文域名、开通红页等工作，目的其实都是清理整顿不合格政府网站，结果到各地执行起来出现了很多与初衷相悖的现象，反而可能会造成新建了较多无用的网站。

再举个例子：我们前段时间接到发改委系统的通知，要将行政许可、行政处罚事项信息在各级政府网站上“双公示”，当时发改委在没有和我们对接前想到的就是要新建一套系统，让各个单位在限定的时限内把数以万计的许可、处罚事项逐条录入进去，并形成日常化保障，这在现实中是无法实行的，并且会大大降低行政办事效率，重复建设又会造成极大的浪费。发改委与我们对接后，经过仔细研究“双公示”文件后发现实际这个双公示的要求是对政府信息公开工作的深入推进，也是从另一个角度对网上办事服务能力提升提出要求，看清楚这点就明白我们要如何来完成该项工作了。我们结合市里原有审批系统及处罚系统的基础，按照政务服务平台的统一规范标准以及双公示基本要求进行改造，合力推动各职能部门将许可及处罚事项的办理向两套已有系统上迁移，虽然也需要一定时间，但只有这样才有可能达到双公示的要求。

同样，工商局牵头的事中事后监管系统、发改委的重大项目申报系统以及诚信平台都可以在全市政务服务平台的基础上统筹建设，从而避免各自为政、相互孤立的局面。

一、政府门户网站定位及服务对象

说到这里，大家似乎应该发现了些什么，我们政府各个部门所推进的诸多工作的成效，最终都要落实到政府网站上面展示并接受检验。就像之前我们的很多项创城工作，国家进行检查时首先是通过我们的政府门户网站远程了解我们的创城工作情况，检查创城工作进展及成效，然后才是更加有针对性的实地考察督检。在信息化发展到目前的阶段，互联网已经渗入了我们社会的方方面面，而政府网站作为政府在互联网上的窗口，实际承载着实体政府在互联网上与公众交互的重任，甚至可以理解为我们的政府门户网站就是网上政府。这可以明确政府门户网站的定位了。

既然是网上政府了，那我们就需要考虑一下，网上政府与实体政府有何区别呢？实体政府在现实社会中履行的管理职能在政府网站上该如何体现呢？我们实体政府提出了建设服务型政府的口号，那究竟如何服务，为谁服务，提供哪些服务？同样，网上政府是否也要打造服务型网上政府？

网上政府与实体政府相比，除了具备实体政府其他特性之外应该更注重于提供整合后的服务，实体政府的各个部门单位都会有各自实体的服务窗口或平台，大家需要分别去办理；而网上政府恰恰可以发挥自身的优势，那就是让数据跑路而不是让群众跑路，利用我们的互联网技术将各个部门单位隐身于网上政府之后，公众只需要通过一点登录就可以办理相关所有事项，至于部门之间的协调那就是我们政府门户网站的管理运维者需要考虑如何实现了。

再来说我们政府网站的服务对象，在我们中心领导的带领下，经过不断摸索，总结出我们的政府网站的服务对象或者叫受众群体分为以下几类：第一类是我们政府部门的领导以及各部门的工作人员，这一类需求包括领导可以通过政府网站的内容对我市政务工作情况有所了解，能够起到决策参考作用；各部门工作人员则可以了解领导动态以及其他部门的工作情况，这就起到了辅助参考作用。第二类是社会公众，又可以分为本地区的和本地区以外的，他们会通过政府网站了解与自己生活息息相关的政策、指南，享受政府网上提供的各类服务，并能提出各自的诉求。第三类是单位企业的法人及投资人，他们会通过政府网站了解与企业单位相关的政策、指南，享受政府网上针对他们提供的服务，并能从单位企业或投资者角度提出诉求。因此，网站改版时我们也在济南市的政府门户网站上将服务对象分为了三类：政府及公务员、市民及来访者、企业及投资者，并按此分类形成了网站的一种访问模式。

除去这三大类服务对象之外其实还有一类，就是媒体及研究人员，他们会通过政府网站获取自身工作需要相关的信息，或者再次加工，或者行使监督。当然，我们所划分的这个分类并非绝对的，相互之间的角色是会有重叠和交错的，比如可能我们的工作人员也会有本地市民的需求，只是按照角色的不同，可能希望获取服务的方式也有所区别。

二、政府网站的媒体属性

政府网站究竟是否有媒体属性？我认为它当然具备媒体属性，而且是我们政府自己把握的最重要的官方媒体。我们的政府网站应当是政府在互联网上发声的主阵地，互联网发展至今，网上信息量巨大且纷繁不堪，这时所面临的最重要的问题就是对网上如此繁杂的信息真实性的判定。政府完全可以利用好这个官方媒体的阵地，发出我们官方的声音，以政府网站的内容为权威发布，更加符合对舆论的引导和管理。政府网站就像是一个公告牌，把所有政务内容主动通过这个公告牌公开出来，让大家都形成一个意识，要找到政府发布的准确权威的官方内容，只有到政府网站上来查。

但政府网站又有别于其他的新闻媒体。它的核心内容应该是政务，发布展示出来的就是政务公开的内容，因此必须符合政务公开的要求。内容首先是要权威准确，其次是要及时全面。这与其他新闻媒体就有了很大区别，新闻媒体尤其是现在网络上的新闻媒体普遍首要遵循的是新闻传播的价值度，是抢先发布，是吸引力，是是否能抓人眼球，其次才会关注内容的准确性。对内容的准确性不再苛求，那我们的政府网站要不要跟呢？答案应该是不要！越是爆炸式的海量的信息带来的求真性需求越高，信息太多了就要分辨哪些是真哪些是假了，“政府网站上的就是真的”这块招牌一定要立住！我们跟其他媒体相比，在抢先上是没有什么优势的，制造新闻性和话题性上也是没有什么优势的，很多情况下甚至要回避新闻性和话题性，我们唯一能比其他媒体更有把握的优势就是权威准确。

现在进入了信息化时代，对于舆论的管控更加有效的是疏而不是堵，引导舆论最佳的方式是通过官方的渠道发声，越是光明正大地把真实的情况公布出来，就越不容易形成舆论，越是没有官方或者权威的地方公示越会形成诸多猜度和舆论。其实政府网站就是我们的实体政府在互联网上的官方发布厅。我们如果能够保证第一时间在这个发布平台上公布出来，公众自然就会以此为准。

三、政务公开与政府信息公开的关系

那么政府网站究竟怎样才能做到权威准确呢？我的理解是充分发挥政务公开制度的作用，将政府网站的内容保障任务分解到每位具体工作的人员那里，这样才能及时准确地发布出政务信息。我们的政府门户网站目前推行的建设运维模式就是按照这个思路来构建的，政府门户网站当中最主要的政务公开内容全部来源于我们的政府信息公开系统以及企事业公开系统，而我们的政府信息公开系统以及企事业公开系统都是各个政府部门及企事业单位具体工作人员直接保障的，网站的内容管理系统所做的是对网站总体架构的搭建、新闻动态发布、专题制作等工作的管理以及页面的展示等。这也解释了政务公开与政府信息公开的关系，我们认为政务公开的范围更大，而政府信息公开是政务公开的一种具体落实形式，两者目标也是一致的。

四、门户网站与部门网站及政务服务网关系

政府门户网站与部门网站的关系就像是一级政府与本级政府部门的关系一样，所谓一级政府指的是所有同级政府部门的集合，并非哪一家单位部门可以说我就是政府的。同样作为网上政府的政府门户网站也是需要各个政府部门作为运行保障支撑的。政府门户网站是集成了各政府部门的所有政务资源，然后按照一定规则整理归类，并以一定形式展示出来的。

政府门户网站与政务服务网的关系，我认为应该是同源的。本质上两者要建设的内容和要达到的目标是完全一致的，区别在于过去的政府门户网站大都是从公开入手做的，逐步完善提升服务能力，而服务网上来就是以服务为切入点。个人认为两者应该相互结合，不应该再分割开来建设，一级政府一个门户，只需将政府门户网站的服务功能替换为政务服务网相关功能就可以了。

其实政务服务网也好，门户网站也罢，需要解决的问题都是后面支撑的政务服务平台是否完备。有了后面服务平台的支撑，前台的网站才能发挥服务作用。现实的状况是后面的服务平台尚未建成，前台的网站就要见到成效。门户网站就像是一个商场或者超市，栏目就像商超里面的店面柜台，政务服务平台就像是综合供货渠道，只有供货渠道建好了，商超中的店面柜台里才有货物销售，公众才会愿意来消费。

五、政府门户网站日常内容如何运维

政府门户网站的日常内容运维分为以下几个方面。

常规化政务动态的运维：通过政务处室或者党报媒体提供每日全市政务工作动态，此类内容为必选动作，但受众群体较少，关注度低。

政府信息公开日常运维：监管敦促各单位部门及时准确将产生出的政策法规、人事、财务、计划规划、统计等信息公开，可借助第三方机构进行日常督检；权力事项办理过程结果的信息公开则需要借助服务平台统筹实现。

专题或文件解读类内容运维：现在比较流行的是新闻专题化，简单来说就是每条信息都可以延展成为一个专题，大大增强了可读性。个人认为政府门户网站在这方面是个弱项，原因有两个：其一，没有好的编辑策划人员，或者说不能高效地把有限的信息加工成丰富的专题展现出来；其二，更重要的我认为是没有好的原材料。第一方面我们完全可以通过外聘专业的编辑解决（中国政府网已经给我们做了很好的示范），但第二方面则需要我们把网站的内容保障任务落实到位。我们现在面临的困难就是无法让所有的

政府部门都能第一时间准确地把自身工作产生出来的政务信息发布到位，现在我们拿到手的素材要么是从报纸或其他媒体上抓取来的（已经没有了新鲜度），要么是部门通过自己网站发布出来的，质量比较低，也不具可用性。部门单位更习惯于第一时间联系媒体记者，稿件甚至都是记者起草，重要的通知等也习惯通过报纸等其他媒体发布，或者第一时间发在自己网站上。我们目前采取的方式是加大考核力度，加强日常监督抽检，一旦发现部门通过其他媒体发布了本该第一时间在信息公开平台上发布的内容，就及时通过工单通知该单位把内容补发在信息公开平台上；对于规范性文件、财政预决算等有明确主管单位的内容则联合该单位进行日常监察，并由该单位明确提出此项内容公开时指定在政府信息公开系统中发布。此项工作任重道远，专题的策划制作就像是炒菜，政务信息资源就像是各种食材，食材如果数量不够或者不新鲜怎么可能炒得出色香味俱全的佳肴啊？

六、政府网站与微博、微信、App等移动端的关系

个人认为它们都应该是网上政府的组成部分。虽然目前网站与移动端相比不再是主流，但网站的特性决定了它更适合于进行资源的归集整理，它更可以作为一棵树木的主干，微博、微信、App 等其他的方式渠道作为它的分支可以各自发挥优势特点。

其中，微博属于广播式媒体，需要广而告之的内容可以利用微博进行扩散，目前进入了衰退期；

微信属于黏度较高的社交媒体，可以点对点进行扩散传播，并且由于准实名认证的特性，可以实现便民查询等功能；

App 属于网站的移动端配置，应打造成依赖度最高的工具，成为本地市民的随身必备。

在内容的编发方面，个人认为网站、微博、微信、App 所发布的内容应该产自一个编辑部，首先通过网站形成第一次编辑，形成的信息或专题分发至微博、微信、App 的后台管理端，然后按照各自适宜的展现形式进行二次编辑加工后发布出去。

办事服务方面，可以按照不同特性区别对待，比如网站是最全最完善的办事平台，App 次之，可以把适用于移动端又相对复杂的办事功能实现，微信则可以实现查询功能。

最后需要着重提出的是，虽然是利用不同的渠道发布，但应该统一打出一个品牌，否则无法形成合力。

或许还会出现新的移动端产品，比如近期较火的今日头条，都应遵循合力打造的原则，只是需要针对不同产品的特性做出合理的调整。

以上问题是我平日工作中遇到的和思考的，纯属个人观点，如有不当之处，希望多多批评指正！最后非常感谢大家能利用休息时间赏光聆听，预祝周末愉快！

中国宜昌网精细化网站群运维服务

宜昌市智慧城市办公室网站与信息公开科科长　裴之强

网站群的运维服务工作的特点是琐碎、繁杂，所以工作经常陷于被动。琐碎就难以对工作进行有效管理，运维部门的工作人员工作就像“弹钢琴”，左手接电话右手改网页，工作杂乱无章很容易遗漏，工作繁杂难以衡量价值。一年下来做了多少事，做了哪些事？网站整体健康情况如何？客户是否满意？工作的价值如何体现？这些问题过去一直困扰着我们运维服务人员。

2014 年，我们在研究 ITSS 运维服务标准时，提出了“三化、两公开、一制”的思路，即服务事项模块化、服务过程标准化、管理信息化、过程公开、评价公开和考核工时制。下面我一一介绍这六个方面我们的一些做法。

一、服务事项模块化

梳理几年的部门需求，参照 ITSS 标准编写《运维服务目录》，分为两个方面，一方面是技术服务，这里我们共整理出 21 个目录大类，45 个目录小类，包括网站建设、布局调整、页面设计、规划咨询等，主要是部门提出我们解决的这类服务。另一方面是技术支撑，主要包括页面巡检、安全补丁、数据备份等服务内容，是我们主动提供服务的部分。通过模块化的呈现方式，让不懂技术的用户也对我们的工作范畴有了一个清晰的认识，不至于再提出我们工作范围外的其他要求。这样在一定程度上也节约了我们的运行成本。

二、服务过程标准化

我们把45个服务事项、需要的工作步骤整理出来，按照服务类型、服务内容、服务耗时、服务结果、交付方式、服务流程把每个服务事项过程标准化。比如网页建设这个服务项目，服务流程就包括提交申请、页面设计、页面审核确认、页面部署、测试调试5个环节，每个环节需要多长时间，服务的结果是什么等等。通过严格的流程控制，实现对操作流程的规范，从而达到通过面向用户提供统一而专职的服务窗口，促进内部业务流程与IT运维管理架构的集成，实现逐步把运维人员从“救火队员”的状态解放出来的目标。

三、管理信息化

我们把梳理的服务事项和流程按照我们的需求自主研发了一套管理系统，每个部门都有账号，可以方便地查看自己网站的运行情况，比如可用率、访问速度、错误链接、错别字、更新量等情况。过去，用户遇到问题需要处理时，通常都是直接给运维工程师打电话、发QQ，有时工程师即使手头有其他工作安排，为了保证客户满意度，也得放下手中工作及时响应处理；有的时候可能因为其他的工作安排而影响响应速度。所以总是感觉每天的工作杂乱无章，天天就像“救火队员”，疲于应付。现在通过这套系统，部门用户只需点击“我要预约”按钮向我们提交工单，即可一键直达，无须再打电话、发QQ，很好地规避遗漏工单、响应不及时的情况，并且还可以像查“快递”物流一样实时追踪工单执行状态。同时系统还提供了报表功能，可以查看我们中心为他们提供的服务情况，如截止到2016年6月23日，已累计处理工单40件、主动服务504次、总工时119.2小时，还提供网站健康情况、内容诊断情况等报表。系统还与当天值班人员的手机关联，一旦有网站被篡改、打不开等重大情况时会发送短信到手机，便于我们及时响应处理。

四、过程公开、评价公开

一是过程公开，我们每天都会在系统中公布待处理工单队列，列出正在处理的所有工作，以及每项工作处理到哪一步了、预约排队需要多久等信息向部门公开，同时向我们的主管部门市智慧办公开，接受监督，市智慧办可以根据我们的工作进度和需要随时调整排序、调整时间。

二是评价公开，每个服务结束后，服务对象都可以对我们的服务进行满意度评价，是满意、基本满意还是不满意，这些评价在系统中公开，所有部门包括市智慧办可以随时查阅，该评价作为市智慧办对我们中心工作的考核指标之一。

通过这些线上线下的协作机制，让我们的服务真正“看得见”，处理过程真正“透明化”，从而避免了很多在用户等待过程中所产生的不必要的误会。许多用户对这样新的运维服务模式表示了认可，极大地提高了客户满意度。

五、考核工时制

过去因为没有一个评估标准，对于运维服务工作基本是“人头费”计算方式，即按一个人多少钱计算运维服务费用，这样的核算方式会导致运维单位为了能争取更多的政府投入而不断增加人员，政府花钱养人就导致机构臃肿、人浮于事。按照工时制的方式核算，把过去的政府花钱“养人”变为“养事”，是比较科学的方式，有利于推动运维服务单位想做事、多做事。通过我前面介绍的几个方面的工作，通过软件系统，我们可以实现对每项工作记录清晰、过程留痕，且有时间记录，再结合我们当地的人力成本，计算出合理的工时费。真正体现运维服务工作的多劳多得，真正把运维服务工作的效益和价值体现出来。

另外，介绍下我们的运行机制，我们中心分为 4 个部门：一是项目部，主要负责做页面设计、部署；二是规划部，主要负责做网站栏目规划、咨询培训；三是研发部，负责做产品研发；四是运维部，负责运行维护，运维部作为一个窗口部门、龙头部门，除自己受理一些服务外，还把办件分拣派单到其他部门。

我们的运维服务还在进一步朝精细化的方向走，当前的重点工作是编制《运维服务白皮书》，从操作层面进一步规范每个运维服务人员的工作，提高工作质量，再就是力争取得 ITSS 运维服务资质，用第三方的力量推动我们的运维服务工作进一步提升。

零失误的政府门户网站三剑客：木马预知、数据保护、更新自检

大汉智政原创

政府网站建设现状

政府门户网站是政府职能部门信息化建设的重要内容，是各级政府机关履行职能、面向社会提供服务的窗口，是实现政务信息公开、服务企业和社会、公众互动交流的重要渠道，同时也是对外宣传政府形象、发布行业信息、开展电子政务的主要平台，是国家重要信息系统。在政府门户网站的建设过程中，除了要保障政府网站的运行与管理，加强政府网站的内容保障工作，还需要应对网络攻击、数据安全、国家普查这些方面的问题。具体的问题如下。

1.安全形势越来越严峻

目前，在网络安全事件方面，很多事件从以往的民间性质转变成了有官方背景的活动，2017 年发生了很多具有官方背景的黑客发起的活动和攻击，对全球网络安全造成了严重的损害，影响和后果都比较严重。由于背后是官方组织，其动机和过去个人炫技存在很大区别。攻击目标从原来的普通商业目标更多地转变为高价值的目标，比如政府网站等。

国家互联网应急中心发布的《2016 年中国互联网网络安全报告》显示："2016 年 CNCERT/CC 共监测到境内 82 072 个（去重后）网站被植入后门，其中政府网站有 2361 个（如图 2-16 所示）。"

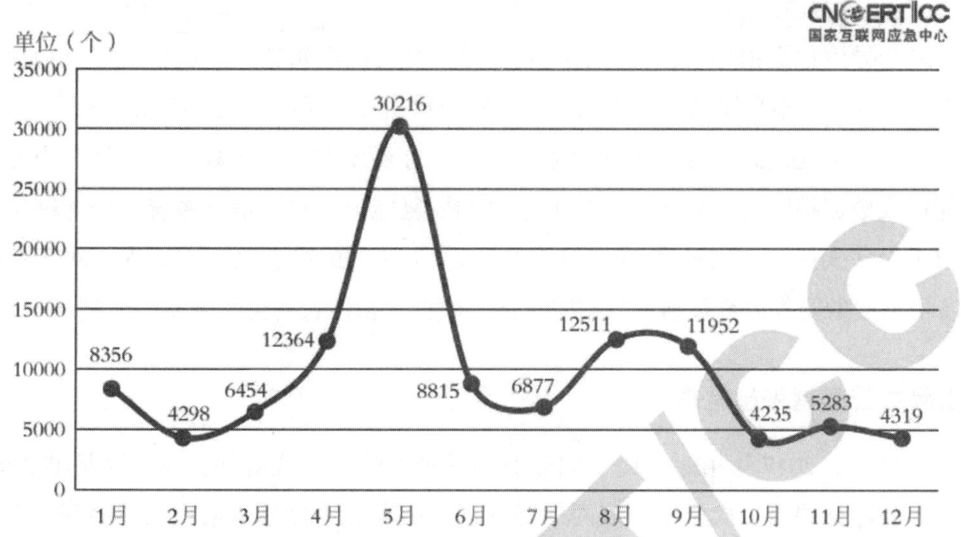

图2-16 2016年我国境内被植入后门的网站数量按月度统计（来源：CNCERT/CC）

近年来攻击政府网站已经成为黑客的癖好，政府门户网站因其在公众心中的特殊地位，一旦被攻击即会造成非常恶劣的社会影响。2016 年 G20 峰会前，浙江省对全省门户网站进行了全面的安全扫描和防护，大大降低了网站攻击风险，但会议期间在境外网上仍然出现巨额悬赏煽动黑客集体攻击浙江省政府的门户网站群。

遭受攻击的后果，一般表现为页面遭篡改、数据被窃取、业务受攻击、内网被侵入和网站瘫痪等。其中页面篡改具有很大的杀伤力，如网页被添加反动标语，甚至上升到政治性问题。黑客往往通过木马后门攻击的手段来达到页面篡改的目的。

APT 高级持续性威胁成为最新热门威胁，黑客将木马长期隐蔽在目标组织的网络内部，不断收集各种信息，直至收集到重要情报。案例包括 2010 年伊朗核电站攻击事件、2015 年乌克兰停电事件、2016 年孟加拉央行被盗事件等。这种行为往往经过长期的经营与策划，并具备高度的隐蔽性，非常难以检测。

2.数据保护越来越重要

网站的安全不仅要做好攻击前的防范，更重要的是要做到网站数据丢失后能够迅速有效地进行系统恢复。《网络安全法》首次明确规定了关键信息基础设施的定义和具体保护措施。作为关键信息基础设施的政府门户网站，数据保护是保障其稳定、持续运行的核心。全球风险顾问公司 Kroll Ontrack 对导致数据丢失的因素，做过一份详细的调查报告，报告显示：造成数据失效的原因很多，包括 44% 硬件故障、32% 人为破坏、14% 软件故障、7% 的病毒木马，3% 的自然灾害。因此，任何 IT 设备都不能保证 100% 不出现故障，有些故障会导致数据损坏或丢失；有些则会导致数据的逻辑错误。逻辑损坏比物理损坏更严重，逻辑损坏不易发现，潜伏期长，当发现数据有错误时可能已经无法挽回。

要保障好关键信息基础设施的业务连续性，首要工作是保护数据完整性，当完整性被破坏造成数据损毁时需要具备相应的检测和恢复能力。我国信息系统安全等级保护基本要求（中华人民共和国国家标准 GB/T22239）中典型的第三级基本要求，对于数据安全及备份恢复的要求内容包括：数据完整性、数据保密性、备份和恢复。

3.网站普查越来越常态

5 月 24 日，2017 年第一季度全国政府网站抽查情况正式对外公布。这是继 2015 年国务院办公厅开展第一次全国政府网站普查，2016 年以季度抽查通报为抓手开展全国政府网站常态化监管以来，全国政府网站第六次“晒成绩单”。这次对 469 个各地区和国务院部门政府网站的随机人工抽查结果显示，总体合格率为 91%。

根据普查情况来看，目前我国政府网站“不及时、不准确、不回应、不实用”的“四不”问题已得到有效解决，但仍面临开办关停无序、资源共享难、服务实用性差、安全防护能力弱等突出问题。

抽查出问题的网站，其问题主要集中在：信息更新不及时，发现空白栏目，部分链接不可用，站点无法访问（如图 2–17 所示）。

抽查发现存在突出问题的政府网站名单

序号	省（区、市）/部门	网站名称	存在的突出问题	网站标识码
1	河北	张家口市“张家口教育”网	多个栏目为空白	1307000013
2	山西	“山西省就业服务局”网	站点长期无法访问	1400000042
3	山西	太原市尖草坪区“中国太原尖草坪”网	多个栏目为空白	1401080003
4	山西	“山西省长治市人力资源和社会保障局”网	多个栏目长期不更新	1404000050
5	山西	“临汾市人口和计划生育委员会政务网”	站点长期无法访问	1410000003

13	吉林	“磐石市卫生和计划生育局”网	站点长期无法访问	2202840019
14	黑龙江	“中国中小企业黑龙江网”	多个栏目长期不更新	2300000074
15	黑龙江	依安县“黑龙江・依安”网	多个栏目为空白	2302230001
16	江苏	“南通市港口管理局”网	站点长期无法访问	3206000010
17	浙江	杭州市“余杭区市场监督管理局”网	多个栏目为空白	3301100014

图2-17　存在突出问题的政府网站名单（部分）

为了保证政府门户网站建设的零失误，我们需要请出三剑客来针对性地解决上述问题。

剑客一：木马预知

对网站安全进行防护，针对性解决木马后门攻击行为，防止网站遭到恶意破坏。

1.常规防护手段

目前主流的防护木马后门攻击的手段为配置 WAF 设备，但是很多客户配置 WAF 后，木马后门攻击的事件仍然屡见不鲜。WAF 失效的原因在哪里？

从产品角度而言，防火墙是一个比较重要的措施，有防火墙和没有防火墙区别很大，防火墙的存在可以阻挡大部分的网络攻击。但是因为现在的技术限制，基本应用防火墙都是通过特征码、特征库，去识别网络中的异常行为，如同杀毒软件一样，一定是先有病毒，杀毒软件才随之而生。

入侵者发现服务器存在 WAF 防火墙的时候，往往会把自己入侵的行为特征代码进行二次、三次编码加密，网站防火墙往往就对此无法进行识别。因此面对针对性攻击的时候，实际上毫无还手之力。

WAF 主要是在应用的前端加了一层防护，相当于帮我们守住了小区的大门。问题是不管小区的门卫再怎么严格，总会有些闲杂人等成功混入，进来以后你就不知道他在干什么破坏活动了。比如，应用自身不安全的上传和编辑功能被黑客利用，绕过 WAF 防护注入木马后门。此时 WAF 还在重点防护着大门，对于内部的安全防护已鞭长莫及，因此

WAF 防火墙不能 100% 阻挡攻击。

2.补充防护手段

在 2016 年之前，我们偶尔会收到一些客户求助，谈及他们为网站的木马文件或博彩页面感到困惑，防火墙设备和一些安全措施未能见效，不堪其扰，希望获得一个全面的解决方法。

是否有一种更有效的手段，在 WAF 防火墙之后，能够实时对网站进行检测和防护，及时发现木马攻击，并在第一时间通知用户和网站管理员？经过安全技术团队近两年的努力，我们针对网站木马后门和博彩文件防护提出了一种新型的安全技术防护手段，并申请了著作权专利。2016 年 7 月大汉正式推出 JFM 系统。

JFM 作为网站安全的检测和防护系统，到底和一般的安全设备、WAF 存在哪些区别？其主要可从以下四个方面阐述：高效实时、精准检查、自我学习和修复溯源。

■ 高效实时

客户收到的安全风险报告大多数由安全公司定期扫描后提供，存在严重的滞后性。JFM 通过 24 小时不间断的实时监控，对甄别出来的木马文件，能做到 0 秒级阻断，自动进行隔离，防止被黑客继续利用。发现异常文件后，平台会及时通过微信企业号向管理员推送预警消息。

■ 精准检查

大部分的 WAF 是基于黑名单规则来运行的，它可以阻挡已知的、非法的请求攻击，但人是很聪明的动物，总能找出你的弱点来绕过防护。2016 年，国家信息安全漏洞共享平台（CNVD）共收录通用软硬件漏洞 10 822 个，较 2015 年增长 33.9%。其中安全产品漏洞（如防火墙、入侵检测系统等）占 1.59%。所以 WAF 也需要定期更新升级产品，修补安全漏洞和更新拦截规则，但是这种升级还是欠缺及时性和针对性。

任何软件公司都更了解自己的系统产品，就大汉自身产品而言，我们会给每个程序文件自动生成文件水印，拥有这些水印的文件会自动进入白名单保护，这样就更容易监测到非产品的恶意程序文件，或监测出产品程序文件是否被篡改。

■ 自我学习

JFM 采用"分散 + 集中"的云服务模式，"分散"是指在每台服务器上部署监控检测插件，通过插件对服务器上的文件进行实时监控和定期全盘扫描，智能识别文件的合法性，识别不清的疑似文件提交到云管理中心处理。“集中”是指单独部署云服务管理中心，由云管理中心汇总每个监控点的检查结果，统一处理和甄别疑似文件，统一管理木马文件特征。通过大数据处理和智能学习，不断完善特征库，从而不断提升对木马的防御能力（如图 2-18 所示）。

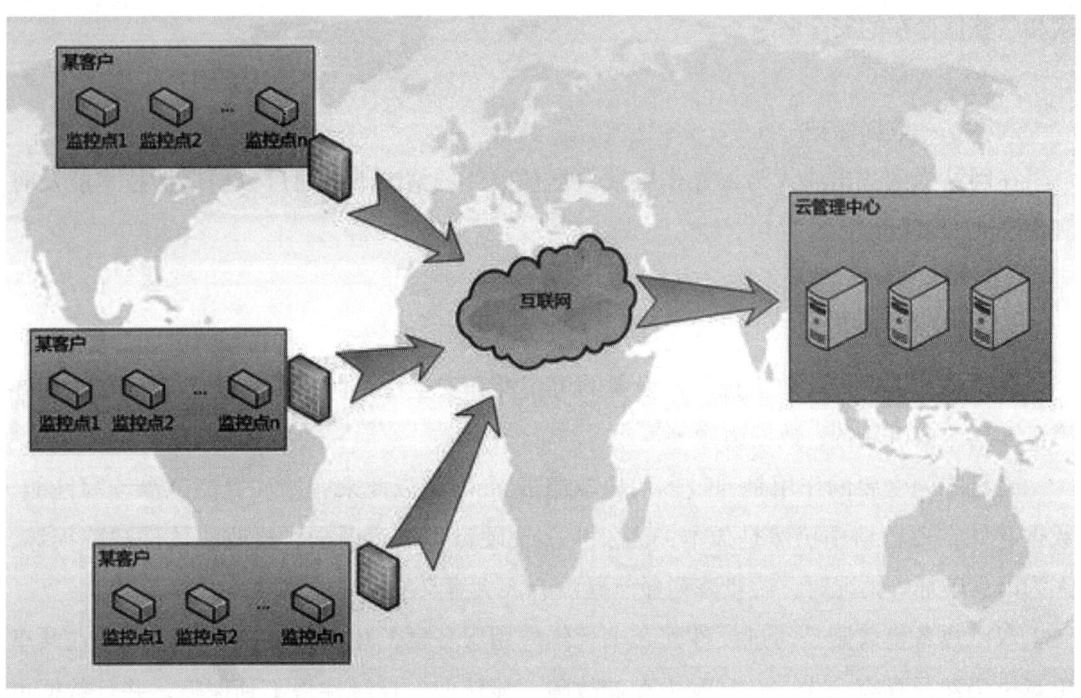

图2-18　JFM的云服务模式

采用云服务模式有一个非常重要的优势：任一监控点发现了新的木马文件，平台的木马文件特征库都会及时更新、学习，自动分发更新到所有监控点，使得所有监控点都能检测出这种新的木马文件。

■ 修复溯源

有人认为木马文件之所以会注入，还是应用本身存在问题。的确，众所周知，没有 100% 安全的产品，连微软的操作系统也经常推送安全更新补丁，阿里、腾讯等公司也经常爆出大大小小的安全隐患问题。我们的产品由于技术需要，使用了很多开源框架和开源组件，这些框架、组件不可避免会存在安全隐患，因此我们会定期升级产品的版本和补丁，及时修复产品已知的安全漏洞。

在今年的 3 月 7 日爆出的 Apache Struts2 存在 S2-045 远程代码执行漏洞，通过这个漏洞可以直接上传木马后门文件，而大汉科技在当天就火速发布了产品对应的安全补丁包。

同样，木马文件被识别出后，我们会有专门的安全处理团队对木马进行溯源分析，由于我们对自身产品了若指掌，所以在分析木马攻击的路径上有先天优势。通过溯源分析，全面找出黑客通过木马文件已实施的危害行为，清理残留木马文件和博彩页面，修补应用和服务器存在的安全漏洞。

剑客二：数据保护

在网站受到攻击或人为误操作导致数据被破坏的情况下，通过数据保护技术能及时和完整地恢复运行。

1.传统数据保护方式

传统的数据保护比较重视硬件设备的可用性和安全性，而忽视数据安全保护。比如：磁盘阵列、双机热备、数据镜像等等。

磁盘阵列主要的作用是通过多块磁盘组成 Raid 组以此来容错和提高磁盘读写性能，数据存储在磁盘组中仍然是孤本，当发生多块硬盘损坏、误操作删改、软件缺陷损坏、人为因素破坏等情况时，磁盘阵列显然是没有太大意义的。

双机热备模式则是通过硬件冗余来杜绝应用服务器的单点故障问题，而数据在共享磁盘中仍然只存有一份，一旦发生存储故障，显然业务连续性得不到保障，并且数据也面临丢失风险。

而数据镜像看似拥有数据副本，然而数据镜像无法应对人为误删改、恶意破坏等产生的数据逻辑层面损坏。当原始数据发生错误时，备用副本也会一并错误。因此，真正的数据保护应该具备可回退机制，杜绝数据丢失或者逻辑错误问题。

2.CDP持续数据保护技术

基于磁盘 IO 级数据捕获的 CDP 持续数据保护技术实现的应用容灾，确保数据零丢失、业务分钟级恢复，将备份窗口、数据丢失降到最低。当应用服务器出现故障，通过数据保护与应急恢复系统能够实现业务系统应急接管，保障业务持续运行，还可通过挂载演练等功能，找回任意时间点的历史数据，解决数据逻辑错误，对信息系统进行多重保护，很好地规避了传统容灾存在的不足（如图 2–19 所示）。

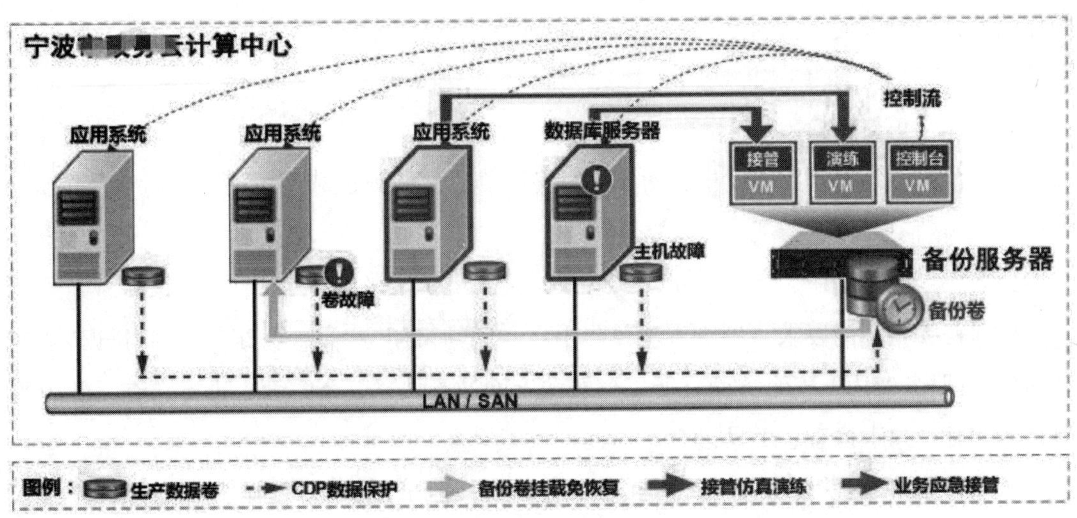

图2-19　数据保护方案架构图

针对信息系统大数据量环境而设计的应急接管平台，利用磁盘级 CDP 技术，可实现 IO 级别的细颗粒度实时备份，将备份窗口、数据丢失降到最低，并且可以实现任意时间点的数据挂载与演练，能够快速响应业务系统的接管需求，对应用实现连续保护。方案特性：

（1）数据保护：首先对需要保护的主机做一次初始化备份，之后借助磁盘级 CDP 技术，实现 IO 级别的细颗粒度实时备份，不仅能够得到一份独立于生产数据的容灾数据，而且能够实现历史时间点的数据回滚，既可进行业务接管，也能解决数据逻辑错误。

（2）数据挂载：将容灾数据通过挂载的方式呈现出来，且挂载的数据可读可写，用户可以根据实际场景进行任意时间点的数据挂载，恢复自己想要的历史数据。

（3）数据可视化演练：支持备份机任意时间点的演练，系统提供可视化备份数据显示，管理员可直观地查看备份数据，可以验证当前时间点的数据是否正确、是否可以进行容灾接管，且演练模式并不影响现有生产业务的正常运行。

（4）应急接管：支持备份机任意时间点的应急接管，当生产服务器宕机，在不进行数据恢复的情况下，可以手动 / 自动启动容灾机接管当前生产业务，且保持原有生产机的保护策略，保障业务持续运行。

（5）数据回迁：当生产服务器故障修复后，可以启动系统 PE 将所有数据（包含接管后的数据）回写到生产服务器，之后由生产服务器继续向外提供服务。

（6）策略下发：所有装有容灾代理的业务主机会自动被容灾服务器（即 CDP Server）识别，之后系统管理员可在 Web 界面，依据不同需要对各个业务主机配置相应的保护策略，操作简单，维护方便。

剑客三：更新自检

针对国家网站普查要求，能够对网站信息更新、错链死链和运行情况进行自我检查。

1.网站普查要求

根据普查指标的要求，检查点主要集中在“网站可用”“信息更新”“内容错误”“互动回应”“服务实用”五个方面，所以各级政府网站要从这五个方面来进行自查。常用的检查方式有：人工检查、工具检查、工具 + 人工检查。

人工检查最简单也最快，立刻就可以做起来，但是，如果只通过人工来检查网站，需要耗费大量的人力来检查网站信息更新情况和内容错误情况，很容易因为人为因素导致错查或漏查，同时这样的检查不可能达到每天进行的程度，只能按周、按月来进行，这样会导致检查结果的滞后。由工具代替人来检查，方便快捷，基本可以做到实时，发现问题立即提醒。通过工具检查可以节省大量的人工成本，可以持续进行检查，但是对于信息内容的判断、办事指南的准确性，工具又鞭长莫及了。因此，政府网站自查的最佳方式应该是“工具 + 人工”的结合，工具来做大部分的自查工作，避免重复，达到实时性，人工检查作为补充，进行工具做不到的部分检查。

2.工具+人工结合

通过选择工具检查和人工检查相结合的方式，能够兼顾到两种方式的优势，同时也避免了各自存在的不足，保障政府网站的自查工作顺利开展。

（1）工具检查的范围

- 针对网站的可用性检查，可持续、不定时地对网站进行访问，检查访问的响应速度。
- 通过对数据库的监控，或者对网站网页内容的采集，检查网站的首页、栏目页的信息更新情况，检查栏目下有无信息。
- 通过对网页的扫描，可以深层次地覆盖检查网站错链、死链，不遗漏任何链接。
- 通过专业错别字识别技术，对网页的内容进行分析，智能判断页面中的错别字。也可以在信息发布前预先进行错别字检查。
- 网站互动回应检查，通过对信件的回复情况，及时发现长期未回复的信件。

（2）人工检查的范围

- 定期检查网站中栏目、信息设置有无问题；必要的栏目是否开设。
- 对网站已有信息的内容准确性、内容要素的缺失进行检查。
- 增加网站纠错的功能，让网民一起参与网站的建设，查找网页内容、格式上的错误，特别是各类办事服务存在的内容不准确、信息不完整、更新不及时的地方。
- 加强信息审核制度，保证日常信息在发布到网站前经过严格的审查。
- 定期汇总检查报告。

总结

通过这三位剑客，解决门户网站建设中的安全问题、数据问题和普查问题，为我们打造零失误的政府门户网站提供坚实的基础。

网站安全，每天都是G20

大汉智政原创

一、关好门窗，安全的台风来了

2016年10月，秋风有点大，“莫拉蒂”刚走，“鲇鱼”又来了，全球黑客对G20领导人杭州峰会的“青睐”，让我们真真切切地感受到了网络安全的“台风”。

从2016年7月份开始，G20峰会网络安保的各项工作就已启动，大汉科技也陆续接到浙江地区客户的各项安全保障需求。浙江地区的安全保障任务重，时间紧，全国重点保障的100个站点中，浙江地区就有三家由我们提供安保服务：浙江省人民政府门户网站、浙江政务服务网以及杭州市人民政府门户网站。其他浙江省网站还包括除杭州外的市政府网站7家，厅委办局网站19个，区县政府和委办局网站55个。同时我们也不能放松全国其他地区的网站安全保障工作的完善升级。而这一切都要在9月份之前完成，时间不可谓不紧。

我们的网站系统作为安保核心，肩负的安全责任重大。为了在资源协调和信息共享上更好地应对G20的安保工作，在总经理金震宇的牵头下，公司专门针对此次峰会成立了G20网站安全保障小组，从开发部、测试部、安全部门、售后项目部门抽调了精兵强将，由金总担任组长，统筹指挥G20网站安保工作的开展。

同时浙江省政府也成立了安全小组，任务代号：810测试。重点保障省政府门户，政务服务网，集约化平台的安全，包括我公司在内的参与保障单位共19家，包括阿里云、移动、电信、中电长城这些省政府网络的支撑单位，以及公安部领衔的国家队，大汉是作为重点保障对象参与其中。安全的“台风”来了，接下来的两个月，整个810测试团队和公司团队并肩作战，荣辱与共，关窗闭门，共同守护G20网络安全的“大船”。

二、安全神兵VS黑客军团

整个安全保障战役就是我们安全团队全体对抗黑客军团的过程，敌人在暗，我们在明，形势严峻，不容有失。整个保障过程分三个阶段：首先是安全扫描，发现问题；其次是查缺补漏，杜绝短板；最后是态势感知，攻防对抗。

1.安全扫描、发现问题

这个阶段主要是梳理自家的服务应用清单，发现和暴露存在的问题，大汉在安全运维上有一个强大的秘密武器，就是 Web 运维实时监控平台。该平台是一种基于白名单的木马特征识别系统，实时在系统内部对各个站点服务器进行扫描。它能根据水印特征对可疑文件进行预警，并将通知实时推送到管理人员的微信，该平台对各种安全厂商的外部扫描系统是一种有效的补充。浙江 100 多个重点保障网站和 1000 多个地区性网站已全面覆盖在此系统的保障之下。同时我们还配合安全公司进行服务器的扫描、应用扫描、网络扫描。当时扫描的阵势也十分壮阔，区公安局、市公安局、省公安厅、公安部、自身安全公司都在进行扫描，使用不同公司的不同扫描产品，可谓浙江省的安全大检查。每天都会收到很多的安全整改报告，我公司进行汇总筛选、合并，再进行整改，整改不局限于报告的网站目录，对于任何好的安全建议，我们都会在内部分享，制定标准，应用到其他项目上。过程中沟通畅通，信息互通，没有整改死角，取各家所长。

但同时我们也发现，整个网络安全形势是不容乐观的，网络访问不安全、主机防护能力不够、应用防护体系欠缺、安全意识不够、责任不清、缺少安全应急方案、缺乏定期安全扫描、僵尸网络肉鸡等行为通通暴露，安全形势，暗流涌动。这给我们敲响了警钟，也让我们在后面工作中更加认真严谨。

2.查漏补缺，杜绝短板

问题暴露出来之后，我们针对性地做出了 7 点调整：（1）网络层面进行安全组划分，网路隔离；（2）主机防护上部署云盾，升级操作系统补丁，防篡改软件；（3）加强服务器安全管理及降权，清理应用不常用账号，加强账号密码管理和校验；（4）网站服务最小化，高危应用来不及整改的先做下线处理；（5）数据灾备，数据备份，应用备份，服务器延迟备份，确保万一出现问题，服务不会中断；（6）补充应急方案，做好应急演练；（7）整改应用安全漏洞，每次整改结束后再进行扫描，迭代数次，整个体系的短板越高，安全的系数也就越高。

整个过程对我们是一个很好的考验，驻场服务的同事 24 人，公司支持团队 30 人（其中 8 人负责移动端），现场 24 小时轮班的同事 13 人，安保期间每天都延长工作时间，更新部署测试，一个环节都不能忽视。安全团队每天分析超过几百 G 的日志文件，克服定制开发带来的升级困难；内网环境更新不了，我们去现场，客户有想法，我们认真沟通；所有其他工作为安全工作让步，集约化上的项目有些还在实施，想去掉 WAF 限制，开白名单，被我们一票否决。我们要为集约化平台上的 2000 个站点负责，1999 个站点应用 WAF，1 个不应用，系统仍然相当于裸奔。那段时间大家的经历可谓五味杂陈，但是事后回忆，一切都很值得。

3.模拟实战，应急演练

几轮的扫描和修复结束后，国家队组织了几波实战演练，目的就是找来“大内高手”帮我们检验一下成果，对系统进行模拟攻击，找到隐匿的问题。组织系统的应急演练，攻击发现的演练，攻破后的处理演练，应急方案在手，平时虽然用不上，但是到了关键时候，能够迅速确定应急人选和流程。预案在手，才不会手忙脚乱，才能镇定自若地进行实战。

4.态势感知，攻防对抗

大考的日子来临，但我们胸有成竹，坚信能顺利度过整个峰会期间，这种自信来自前期的充分准备。我们在各地布置了 24 小时值班，每天都有几十双眼睛盯着省政府的大屏幕进行监控，感知安全的整体态势。行军床搬进了值班室，天津来的同志，坚守岗位，连续十多天吃住在会议室。应急电话的每次响铃都引起我们的高度警觉，不过最终所有的响铃都是查岗电话。1 亿次攻击，封禁了 316 万个恶意 IP，零故障，零中断，其中不乏虚惊一场的事件，比如很多异常 IP 指向武汉，最终排查的结果是阿里在武汉的高防应用；半夜发现可疑文件，结果是渗透测试时残留的弹壳；测试分析每天的日志发现，有类似黑客的用户名登录，结果是合法注册；等等。G20 的重大责任使每个人的神经都绷得很紧，变得敏感。G20 晚会时保俶塔那边燃起了烟花，我们站在楼上远远地看着，感慨良多。

三、未完待续，网站安全再起航

G20 峰会安全保障任务结束了，作为大汉人，我们承担了这份安全保障的责任，并且顺利完成了任务，整个团队都感觉非常自豪，这将成为每个人职业生涯中的一份荣耀，经过这次的安全洗礼，很多经验转化成为后续项目的标准，大汉在产品和安全体系建设上都向前迈了一大步。安全是责任也是义务，要主动关注，而不能被动接受，我们要为用户负责，为数据负责，为信息安全站好每一天岗。G20 虽然结束了，但我们的网站安全工作仍要继续起航，对网站安全来说，每天都不能松懈，每天都是 G20。

第三篇

政务服务网建设模式探索

如何让政府搜索更好用

大汉智政原创

一、现状

大数据时代信息的透明开放是政府向服务型转型的强力驱动。随着集约化工作的推进，政府门户网站应该从大而全开始转向简单搜索模式，不仅提供用户的上网入口，并同时引导用户的上网行为。然而，目前多数网站搜索引擎大多基于简单的关键词全文检索，不能真正理解用户的检索意图；并且面对的数据量大，数据类型多（新闻、信息公开、办事、图片、视频等信息），不同的信息需要的展现形式也不同。另外，公众对于政务信息专用词汇了解度偏低，难以得到想要的答案。这使得多数网站空有搜索功能，却无法发挥应有的作用。

现阶段及未来政府网站的搜索除具备全文检索外，还需具备面向自然语言的个性化搜索引擎，对网页的内容、结构、用户访问信息进行挖掘，完成对地区及行业政府异构网站的资源整合，覆盖政府公文、政府信息公开、政策法规、政府采购、网上办事等政务领域，快速、精准地搜索到所需的信息和服务。这对建设服务型政府、提升政府门户网站搜索利用率具有重要意义。

二、打造清晰可用的搜索

一个好用的搜索引擎首先应当让搜索变得清晰。这里的清晰主要指数据清晰、展现清晰、排序清晰。这些都是能够直观评价一个搜索是否好用的标准，即使不懂技术的用户也可据此做出评价。

1.异构数据整合

随着政府网站对外提供的服务越来越多，构成政府网站的系统也越来越多，除了内容管理系统外，还有信息公开系统、视频系统、互动系统、图片库系统等。对使用者而言，并不希望每个系统单独提供搜索服务，对政府而言，从网站的体验和架构角度出发也需要通过单一搜索服务搜索全部系统中内容的能力。

此时就需要将各系统的数据通过一定的技术手段进行整合，可通过制定统一数据格式标准，采用爬虫、消息、RPC 接口等方式进行数据同步将数据集结起来。

2.数据需要以灵活的方式重组

说数据是搜索的灵魂并非言过其实，良好的搜索技术与规范的数据是搜索准确的基础。

上文提到了数据整合，整合了多系统并且相互异构的数据，现在需要将其重新编排。编排手段一般使用人工标引与自动判定方式，这是一个半监督的机器学习过程。

标引就是对一批数据进行人工标注，机器通过这些标注总结出特征之后，就可由其自身进行识别。

传统搜索通常是在输入框直接搜索，并搭配一个高级检索的形式，高级检索附加了一些更加专业的输入项，如包含、不包含、全包含等，在这些输入项中通常会有一个用来缩小搜索范围的选项叫栏目选择。随着网站内容越来越丰富、栏目越来越多，层级越来越深，对于使用者而言，搜索栏目的选择成为一项左右为难的事情，如果进一步将后台内容管理的栏目结构树外置，让使用者来选择，那么这个搜索功能就基本可定义为不可用。因此，数据重组对于提高搜索可用性，引导用户找到自己想要的数据，是一个很好的方式（如图 3-1 所示）。

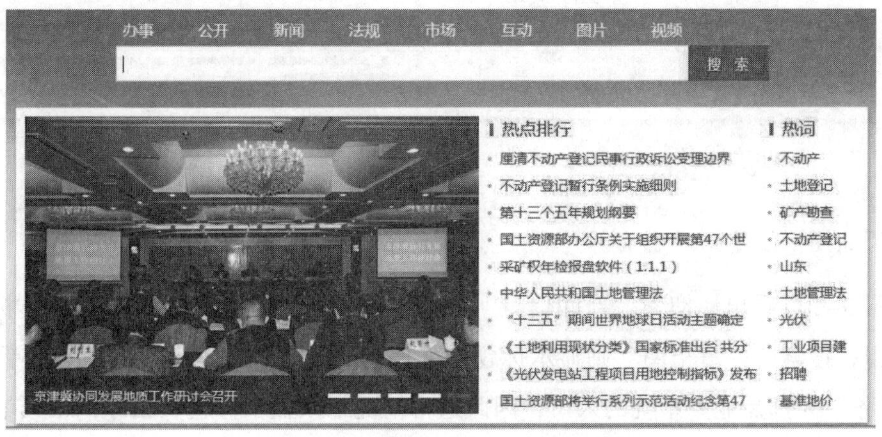

图3-1　某政府官网的搜索主页

如上图所示，使用数据标引的方式将整个网站的数据重新组合形成几大类别，这样可让使用者更直观易懂地找到自己想要的数据，相比以栏目进行选择能获得更好的用户体验。

3.数据展现区分

上文提到将异构数据重新编排进行了统一分类，但不同的数据类别依然需要具备个性，搜索结果应该展现用户想看到的信息特征，此时传统搜索的结果以标题加摘要展现的形式已不适用于不同类别的数据展现，最显著的例子是有些办事类的信息是无文章内容的。

适用的搜索系统需要能对不同数据类别的搜索结果进行展现层面的设计和设置。

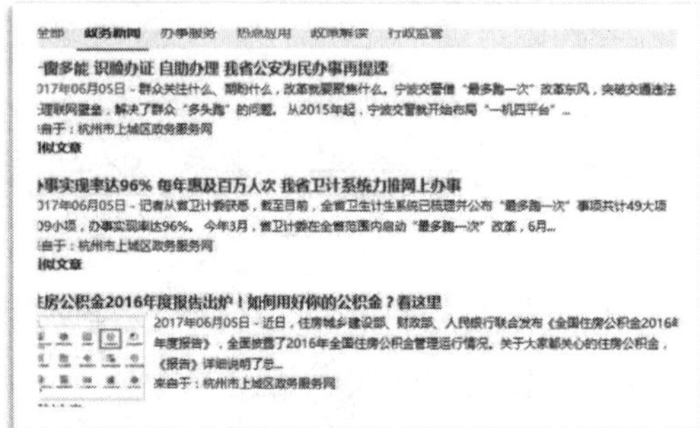

新闻资讯

办事指南

办事服务

信息公开

图3-2　数据展现分区示例

由图 3-2 可看出，搜索“新闻信息”展现的结果依然使用传统方式展现，标题、正文、首图；搜索“办事指南”则显示标题、办理机构、咨询电话、受理地点和受理时间；“办事服务”大都是业务系统的入口，因此通常情况下只显示标题、图标；而“信息公开”则显示了标题、索引号、文号、发文日期、机构和摘要。

4.根据数据特点排序

上文提到信息的展现需要按照不同的类别进行个性化展现，但信息的类别不同对排序的要求也有所不同。

传统的搜索一般采用按时间或按相关度两种排序方式并且使用按钮进行切换，默认排序通常为按时间倒序，这种排序方式对新闻信息的展现友好，但对于办事指南类、办事服务类信息则不适用，原因是办事类信息和时间的关系不大。可能有观点认为用户在搜索办事类信息时用搜索提供的排序方式切换按钮切换到相关度即可，但一个好用的搜索引擎必须尽可能减少用户的多余操作，并且有经验的用户才能准确判断该选择时间还是相关度进行排序，因此要把这种判断交给专业的搜索系统来做。

新闻：按时间；信息公开：按时间；办事：按相关度；知识库：按相关度等。必须在研制搜索功能时将排序模型优先考虑好而无须用户操心，让用户感知提供给他的默认排序原则就是最好的原则（如图 3-3 所示）。

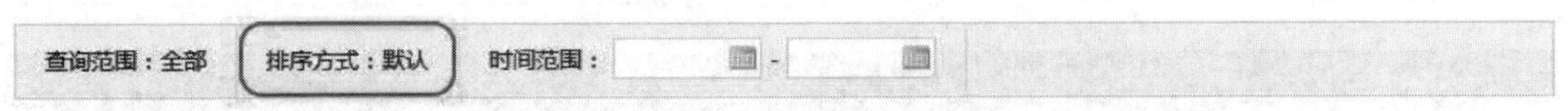

图3-3 默认排序原则是最好的排序原则

5.解决数据混排问题

上文提到数据分类后需要有相应的排序方式，但在未选择任何分类的情况下进行搜索，搜索范围将是所有分类中的数据，搜索出来的是一个包含各种类型数据的结果。传统搜索在这里通常会如上文所说，笼统地按照默认的时间排序来进行。此时搜索“身份证办理”，出来的结果必然是内容包含这个关键字的新闻在前，并且极有可能靠前展现的很多条结果都是新闻，原因是新闻一直都在更新，而办事信息通常只做单次发布。

解决这个问题需要缩小搜索范围，对整体搜索范围不能笼统覆盖而要有所取舍，取舍依据要从政府网站的实际业务出发。例如，针对当下政务服务网，其主基调就是办事服务，因此推荐搜索全部数据时将办事类的信息作为权重最高的信息，甚至可以只显示办事信息，并以相关度作为搜索的排序标准，其他类别信息往后排或非显示，查看其他类别信息可通过分类切换进行。而对于政府门户网站而言，搜索应该以新闻、信息公开、法规数据为主，并按照时间排序。

6.数据精筛

对异构数据重新编排并分类，尤其是在多系统以及多网站（站群）下将数据进行统一分类后，数据的颗粒度可能变得较大，每个分类下包含了太多的数据，在此情况下如何让用户既可以继续筛选数据，而又不增加新的分类是一个需要解决的难题——分类过多会产生和栏目类似的问题，让用户眼花缭乱，难以选择。

例如，在一个对整个站群信息进行了整合的搜索内，在政策法规分类下搜索“养老保险”，系统会列出所有养老保险的政策法规。当前用户的目标搜索地区，目标信息是法律、法规或规章制度（专业用户），还是养老问题或自己与企业的劳动关系问题（普通用户），从用户的输入内容上系统对此无法猜测，也就无法提供非常合适的排序。虽然系统有统计分析功能，可获知通常搜索“养老保险”的用户最终看了哪些信息，但这仅可以用于参考。

为了解决此类问题，需要引入一个“多维度”的概念，即除了信息分类以外，还要将不同信息的特征提取出来给用户选择。

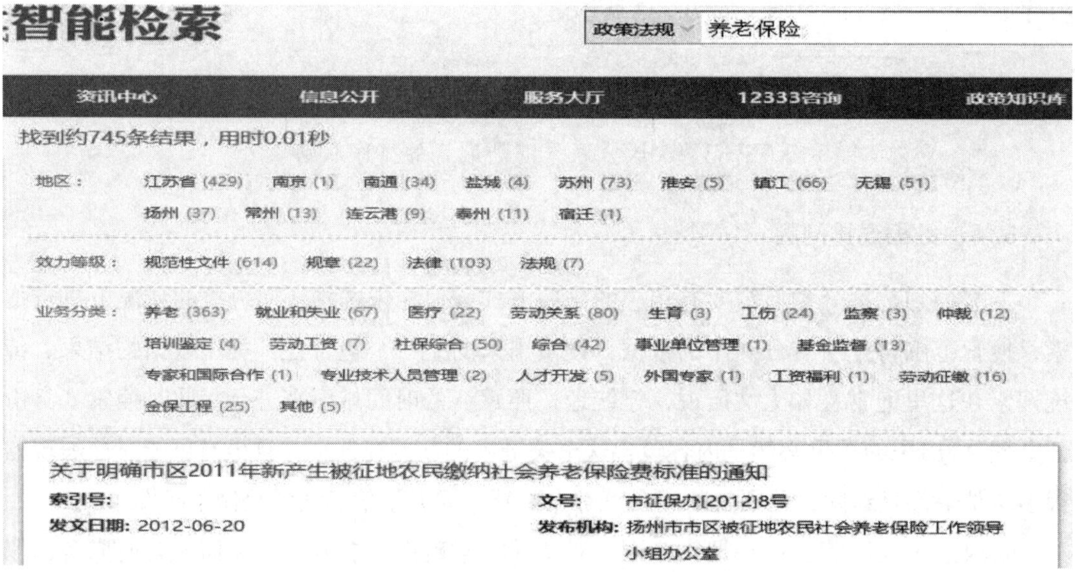

智能检索　政策法规　养老保险

资讯中心　信息公开　服务大厅　12333咨询　政策知识库

找到约745条结果，用时0.01秒

地区：江苏省 (429)　南京 (1)　南通 (34)　盐城 (4)　苏州 (73)　淮安 (5)　镇江 (66)　无锡 (51)　扬州 (37)　常州 (13)　连云港 (9)　泰州 (11)　宿迁 (1)

效力等级：规范性文件 (614)　规章 (22)　法律 (103)　法规 (7)

业务分类：养老 (363)　就业和失业 (67)　医疗 (22)　劳动关系 (80)　生育 (3)　工伤 (24)　监察 (3)　仲裁 (12)　培训鉴定 (4)　劳动工资 (7)　社保综合 (50)　综合 (42)　事业单位管理 (1)　基金监督 (13)　专家和国际合作 (1)　专业技术人员管理 (2)　人才开发 (5)　外国专家 (1)　工资福利 (1)　劳动征缴 (16)　金保工程 (25)　其他 (5)

关于明确市区2011年新产生被征地农民缴纳社会养老保险费标准的通知

索引号：　文号：市征保办[2012]8号

发文日期：2012-06-20　发布机构：扬州市市区被征地农民社会养老保险工作领导小组办公室

图3-4　智能筛选示例

图 3-4 中将政策法规分类下的信息进行了 3 个维度的提取，分别是地区、效力等级、业务分类，专业人士可以按效力等级来筛选，普通用户可根据自己的情况筛选地区和业务分类，由此提供了更加精确的筛选方式。这种模式在互联网电商中常见，购买手机时在手机分类下通过 CPU、内存、品牌等进行更细化的筛选，这种互联网思维同样也应该用在政府搜索中。

三、提升搜索的体验

1.数据聚合

上文提到搜索全部数据的情况下解决数据混排问题的一种手段是根据政府的业务类型缩小搜索范围并确定排序方式。如何让用户在搜索全部数据时除了可查看给定范围的数据，还能够查看其他分类的数据，这一点也值得思考，因为这些数据或许是用户感兴趣的。

政务服务网的主要业务类型为办事，因此搜索全部数据的时候主要显示办事数据，但新闻类、处罚类信息也同样应适当向用户展现。此时通过搜索系统的数据聚合功能将其他分类的信息有选择地聚合在搜索结果页中，每种类型数据聚合 5 条左右，当用户点击了聚合数据页面就会跳转至所聚合的那个分类进行原关键字搜索。

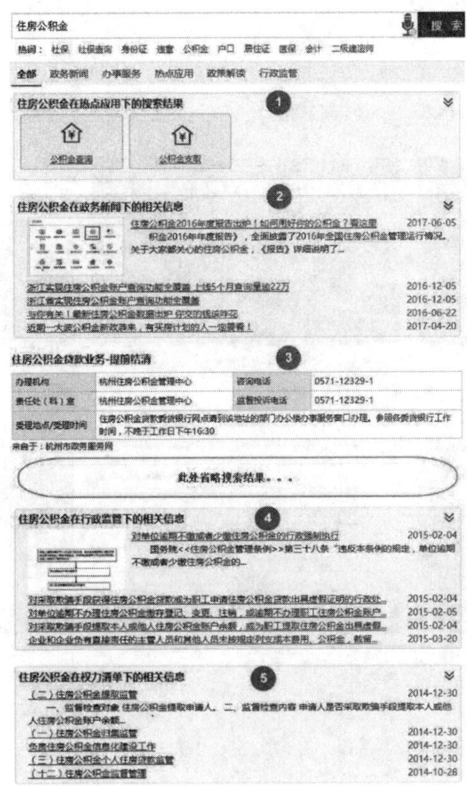

图3-5　数据聚合搜索功能

图 3–5 中，将热点应用、政务新闻、行政监督、权力清单单独提取出来，并且仍然按照前述“不同类型信息进行不同展现、不同排序”的原则进行聚合显示。图中 3 显示

的是以办事为主的搜索主体结果，1、2、4、5 均为聚合结果。

通过这种手段将搜索分类的信息主动推送到用户面前，可引导用户找到自己需要的信息。

2. 数据挖掘

搜索系统作为数据的汇集地，除了汇集用户已有数据，还需有能力创造出用户没有的数据。

当网站只有一套内容管理系统时，通过搜索查询文章是没有问题的，但有时用户也有搜图片甚至附件的需求，但此时网站并没有图片系统和文档系统。

针对这种需求，搜索系统应该做到自行满足，搜索系统可通过爬虫技术抓取并分析每个信息页面，自动提取其中的图片和附件，将符合条件的内容聚合形成独立的图片库与附件库，由此就可以在没有图片、文档系统的支持下提供对图片与附件的搜索（如图 3–6 所示）。

图3–6 数据挖掘功能示例1

对挖掘资源进行重复利用还可以丰富搜索结果的展现，例如，可以把信息中存在的附件直接显示在搜索页提供下载，无须用户跳转至真正的文章页（如图 3–7 所示）。

职工住房公积金贷款审批

办理机构	杭州住房公积金管理中心	咨询电话	12329-1
责任处（科）室	杭州住房公积金管理中心信贷管理处	监督投诉电话	12329-1
受理地点/受理时间	住房公积金贷款委贷银行网点请到该地址的部门办公楼办事服务窗口办理。参照各委贷银行工作时间		

来自于：杭州市政务服务网

相关下载

杭州市住房公积金个人贷款申请表-空白表.doc

杭州市住房公积金个人贷款面谈记录-空白表.doc　　← 此文章中的附件

图3-7　数据挖掘功能示例2

3.框计算

相信很多人都在百度进行过快递查询的搜索，排在最顶部的结果并非链接到快递公司的查询页面，而是一个可操作的区域，在其中输入快递单号就可以查询到物流信息。百度上还有很多如计算器、单位换算等类似功能。

此类通过搜索对应关键字展现的，可在其中操作或开展业务的框称为框计算。这是互联网盛行时代的新生产物。政府搜索中也应该主动应用这种互联网思维下的新模式。

政府网站上很多办事入口或是一些系统入口由于不显眼而很难发现，并且分布广且零散。由于当下政府网站的组成系统越来越多，提供的服务也越来越多，网站的首页无法在保证美观庄重的前提下罗列出所有入口和系统。此时框计算可以应用到这种难题中，可通过搜索建立框计算库，定义每个框计算的展现和业务，浅层次的框计算可成为美观的系统入口提示，深层次的则可以直接接管业务。

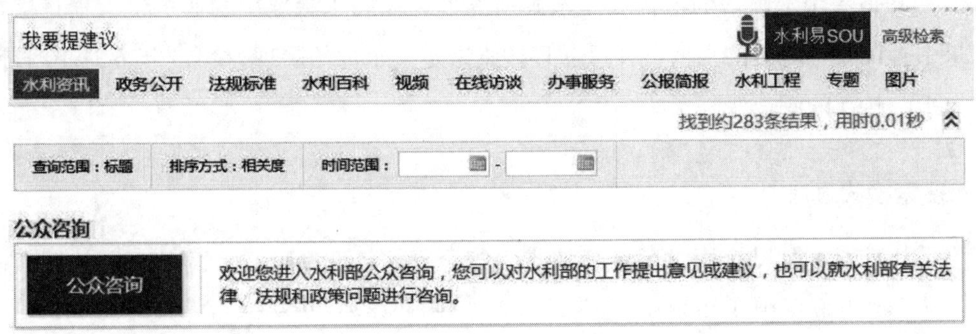

图3-8　政府网站中的框计算

图 3-8 中，用户在输入自己的诉求之后，搜索即将用户诉求相关的框计算结果显示在第一位，引导用户直达业务系统。

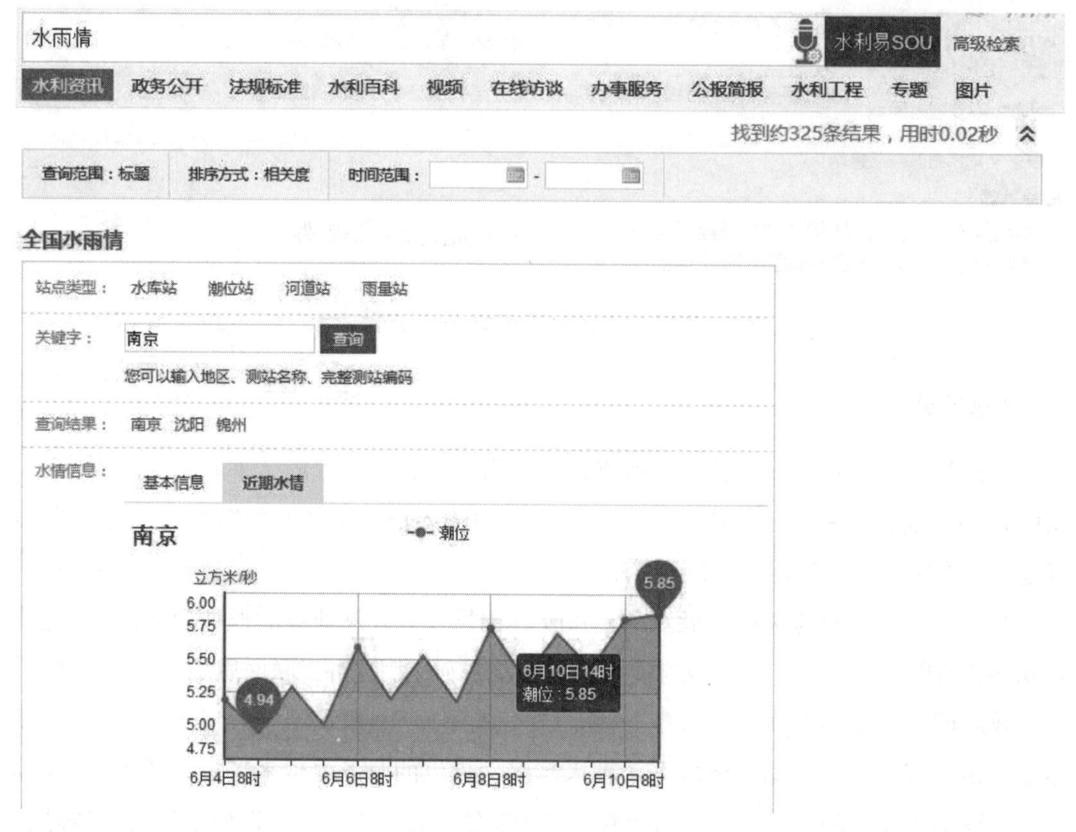

图3-9 水雨情框计算

图 3-9 是一个水雨情的框计算。水雨情的框计算属于深层次的业务接入，直接在搜索结果中查询各个地区的水情，并可通过搜索来定义水情的展现，2017 年 6 月 10 日南京下了大雨，长江的潮位变高了。

4.搜索模式思考

为了让搜索更加贴合网站的业务特点，符合网站基调，可选择两种不同的搜索模式设计，分别是互联网模式和业务模式。

互联网模式如图 3-10 所示，这种模式的搜索与互联网上的各种搜索引擎类似，这样的设计既适合偏重新闻发布类的网站，也适合办事服务类的网站。

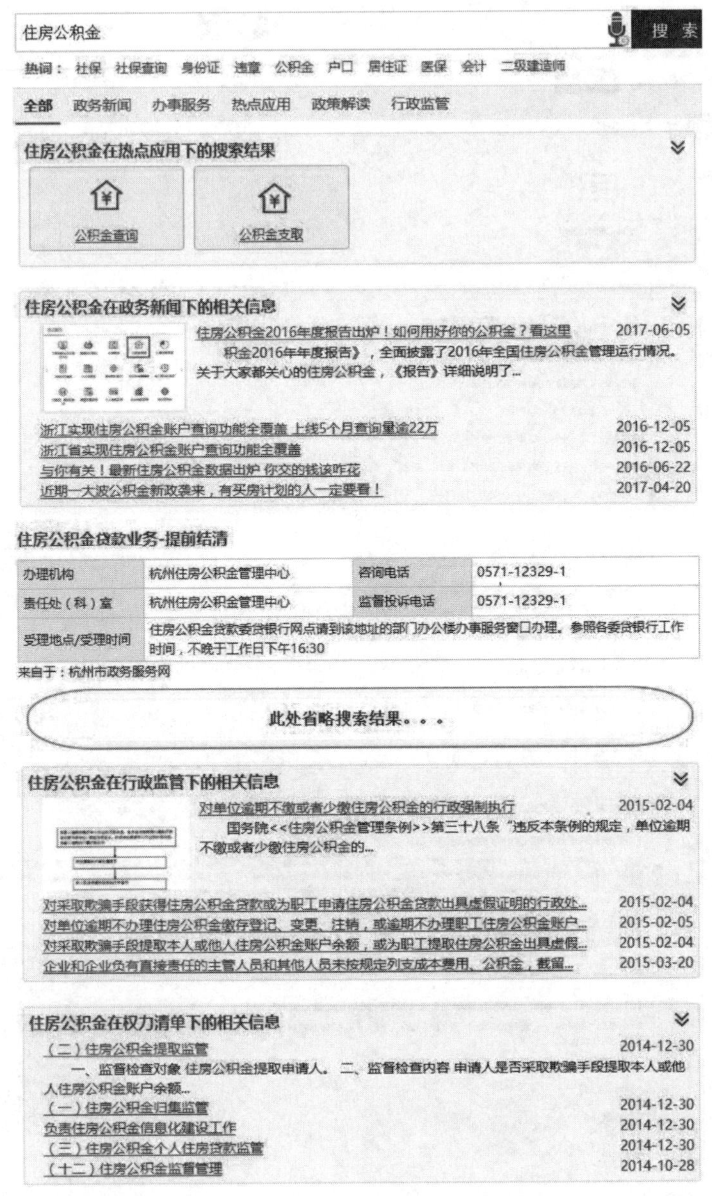

图3-10　互联网模式搜索示例

业务模式如图 3-11 所示，这种模式主要针对以办事为主的搜索，搜索结果的显示以标题为主，并且办事类全部靠前展示。办事类别的数据具有明确的说明，每个分类都显示一部分数据，点击“更多”跳转至独立的分类搜索页面查看更多类别下的数据。用户同样无须考虑搜索标题还是搜索内容，也无须考虑按相关度还是时间排序，搜索系统已经自动识别。

图3-11 业务模式搜索示例

四、优化搜索

1. 运营统计

与传统的访问统计系统一样，搜索系统也需要记录在系统运营过程中所产生的用户数据，如PV、UV，Session、地域、用户搜索的关键词、用户搜索后点击的文章等来准备下一次搜索优化（如图3-12所示）。

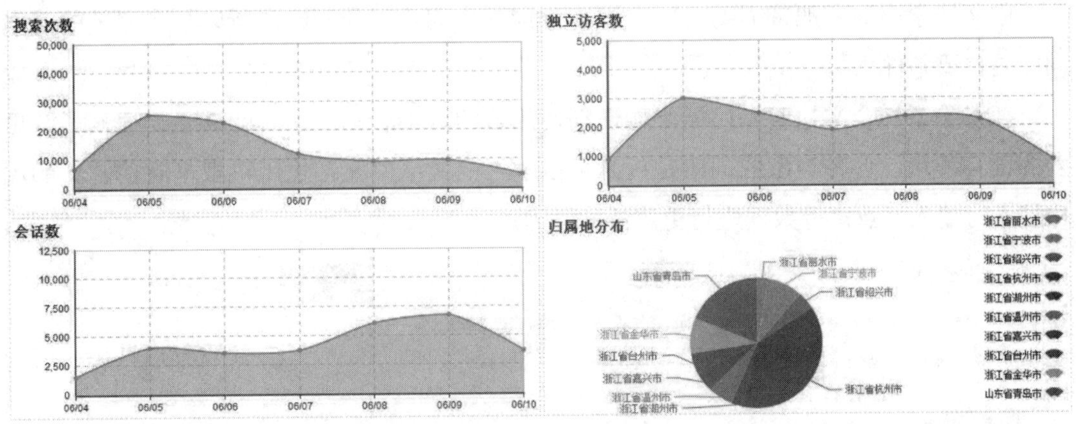

图3-12　搜索系统统计图

PV 主要收集搜索次数，搜索次数有利于对搜索使用量的评估，从而针对性调整设备数量以应对系统压力。

UV 记录独立访客数，可以知道每天有多少固定用户使用搜索。

Session（会话）记录一次有效搜索过程中用户搜索的次数，用以优化搜索效果。一般情况下，用户打开页面进行搜索，搜到了需要的内容，一个会话就结束了。如果在此过程中用户搜索的次数越多，说明用户在这次会话中所搜的关键词在系统中的识别越不准确。我们需要查看这些数据，以判断是分词问题还是数据问题所致，来对搜索进行优化。

“地域”收集了使用过搜索的用户所在地区，如果搜索系统搜索的是一个集约化站群，即可得知各地区的使用者都在搜索什么、关心什么问题，也可以看出哪些地区搜索使用得少，使用得少或许从侧面反映出这个集约化站群在上述地区宣传工作不足。

“用户搜索的关键词”的收集尤为重要，最直接的作用为进行“热词排行”，让使用者知道最近一段时间其他用户都在搜索哪些内容，通过热词我们可以分析出公众最关注的事情是哪些，从而有针对性地对相关的文章进行置顶或者加分操作，同时网站也能够根据公众关注话题进行下次的改版准备。

收集“用户搜索后点击的文章”，同样用以优化搜索效果，最直接的作用为筛选“热门文章”，通过统计我们可以得知相同关键字下不同文章受用户青睐的程度，例如，搜索词语 w 点击 a 文章的有 200 人、点击 b 文章的有 50 人，由此可知词语 w 与 a 文章有较强的关联，下次搜索时会将其分值加高。

2. 语料与自学习

语料对于搜索引擎很重要，搜索引擎应该具备完整的基本词库及各个政府行业的专业词库、近义词库、方言词库、歧义词库等。

中文搜索引擎一般都需要对内容进行分词，分词要用到词库，所以具备完整的基本词库是首要条件。

搜索除了做全文检索外还需要能识别使用者的真实意图，这时就需要让搜索了解更多的语言环境，各种类型的词语是搜索可以学习的最小单元，之后再根据此前收集的用户搜索时输入、点击等数据进行更广泛的学习。

图3-13 词库在搜索中的应用实例

图 3-13 中搜索的并不是单个关键词，而是一个口语化的问题，其中“驾照”二字在政府办事中是非规范的表达，正确说法是驾驶证。这里突显出搜索系统成功识别了用户意图，将口语与书面语进行了正确对应。

五、总结

搜索是一个非常复杂、精细并需要经常优化的功能模块，做好政府搜索服务需要在搜索建设过程中的每一个点上下功夫：数据上要整合、重组，依据信息的特点进行排序；展现上要合理进行页面布局来提升用户体验，根据信息特点显示不同的风格，不让用户走弯路，减少用户点击的同时让用户看到更多信息，需要正确引导用户进入相关办事入口；后期运维中需要经常性根据阶段的运营数据对搜索进行优化。

“一张网”网罗政务民生

——济南网上政务大厅打通网上服务的条块壁垒

济南市信息中心　梁媛媛

看新闻、查政策、聊政事儿、网上缴费……以往这些需要登录多个网站或手机 App 才能办理的事儿，现在无须这么烦琐了，只要登录一个入口——济南网上政务大厅就可以“一网打尽”了！

2016 年 10 月 24 日，旨在打造“全天候在线、一站式服务”的济南网上政务大厅开通试运行。这是济南市政府以“互联网 + 政务服务”为指导，大规模整合服务资源，探索如何推动政府转型，更好地实现政府职能转变的一次重大举措，为网罗全市政务民生服务织就了一张大网。

一、定位：实体的延伸，服务的融合

近年来，全省范围内都在依托山东政务服务网不断深化政务服务模式的变革，济南市市委、市政府高度重视服务型政府建设，按照省委、省政府工作部署，坚持以人为本，以网上办事倒逼行政流程再造，力求通过这张网突破为民服务的条块壁垒，让百姓少跑腿少排队。山东政务服务网济南网上政务大厅（以下简称济南网上政务大厅）应运而生。

济南网上政务大厅采用云计算、移动互联等先进技术，实现省、市、县上下三级联动、全市政务业务横向贯通，建成了具有国内先进水平、全市统一的政务服务平台。努力实现政务服务的协同融合、政务服务与公共服务的协同融合、政务服务与电子商务的协同融合，打破各级电子政务条块壁垒，最大限度汇聚全市政务服务资源，面向全社会打造扁平化、一体化的网上政府。

在设计之初，济南网上政务大厅就被定位为实体政务大厅向网上办事大厅的延伸，也是集行政审批、便民服务、政务公开、效能监察、资源交易、互动交流等功能于一体，市县统一架构、省市县三级互联互通的网上政务服务平台。后续则将逐步形成服务规范化、体验便捷化、资源共享化、数据社会化、决策智能化的覆盖全市的虚拟型“网上政府”。

二、功能：优化服务，利企便民

济南网上政务大厅以“服务更透明，沟通零距离，办事一站通”为主旨，推出了四大特色服务：

一是网上全面晒权。以“行政权力清单、部门责任清单、行政许可行政处罚双公示”展示为核心，按照“一口受理、同步审核、限时办结、全程留痕、综合评价、统一发证”的新运行模式，以“办事咨询、监督评议”为手段让网民监督行政权力运行，依托统一的电子监察系统，把全市各级政府部门每一笔审批业务在互联网上公告，使得行政权力在阳光公开中更加公平公正。

目前我市累计梳理了市级 484 项和县区 2295 项行政许可事项，纳入行政许可权力网上系统运行的市级事项 167 项，占全部事项的 34.5%，县区事项 313 项，占 13.56%。

图3-14　济南市“网上政府”APP

二是实现并联审批，服务全省漫游。以往，并联审批一直是网上政务服务难以突破的一个深水区。此次借助市级服务平台，济南网上政务大厅进一步完善人口、法人及电子证照库的建设以及统一身份认证，加快推行全程网办及在线并联审批，从而大大减少公众为了办事重复提交证明材料的问题（如图 3–14 所示）。

另外，依托全省统一平台，省内十七地市市民均可以实现网上行政许可事项办理的全省漫游，大大增强了公众对于办事事项的掌控度，可以让大家随时了解许可事项的办理进度及办理结果，并可以根据实际情况对办理事项进行及时的咨询和投诉，办完后还可以进行满意度评价（如图 3–15 所示）。

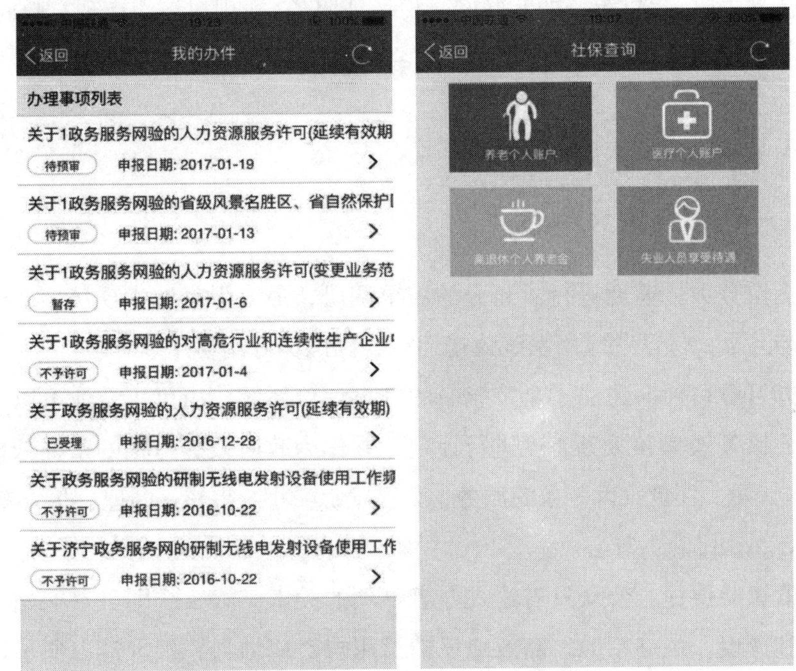

图3–15　多种便民查询，服务市民生活

三是多种便民查询，服务市民生活。紧扣群众需求最迫切、使用频率最高的便民服务，汇总整理了生活气象类、民政服务类、人事社保类、教育培训类、公积金房产类、医疗药品类、交通出行类、应急避难类等 17 类 100 多项便民查询服务。

四是打造专属网页，服务企业发展。企业专属网页是面向注册企业用户提供的专属网络空间，提供个性化和智能化服务，支持我的咨询、投诉、评价、收藏、消息等功能，实现了对企业信息维护、审批任务管理、网上办理、网上查询等内容的统一管理，同时也对已办的业务申办材料进行汇聚存储，方便以后办理相同业务时使用。

三、创新：突出一体化，实现一号通

本着“资源集约化、发展持续化”原则，以建成一体化政务服务平台为目标，济南市政府全面梳理整合了全市政务服务资源。

（1）**基础资源一体化**。济南网上政务大厅与市政府门户网站全面对接，实现政务服务网与政府门户网站一体化构建：一是对接数据规范标准，便于数据同步共享；二是对接政府信息公开，实现办事指南事项的同源权威发布；三是对接咨询投诉功能，实现统一维护、受理、反馈。

（2）**全省互联一号通**。运用密码、身份证、手机短信验证相结合的方式，辅以实体大厅验证等技术手段，提供统一的互联网身份认证服务，实现对济南市现有政府门户网站、政务服务中心大厅等多平台用户的统一，与省级身份认证系统对接，实现了“一点登录，全省漫游”。

四、体验：一切以用户为中心

济南网上政务大厅前期进行了充分的需求调研，最大限度地实现济南政务服务信息资源的集成与共享，保证各应用系统流畅运行，以确保好用易用。

（1）**可办可查可评**。建立了全市统一的办事评价系统，市民、企业可以对审批办件的服务质量、服务效率和服务态度进行评定，并作为政府效能考核的重要依据。提供了办理、查询、公示、评价投诉一条龙服务，全程跟踪受理、审核、办理、办结等各个环节，让市民更放心、让民众更舒心。

（2）**检索智能便捷**。公众只需输入办事事项的关键字，系统即可对网站内的数据进行精度匹配和调度，最终精准、高效地反馈给用户对应结果，极大地方便了检索查询的效率，提升了政务服务网的使用体验（如图 3-16 所示）。

（3）**微信网上预约**。济南网上政务大厅上线后，同步推出了微信公众服务号“泉城政务”，不仅提供按个人、法人不同身份的办事指南查询，免去了烦琐的办事流程，还能直接进行网上预约、网上预审，办事进度可以实时查询。除此之外，微信服务号囊括了热门城市服务，将提供包括诊疗挂号、水电气缴费、出入境办证、机动车违章等常用的服务事项，也可以及时查询路况、公交车讯、防汛等热点信息。

另外，微信服务号还具备权威政务资讯、图解政策文件，直播政务面对面等形式丰富的政务栏目，回应热点、解读新政。

（4）**智能服务应用**。除此以外，还为用户提供了手机 App“泉城政务”等丰富的移动入口，组成了多媒一体的政务服务体系，让广大用户可以用更高效、便捷的方式，了解、享受一系列公共服务。App客户端上提供事项咨询入口、意见征集等功能，规划公民使用率较高的查询类功能，比如公积金查询、社保查询、医保查询、违章查询等，实现一键绑定、全服务推送（推送个人公积金账户信息、社保账户信息、个人纳税信息、个人驾照信息等民生相关信息）等功能。

济南市政府办公厅的相关负责人表示，这次开通试运行既是一个阶段性成果，更是一个新的起点。济南网上政务大厅的建设是一个长期、持续、不断完善的过程。下一步，各级各部门将按照市委、市政府的决策部署，结合权力清单制度的推进，将更多的政务事项和服务功能纳入到济南网上政务大厅；抓好审批全流程网上办理、部门在线联办、网上网下联动等试点的推广应用；加强乡镇（街道）、村居（社区）便民服务点（代办点）建设，逐步推动便民服务点覆盖率；进一步推进全市信息资源整合共享，加强相关配套制度建设，探索完善长效运行机制，积极探索数据开放模式，努力使济南网上政务大厅越办越好。

图3-16　“泉城政务”微信公众服务号

一窗受理 集成服务
“最多跑一次”改革的衢州实践

衢州市行政服务中心管理办公室 李文阳

一、改革试点

图3-17 浙江省人民政府2017年《政府工作报告》核心思想

“最多跑一次”改革是以人民为中心发展思想的浙江实践，是补齐改革落地短板的重大举措，也是“四张清单一张网”改革的再深化、再推进。2016年以来，在省委、省政府的重视支持下，衢州市率先开展“一窗受理、集成服务”改革试点工作，立足衢州实际，坚持先行先试，积极探索实践，基本实现了“一窗受理、一套标准、一网通办、一站服务”，在“最多跑一次”改革的道路上迈出了重要的一步，部门和干部对改革的认同感不断提升，群众和企业在改革中的获得感不断增强。

二、改革办法

图3-18　“一窗受理，集成服务”示意图

依托浙江政务服务网，根据审批事项相关度和办理集中度情况，将6大板块（投资项目审批、企业注册登记及后置审批、不动产交易登记、公安服务、公积金办理、其他综合事项）审批委托行政服务中心综合窗口统一受理，后台按部门分类同步审批，办理结果仍由综合窗口统一出件，群众由“反复跑窗口”变为“一事一窗，一次办结”（如图3-18所示）。

三、一窗受理

图3-19　“一窗式”受理

整合部门资源，受理“一窗式”。**一是审批事项应纳尽纳**。今年1月份，完成了43个部门1090项审批事项的筛选，先后公布两批“最多跑一次”事项共计987项，占

90.6%。其他如"医保、社保"等事项在分中心、乡镇（街道）实行"一窗受理"，群众只要到分中心、乡镇（街道）一个窗口就可完成所有事项办理，全市范围实现了全覆盖。**二是业务受理授权委托**。6个板块受理事项由审批部门与行政服务中心签订授权书，统一授权委托综合窗口办理，实现了受理与审批环节相分离。**三是办事人员整合缩减**。"一窗受理"后，6大板块涉及的31个部门，受理人员由200多人整合为62人；其他即到即办事项仍由部门专业窗口承担，形成了"综窗+专窗"受理体系（如图3-19所示）。

四、一套标准

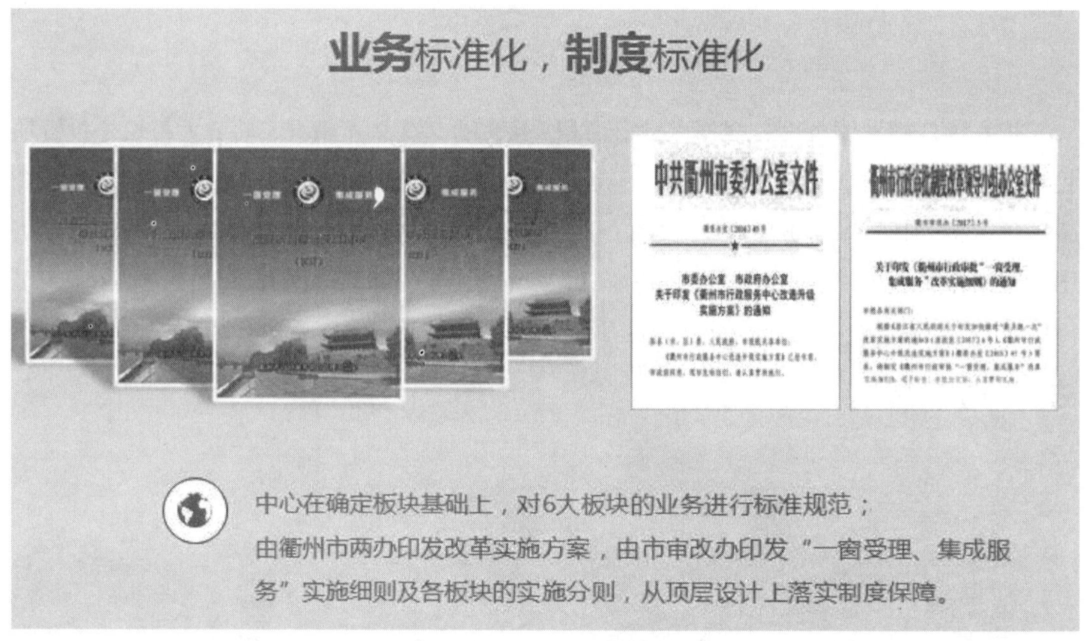

图3-20　标准化的业务和制度

夯实一窗受理基础，告知"一个口"。一是受理要件"标准化"告知群众。编制6大板块《"一窗受理"事项标准化办事指南》，受理内容、办理时限、方式、申报材料等基本要素全部规范统一，作为前台受理与后台审批的一致性材料依据，倒逼部门消除模糊语言和兜底条款，大幅度压减了自由裁量空间，清单式面向群众，真正做到"人人看得懂、个个会办事"，操作简便，深受好评。今年3月，我市行政服务中心还应邀参与全省政务服务"最多跑一次"工作规范的起草制定。**二是审批流程"一图式"通告部门**。按照"群众要办理的整个事情"设计操作流程，牵头各部门重新制定6个板块"一窗受理"审批流程图，使各个办事环节一目了然；同时，就改革前后的跑腿次数、申报材料、办理时效等方面进行全面比较，将过去的一环套一环审批变为现在的同步审批，过去的部门分办、独立办变为现在的协办、联合办，有效解决部门审批互为前置问题，跑腿次数、申报材料、办理时效等大幅缩减。**三是受理人员“多能型”提升**。对综合受理窗口工作人员进行全方位、多技能培训，通过集中讲课、一带一操练、集中谈体会、6 大板块轮岗等方式，使他们从只会受理一家部门的特定事项成为能受理多部门、多专业、多领域及复杂业务的综合性人员，大大提高了人力资源的利用率（如图 3–20 所示）。

五、一网通办

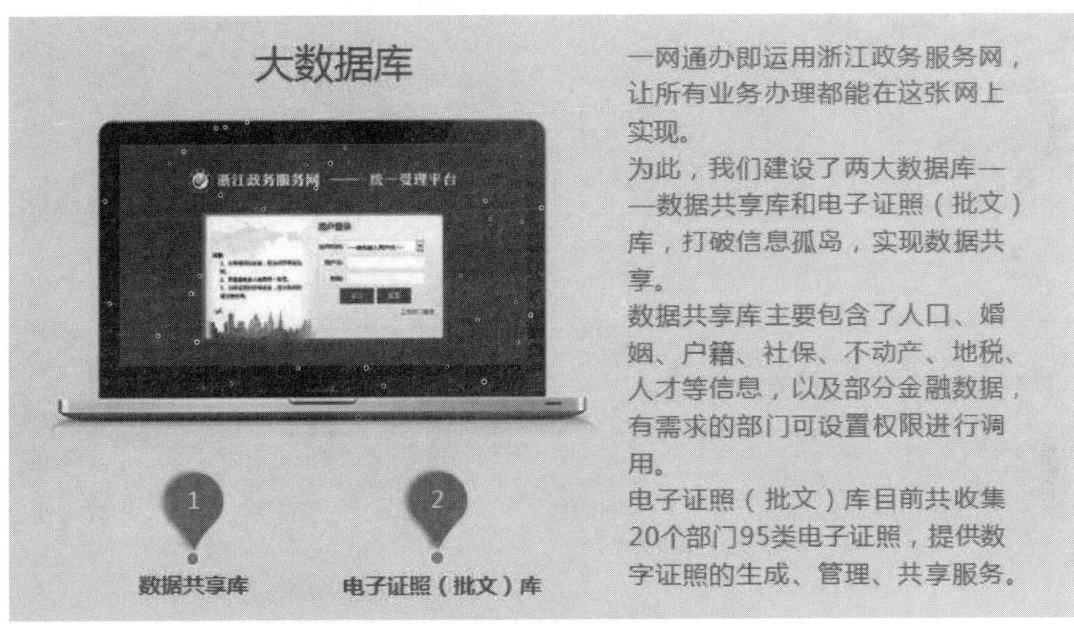

图3–21　浙江政务服务网“一网通办”

深化“互联网 +”应用，办理“一网通”。一是打造数据共享平台。依托浙江政务服务网，开发完成“一窗式”综合受理、投资项目在线审批和企业注册登记联合审批等平台，拓展覆盖权力事项 2000 余项。其中电子证照库平台通过提供数字证照的生成、管理、共享服务，满足了部门窗口审批过程中的证照管理、真实性鉴别、信息共享等需要；截至 3 月底，已生成电子证照 1 万余份（如图 3–21 所示）。**二是推动网上跨部门协同审批**。在省政府办公厅、省数据中心及相关省级部门的大力支持下，及时公布省第一批 29 个部门数据共享目录，实现了市级审批平台与 10 多个省级自建系统数据库的互通共享，打通了部门审批业务系统与政务网的通道，实现法人库、人口库、公共信用信息平台等基础数据库与政务网实时交换共享，审批部门可以直接调取数据中心的户籍、社保、婚姻登记、国地税、不动产登记数据以及金融系统的相关数据，有效激活了沉淀在各部门的行政审批数据，提高审批的准确性、时效性。**三是推动网上申请办结全流程大闭环**。先后实现了房屋权属证明、纳税证明、交通违法罚没款收缴、户外广告审批等多项服务以网上申请进入流程，通过电子证照共享与归档、申请表自动填报、网上支付等在线服务，最终与 EMS 自动对接实现快递送达，形成了网上办事的全流程闭环，“一次都不跑、事情全办好”终成现实。

六、一站服务

图3-22 “一站式”服务

强化功能集成，服务“一站式”。一是打造一窗受理标准化大厅。按照同一板块相对集中、前台综合受理、后台分类审批、统一窗口出件的总体要求，投入 2000 多万元对行政服务大厅进行改造升级。改造后分法人、国地税联合办税和公安、自然人、房屋交易与不动产登记、公安出入境、其他专业窗口等 6 个大厅，整体布局更加科学化人性化；配套了咨询区、休闲区、商务区、书吧等，为办事主体营造更方便、更舒适、更多获得感的政务服务环境，进一步诠释了“一窗受理、集成服务”的宗旨（如图 3-22 所示）。**二是建设一网通办智慧化服务大厅**。开发自助电子填表系统，“你的表格我来填、我的服务你来评”，办事群众个人基本信息表只填一次，解决了以往办事没完没了填表格的烦恼；开发排队叫号评价一体化系统，实现了统一编号、短信提醒、无声叫号，从申请环节保证一窗受理的落实；开发办事进度（结果）公示系统，实时显示各类事项的办理部门、办理进度等信息。目前，行政服务中心大厅已经成为网络全覆盖、信息共分享、行为有记录的智慧化服务大厅，中心在跨部门审批服务中的平台作用和潜能得到了充分释放。**三是制定一窗受理平台管理机制**。在总体实施方案指导下，配套推出各类实施细则和考核评价办法，建立了“1+12”制度体系，涉及6大板块审批运行机制、规则以及对工作人员的“双重管理”等，推动行政审批从注重办件量、满意度的结果性监管转变为事前事中事后全流程的监管，为“一窗受理”改革提供了有力的制度支撑。

七、改革成效

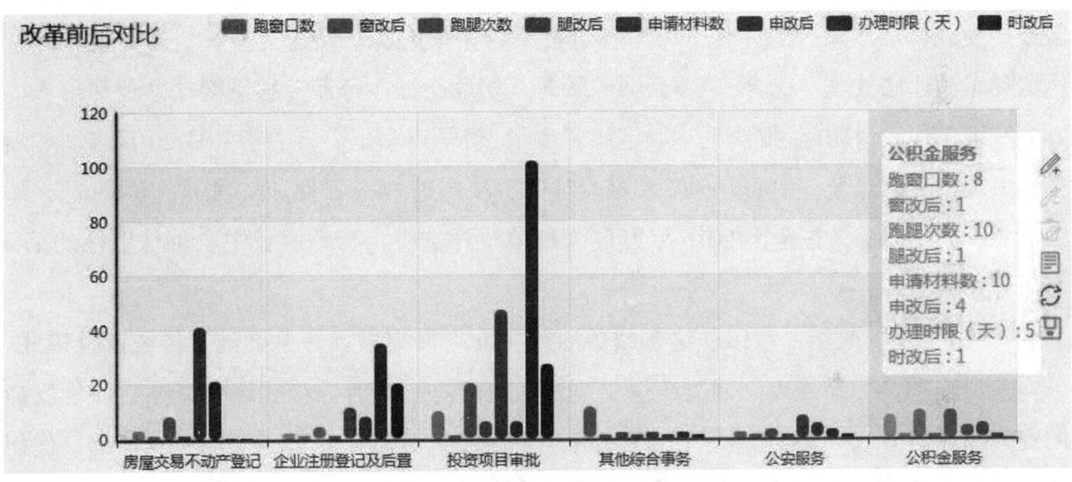

图3-23　改革前后成效对比

（1）**窗口集成跑腿少**。通过“综合受理窗口”，群众办事不用在各窗口来回奔波。按6个板块测算，群众办事平均少跑3个窗口、6次以上。如群众办理不动产登记业务由原来3个窗口跑8次变为1个窗口跑1次，由原来提交3套材料变为提交1套材料。在办理不动产过户申请后，凭加盖水电气专用章的《不动产登记申请受理通知书》，可同步到窗口办理水电气联动过户业务，原来跑城区4个地方至少11次变为1个地方1次，群众跑腿量大幅减少。再如8家承办公积金业务的银行进驻中心后，实现公积金贷款手续、抵押签字手续、签订银行贷款合同等“一窗通办”，办理公积金贷款从以往7个地方跑10次变为1个地方跑1次办成（如图3-23所示）。

（2）**数据互通材料少**。通过线上数据共享和精简共性材料，6个板块群众办事申报材料平均减少10份以上。如公积金贷款业务原先需提交15份材料，目前，各类证明直接从平台调取，贷款业务跨入无证明时代，群众只需携带身份证和购房资料即可办理贷款业务，真正实现“无证明办理”；企业注册登记过去证照分办需要提交多套材料，现在证照联办只需带1套材料即可，复印资料大幅减少。

（3）**效率提升等待少**。通过线上线下流程再造，“串联审批”变为“并联审批”和推行“容缺受理”后，审批效率大幅提高，6个板块平均审批时限缩短75%以上。如投资项目审批总时限从过去需要半年左右变为现在45个工作日；企业注册登记板块升级后，在全省率先实现注册登记与后置审批部门11个事项17个行业审批联办，以道路运输站（场）企业为例，过去设立登记需要6个工作日，现在只需要1个工作日。

（4）**群众满意评价高**。通过以人为本的改革和贴心的服务，群众满意度大大提高，对罚款、收费等强制性业务给予高度信任和理解。如公安综合服务推出以“一窗式、云服务”为载体的改革模式，将8大警种进行整合，率先实现高速交警、地方交警、综合执法局车辆违法处理“三合一”，开通“货车入城通行证”等业务移动终端办理和出入境办证费用在线支付功能，群众到中心抱怨声少了，赞扬声多了。自去年9月20日启动“最多跑一次”改革至今，中心办理“一窗受理”事项超过14.5万件，实现了“零投诉”，群众满意率达99.4%。在全市2016年度最满意单位评选中，行政服务中心也从以往的第9名跃升为第1名。

“一窗受理”改革，在以往诸多改革瓶颈方面有所突破：**一是突破了传统审批模式**。以“一窗受理”为切入点，建立统一受理、按责转办、限时办结、统一督办、评价反馈的业务闭环，形成“一窗受理”“一套标准”“一网通办”“一站服务”的工作格局，优化职能资源配置，重构行政管理流程，推进行政审批提质增效，是行政审批办理方式的一次革命。**二是突破了部门数据壁垒**。通过建设行政审批大数据交换共享平台，打通了各类专网、专库与政务服务网平台之间的信息“屏障”，实现了信息共享，为全面推进审批表单电子化和流程再造、提速提效提供了技术保障。**三是突破了“条块分割”格局**。过去，我们是依据“每个部门所负责的审批环节”设计操作流程，群众要分头到多个部门窗口申请、填表、报件、领证;现在，我们按照“群众要办理的整个事情”设计操作流程，实现了“一窗受理、一表登记、一次告知、一网流转、一次办结”，打破了部门条块分割，实现了审批提速提质。

“一窗受理”改革不仅从制度上大幅度减少政府行政成本和企业办事成本，也有效激发了民营资本和社会发展的活力。今年1至3月，全市投资项目总数152个，总投资703.2亿元；新增企业1477家，同比增长5.73%，个体工商户4661家，同比增长48.11%。

八、改革体会

“一窗受理”改革是在以人民为中心发展思想指导下，按照“最多跑一次”的理念和目标，打造现代高效政府和服务型政府的一次探索。“一窗受理”改革能取得目前的初步成效，主要得益于以下几个方面：

（1）**大改革离不开大环境，全面深改是基础**。“一窗受理”改革并非“横空出世”，而是有着深厚的滋生土壤和生态。党的十八大以来，在全面深化改革大背景下，行政审批制度改革已经成为转变政府职能、建设服务型政府，提高治理能力的主要突破口。中央和省里一轮紧接一轮的简政放权、“四单一网”“放管服”改革、“1113 行动计划”等等，都是指导我市“一窗受理”改革的重要指南，也是确保改革方向正确、成效明显的重要保障。在此之前，衢州市在“五证合一”改革上的试水初探、政务服务网和权力运行的成功试点，以及电子证照库建设的先行先试等，为“一窗受理”改革奠定了重要的技术基础，而且改革是一脉相承的。

（2）**大难题需要大突破，省级协调是关键**。关键时刻需要关键性支持，瓶颈性突破需要高层次的协调推动。“一窗受理”改革从 2016 年年初开始酝酿至今，也不是一帆风顺，既有一开始的“方向性”疑虑，心中无底，也有改革推进过程中遇到的部门壁垒，重重阻隔。尤其是很多技术上可以解决的问题，遇到体制性约束就难有突破。这当中，省委、省政府的高度肯定和大力支持至关重要。尤其是在“最多跑一次”改革引领下，11 个省级部门工作人员赴衢州现场办公，多位省级部门“一把手”亲临衢州指导，专网打通、数据共享、部门壁垒、条块分割等诸多历史性改革难题均迎刃而解，这也是本次改革的最大突破和最高成效。

（3）**大服务需要大理念，“以民为本”是动力**。践行以人民为中心发展思想，以群众需求和改革获得感为标准，是推动改革深化，加快改革落地，确保取得实效的动力源泉。牢固树立起以民为本的理念，既注重审批效率，又注重服务质量，既解决实际问题，又提升政府服务品质，全方位满足群众多元化需求，甘当“店小二”、善当“店小二”，这是深化政府自身改革，营造优良改革发展环境的重要基础和根本保障。

九、改革深化

最近衢州市深入推进“最多跑一次”改革，推行“三合两联一优”，深化“最多跑一次”改革。对投资项目，实行“多审合一、多评合一、多测合一”，对市场准入，实行“多证联办、证照联办”，优化网上审批服务。

（1）**“多审合一”**。将建设、人防、消防等施工图审查，按照“一窗受理、一套资料、一站审查、一个平台、统一监管”的模式运行。

（2）**“多评合一”**。将政府投资项目和企业投资核准类项目在初步设计阶段涉及的节能评估、环境影响评价、安全评价、水土保持方案、地质灾害危险性评估等中介服务，实行统一组织、同步进行，按照综合受理窗口统一发布需求、中介承诺服务、业主择优选择、同步评估评审、结果实时考核的新模式运行。

（3）**“多测合一”**。将建设工程审批涉及的土地测绘、规划测绘、房产测绘等技术服务，统一委托给一家单位承担，实行统一测绘、成果共享，从而减轻企业负担，节约时间成本，提高测绘成果准确度。

（4）**对市场准入，实行“多证联办、证照联办”**。实行外贸企业“多证联办”。将外贸企业涉及的《对外贸易经营者备案登记表》《海关报关单位注册登记表》《出入境检验检疫报检企业备案表》《开户许可证》《原产地企业备案》等相关证（表）实施联办。

实行企业注册登记与后置审批“证照联办”。将企业注册登记与后置审批进行分类梳理，凡是可以一次性提交联办材料的办理事项，全面纳入“证照联办”，按“统一受理、统一标准、统一材料、统一平台”要求进行运作。

十、优化网上审批服务

（1）按照“网上办理、快递送达”的思路，推行全流程大闭环网上办事，从移动端进行在线申请，植入电子签名，实现申请材料的可信化；

（2）直接调用历史数据自动写入申请表，直接调用电子证照，实现申请材料最简化；

（3）开发电子档案管理系统，并与权力运行系统对接，实现电子归档自动化；

（4）开通网上预约、预审功能，开设预约窗口，实现现场办理高效化；

（5）持续推动数据互通共享，在公积金业务试点基础上，实现更多事项“无证明”办理；

（6）与邮政 EMS 系统实现对接，开展证照快递免费寄送服务。

（7）同时，按照“先易后难”的原则，逐步推出一批“零跑腿”办理事项。

第四篇

移动政务应用与新媒体

构建“互联网+政务服务”下的移动开放生态

大汉科技总裁 金震宇

一、政务服务的移动化倒逼

在当今时代，人们的行为习惯、生活方式都已经发生了巨大变化，大家更多地利用碎片时间，通过移动应用进行购物和接受各种各样的社会服务；同时社会信息的传播方式也发生了巨大的变化，信息传递、商务交流、社交活动等，越来越多地通过移动方式来进行。我们也关注到信息载体也在发生变化，微信、微博、新闻客户端，信息不仅仅通过网站，还通过多端、多屏、多渠道进行传播。信息从单点传播、向多点的链式传播发展，以裂变的方式在人和人群之间传递，速度更快，空间更广以及交流互动更多。

目前更多的老百姓和社会公众都是通过手机和移动终端来接受服务，这势必对政务服务也进行倒逼，更多的公众希望少跑腿办成事，通过手机和移动端获取各种各样的查询、办事、预约等政务服务。通过手机端连接政务服务网、连接政务大厅以及连接在后台的各部门委办局，从办件提交到受理反馈，都是通过移动的通道来完成，这样一个过程叫作移动互联网化的逆向倒逼。

二、政务应用移动化的困惑

政务服务也有最后一公里的问题，公众更希望随时贴身的服务，通过 EMS 就可以足不出户完成办证、补证等服务。和电商一样，政务服务也在逐步迭代完善向移动化发展。政务服务的移动应用如何实现多端协同开发，如何实现资源复用和共享、开发的架构，如何更加合理以及怎样降低开发成本？这些都是政府在开发移动应用的时候常碰到的一些问题，主要的困惑表现在以下五个方面。

1.移动政务应用开发的难度比较大

开发难度之所以大，是因为普通的 PC 互联网开发只需要开发一个应用，要么用 Java 开发，要么用 PHP 等语言开发。但是移动应用涉及的开发语言比较多，开发架构也更加复杂。目前国内的安卓手机有各种大小屏，使用安卓操作系统的手机大概有 5000 种，操作系统的厂商也各不相同，这就给开发者带来了巨大的开发难度；同时苹果的 IOS 也有各种不同版本和大小屏幕的兼容性问题，苹果新款手机的适配、开发模式的调整升级等也给开发带来了难度。

2.移动政务应用的开发成本比较高

移动应用开发人才的稀缺，造成移动应用开发的成本居高不下，除了人力成本原因之外还跟移动开发工程师需要掌握技能的复杂度是分不开的，作为移动开发工程师不但需要能够掌握移动端的开发知识，还要了解 Server 端的开发技术，还需要懂得 UI 设计。只有综合能力强的工程师，才能开发好一款优秀的移动产品。

3.移动应用的测试较为复杂

除了常规的功能测试、性能测试、安全测试外，对各类安卓系统手机平台的兼容性测试将是最大的挑战。一款好的 App 大量的时间不是放在开发上，而是放在了华为、联想、OPPO 等等各类高中低端安卓手机的各种复杂测试环境和测试场景方面。

4.是否应该保留独立的政府服务品牌

当前很多政府的移动应用分别借助于微信公众号、微博和支付宝城市服务等提供了多渠道、多方位的服务，到底政府是否需要一个政府独立品牌的 App？我们说，政务服务作为一项服务，当然也是有口碑、评价以及品牌的。微信公众号、微博和支付宝城市服务应当是增加了政务服务的入口和渠道，实质是对移动政务服务的一种导流。我们不应当牺牲独立的政府服务品牌，相反只有树立独立的政务服务品牌才有利于政务数据的落地和沉淀，有利于对政务服务的评价、监督以及完善。

5.移动政务应用后期运维和推广的缺失

移动政府分散开发、分散推广的局面已经注定了各种政务应用服务的失败。是否应当由一个统一框架实现政府各类移动应用的集约化，让各级政府部门可把精力花在业务应用的二次开发上，这样移动政务应用就汇聚于一个总的平台之上，可以统一进行运维管理和推广。政府不仅可以集中推广资源和经费，快速提升下载量、使用频度以及用户黏度，而且数据流量分析以及安全运维保障等都可以由平台总体考虑，必然会节省大量的资源、精力和投入成本。

三、移动政务应用集约化面临的一些现实问题

2014 年国办发〔2014〕57 号文首次提出政务网站集约化建设理念，特别是近年来，国家“互联网 + 政务服务”战略的推进，移动政务应用作为网站的延伸，越来越突显其重要性。

移动政务应用集约化如何开发，其架构技术以及开发模式各有什么特点？是采用独立的移动集约化的后台，还是和网站共用一个后台？是否存在一个统一的开发规范？移动的应用和网站的应用是什么关系？各级政府以及各委办厅局是采用统一开发的移动应用好，还是各自为政独立去开发好？最重要的是到底移动政务服务的主入口是哪一个，是政务 App、支付宝城市服务，还是微信的公众号应用，还是刚刚发布的微信小程序？

四、构建移动政务应用的开放生态

既然移动应用的集约化这么复杂，在应用开发上必然有很多问题要考虑，是不是有一个更简便易行的方案呢？首先给大家展示一个标准的移动集约化应用开发架构，我们把它称作移动政务应用开放的生态体系。

1.移动政务应用开放生态的架构

所谓移动政务应用的开放生态是指通过统一的技术架构体系，把分散在网站、移动 App、微信、支付宝、微博的各类移动政务应用汇聚起来，形成一个整合的移动应用生态系统，实现用户统一、功能统一、体验统一、运维统一、推广统一的整体对外提供服务。

如图 4–1 所示，在这样一个生态体系当中，包括平台的开放、组件的扩展、标准的统一以及应用的即刻升级和多端的对接问题，都由统一的一个平台综合进行考虑。如图所示，工商、税务、公安、人社等各级政府部门，包括一些垂管的政府部门都可以基于统一的架构体系平台之上进行移动应用的开发。

完整的移动应用开发往往是指 App 应用、微信应用、支付宝城市服务应用的一体化

开发，即不需要去考虑微信开发和支付宝应用开发的特殊性，在统一的移动开放的生态体系平台上就可以完成App、支付宝、微信城市应用、微信小程序等等的对接，不必去考虑众多类似于开发上的适配、兼容以及特殊接口等问题，实现一次开发多端运行。这样就可以节省大量的开发和后期与运维成本，提高代码的复用度。

移动开放平台具有两种能力，一是把分散的移动应用集成进来，形成服务能力的汇聚；二是把平台封装、集成好的应用对外输出，形成服务能力的供给。

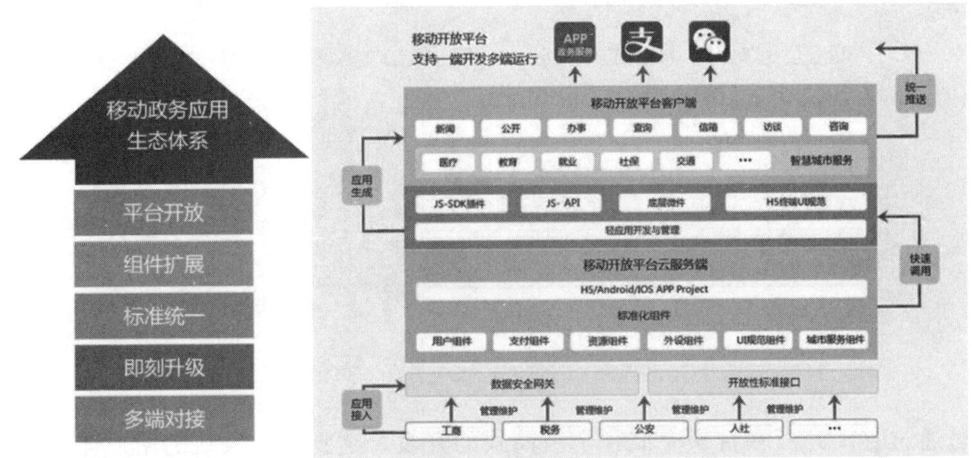

图4-1　移动政务应用开放生态架构

● 移动服务能力的汇聚

系统基于底层进行统一架构体系的封装，把很多复杂的原生开发应用都封装好，避免不同的平台、不同手机的兼容性和适配问题。当整个平台封装好了以后，各级政府部门和各个委办厅局可通过简单的JS–SDK调用，通过HTML5的网页脚本，就能够完成复杂的移动App应用开发，实现对原有网站功能的快速移动化改造，并对大量其他单位开发过的应用场景进行复用，大大地降低了开发的成本和开发的门槛，可实现“互联网+政务服务”移动应用的快速上线，使得整个移动应用变得更加丰富。

这样一种开放式的生态体系也有助于我们各级政府部门发挥自身的主观能动性，建立一种标准体系，由于它在统一推送、统一生成、统一调度数据以及统一的UI界面上都做了周全的考虑，使整个应用的体验、完整性都具有很好的体现。

● 移动服务能力的供给

整个移动开放生态架构体系上封装好的应用，可以通过JS–API接口对外输出服务能力。这样一来总平台上很多开发好的政府部门或委办厅局的一些开发好的成熟应用或是共性移动应用，比如：企业信用查询、个人征信查询、统一证照库、网上预约等可以为第三方应用提供服务能力，各级政府部门或委办厅局也可以利用它封装成独立的应用，实现数据和业务应用共享服务。

2.构建极简开发、极致体验的框架

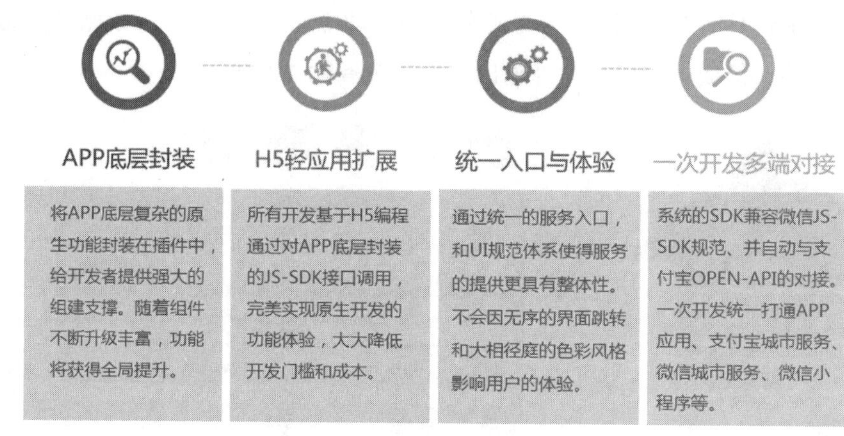

图4–2　极简开发、极致体验

可通过移动开放平台来完成一个极简式的开发，达到一个极致的用户体验。通过App的底层封装和H5的轻应用扩展，将二次开发变得更加简单。通过统一的入口和统一的用户体验，实现一次开发、多端对接，即能够通过一套移动应用开发的代码，来完成对App及对支付宝、微信、微信小程序等的直接对接（如图4–2所示）。

图4–3　移动平台丰富的应用功能组件

在图4–3中可以看到，一个完整的移动开放平台应当包含非常丰富的组件，能够支撑在云端构建完整的开发环境，同时系统支持真机的调试工具，直接在移动端进行调试和测试，使得应用的开发有更好的真实体验，实现功能调试的所见即所得。能够支持JS–

API 的接口支撑，只需要开发一次，它即会自动地和微信的 JS-SDK、JS-API 进行适配，完成一次开发，多端运行。同时在原生开发的组件上，平台应具有非常丰富的封装，包括云存储、图片的调用、手机端的各类传感器、陀螺仪等外设的调用等。另外平台对于原生 App 开发的各种展现、适配和兼容，应当有整体化的考虑。对于统一用户、语音检索等通用功能平台应当做好封装，并支持 SDK、二次开发的插件封装，提供给安卓客户端和各类 iOS 客户端方便地进行二次开发的扩展。平台还需要考虑支持热更新和即刻升级的模式，不仅便于及时解决 Bug 更正，更重要的是不需要在 App Store 等应用市场进行频繁的客户端升级。系统后台应支持非常丰富的轻应用组件，并形成丰富的组件库，包括各地的天气预报、网上预约、办事办件受理、统一用户、网上调查等轻应用。

3.开放的生态体系有助于大规模实现应用的连接和融合

对于一个移动应用开发来讲，最重要的是用户和应用之间的连接，通过这种连接把很多的应用集成起来。对于移动应用集约化来讲，不仅仅是连接，更重要的是融合。所谓融合是在统一架构体系之下，进行用户的统一、消息的统一、品牌的统一、体验的统一、应用升级的统一、平台安全的统一、运维的统一、应用推广的统一，只有通过构建开放的生态体系才能达到这八个方面的融合。

4.开放的生态体系为数据的汇聚、共享和挖掘打下基础

“互联网 + 政务服务”的实质是服务在线化和数据化。开放平台最大的作用是使得各部门更有动力把业务服务做深做细，在积极提升用户体验的同时完成了政务服务的数据化。在统一的生态体系下，原本分散的移动应用的数据将被汇聚起来，业务的数据、服务数据以及用户的使用频度、黏度，访问路径和使用习惯等数据的集中管理将成为可能。

除了丰富了应用资源以外，应用数据挖掘分析将对政府辅助决策、政务服务的改进、政府移动应用服务能力的评价起到重要作用，同时数据分析能够为用户进行画像，从而更好地为用户提供精准的服务，为移动应用提供更好的改进依据等。这也为建立政务大数据服务、政务数据资源的共享、融合、汇聚和挖掘打下坚实的基础。

五、移动政务开放生态下移动应用服务能力提升的关键

在移动政务开放生态下，构建了很好的应用资源和开发架构。如何去提升移动应用的服务能力，做更有价值的移动应用呢？

1.做好移动应用服务入口的规划

移动应用由于屏幕面积的限制，入口的设计变得尤为重要。拿浙江政务服务 App 的首界面举例，在这个界面上可以看到众多的入口，比如二维码入口、搜索入口、分类导航入口、个性化入口、信息推送入口以及地理位置入口等（如图 4-4 所示）。在二维码入口上有一个扫与被扫的问题，在搜索上有支持语音输入的问题，是不是支持热词、搜索轨迹以及分类筛选等等。

在分类导航上，无论是 App 还是微信公众号、微信小程序，最好不要超过两层，在网站上是讲 3 次点击，不要超过 3 次点击，在 App 最好不要超过 2 次点击。

另外，有很多的导流都是通过信息推送，收到推送的信息之后，点击才进入移动应用的，有的应用是按地区进行划分的，所以信息的推送、地理位置的定位也是非常重要的入口。这些都是移动应用非常特殊的、重要的入口，都是提升移动应用服务能力的关键。

图4-4 浙江政务服务APP界面

2.理解墙（Wall）的概念

要做好移动应用，理解这个"墙"的概念至关重要。由于移动终端的面积所限，不可能像网页设计那样有复杂的窗口弹出，甚至多个桌面的切换。移动应用有它特有的"墙"的模式，在很多的应用上会发现有搜索、我的中心、城市服务这样的特有功能的"墙"的设计（如图 4-5 所示）。在一个特定的"墙"的设计上，一定要进行特定应用的聚焦，而不是像网站设计那样到处飘窗吸引用户的注意力，在手机上由于视觉已经相对比较集中，更重要的是关注和研究用户在手机上操作的习惯、轨迹和逻辑问题。

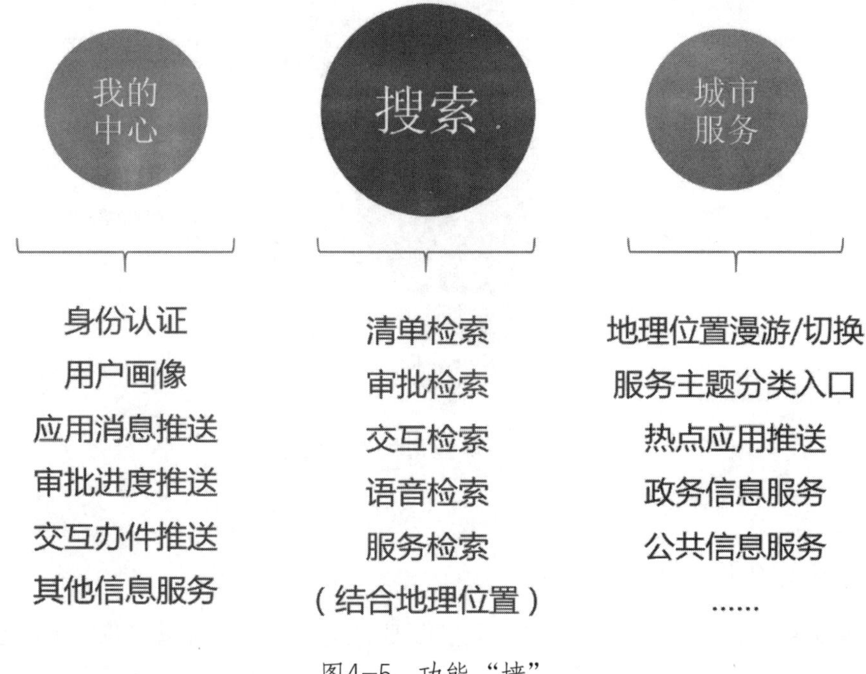

图4-5　功能“墙”

3.重视移动应用的交互设计

移动应用的交互设计决定了移动政务应用的用户体验和服务品质。我们知道交互设计是移动应用设计中非常重要的部分，它有语音交互、消息导流交互、多屏幕交互、Step By Step 交互、地理位置交互（如图 4-6 所示）。

语音交互、信息导流交互、地理位置交互都比较容易理解，这里重点谈一下什么叫多屏幕交互。多屏幕交互是在电脑上通过扫码的方式，能够在手机上获取或操作电脑上内容的交互形式，是一种跨屏幕的交互形式。

在政务服务中交互设计非常重要，在收到一个 App 推送的消息和微信推送消息的时候，点击这个消息就能够打开应用，这也是移动应用特有的一种交互模式。

在网上提供办事服务的时候都会有一个办事流程，也会提供一个复杂的办事介绍，但是在很小的屏幕上，如果弹出一个复杂的办事流程的介绍、一个流程图或者一个办事的具体的事项，用户会非常不方便。Step By Step 交互是以引导的方式完成用户和系统间的交互，遵循这种模式，第一步填一些内容，点一个按钮，第二步继续做一个动作，然后第三步结束，不断地引导用户按步骤去填写和获取政务服务。

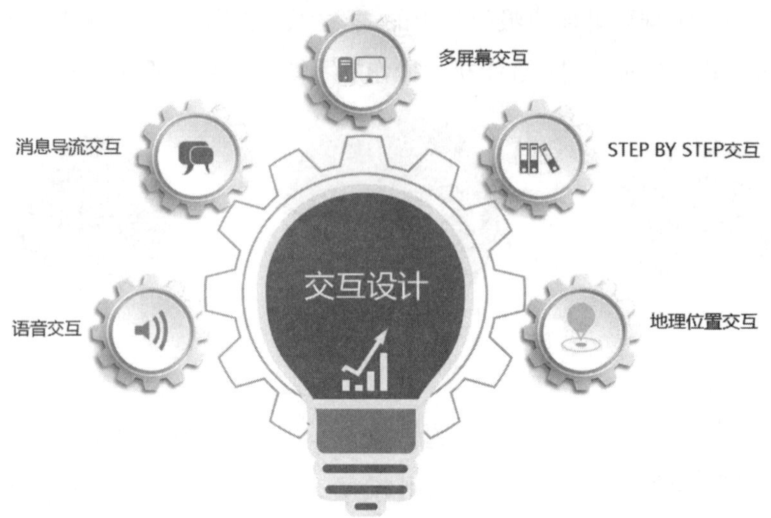

图4-6 移动应用的交互设计

4.以“我”为中心的设计思维

做好一个集约化的移动应用还有一个很重要的点，就是要有以“我”为中心的设计思维（如图 4-7 所示）。比如：以“我”为中心设计消息服务，以“我”为中心设计个性化服务、推送服务，以“我”为中心设计热点服务，以及以“我”为中心提供场景化的服务。以“我的南京”App 的“我的中心”界面举例，当登录进去后，内容都是和“我”有关的信息，包括芝麻信用、公积金、社保、个人纳税、钱包、信用贷款等，这些都是以“我”为中心的设计思路。

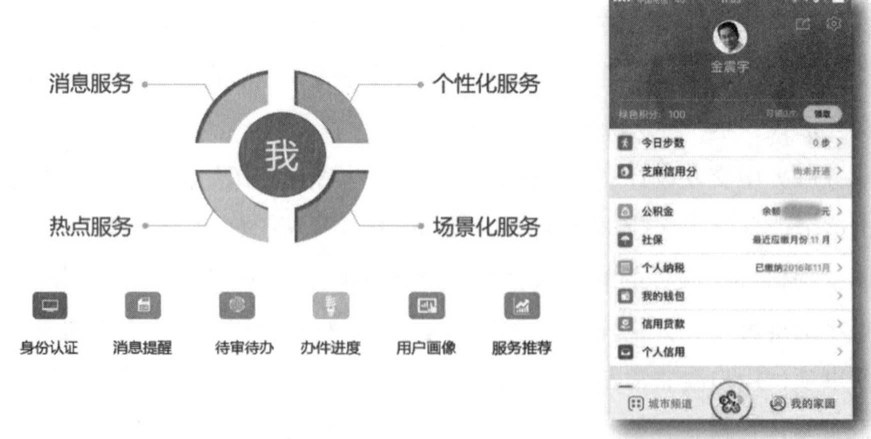

图4-7 以“我”为中心的服务设计

5.优化用户使用成本和用户黏度

开发一个好的移动应用，还要注意用户使用成本和用户黏度的问题。因为用户使用成本和用户黏度这两个属性是相互关联的。如果说你的 App 使用成本很高，用户黏度一定不高，具体讲使用成本决定了用户的转化率，它是用户在使用你的 App 移动应用时所做的功。换句话说，如果用户觉得比较麻烦，那么用户获得服务的成本就会很高，这样用户的转化率就会降低。在 App 上如果有复杂的表单或内容要填写，或是下载 App 觉得比较麻烦，那么用户就不愿意使用这个 App 了。

无论是开发微信的小程序，还是开发一个微信的公众号，还是开发一个 App 的应用，都会牵涉用户的黏度。用户的黏度实际上是决定用户的参与感，也决定了用户在应用上停留的时间或是使用的频度，因此在做移动的 App、微信公众号或者是支付宝城市服务应用的时候都需要在用户使用成本和用户黏度上下功夫。

6.移动应用的场景设计

优秀的移动应用中应用场景的设计非常重要，应用场景的设计维度包括三个方面。

第一个方面是“端”的场景问题。我们不能将一个适合在 PC 端的应用场景直接搬到移动端来，有很多的办公应用更适合坐在办公桌前使用，这些应用可能就不适合在移动端来提供。有很多政府部门开发了移动应用，发现下载量小、用户不活跃，其实就是这个道理，简单地说就是移动应用的设计场景不对。移动应用是在碎片的时间、在行进的路上、在排队等候或是在出差的途中，这时候才可能掏出手机做一个临时或是简单的查询，所以在开发移动应用时一定要注意应用适合的场景。

第二方面是一定要把用户置身于特定的场景。在开发一个应用的时候，它的场景往往是特定的，有别于在 PC 端的开发，PC 端往往希望能够提供更丰富的、多维的场景，但是在移动端，用户更希望是单一的、特定的场景来提供特定的服务。

第三方面是提升移动应用服务能力要更关注在场景当中用户的痛点和痒点的问题。所谓痛点就是用户最关注的一些问题，即需要解决的问题；所谓痒点就是你解决他的问题，他就觉得体验非常好，而用户就会感觉到非常舒适，因此在做一个好的移动应用的时候，一定要关注解决了用户哪些问题，而解决哪些问题使用户得到了比较好的体验和比较大的满足感。

构建“全面的移动政务”的实践与思考

温州市公安局龙湾区分局 冯宪朴 章中一

摘要：当前，个人消费端的移动互联网化日趋成熟，企业端和政府机构端移动互联网化方兴未艾。笔者认为，全面移动政务的建设，不仅要实现对外服务的移动化，同时对内部工作流程也要根据移动化要求进行优化重组，并给予对外移动化有效的支撑，从而打造一个群众服务和政务服务相融合，工作人员的工作和生活相融合，内外互通、良性发展的移动政务应用生态圈。

关键词：公共管理 移动政务 模式创新

随着科技的发展，我们的事务或信息处理方式从最初的书面处理演进到了数字处理。特别是进入移动互联网时代，大量的信息、事务处理从PC端逐渐演进到了个人智能移动手机终端，并逐步成为常态。在个人消费领域，移动服务互联网化已经相当成熟。以我们熟知的淘宝、饿了么、携程、滴滴等掌上App为代表，购、吃、住、行都可以通过智能手机操作。在这样的大环境下，电子政务建设受到移动互联网浪潮的影响，逐步迈入掌上政务时代。特别是在微信公众服务号出现后，大量的政府部门以服务号为入口，向群众提供民生类服务。但在掌上政务端建设过程中不少单位将对外服务模块和内部支撑模块人为地割裂开来，使对外服务模块缺少内部服务流和数据流的支撑，难以适应移动互联网发展的要求。因此，我们提出“全面的移动政务”的建设理念，就是要实现对外服务模块和内部管理模块的有机融合，打造移动政务应用生态圈。

一、“全面的移动政务”的生态模型

“全面的移动政务”建设理念即在传统服务移动化的基础上，通过加强内部服务的移动化信息支撑，在提高整体政府机构的运行效率和服务能力、减轻公务人员的个体负担的同时，让群众更方便地获取公共服务，从而营造群众服务和政务服务相融合，公务人员对外服务和内部管理相融合，可良性循环发展的移动政务应用生态圈（如图 4–8 所示）。

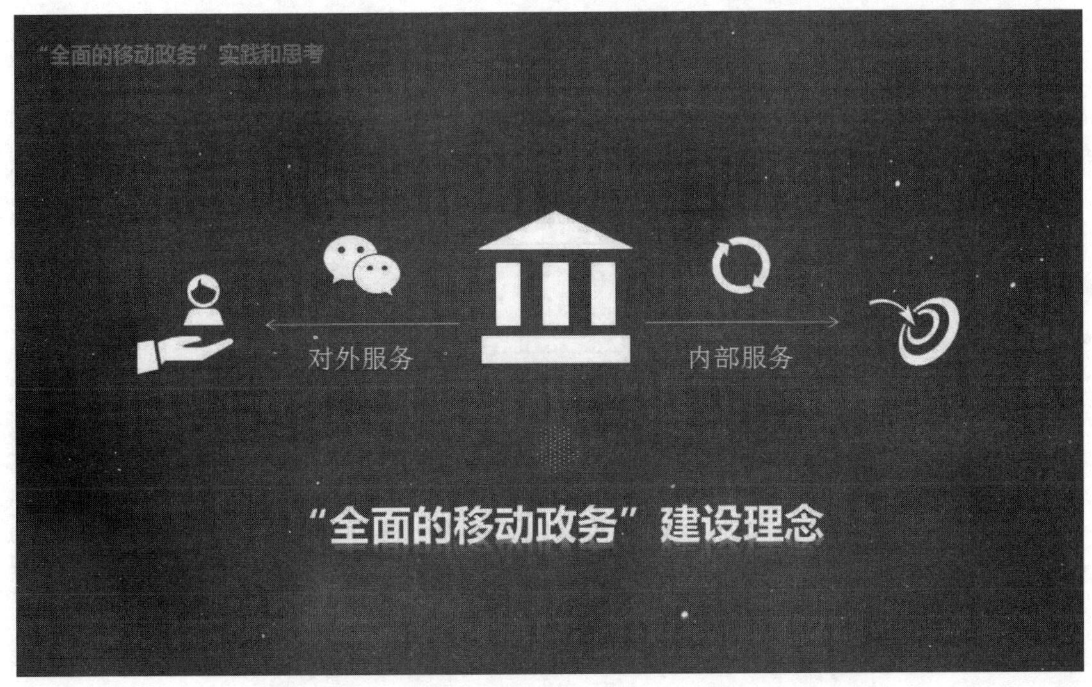

图4–8　"全面的移动政务"建设

二、"全面的移动政务"建设要点

要实现全面移动政务建设，还需要克服诸如平台载体技术选择、网络安全、工作方式、工作制度的问题，它是一项长期的工作。

（一）移动互联网载体的选择

实现整个服务流程的移动化，需要合适的移动互联网的载体。载体的选择上必须考虑成本、普及度、可持续性、安全性等要素。开发基于 IOS 系统或 Android 系统的专用 App 应用软件亦可实现数据交互和事务处理的应用。但笔者认为受普及难度及成本等因素的限制，普通的市或区县一级不适合独立开发设计 App 应用载体。经过多年的应用，笔者认为微信是较好的移动互联网的应用载体。微信的天然群众基础和企业号的安全保障，为我们快速有效地打造载体平台提供了很好的条件。个人微信很好地解决了个人和个人之间的交流和数据通信；微信服务号解决了个人和机构之间的沟通和数据交互（如图 4-9 所示）；微信企业号解决了组织和组织成员，及组织成员之间的沟通和数据交互。借用这个载体，我们可以搭建一个具有完善的基础用户体系和高效的数据交换功能的平台。

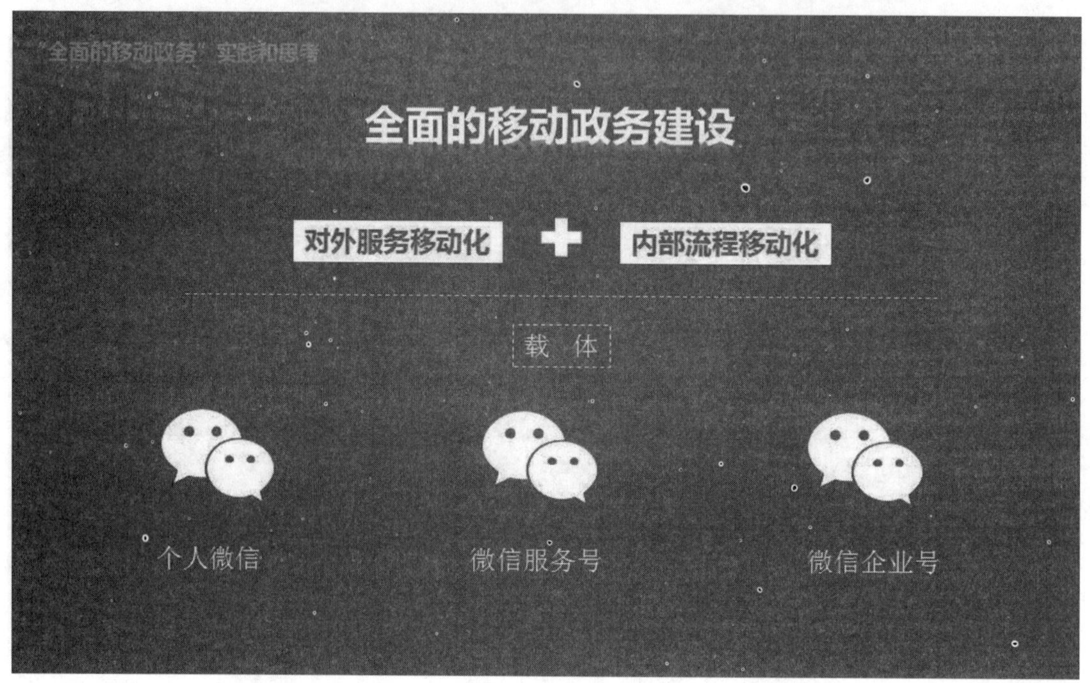

图4-9 移动互联网载体

（二）全面移动政务系统网络安全设计

安全可靠是政务系统开发建设秉承的首要原则，是移动政务的生命线。如图 4-10 所示，在兼具内部管理信息和外部服务信息的全面移动政务系统上更是如此。利用微信等第三方平台开发移动政务系统时，在设计上就应在网络环境、数据通道、保密措施等方面考虑安全风险的规避。在网络环境方面，将政务服务的应用服务和数据内容构建在原有的政务网上，利用好已有的网络防护功能；在数据通道方面，建立两条数据通道，仅通过第三方载体平台传送数据内容地址的"钥匙"，而数据内容仅通过 https 协议加密传输，利用微信浏览器获取内容，这样数据内容就不直接流经第三方载体平台服务器。另外，还可利用微信企业号现有的消息加密机制对"钥匙"进行加密，同时设置内容敏感词阻截，根据需要设定阻截的敏感词汇库，限制含有敏感词内容的数据流通；在保密设施方面，实行阅后即焚、定时自毁、限制转发、截屏水印等四项安全保密措施，一定程度上确保指令传送的安全（如图 4-10 所示）。

（三）重组内部业务流程

在设计一套“全面的移动政务”系统的同时，必须对该系统所涉及的内部业务流程进行优化重组。重点是对现有的信息流、业务流、管理流进行梳理，根据“全面的移动政务”的要求，对业务流程进行重组再造，制定新的业务流程图，盘活信息、业务、管理资源。比如，在要建立内部管理的“微行政”模块，实现请销假、出差、机动车维修、微通知、会议管理等一系列行政日常事务掌上审批功能，就必须分析实现这些功能需要哪些部门审批、需要哪些数据支持、需要配置多少资源量等问题，并确定相关流程，对流程进行优化重组后，在平台内实现。

图4-10　移动政务系统的网络安全设计

（四）调整工作方式和工作制度

“全面的移动政务”实行后，事务或信息处理方式将会发生变化。固定在办公室的工作状态会逐渐减少，而通过智能移动终端手机动态化和碎片化办公的频次会逐步增加。可能我们在处理一件事务时，不断地会插入其他的事务，这就对人的专注力提出了更高的要求，我们要随时做好切换工作状态，然后快速切回状态的准备。比如，我们正在开会时可能会来一个紧急事务申请的请求，在不影响开会的前提下，我们需要快速处理完这个请求并恢复到会议状态。我们必须适应这种工作方式的变化。

使用“移动政务”平台，给我们工作带来便利的同时，也让我们的工作变得更加透明和可数据量化，因此工作的过程和效果将直接体现在数据上，使得“懒、散、慢”的工作作风无处可藏，因此在推进的过程中可能会遭受部分人员的排斥。另外，新的工作方式还需要相应的工作制度与之相匹配，原来规定的上班或会议时不能“玩”手机的制度会与现有的工作出现越来越多的冲突，如何区分“玩”和“用”手机会是我们劳动纪律监管部门所面临的问题。

三、龙湾区在建设“全面的移动政务”方面的实践

“全面的移动政务”建设的目标是要形成一个良性的移动政务的应用生态圈。龙湾公安分局经过三年的建设，搭建了一个对外微信服务号、一个对内微信企业号，以及连通这两个平台端口的“全面移动警务服务基础平台”，搭建了完善的对内对外的移动端服务体系，形成了具有群众服务、警务服务和民警生活服务三大类、十六大板块、100多项服务的应用生态圈（如图4-11所示）。

图4-11 “全面的移动政务”服务基础平台

（一）对外模块建设

在对外服务方面，龙湾移动微警务平台集成了报警、咨询、办理三大功能。

1.报警类

提供微信手机端的报警服务，解决了“说不清现场情况，道不明现场地理”的问题。2016年元旦，在龙湾瑶溪大罗山上利用微信报警成功营救两名被困悬崖的群众，曾得到各级媒体和群众的广泛报道。截至2017年7月，龙湾区共受理群众微信报警1100多起。除了报警外，龙湾公安还提供举报类服务，通过主动提交或其中“我是侦探”栏目的嫌疑人员识别在线匿名提供线索，在线微信奖金匿名发放等，极大地消除了群众举报的顾虑。

2.咨询类

除报警为公安特有的服务外，咨询服务是政府机关提供的基础服务。龙湾公安将最常见的治安、法制、禁毒、户政、出入境、法医等相关的办事指南均进行了分类检索，另外还增加了模糊全局搜索功能，让群众很方便地就可以找到对应的办事指南。而“全面的移动政务”的一个特点就是它的内外连接属性，即任何一个群众通过对外服务的入口“龙湾公安”服务号就可以将要咨询的问题发送到对应的办事民警的手机，因此我们首批将户政窗口民警、流动人口管理民警、社区民警、出入境民警直接连到了网上，为群众提供实时的在线咨询服务。截至2017年7月，共受理群众咨询2810多起。

3.办理类

龙湾公安开通了户政、出租房、居住证、无违法犯罪记录证明等30余项在线办理的业务，通过对接政府大数据，打通房管、民政、卫计、人口等数据，群众最少用一张身份证就可以实现户籍业务移动端办理；应用人脸活体识别技术，实现在线办理的身份认证，真正实现群众户籍业务办理“最多跑一次”或者“一次不用跑”，大大减轻了群众往返行政审批窗口的压力。

（二）内部平台支撑

上述服务群众的功能，在“全面的移动政务”体系建设内部均有对应的应用模块与之相匹配，以提升运行效率和用户体验。

1.对接群众服务模块

我们通过内部微信企业号中的“微处警”“微情报”等模块对应报警类的服务。群众使用微信报警功能时，在110微信接警台人工接收后生成警单，并派发至具体的处置民警。民警通过“微处警”完成签收、导航、到达、反馈等一系列的操作。同样，群众微信举报的内容也是通过“微情报”模块发往具体工作人员的微信,并实现连续的匿名沟通。涉及窗口的咨询办理类业务，群众提交的申请通过“微窗口”或“微社区”模块到达行政审批窗口工作人员或社区民警的微信端，实现群众提交业务审批申请，直接通过“全面的移动政务平台”流转到对应的部门和岗位进行移动化的审核审批，大大提高了内部审批的效率。

2.对接社会应急联动工作

龙湾公安指挥中心也是政府社会应急联动指挥中心，为了更好地开展应急联动工作，分流非警务警情，借助“全面的移动政务”建设平台，我们打造了“微联动”的应用，对接110报警和微信报警的社会联动警情，将龙湾区49个社会应急联动部门纳入平台体系，通过“微联动”实时派发警情到各联动单位具体处置人员的手机端，实现快速有效处置和反馈。截至2017年7月，共下达联动警情11 669多起，有效地提升了龙湾区社会应急警情的处置水平。

3.对接内部勤务管理

除了上述实现对外支撑的内部服务功能外，“全面的移动政务”服务一方面是连接内外，由内实现对外部服务流程支撑作用；另一方面，以提效、减负为目标，改造内部行政或勤务流程，也是我们全面移动政务服务的重要方面。

依托微信企业号的载体，龙湾公安分局实现“动态勤务中心”管理。根据警务实际，将常见的勤务状态细分确定9种基础的一级勤务状态和30余种二级勤务状态组合，实现60种勤务状态的全覆盖。以警务工作人员的动态勤务状态数据为基础，通过绑定勤务状态下便携设备（如对讲机、警务通）的动态位置数据，使平台一切与警员相关的状态数据均连接动态勤务中心，使警力部署情况、动态勤务状态系统清晰地展现，使业务流、数据流、管理流统为一体，为决策者实行快速指挥调度提供科学系统的支撑。

小结

龙湾公安已经从移动民生服务走向全面移动警务（政务）服务，应用生态初现，当然我们也仅仅是迈出了一小步，移动政务的建设还有很长的路要走。随着“全面的移动政务”应用生态体系的日趋成熟，更多业务系统连接到“全面的移动政务”平台，大量应用模块的添加和各系统的连接，会形成大数据的积累，届时我们可以利用大数据来评估每一项工作的成效、每位公务人员的工作效能，可以利用大数据分析或预警每个工作环节出现的问题，改善我们的工作流程，提升服务群众的水平。移动互联网在不断地发展，科技也在不断地进步，商业的科技应用往往领先政务服务的手段，我们也要紧跟科技的变革，不断适应和调整政务服务的方式。

第五篇

政府网站集约化研究

从《政府网站发展指引》看"互联网+政务"未来

大汉科技总裁 金震宇

2017年5月15日，国务院办公厅印发了《政府网站发展指引》(简称47号文，以下简称《指引》)，对全国政府门户网站的管理、内容、规范、运营和安全等提出了完善的规范和指导，是国家对政府网站建设最全面的纲领性文件。自1999年政府上网工程启动以来，政府门户网站经历了近20年探索发展和不断完善的过程。随着"互联网+政务服务"的战略发展，政府网站在政务发布、政策解读、服务民生以及政府服务等方面扮演越来越重要的角色。《指引》的发布是对政府网站从运行管理、技术支撑以及安全保障规范的一次全面性升维。

《指引》明确和理顺了政府网站的管理体系和技术规范，要求规范网站管理办法和域名管理，严格开办流程，加强监管考核，推进资源集约，并界定了主管部门、主办单位、承办单位、编辑部门、业务数据提供部门和技术运维部门的责任分工。政府网站的职能从传统的三大板块，即信息公开、网上办事、互动交流，提升为四大功能定位，即信息发布、解读回应、互动交流、政务服务。实现政府网站从信息发布向政策解读、回应关切及政务服务的转变。

政府网站作为政务公开的第一平台和政务服务的总入口，必须基于统一标准体系、统一技术平台，统一安全防护，统一运维监管的原则构建集约、共享、开放的系统架构。主要包括三大架构:云计算技术架构、统一认证架构和数据开放架构，以实现"用户""数据"和"服务"的协同和汇聚。

一、政府集约化门户网站的三大架构

1.云计算技术架构是政府网站集约化的支撑平台

为实现政务信息数据与应用服务的归集，支撑面向公众服务的大规模访问和并发，在云计算服务器基础资源体系之上必须架构分布式数据库、分布式缓存和分布式存储，以提升集约化的性能、可靠性和安全性（如图 5-1 所示）。

图5-1　云计算技术架构示意图

2.统一认证体系是贯穿集约化政务服务的灵魂

统一认证体系分别向个人和企业两类人群提供认证服务。政府网站关注用户黏度、回应公众诉求、精确用户画像都需要基于统一的认证体系。其核心应用包括：普通用户认证体系、实名用户认证体系、统一证照库体系、跨地区认证体系和第三方认证互认体系等（如图 5-2 所示）。

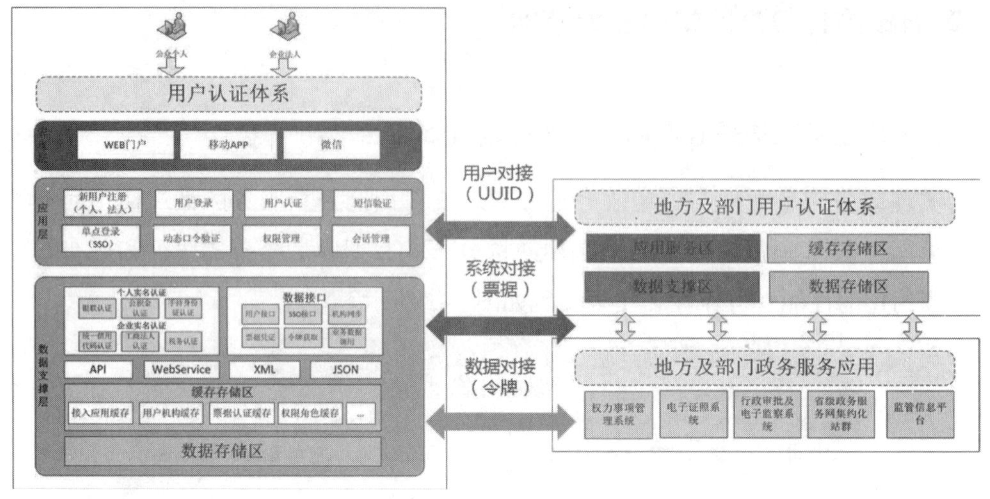

图5-2　统一认证体系示意图

3.数据开放架构是政府网站整合数据应用形成"互联网+政务"的服务生态

开放的核心是连接、利用和分享。政府网站之间信息要互联互通，政府内部数据资源要共享，因此必须在信息和数据资源的基础上，发挥第三方资源开发的优势实现互通和开放。开放不是简单的公开发布，而是要在一定的权限审核机制基础上对数据对接、数据调用、数据安全、数据仿真的全面管理，不仅对开放的数据要实行保密审查和脱敏处理，对过期失效的数据要及时清理、更新或标注过期失效标识，且能够对数据开放的效用进行追踪和评估（如图 5–3 所示）。

图5–3　数据开放架构示意图

二、政府集约化网站需重点打造的八大平台

为提升政府网上执政能力，突出政务公开和“互联网＋政务服务”的重要定位，《指引》对政府网站的功能建设提出了新的目标和完整的功能要求，即建设功能完善的集约化政府门户网站，这将引领政府门户网站向规模化、数据化和服务化的方向发展，未来集约化建设将重点打造八大平台，即信息资源库平台（图 5-6）、门户网站管理平台（图 5-5）、互动交流平台（图 5-6）、移动开放平台（图 5-7、图 5-8）、运维监控平台（图 5-9）、应用安全监测预警平台（图 5-10、图 5-11）、政务知识挖掘平台（图 5-12、图 5-13）、大数据分析和量化评价平台（图 5-14、图 5-15、图 5-16）。

1.构建政府信息资源库，实现信息资源统一、多维和集中的管理

《指引》文件中明确提出了政务信息资源库的建设要求：构建分类科学、集中规范、共享共用的全平台统一信息资源库。信息资源库是政务信息的基础单元，基于统一的元数据标准，实现对多维度数据结构、数据关联引用关系和数据调用权限等的管理。具体功能要求有以下几个方面。

（1）构建省级、地市级政府部门网站统一的信息资源库，实现统一的数据报送管理，并做好入库管理和详细资源使用记录。

（2）信息资源库要实现权限的配置管理和统一栏目推送管理。

（3）基于政务信息资源库实现网站信息、文件资料库、答问知识库的互联互通。

（4）对各政府网站的信息资源，按照“先入库，后使用”原则，实现统一分类、统一元数据、统一数据格式、统一调用、统一监管。

（5）实现跨网站、跨系统、跨层级的信息资源相互调用和信息共享互认。

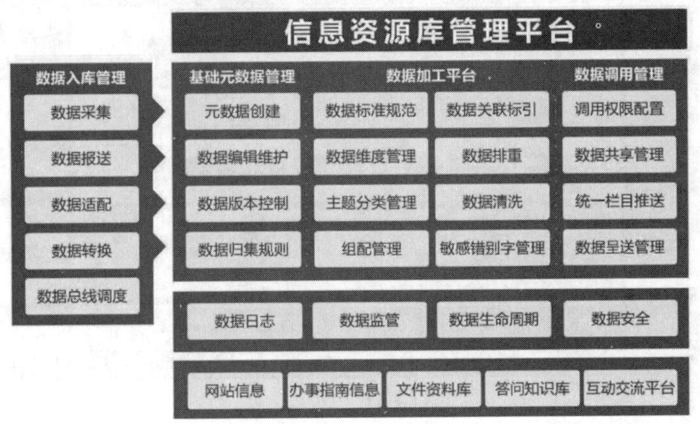

图5-4 信息资源库平台

2.集约化内容支撑、多屏展现和发布平台是规模化网站管理的关键

门户网站管理平台是网站集约化管理、网站改版与内容发布的总平台，是信息、应用和服务的集中展现和支撑平台。传统的网站管理平台主要考虑网站的栏目分类设置，网站栏目和信息维护管理权限，实现所见即所得的内容编辑等，但作为集约化的网站系统，由于支撑网站数量多，网站的访问量和数据规模都非常大。因此必须考虑网站的开设关停的有序管理，在一套系统内实现几千家集约化网站的大并发信息维护、信息访问和大规模数据交换的支撑。实现网站在正常运营情况下的大规模瞬间改版。顺应及时准确发布政府重要会议、重要活动、重大决策信息的要求，实现规模化网站的大数据瞬间发布。为快速推出解读回应和图文并茂的专题，系统要能够内置政务专题和政策解读模板库，并能通过拖拽快速实现专题和解读的构建。同时，依托底层的算法引擎实现政策文件和解读材料的辅助信息关联。系统应考虑提供内置错别字自动检测和栏目更新提醒功能，政务信息公开与网站文件资料库和网站栏目的关联融合，对文件资料的修改、废止、失效等的管理。为顺应全媒体时代特点，政府的发布内容要能最快速实现政务 App、微信公众号、微博以及支付宝城市服务等的多端协同发布。

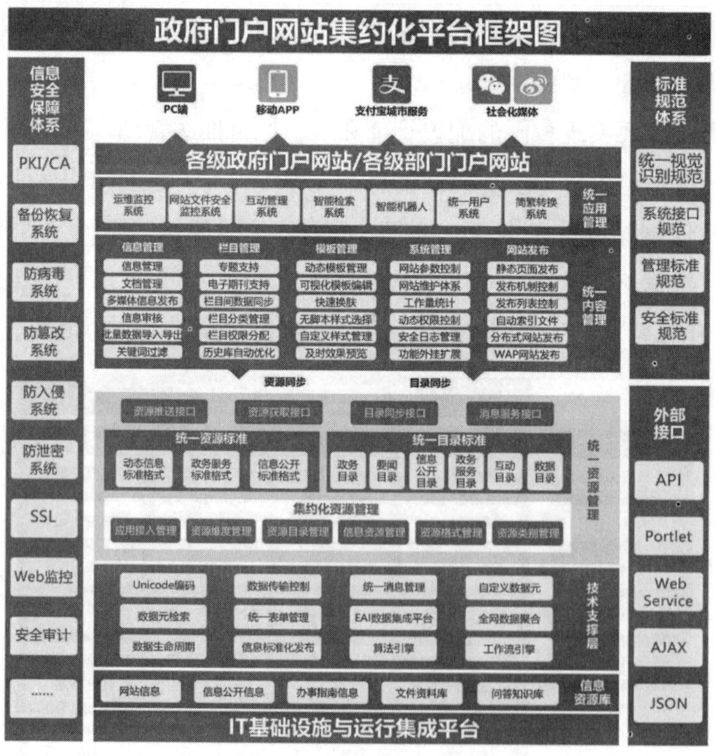

图5-5 门户站管理平台

3.互动交流平台是回应民声、响应社会关切的重要桥梁

政府的互动交流平台是指基于统一的后台体系和灵活的流程设定，对各级政府部门网站的留言评论、在线访谈、征集调查、咨询投诉和即时通信进行集约化管理，为政府听取民意、了解民愿、汇聚民智、回应民声提供更加强大丰富的展现和强大的功能支撑。

一方面，网站的信息发布、解读回应和办事服务类栏目要和互动交流平台的入口打通，同时互动平台能自动定期整理网民咨询及答复内容，按照主题、关注度等进行分类汇总和结构化处理，编制形成知识库。

另一方面，互动交流平台作为集约化的交互入口，不但要和网站，还要和政务 App、政务微信公众号和微博发布平台打通，实现多渠道的接入。

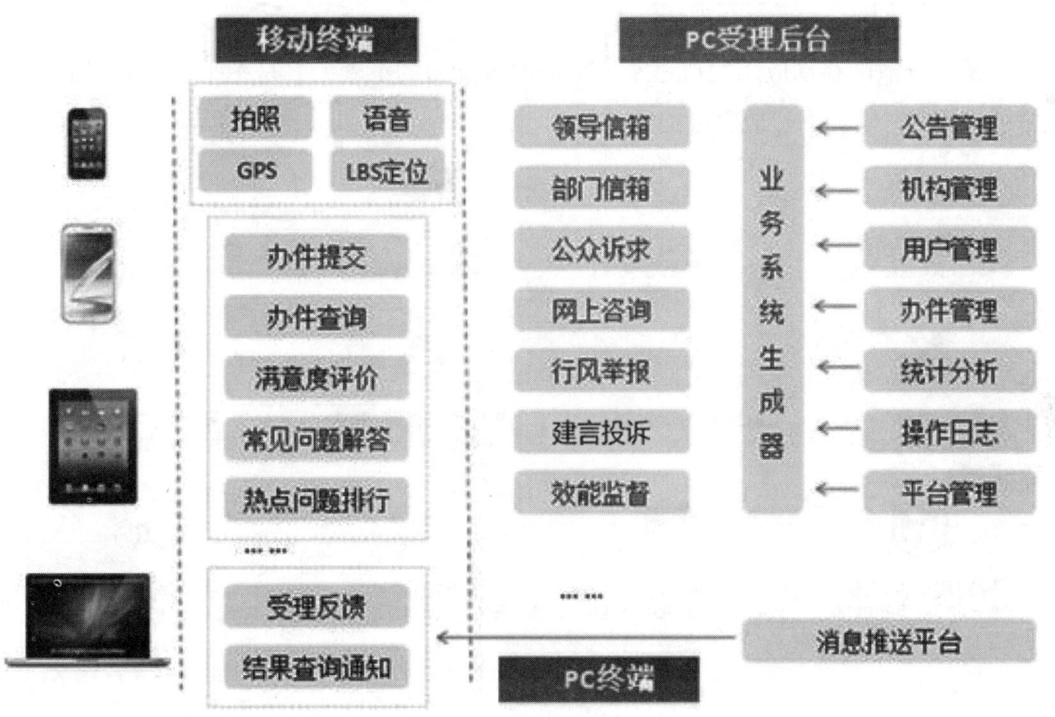

图5-6　互动交流平台

4.移动政务应用开放平台有助于移动服务能力的汇聚，形成移动开放生态

移动政务应用开放平台是指通过统一的技术架构体系，把分散在网站、移动 App、微信、支付宝、微博的各类移动政务应用汇聚起来，形成一个整合的移动应用生态系统，实现用户统一、功能统一、体验统一、运维统一、推广统一的整体对外提供服务。

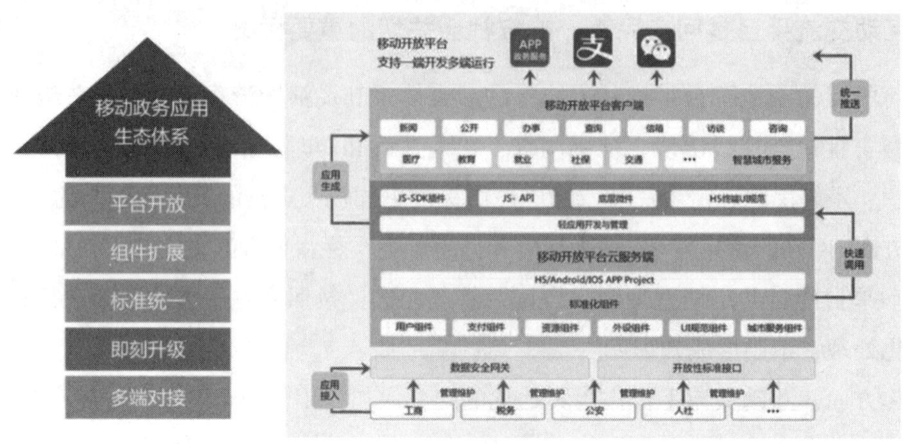

图5-7　移动开放平台1

一是把分散的移动应用集成进来，形成服务能力的汇聚；二是把平台封装好的、集成好的应用对外输出，形成服务能力的供给。

图5-8　移动开放平台2

构建开放的生态体系有助于统一标准、统一封装、统一规范、降低开发成本和门槛，实现极简开发、极致体验，也有助于发挥第三方和社会的力量协同进行开发，大规模实现应用的连接和融合，同时也为移动端的数据汇聚、共享和挖掘打下基础。

5.专有的集约化运维监控平台确保集约化网站的运营管理常态化

集约化的网站是信息不断动态更新、数据不断交互的平台，我们依赖几次有限的错别字扫描、错链死链和栏目更新的扫描是不能解决问题的，因此集约化体系必须有专有的网站运维监控平台，实现包括对来自网络攻击的日志记录、分析预警，对集约化平台的 CUP 运行、内存占用、缓存状态以及分布式存储、容灾备份的运行情况监控，集约化网站各应用系统运行的健康度，网站的更新、错链死链、网站通断预警、错别字纠错和频度分析、各项服务功能及数据库运行情况的监控。通过图表、曲线以及趋势分析图的形式展现网站整体运行状态，以数据挖掘为手段进行集约化运行状态评估、健康度分析以及风险分布分析，并由系统自动形成日常、季度和年度数据报告，通过运维管理人员的 App、微信、短信等实现预警消息的实时推送。

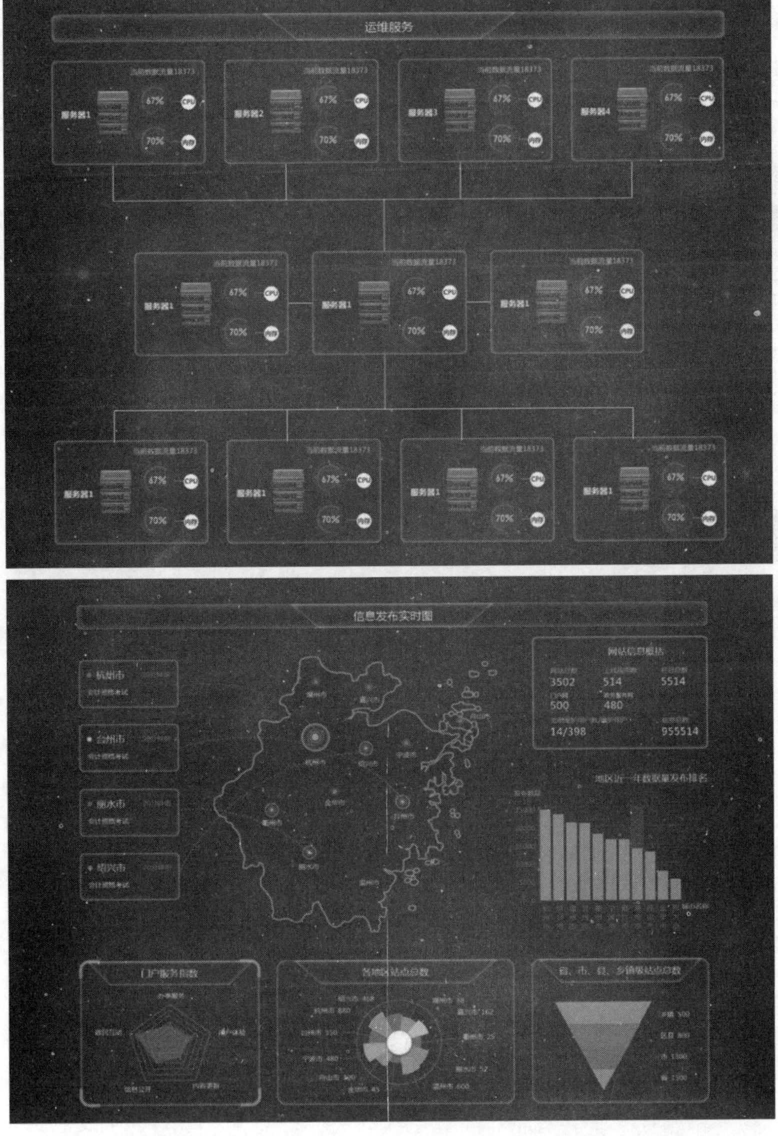

图5-9　运维监控平台

6.集约化网站应用安全监测预警平台是安全防护最重要也是最后一道屏障

集约化网站需要有完善的安全检测和安全技术防护手段，这些在机房设计和构架时就已经规划，而且往往都是通过了国家的等级保护测评，这好比给集约化网站体系安装了防盗门，拉上了电网。但是由于安全工作的严峻性和复杂度，我们不能保证堡垒永远不被攻破，也不能保证堡垒不在内部被攻破。有时由于电脑感染木马和病毒，内部工作人员可能用合法账号误传了受感染的文件，因此，我们必须在集约化内部建立一道安全防护屏障。这道屏障和Web安全防火墙及常规的入侵检测不同的是，它通过对内部合法程序和文件的水印认证建立白名单体系。所有可疑木马以及攻击后门一经上传就立即被发现，并立即通知管理人员。由于能够精准识别，新的木马特征将会被自动学习、更新并分发到所有监控点。同时，由于可以精确地得到木马上传路径和攻击痕迹，开发人员可以很快地对针对集约化平台的缺陷推出补丁包从而实现全面的防护升级。

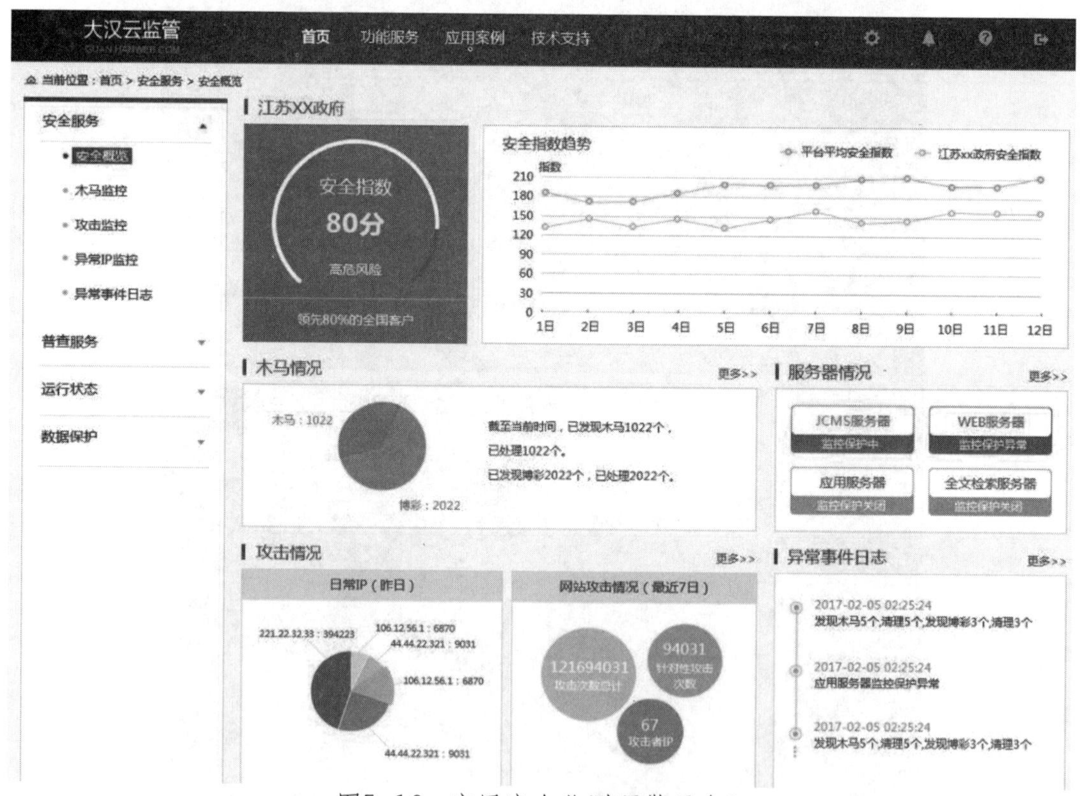

图5-10　应用安全监测预警平台1

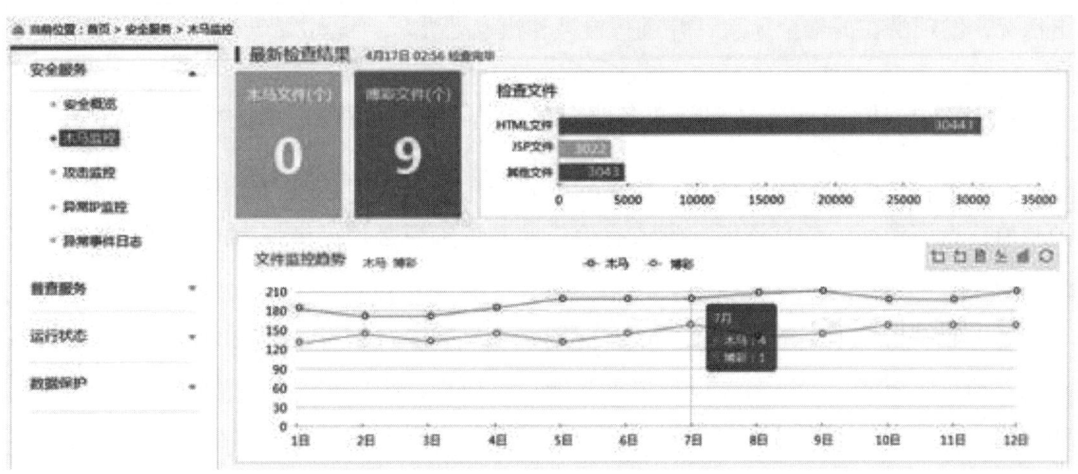

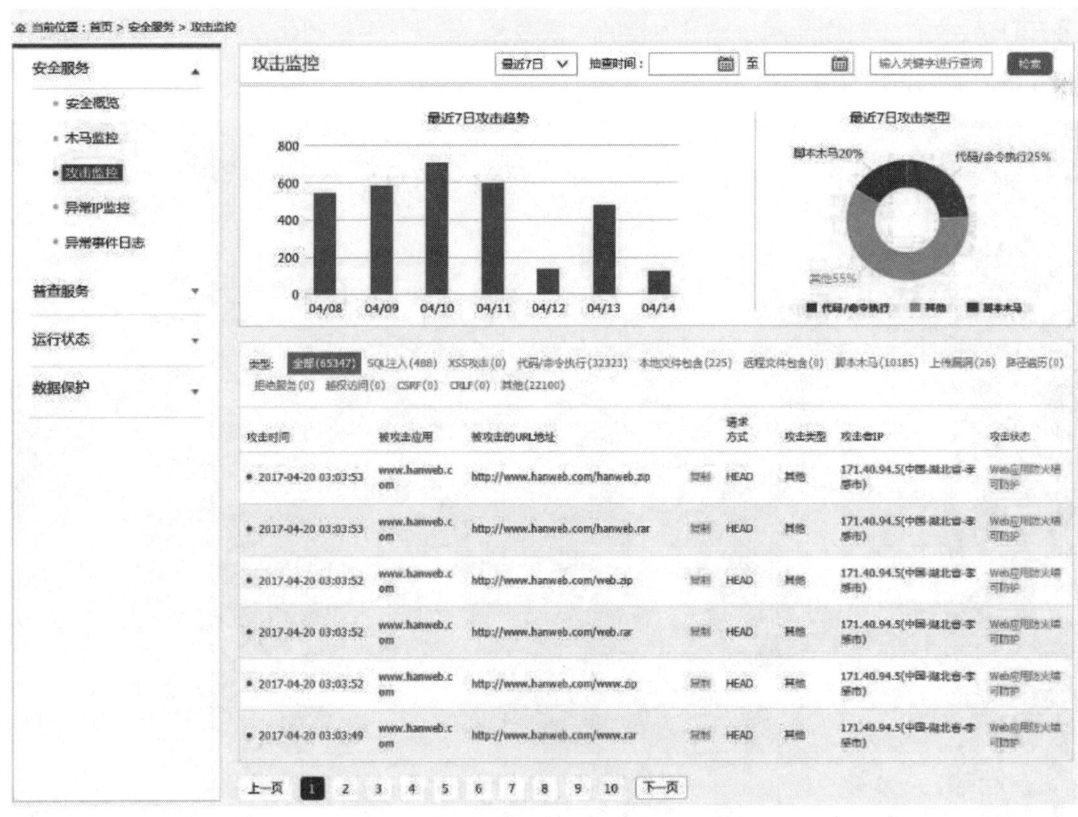

图5-11　应用安全监测预警平台2

有了这样一道集约化安全保障架构，可以实现对集约化的安全态势分析，对网站应用进行有效的精确保障，并建立起安全监测预警机制，实时监测集约化网站的硬件环境、软件环境、应用及数据库的运行状态以及网站挂马、内容篡改、可疑文件上传等异常攻击情况，发现潜在的安全风险，并进行报警和快速处置。

7.政务知识挖掘平台是智慧政务服务的核心引擎和重要技术支撑

随着集约化网站群政务信息、数据和服务的大规模集中，集约化体系已经变成巨大的政府信息资源库，信息资源要形成有价值的知识资源必须提供强大的知识数据挖掘支撑。

对于非结构化数据的文本挖掘、智能搜索、自然语言学习、相关反馈技术以及机器人交互和自学习等已经在智慧政务服务领域广泛应用。集约化网站平台对错别字的识别和纠错、在线多维度数据智能搜索、政务在线客服机器人，以及文本相关度引擎等技术的应用，可以更好地实现政策文件与解读材料，互动交流平台与答问知识库，以及信息公开目录、文件资料库与网站栏目内容的关联融合，使得整个集约化系统变成一个有机的、相互贯通的知识库体系。

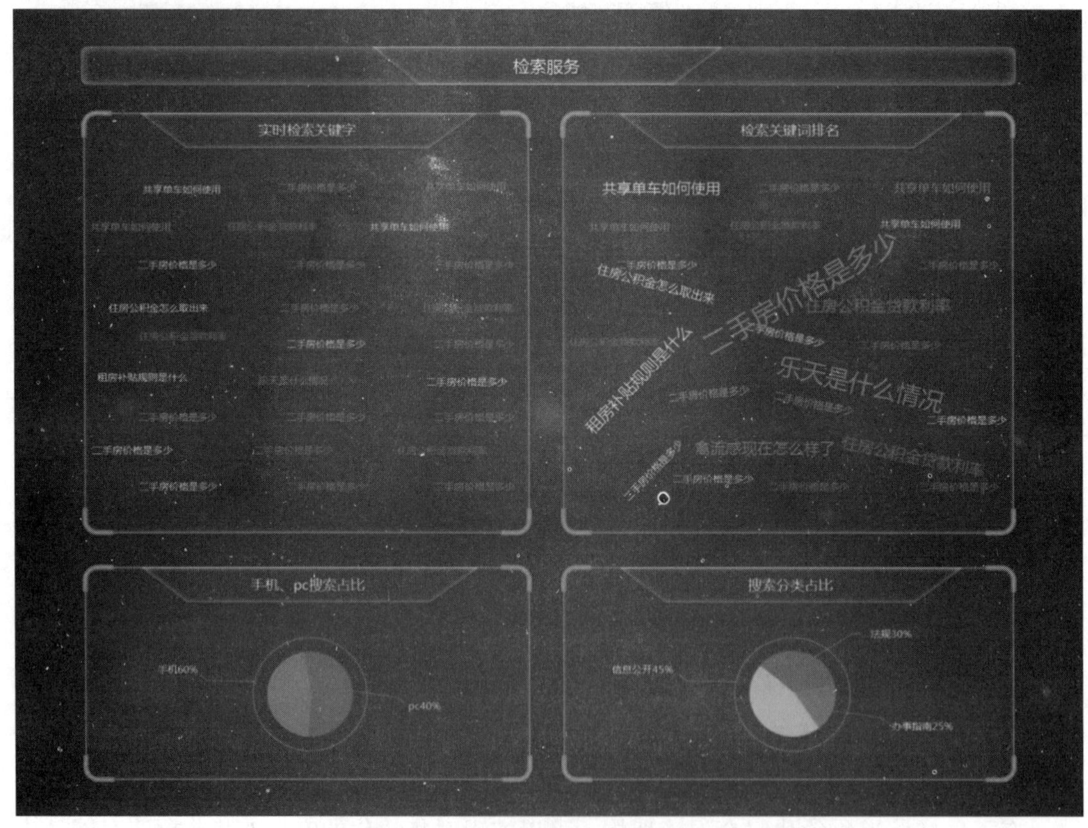

图5-12 政务知识挖掘平台

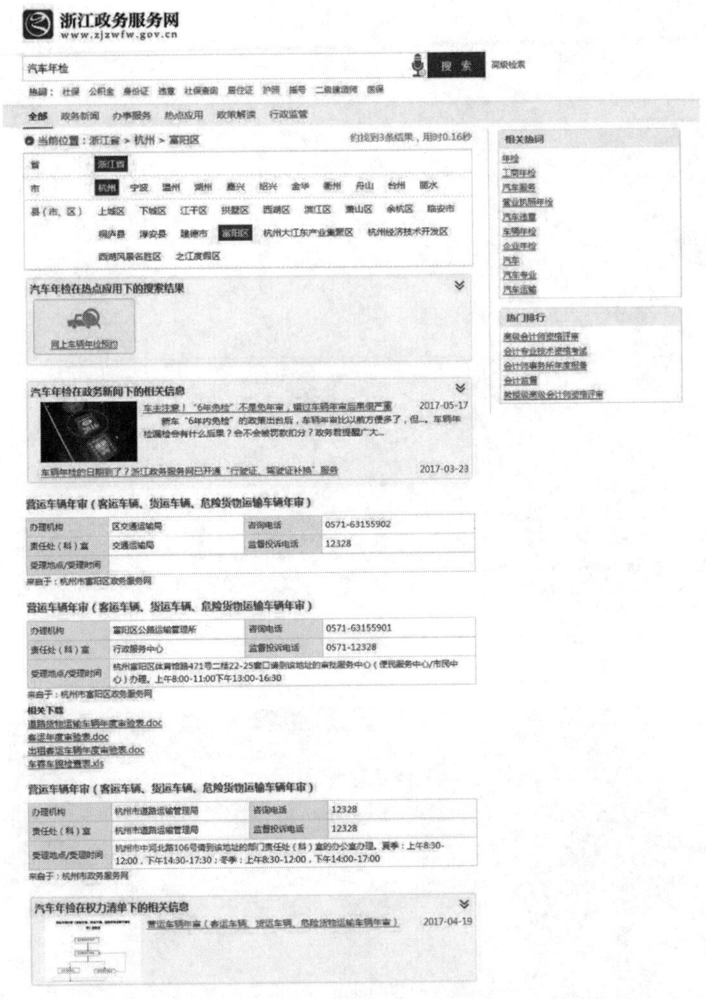

图5-13　浙江政务服务网数据检索服务展示

8.大数据分析和量化评价平台将助力集约化服务能力和政务服务效能的提升

集约化以后网站的管理必须更加系统化，通过对各系统运行日志、访问日志、用户使用行为、服务搜索关键词以及服务办件等的数据采集，通过数据清洗比对、数据建模、数据挖掘算法、数据预测分析，语义引擎和可视化分析模型等方法，对社会关注度高的政府行业数据、政务服务的各项年报数据，以及集约化网站的规模、地区分布、访问情况，数据吞吐量、网站健康度和安全态势数据、服务支撑情况、信息公开数量、政策解读及回应公众的频度、服务响应速度、办理规模、受理数量等政务效能数据进行监管和大数据分析，并以多维数据模型和图表图解等方法自动生成报告，并以大数据模拟屏的形式展现。

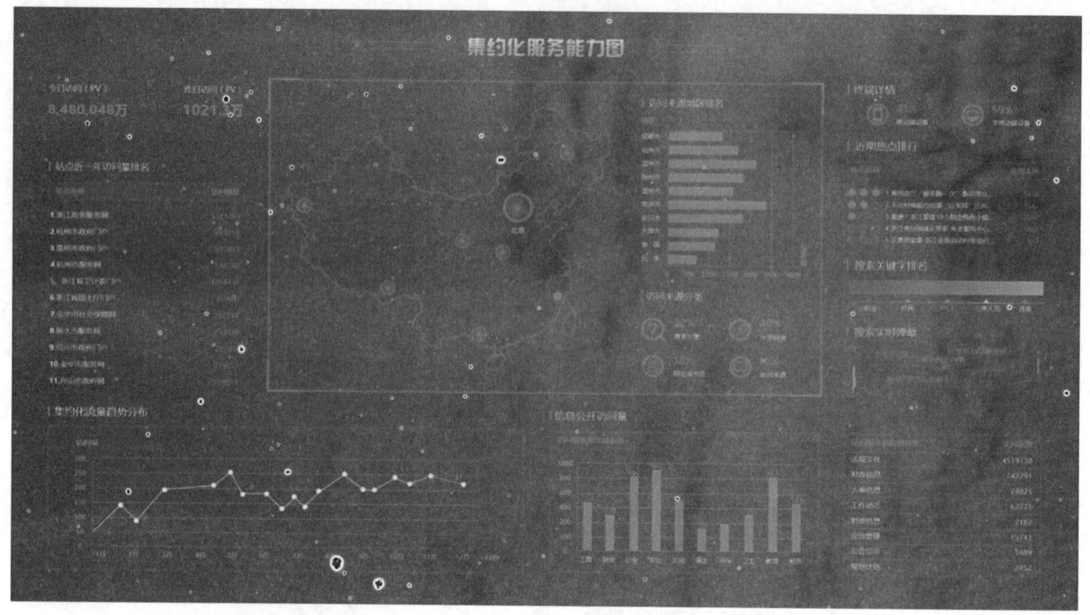

图5-14　大数据分析和量化评价平台1

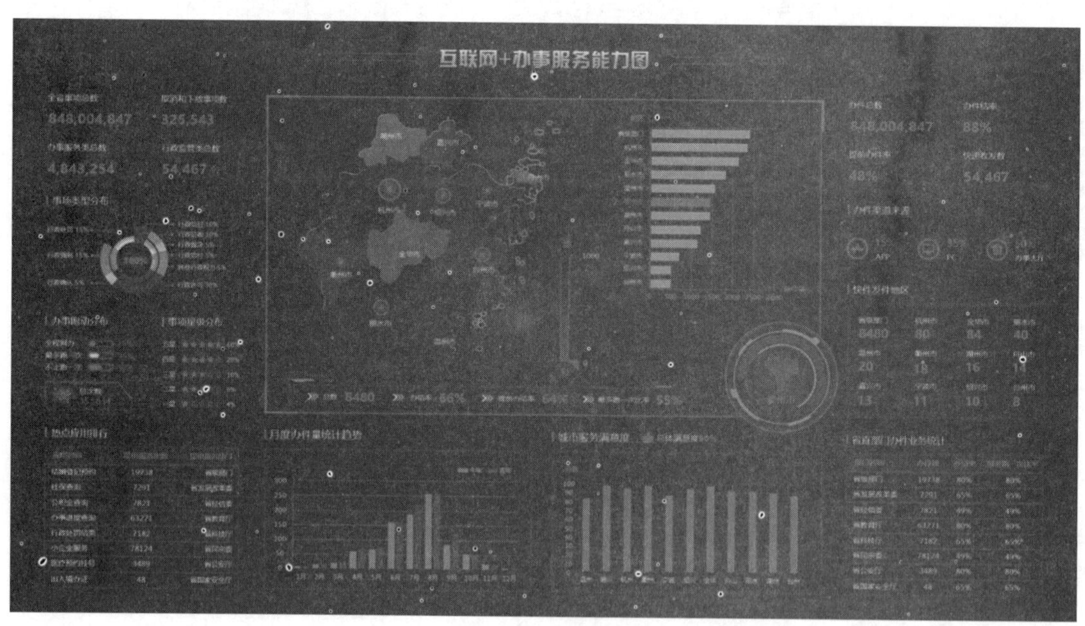

图5-15　大数据分析和量化评价平台2

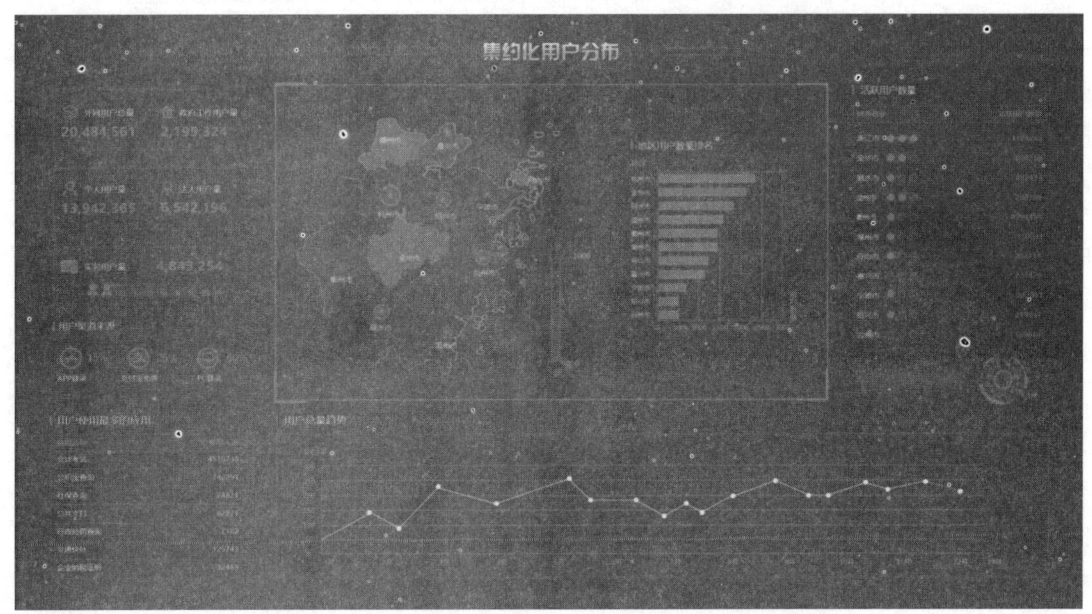

图5-16 大数据分析和量化评价平台3

三、未来“互联网+政务”的五大趋势

《指引》使得政府网站的建设有了完整的顶层架构设计，我们可以看到未来“互联网+政务”的五大趋势：

1.平台开放趋势

《指引》明确指出构建开放式政府网站系统框架，向社会开放政府数据集，并持续更新，提供数据接口，方便公众开发新的应用。即开放网上政务服务接口，引入社会力量，积极利用第三方平台，开展创新服务。

2.购买服务趋势

随着网站集约化的发展，从云服务到网站技术支撑、专题建设、日常运维、安全巡检等等，越来越多的网站功能和服务需要不断迭代地深入开发，因此，政府项目从单一的项目招投标逐步走向购买服务。这样既可以降低成本，又可以使得项目具有整体性和延续性。

3.快速回应趋势

《指引》要求政府网站必须快速问题导向。就是要对公众关切的问题加强回应、对民生相关的政策加强解读，对于公众舆论的热点加强监督，正面回应，阐明政策，解疑释惑，网络辟谣。因此，将来在线政务服务机器人和民生诉求类互动平台在回应民众关切问题，以及向社会化新媒体平台传播、推送的即时性变得尤为重要。

4.多屏一体趋势

政务服务通过PC电脑屏、手机屏、政务数据大屏、交互式触摸屏等多屏一体化融合的趋势越来越明显。在用户的体验上手机办理与电脑办理互为贯通，在应用的开发上主观期望实现一次开发多端兼容、多屏适配。

5.信息关联与融合趋势

随着“互联网＋政务”的发展，政府网站的信息、数据、服务有逐步关联与融合的趋势，具体表现在：第一，网站间的信息数据关联融合；第二，政府信息公开、网站信息和互动的融合；第三，信息资源库与政府文件的融合；第四，办事服务功能与文件资料库、互动交流平台、答问知识库中的信息资源融合，实现办事指南与相关法律法规、政策文件、常见问题、咨询投诉的融合；第五，信息发布、解读回应和办事服务类栏目与互动交流平台的融合等等。

集约化的风险分析和解决之道

大汉智政原创

一、网站集约化建设势在必行

国务院办公厅不断出台文件，要求加强政府门户网站的建设和管理，其中《国务院办公厅关于加强政府网站信息内容建设的意见》（国办发〔2014〕57号）明确要求，各省（区、市）要建设本地区统一的政府网站技术平台，推进政府网站集约化建设，在加强政府网站信息内容建设、完善信息内容支撑体系、加强技术保障安全、加强信息资源整合和避免重复投资的总体要求下，建设统一的政府网站技术平台，即集约化网站群平台。

二、网站集约化建设风险详解

1.集约化：大规模数据移植风险

集约化站群建设中如何将原有网站的数据进行平滑的移植决定了项目的成败。首先是对原有网站进行数据梳理分析，除了要分析数据库的结构字段，还有相关联的图片、文档、视频等非结构化数据需要梳理。其次，先期可采用小样本测试与数据抽样检测的方式进行数据校验，最终一定要进行大数据量测试检验。最后，由于移植总是基于阶段性数据进行，因此网站正式上线前，要有增量数据同步的预备方案。

2.集约化：与个性化需求相冲突

政府门户网站集约化建设，建立整体网站统一标准体系非常重要，但同时也需要考虑各子站个性化、差异化的建设需求。如网站的栏目建设可通过顶层构建共性栏目体系，各子站在满足必选栏目的基础上，可根据实际情况，扩展选择和增加个性化栏目，体现各地市、区县、部门网站的业务特点。集约化建设和子站个性化需求间必然存在一定程度的矛盾，为了处理好这种矛盾，可以从以下几点入手。

（1）集约化模式下的统一标准设计：建立数据规范标准和模板标准。

（2）集约化模式下的底层数据结构的梳理规划：数据管理的集约化与展现的多样化；云端站间数据共享呈送的关系链；共性数据结构的共享与个性数据结构的扩展。

（3）集约化模式下建设与修改的灵活度：站点与栏目的数据克隆与版式克隆；网站展现模板与数据结构的批量修改。

（4）集约化模式下的入口设计与用户路径设计；组织架构与行政区划下的功能与分类设计；政府垂直管理机构及部门的横向与纵向展现设计。

3.集约化：异地维护安全怎么办

集约化平台建成之后，网站平台将在云端集中部署，政府各部门的网站均需登录到大集中平台进行统一维护，这必然存在安全隐患。异地维护安全主要从以下几方面进行考虑。

（1）通过政务专网进行维护。政务专网与互联网进行安全隔离从而保证了数据传输的安全性。

（2）通过建设 VPN 虚拟专用网络，连接到集约化大集中平台进行安全维护。

（3）在集约化大集中平台内对维护人员设置 IP 访问限制，只有 IP 地址通过授权的用户才能接入到大集中平台对系统进行维护。

（4）采用移动令牌技术，异地用户在登录时必须通过非对称加密令牌码的校验。

4.集约化：网站面临大并发风险

通过政府网站集约化建设，将各级政府、部门网站大集中管理，数量可能达到几千个子站，在每天早晨的 9 点至 10 点，将是信息维护更新和用户访问的高发期，系统后台和发布前台都需要经历高并发的考验，如何在高并发访问的情况下，保证网站的高效运行，既关系到政府网站的办事效率、服务能力，又影响政府形象。为了提高集约化站群前后台高并发量承载能力，首先，应具备健壮的平台和系统的架构，系统在设计之初就必须充分考虑到这一点；其次，通过采用云计算平台的负载均衡、弹性计算等技术，减轻网站访问通道的负载；再次，通过对前台页面的优化，采用静态页面前台发布方式，减轻后台服务器压力，提高网站访问效率；最后，采用 CDN 加速技术，提高请求的处理效率和应对慢速链接对后端服务器的影响，提升系统的抗负载能力。

5.集约化：内、外用户互联互通

建立集约化站群，在资源和信息整合之上，最重要的是对用户体系的整合，同时还要考虑统一授权管理、单点登录等问题。

一个完善的服务型政府门户网站往往有很多应用和服务功能，如互动交流、网上办事、建议提案、便民服务查询等等，而这些系统往往在后台都各自有内部独立的用户体系。特别是各地区政府和部门的网站往往交由不同的应用商分别独立开发，有着各种相异的用户认证方式。建立集约化平台的统一用户认证体系将有助于对各类应用和服务的整合和贯通，也有助于 PC 互联网和移动互联网用户的贯通。

6.集约化：数据如何共享和利用

集约化平台建设已经把所有的系统进行了大集中，然而也存在各部门和地方政府部门对数据的再利用和再展现问题。因此集约化平台必须考虑建设完善的数据 API 调用接口和基于分布式服务框架 HSF 的应用部署。所有的应用和数据都由平台统一封装，所有的系统应用都被作为单个服务调用，对服务和数据的调用统一通过规范的应用接口和服务框架进行，这将有助于提升服务的可用性、复用性和应用的扩展性。

三、网站集约风险化解决之道

1.统一目录规范，奠定输出标准

政务网站集约化建设将构建统一的目录规范体系、以“目录树 + 元数据”的方式为市、县级政府、部门提供一个网站建设的“菜单”和“菜谱”，包括栏目的分类规划、信息内容规范、服务功能等。后期网站建设只需根据要求选择要建设的栏目、服务、功能即可自动生成整套网站的建设框架，帮助政府实现快速化、标准化建站。同时，在统一的服务资源目录规范体系下，信息内容的标准规范取得了一致，为后期实现数据资源的向上自动归集奠定基础。

2.统一技术框架、突破技术壁垒

政务网站集约化建设将构建统一的技术框架体系，将各级党政机关门户网站政民互动、政府信息公开、办事服务等政务服务集中在一个平台实现，有效支撑省、市、区县、乡镇街道、社区（村）政府门户网站建设，制定统一的资源服务规范，打造标准化、组件化的政府门户体系，并提升集约化平台并发性能和系统稳定性，从功能上满足政府门户建设需求。

3.统一业务应用，营造业务生态

政务网站集约化建设考虑政府网站建设中很多应用的共性，后续将管理模式类似的应用统一起来进行管理，对如统一用户认证平台、统一内容管理平台、互动交流平台、全文检索系统、访问统计系统、绩效评估系统等一系列应用支撑系统集中汇聚，整体规划管理，形成一个统一的业务应用体系。

4.统一数据资源，实现综合管理

政务网站集约化建设采用统一数据资源管理体系，所有的数据资源都集中存储，并根据权限统一分配使用。在统一服务资源目录规范体系的基础上，应用支撑平台上各政府网站的数据资源都进行标准的栏目分类、字段格式和层级归属设置，这样，网站上产生的信息内容就可被上级政府网站（或上级部门网站）的同一栏目所引用。这个数据资源向上归集的过程自动实现，无须人工操作，极大地提高了网站资源的利用率和网站运维效率。

同时数据的集中不仅方便实现资源共享，也为政府进行政务大数据挖掘创造了条件。后期通过业务应用支撑平台上的统一智能检索系统，公众在任何一个部门网站或政府网站，即可查询整个垂直业务部门或上下级政府网站的服务内容。另外，统一的访问统计系统能够积累用户访问行为数据，可通过对用户行为数据的分析生成用户画像，进而实现更加个性化的精准服务。

5.统一运维管理、优化资源配置

政务网站集约化建设采用“统一建设平台、分级开通网站，平台统一运维、网站分级管理，上级授权、自助建站”的建设和管理模式。

首先，整个平台的基础软硬件环境统一建设、统一运维，各级政府各部门无须再关注基础环境，而是把精力重点放到自身网站的搭建和运营上，把更多的人力物力放在网站服务的提供上。

其次，按照政府层级关系，由上级政府（部门）为下级政府（部门）开通网站管理员账号并分配权限，实现上级站点对下级站点的开通授权、权限管理、绩效评估等管理行为的统一操作，方便实现对政府网站的全局规划和统一考核。

最后，在获取站点开通授权后，本级政府（部门）即可根据服务资源目录规范自助开通和建设本级网站。同时，本级政府（部门）需要为下级政府（部门）授权建站。

通过多层级的授权管理关系，建立有序的多级管理体系，平台负责资源调配、组织规划、下达任务，而下级部门则负责具体事项的执行。

集约化搜索构建要点

大汉智政原创

2017年,国务院办公厅印发了《政府网站发展指引》,在《指引》中明确了“各省(区、市)要建设本地区政府网站集约化平台”的相关要求，各地也正在积极推进集约化网站平台的建设工作。但关于“集约化”的要义大家并不一定都清楚，大多数人简单地认为把更多的资源、更多的数据、更多的网站集中在一起管理就叫作网站集约化，往往会忽视当资源和数据成倍增加时，随之而来的技术、安全和管理上的复杂度和风险性。对于大量沉淀的数据服务资源，管理者更缺乏如何对其进行挖掘利用的思考，从而导致为考核而集约，为免责而集约，为集约而集约的情况发生。

在搜索服务建设上，其目的不是建立一个集约化的管理支撑平台，而是建立一个面向访问者提供数据服务界面的系统。各家厂商基于传统的网站搜索服务需求，专注于提升搜索的有效性技术研究，而忽略了在集约化后的数据复杂性、性能压力、用户需求多样化、渠道多样化等带来的上升风险。下面我们就来了解一下集约化搜索与传统网站搜索需求的区别。

一、集约化网站搜索与传统网站搜索需求的区别

1.多点数据采集需求

传统网站搜索在数据采集上主要集中在站内，按照网站内栏目组织结构进行数据分类，从数据的采集到整理是一个相对简单的技术方案。而集约化网站群数据存在多站点、多层级、多类型、跨系统、多来源的情况，比如:在网站的数据层级结构上，存在省、市、县的层级组织，用户搜索某县站点的信息时，应能够同步展现上级地市的信息，这在数

据采集时就应考虑从属组织关系。又比如：除了需要采集部门对象的网站信息，还需采集对象微博、微信的数据进入对象库等等。因此集约化检索相比传统网站检索，在采集范围、采集技术、管理结构上会更加复杂。

2.海量数据处理需求

目前搜索引擎采用倒排列表、动态索引等技术实现“单词－文档”的索引数据矩阵，并实现索引库的动态更新。从单一网站索引数据到几千个网站的集群索引数据，几千万的结构化和非结构化文档将被建立索引和存储。同时由于需要为用户提供更加多维的搜索筛选服务，在索引创建过程中也需要进行更加复杂的数据处理工作，因此需要采用多字段索引和扩展列表技术实现。而数据大幅膨胀，需要处理的文档集合数量非常庞大，此时需要考虑分布式解决方案，根据实际情况按文档子集或按单词词典对索引进行划分，让每台机器维护整个索引的一部分，由多台机器协作来完成索引的建立和对查询的响应。

3.高性能支撑需求

随着集约化平台支撑网站数量的上升，网站覆盖的用户规模也同步扩大，导致使用检索服务的对象数将大大增加。根据浙江政务服务网的搜索行为统计，每天通过网站与App使用搜索服务的数量在300 000+人次，并发服务的响应效率将直接影响这些用户的体验。通过分析，我们认为搜索服务的瓶颈主要在计算服务上，因此需要对前端搜索服务进行独立拆分，并部署在集群中进行联合运算，后续通过使用云端缓存服务提高应用响应效率，通过数据读写分离开发提升服务处理效率等。

4.多维条件需求

集约化网站搜索服务相比传统网站存在多样化、多维度的需求，主要原因是搜索对象的多类型，导致非结构化数据类型大大增加；地域和机构的范围增加，导致搜索分类结构更加复杂；由于数据大量沉淀，可挖掘的角度更多，导致管理者在分类创建上有了更多的想法，诸如建立法规库、文件库、权力库、应用库的搜索分类。因此，这在数据索引处理、前端服务提供的设计上都较传统的网站搜索产生了更高的解决方案需求。

5.“蜂巢式”服务结构支撑需求

传统网站搜索作为系统功能支撑，在应用层部署对外提供的单站或站群搜索。而集约化"蜂巢式"结构支撑需求，是实现全集约化站群检索，既要提供纵向区域（市－区（县）-乡镇－村）范围检索，也要提供独立区域（省厅＋二级单位、市＋部门）范围检索，同时还要提供单站站内数据检索，且在前端服务提供与交互界面上需要有独立体系。因此，集约化检索服务在整体技术架构上以 PAAS 服务形式进行设计开发，与传统搜索服务架构设计大相径庭。

6.智能化搜索服务需求

搜索服务在互联网技术领域中，实际上是"人－机器"的一种交流模式，和"人－人"交流是类似的，是一个从"听取"－"思考"－"表达"到不断提高沟通效率的过程。而所谓"智能化"，即是对这个过程各环节的优化。在"听取"的"智能化"上主要依靠自然语言识别与分词技术，让系统能够"听懂"，能够准确地了解搜索者的意图。在"思考"的"智能化"上主要依靠布尔模型、向量空间模型、概率检索模型、地理位置感知、情境感知等，进行搜索运算与反馈数据准备。在"表达"的"智能化"上主要是多维度数据筛选与智能排序技术，向搜索者进行准确答案的反馈。同时，系统通过用户搜索行为记录、分析，建立用户画像算法模型，不断对检索结果进行自优化，从而实现自学习，提升搜索的准确率，让系统更加懂得搜索人的需求。

7.跨媒体搜索服务支撑需求

集约化站群的服务通常是跨终端的，会提供基于 PC 端、App 端、移动 H5（微信、触摸屏）的信息服务。因此，检索交互层也需要提供跨终端服务，需要考虑终端屏幕尺寸（分辨率）、处理能力和兼容性等问题，从而在服务测试基准、多终端识别、应用接口、定位导航、预览展现方式等多个环节进行顶层设计，最终实现"各终端在适用的前提下，基于统一的检索系统支撑，对全平台用户提供一致的检索服务"。

二、集约化搜索服务的构成

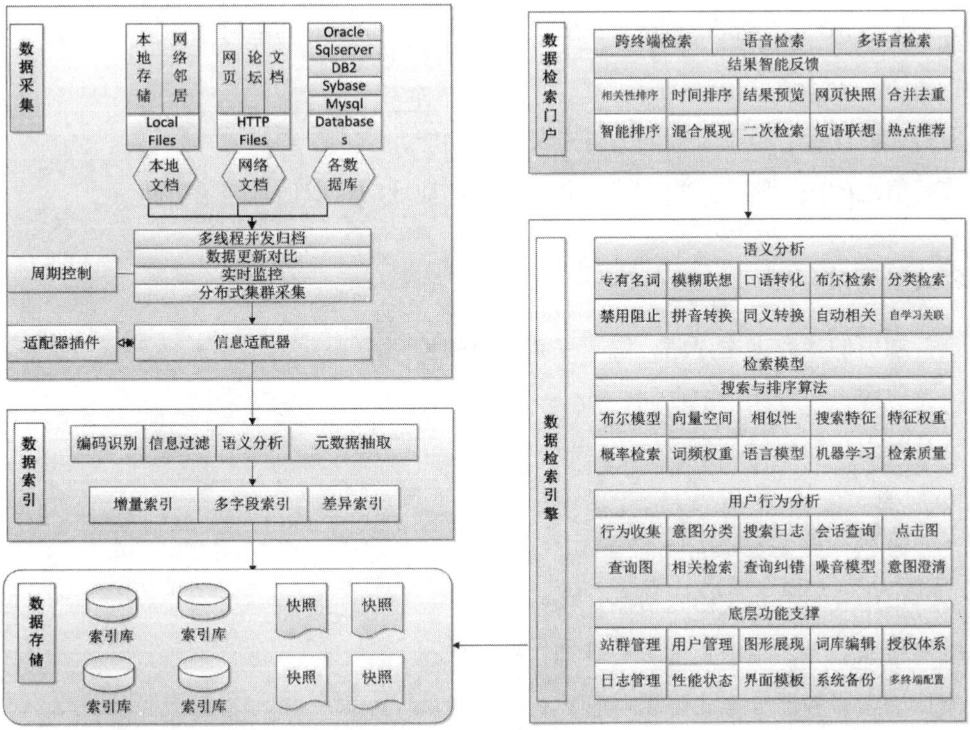

图5-17　集约化搜索服务

1.数据采集广泛、丰富、高效

数据采集服务是指为全文检索提供索引库设置数据的来源，并提供对检索对象的从采集到结构化功能模块。采集到的数据源通过向导的方式创建，分为基本信息、数据源类型设置、数据绑定（数据绑定由一组简单的指令构成，通过指令对来源文档的结构化信息进行二次处理）三个步骤进行。

a. 多种数据类型采集

支持对本地服务器文档（如本地存储、网络邻居）信息数据的采集；

支持对集约化站点信息资源（包括网页、论坛、文档等）的采集，内容深度和范围可自行定制；

支持对各类型应用数据库中数据的采集；

支持对动静态网页多种数据的采集。

b. 数据采集控制

支持按定时、每天、每周、每月四种形式进行数据采集执行周期自定义；
支持对采集状态的开始时间、耗用时间及采集成功数和失败数的实时查看；
支持多线程并发采集与归档；
可指定 URL 爬取目标页面；
支持爬取深度、范围及规则的自定义控制功能；
支持信息的循环爬取采集方式，并保障相同地址的爬取信息增量更新。

2.数据高效存储

支持索引的多数据库存储，便于存储空间的扩充；
支持快照页面分类集中存储；
支持索引压缩存储机制。

3.平台管理成熟、灵活、完善

支持集中式与分布式检索机制；
支持检索服务器集中式部署与管理；
支持检索服务器分布式部署与管理；
通过简易参数配置，即可实现对系统的安装与配置。

4.结构与非结构化数据管理

支持结构化数据检索与管理；
支持非结构化数据文件格式，如 MS Office（Word / Excel / PowerPoint）、HTML、RTF、PDF、TXT 及其他文本文件等；
支持多媒体文件存储与检索；
支持介质扫描的电子档检索与管理。

5.多语种、多编码管理

支持简繁体及多语言信息混合检索；
支持多种语言编码，内核支持 GB2312/GBK/GB18030 编码，BIG5 编码，UTF8 编码。

6.完善的功能管理

支持系统相关参数设定（如索引生成路径、备份路径、模板套系选择、热门关键词设定）；

支持索引数据库增量、批量备份和批量恢复；

支持检索信息的去重处理；

支持索引数据库的管理及版面展示的自由设定；

支持元数据抽取和管理，包括本地文档、网站信息、数据库信息等；

支持索引数据库优化重组；

支持索引数据库的导入、导出。

7.信息检索全面、快捷、智能

支持检索结果页面显示信息条数自定义；

支持检索结果信息中关键字的飘红效果；

支持网页快照功能，并通过压缩方式存储；

支持对历史页面、网页快照的查看；

支持前台页面模板展示效果的更替；

支持普通检索和高级检索；

支持首页、检索结果页及高级检索页效果的定制；

支持对查询字段、文件格式、时间段的选取；

支持每页显示的信息条数自由定制。

8.全面、智能的检索功能支撑

支持结构化与非结构化文件检索，如文字、XML、附件、图片等；

内置中文自然语言词法分析处理技术，提高搜索的准确性和查全率；

支持“与、或、非”逻辑组合检索、布尔检索、分类检索、拼音检索、同义检索、模糊检索等；

支持短语检索、二次智能检索和自动排序；

支持对检索字符串中出现的特殊字符进行过滤；

支持检索结果按相关性排序，提高对所需信息检索的命中率；

支持对网页编码集的自动判断，适应在各平台环境下运行；

支持实时监听功能，便于新加载信息被及时检索；

支持自动相关和字段关联检索；

支持对数据库内容的检索。

9.应用扩展简易、兼容、开放

支持阿里云、腾讯云、百度云、华为云和浪潮云等多种云结构部署运行；

支持主流操作系统平台（如：Windows、Linux、Unix、AIX 等）；

支持关系型数据库检索接口，支持 Oracle、MS SQL Server、Sybase、DB2、MySQL 等主流数据库系统；

支持 Tomcat、WebSphere、WebLogic 等各类中间件运行平台；

提供规范、开放的应用编程开发接口，满足不同应用开发的需要；

支持二次开发接口（第三方系统接入，带权限检索，扩展检索字段等）；

支持 WebService 接口（包括:索引库、文档结构、数据源注册、接受、查询、关键词、关键词排行、数据源通知等接口）。

三、集约化分布式检索模式

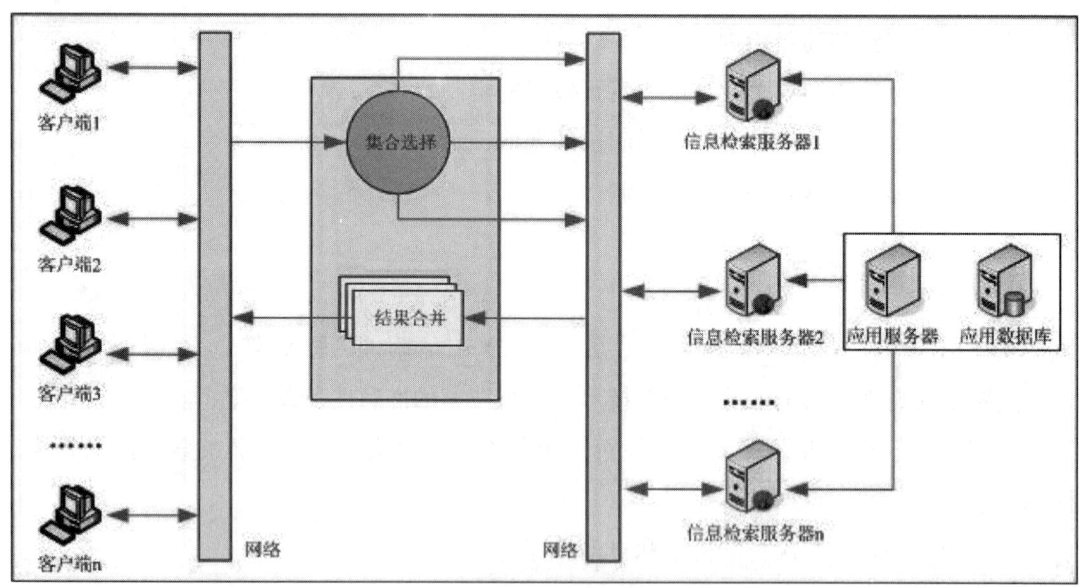

图5-18　集约化分布式检索示意图

分布式搜索引擎根据地域、主题、IP 地址及其他的划分标准将全网分成若干个自治管理区域，在每个自治管理区域内设立一个信息检索服务器，而每个信息检索服务器由信息搜索机器人、索引数据库和代理三部分组成。信息搜索机器人负责本自治管理区域内的信息搜索，并建立索引信息存入索引数据库。代理负责向用户提供查询接口，并与其他代理进行互换，实现检索服务器之间的信息交换，且查询可以重定向（如果一个索引数据库没有满足查询要求，查询请求将发送到其他检索服务器上）。因此用户无须关注查询到的信息资源的来源，分布式信息检索机制将自行对检索的结果进行归并，并推送给用户（图 5-18 所示）。

分布式信息检索主要优点如下：

（1）各检索服务器间资源共享，站点只向本自治区域内的信息搜索机器人提供信息，减轻了网络及各站点的负载；

（2）各代理之间的相互协作及查询重定向使得提供的服务更完善；

（3）与 Web 本身的分布式特性相适应，具有良好的可扩充性，便于维护；

（4）索引信息划分到各自的索引数据库中，使得各索引数据库相对较小，查询的响应时间相对较短；

（5）部分检索服务器发生故障时，其他部分能正常工作。

四、集约化搜索服务的特性

1.个性化搜索

“互联网 + 政务服务”发展已进入以用户为中心的新阶段。随着集约化网站服务对象大范围的扩展，如何通过用户不断使用搜索服务的行为建立用户个人模型，并基于此提供精准的个性化服务，成为集约化检索服务的重点。

个性化搜索的核心是根据用户的搜索行为，建立一套准确的个人兴趣模型。搜索的行为包括用户搜索的关键词、点击的搜索结果、站内收藏的网页等，以及其在搜索过程中不断修正其搜索关键词以找到更加精确的结果等动作。在此基础上建立模型，根据其操作节点，抽取出关键词并计算权重，应用到用户的下次搜索过程中。

对于个人兴趣模型的应用效果体现在两个方面：一是利用兴趣模型对其搜索结果进行重新排序，排序的原则是与个人兴趣越匹配的内容排名越靠前；二是对用户当前查询词进行直接扩展，从用户兴趣模型里找出与查询词关系密切的词汇，之后提示用户进行扩展词的查询。经过个性化之后，每个用户的查询结果排序和扩展词推荐都会不同，从而更加匹配用户的需求。

2.多媒体对象搜索

集约化网站体系，是由单一网站向跨地域、跨层级、跨终端、跨媒体的站群转换，存在由多媒体、多服务、多应用、多对象组成的综合体，数据复杂度和多样化体现突出。通常的文本搜索引擎对于纯文字之外的图片、音频、服务、应用等进行搜索存在天然缺陷，即用户查询和目标媒体的巨大差异。

多媒体对象的搜索通常通过四个步骤实现：一是进行对象的特征抽取，即对多媒体资源、服务、应用的含义进行上下文和描述文字的分析，以获得准确的特征定义。二是对对象场景进行标签定义，并进行标签分类。三是对对象特征进行入库。四是用户输入关键词后，通过搜索引擎进行相似度计算，找出和用户查询相近的对象内容。

3.移动搜索

随着智能手机的快速发展，移动终端设备成为搜索服务使用增长最高的渠道，并且App、微信号内的访问搜索成为标配需求。但移动终端有其屏幕较小、输入烦琐的局限，所以需要针对移动设备使用特点，对搜索服务进行匹配优化，提高用户体验。

使用移动终端搜索和PC端一样，由三个步骤组成：用户输入查询、搜索引擎提供搜索结果、用户点击感兴趣的页面。对于这三个步骤的优化如下：

在用户输入查询词的初始阶段，提供语音搜索，通过语音识别服务，将用户语音转换成文字，自动输入到搜索框，同时提供关键词补全功能，减少用户输入的难度。

在搜索结果的展现阶段，由于移动设备屏幕面积较小，如何让用户更快、更直接地找到答案至关重要。所以，移动设备搜索对搜索精度及搜索结果的展示方式要求更高。一般会考虑在用户输入搜索关键词后，动态提醒搜索的结果，不断修正用户搜索关键词。

最后，在搜索结果的利用阶段，为了减少用户在得到结果后，查看详细内容时的二次点击，搜索系统可为用户提供加工过的目标页面，提取重要的内容，在结果页内进行展示，如在事项下展现直接办理的入口等，免除用户的二次点击。

4.地理位置感知服务

集约化网站是一个跨地区的网站群体，数据、服务、应用涵盖内容庞杂，我们通过分析发现，集约化站群面向服务对象亦有通过地理位置来区分数据的需求。因此，对地理位置的获取，能够大大提高搜索数据的匹配度，因此在索引模型构建前，就可根据信息、服务、应用来源的网站、上下文等进行位置定义。当用户通过PC和移动终端进行搜索服务使用时，可根据用户的注册信息、当前终端所在的地理位置等信息，进行相关性结果排序，将匹配可能性更高的结果信息推送到用户面前。

5.框计算与情境搜索

百度在提出框计算概念后，通过不断对资源细化、重要信息和功能抽取，进一步将搜索框搜索功能进行深化。以此为基础，大汉搜索引擎也通过应用整合、特征识别提升搜索结果的直达率，如通过搜索办件序列号，能直接查看办理进度；通过搜索 EMS 快递号，能直接查询快递投送进度；通过搜索索引号、文号，能直达信息正文；通过搜索纳税人识别号，能直达企业信用信息。同一个搜索框，能够成为进行多个应用内查询的接口。

同时，结合网站集约化平台的用户访问行为分析、网站用户个人中心注册基础信息、搜索引擎的用户搜索行为分析，以及大量的历史搜索数据库，可感知用户在发出搜索需求的时间、地点、网站内节点位置、服务获取节点位置等。感知“此时此地此人”的搜索需求，以确保搜索结果反馈的准确性。

交通运输部政府网站的建设与思考

交通运输部网站工作部常务副主任 刘欣欣

一、做法与成果

2001年6月，交通运输部政府网站正式上线发布，成为首批建设的国家部委网站之一。16年来，网站按照国务院和部党组要求，紧密结合交通发展实际，不断深化信息公开，努力增强网上服务功能，稳步推进互动交流，在促进政府职能转变和行政效率提升，加强服务型政府部门建设等方面发挥积极作用。

为落实《国务院办公厅关于进一步加强政府网站管理工作的通知》《关于进一步加强政府信息公开回应社会关切提升政府公信力的意见》《关于加强政府网站信息内容建设的意见》等文件要求，我部先后组织完成了部网站七次重大改版。新版网站于2016年1月1日上线发布，杨传堂部长还专门为网站改版上线致了新年贺词。这次改版使得网站在栏目设置、内容组织、页面展现和技术更新换代等方面不断突破创新，服务能力和管理水平明显提升。

在网站内容组织方面，交通运输部网站在设计栏目规划时，力求全站平面化建设，缩短栏目层级架构，通过改版累计裁撤合并了140余个二级和三级的冗繁栏目，使信息查询效率得到显著提升。此外，网站开通了“全国交通信息联播频道”，集中发布各地交通动态信息，并将频道模块嵌入到各个地方交通部门网站首页，提高了网站信息利用效率，形成了整体宣传和联动优势。同时交通运输部坚持每年制定并公布《交通运输部政府网站在线访谈计划》，截至目前围绕政策解读、发展规划等内容累计开展在线访谈400余期。并积极组织交通运输部例行新闻发布会、重大活动的网上文字和图片直播，及时发布权威信息，表明政府态度，截至目前共计发布网上直播近百余期，成为我部对外的第一“声音”。

在功能优化方面，以改版为契机，我们对网站页面代码进行了重构，强化了对主流浏览器的兼容，使网站首页响应速度缩短 0.6 秒，有效改善了用户访问体验。通过对网站运行和用户行为开展监测和数据分析，我们还对网站页面实施了可见性优化，使网站基于百度的收录数据提高了 1.5 倍，为广大公众提供更加便捷的信息搜索服务。本次改版我们还新建了“智能问答系统”，使用该系统公众可自助查询交通运输行业的常见问题，成为 24 小时不间断服务的智能接待员。当然，智能问答系统的建设是一项长期工程，虽然技术和产品是成熟的，但是最为关键的却是对公众问题的逐年积累与梳理归档。

在制度管理方面，我们说政府网站建设是一项长期工程，其中非常重要的就是要保持网站生命力。这就要求我们在组织管理方面不断加强，并需要有制度和工作考核进行保障。2006 年，交通运输部印发了《交通部政府网站管理办法》，并于 2012 年完成了办法修订。按照办法规定，部网站遵循“统一领导、归口管理、分工协作、各负其责”的原则，由部机关各司局、直属机构和地方交通部门共同建设。

此外，按照“以评促建、以评促改、以评促管、评建结合”的原则，我部已经连续 7 年委托第三方专业机构研究制定交通运输行业政府网站工作考核评价办法，开展网站绩效评估工作，并以网站绩效评估通报的方式公布网站考核排名，以评估指标为引导方向推进网站建设。同时我们还积极推广政府网站建设先进经验和典型做法，坚持每年召开全行业的网站工作会议，在会上对先进典型和先进经验进行分享和推广。

为进一步引导和促进交通运输部政府网站共建工作，调动各单位参与部政府网站共建工作的积极性，我部还印发了《交通运输部政府网站共建工作绩效考评细则》，每半年开展一次网站共建工作绩效考评，先后印发了政府网站共建情况通报 19 期。实践证明，这样既摸清了网站发展现状，明确了存在的问题和差距，又调动了各单位的积极性，有效提升了行业政府网站群整体服务水平。

二、思考与创新

1.直面大数据

党中央、国务院高度重视大数据发展及创新应用，十八届五中全会明确提出实施国家大数据战略。国务院也印发了《促进大数据发展行动纲要》。不得不说大数据的发展正在倒逼政府治理能力提升，我们决不可回避。

信息公开是维护公众的知情权，而开放数据则不仅仅限于信息公开，而且是对可公开数据的二次利用，能够带来社会价值和商业价值。大数据建立在开放数据的基础上，政府作为供给侧开放数据，市场作为市场端利用数据，最后共同解决社会问题，同时创造一定价值，这才是数据开放的本质。

在国家的大力倡导下，我们也在考虑如何利用网站平台来共享我们的政府数据。出行是社会生产和百姓生活的基本需求。通过研究发现，交通出行信息服务是一个市场程度高、创新活跃的领域，不少互联网企业已经推出了许多优秀的出行信息服务产品，政府部门要找准自身定位，充分发挥好企业的作用。经过几年的工作，我部采用政企合作的模式建设了“综合交通出行大数据开放云平台”，并在去年 11 月的世界互联网大会上正式上线发布。这是我国交通运输行业第一个数据开放平台。自上线以来，已接入 16 个省市的原始数据 109 项、5 个企业的服务数据 24 项，涵盖地面公交、出租汽车、民航、轨道交通等 15 大类，支撑了全国春运服务调查与大数据分析等工作。交通运输行业在落实公共信息资源开放方面率先迈出坚实步伐。

虽然我们已经探索性地取得了一些成果，但是我们也发现了一些制约和瓶颈。首先，大数据云处理增加了数据泄露和转移的风险，带来了新的安全威胁。在技术日新月异、黑客层出不穷的今天，可能对国家安全、社会公共安全和公民权利带来负面影响。其次，现有标准法规仍不明确，什么样的数据需要开放，开放的数据社会是否需要，开放的标准、范围边界和使用方式是什么，都仍在探索中。随之产生的问题也日益严重，比如现在被广泛泄露身份信息、银行信息、住院信息，甚至是实时的个人位置信息。所以我认为大数据开放是一个需要尽快推进，但也是需要认真研究的问题，不是一拍脑袋、盲目跟风就可以在政府网站上实现的一个功能。

2.手机App和政务微信

通过网站改版，我对于手机 App 还有政务微信的建设也有了一个更深刻的认识。以前我总认为手机 App 和政务微信就是网站的附加品，是网站的一个浓缩体现。但是随着建设的深入，我越发认识到政务微信和手机 App 都是独立于网站，甚至是区别于网站的个体。

资料显示，近年来微信公众号的发展非常迅速，截至 2016 年的 3 月，仅政务类的微信公众号就近 8 万个，其中 1/3 是政府服务号，已经覆盖了 31 个省区市。在这些公众号中，公安、医疗、社保和交通是最为庞大的职能体系。目前，平均每个政务微信关注用户数为 3.6 万，但是实际上衡量公众号或者是服务号的标准并不仅仅在于粉丝数的多少，而是其被老百姓所关注或者是被接受的服务获得了多少用户的回流和服务办理的数量。所以我认为在未来的一段时期内，不管是手机 App 还是政务微信，其实都需要一个专业的团队来对整个政府形象进行一个品牌化的运营管理。企业不可能在手机 App 或者是微信上去办理一个需要提交大量资料的行政许可，却可以很方便地在手机 App 或者是政务微信上做一些简单信息查询。这其实是公众较之电脑更喜欢的查询方式。在运营手机 App 和政务微信的时候，我们应该注重选取有特色的、真正能够在移动端应用起来的信息和服务，充分利用手机 App 和政务微信的自有特性，比如说指纹登录、拍照存档、地理定位、群发消息等。只要服务到位、满足公众实际需要，其实并不用把整个政府网站全部照搬，而只需要选取公众真正需要的，比如护照办理、在线缴费、预约看病、优惠卡券、飞机选座等等，公众就会成为你的忠实粉丝。

山东省政府网站集约化建设优秀创新案例

山东省政府网络中心 孙新

集约化政府门户网站是指基于顶层设计的，技术统一，功能统一，结构统一，资源向上归集的一站式、面向多服务对象、多渠道（PC 网站、移动客户端、微信、微博、有线电视、触摸屏等）、多层级、多部门政府门户网站集群平台，由多个构建在同一数据体系上的门户网站群构成。

一、展现功能

政府门户网站群是指统一部署，统一标准，建立在统一技术构架基础之上，信息可以实现基于特定权限共享呈送的“一群网站”，即对政府门户网站进行集中管理，形成“数据大集中”，有利于资源的整合和统一调配。各子网站可以在远程独立地维护各自的网站，并且拥有独立的域名。各部门网站的信息可以互相共享呈送，实现网站群体系内的数据协同维护（如图 5-19 所示）。

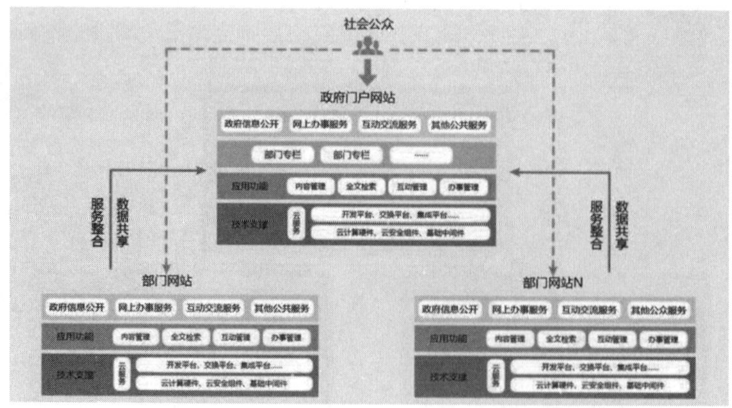

图5-19 “一群网站”示意图

山东省人民政府门户网站集约化建设是政府门户网站群建设的高级阶段，是政府门户网站群建设“质”的飞跃。

山东省人民政府门户网站整合山东省政务服务网、山东省政府信息公开网，实现一站式政府门户网站、一站式政务服务大厅、一站式政府信息公开、统一搜索门户、统一用户中心。

1.一站式政府门户网站

山东省人民政府门户网站本着“以公众为中心”的指导思想，强化服务功能，以满足公众需求。由分散服务向“一站式”服务转变，提供一站式信息发布服务、一站式互动交流服务、一站式在线办事服务，由技术驱动向信息与服务驱动转变。

2.一站式政务服务大厅

“一站式政务服务大厅”是指企业或市民只要进入山东省人民政府门户网站，即可解决需要政府办理的所有有关事项。其核心要素并不是多个部门网站的形式集中，而是通过网络和计算机技术实现业务逻辑集中，实现跨部门的协作服务，网上网下相结合、多种渠道受理反馈、资源共享、协同审批，实现“一站到底”。企业和市民足不出户就可以一网式办理相关申请事项，更不用在多个部门网站多次申请，马路少跑，网路也要少跑，大大降低社会成本。

据 2016 年 1 月 1 日到 2016 年 12 月 26 日统计数据，省级网上政务大厅接入单位 51 个，办理事项 1325 件，受理事项 356 845 件。

3.一站式政府信息公开

山东省人民政府门户网站整合山东省政府信息公开网，作为信息公开的重要载体，在加强电子政务建设的同时，构建网上信息公开平台。信息公开平台满足《中华人民共和国政府信息公开条例》对政府信息梳理工作所涉及的信息分类、信息内容的填报流程、信息内容填报规范的要求。

4.统一搜索门户

“统一搜索门户”是山东省人民政府门户网站对外、对内提供信息检索服务的重要服务窗口和使用工具，随着用户搜索行为的深化以及“以用户为中心”理念的深入，可见性、可用性、易用性等成为山东省人民政府门户网站自身影响力的重要指标。智能搜索作为一种对网络信息进行搜索、提取、组织、处理并提供检索服务的工具，正成为互联网应用的核心功能，成为用户获取互联网信息资源的主要方式。政府网站（群）经过多年建设和运营发展，已经积累了大量的信息，强大的搜索门户可有效解决搜不到、搜不准的问题。

为满足山东省人民政府门户网站集约化建设要求，就智能检索系统搜索可分为新闻资讯、信息公开、政策文件、政务服务和互动交流五大类。

默认状态下，智能检索系统展现省政府领导的简历与分工，方便公众了解省政府领导的职能和职责。

新闻资讯大类细分为政务要闻、媒体聚焦、新闻发布会、人事信息、各市政务联播、部门政务联播、山东政务信息、省政府常务会议、省政府全体会议 9 小类，公众可按 9 小类搜索对应的新闻资讯；默认状态下，显示最新的新闻资讯。

信息公开大类细分为省政府领导、最新活动与文论、省政府信息公开、人事任免、山东省政府公报 5 小类，公众可搜索山东省人民政府门户网站整合山东省政府信息公开网的信息，了解最新信息公开内容。

政策文件大类细分为省委有关文件、省政府及省政府办公厅文件、部门规范性文件、政策解读、地方性法规、政策规章、省政府公示公告、部门公示公告、热点回应、督查落实 10 小类，公众可搜索最关心的政策文件，了解最实时的政策解读。

政务服务大类细分为权力类型和公众服务两种。权力类型细分行政处罚、其他行政权力、行政许可、行政监督、行政确认、行政裁决、行政征收、行政强制 8 小类，公众服务细分就业技能培训、其他、法律和信息咨询、公用事业、政策支持、公共教育、扶贫脱贫、知识产权保护、环境保护、社会保障、公共安全、中介服务、劳动就业、文化体育、医疗卫生、住房保障 16 小类；默认状态下，显示最新的服务事项内容，公众可搜索需要办理的服务事项，了解最新动态。

互动交流大类细分为常见问题和反馈回应两种。常见问题细分为省经济和信息化委、省发展改革委、省教育厅、省科技厅、省民委、省公安厅、省民政厅、省司法厅、省财政厅、省人力资源社会保障厅、省国土资源厅、省住房和城乡建设厅、省交通运输厅、省农业厅、省水利厅、省林业厅、省海洋与渔业厅、省商务厅、省文化厅、省卫生计生委、省环保厅、省地税局、省统计局、省质监局、省工商局、省新闻出版广电局、省体育局、省安监局、省食品药品监管局、省旅游局、省机关事务局、省人防办、省畜牧兽医局、省金融办、省物价局、省粮食局、省煤炭局、省国防科工办、省国家保密局、省网信办、省农机局、省文物局、省档案局、省盐务局、省级政务大厅、省编办 46 小类；省级部门总结公众最关注的问题，反馈回应列出省长信箱最关注的回复。

5.统一用户中心

山东省人民政府门户网站用户中心整合山东省政务服务网、山东省省长信箱用户，形成统一的用户中心，公众在山东省人民政府门户网站注册成功后，可在山东省人民政府门户网站、山东省政务服务网和山东省省长信箱登录。在山东省人民政府门户网站首页右侧边栏，公众可查看我的消息、我的办件、我的咨询、我的投诉和省长信箱回复。

二、做法模式

1.集约化政府站群平台的技术架构

集约化政府站群的架构体系首先是构建在云计算架构体系基础之上，从服务方式上分为 IAAS 层（Infrastructure as a Service）、PAAS 层（Platform–as–a–Service）和 SAAS 层（Software–as–a–Service）（如图 5–20 所示）。

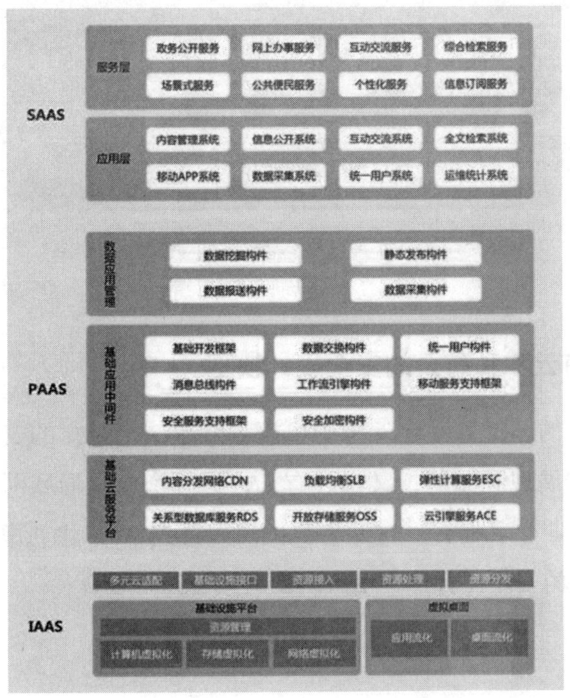

图5–20 集约化政府站群架构体系

2.构建集约化政府站群的弹性计算模型

在部署云架构站群时，应当根据系统应用的预计访问并发、数据存储规模、系统资源的占用等情况，建立完备的云服务 ECS（Elastic Compute Service，ECS）弹性计算框架模型（如图 5-21 所示）。

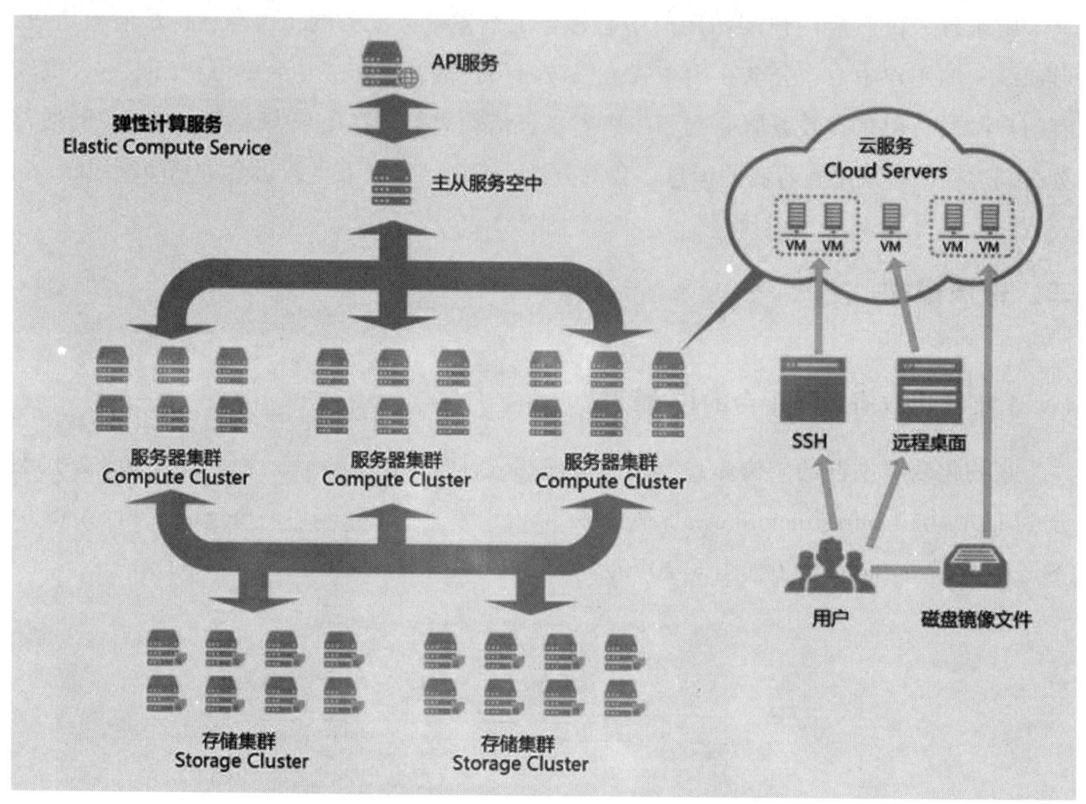

图5-21　云服务ECS弹性计算框架模型

3.构建基于公有云和私有云的安全设计模型

集约化政府站群的云计算平台架构中可以划分出 2 个独立的安全域，一个放在互联网中实现所有站群的展现和浏览，又叫公有云；另一个放在局域网主要用于信息维护和后台应用管理，因此叫作私有云。这两者之间可以通过 VPN 建立虚拟通道，这样有助于提升集约化网站体系的安全（如图 5-22 所示）。

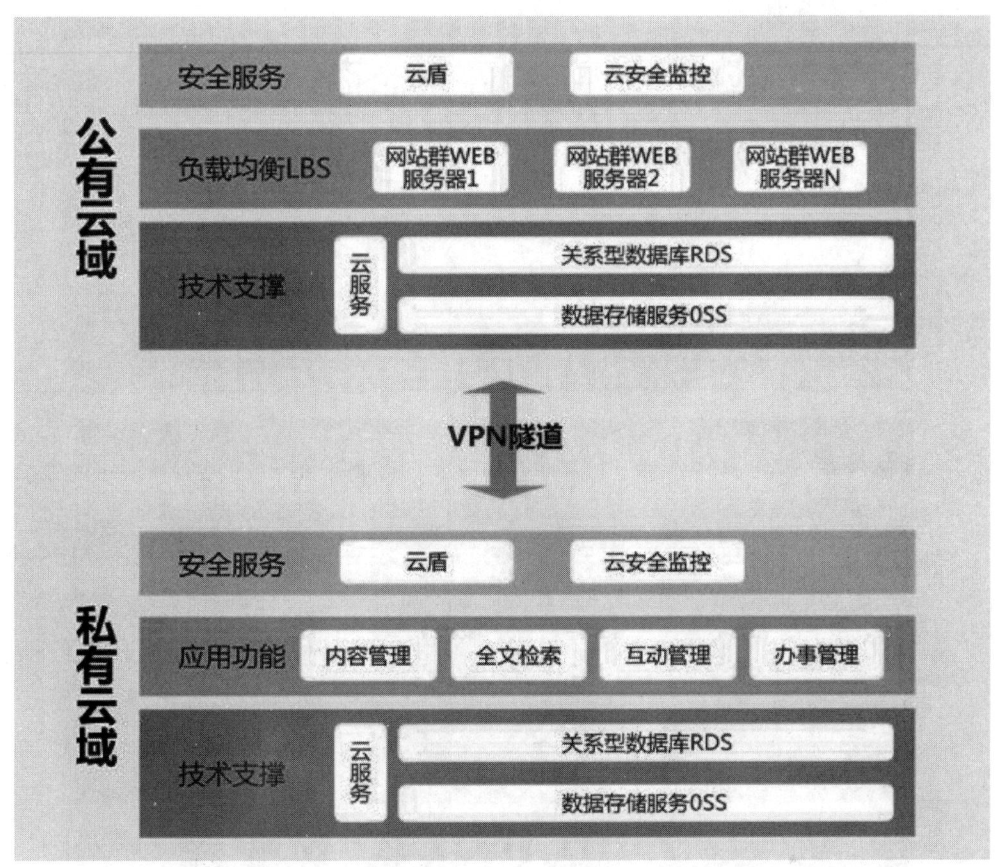

图5-22　公有云和私有云的安全设计模型

4.构建大并发下的大数据存储服务模型

集约化政府门户网站的建设会面临两大数据并发的风险，一是由于大规模的数据归集使得所有访问的流量将导向统一的数据服务而引发的前台数据访问风暴；二是后台的在线信息维护人员的数据量要达到几千甚至上万，特别是在刚刚上班的早高峰时段，系统面临数据更新的大并发风险。

5.构建统一消息服务模型

集约化站群建设中网站与网站、站群与站群、站群与其他应用之间的数据互联互通变得尤其关键和重要。为实现站群与应用间数据的互联互通，必须构建站群间的数据服务总线（ESB），并通过消息中间件、数据适配器、数据路由、消息队列控制等技术实现分布式独立站群间的数据交换和传递（如图 5–23 所示）。

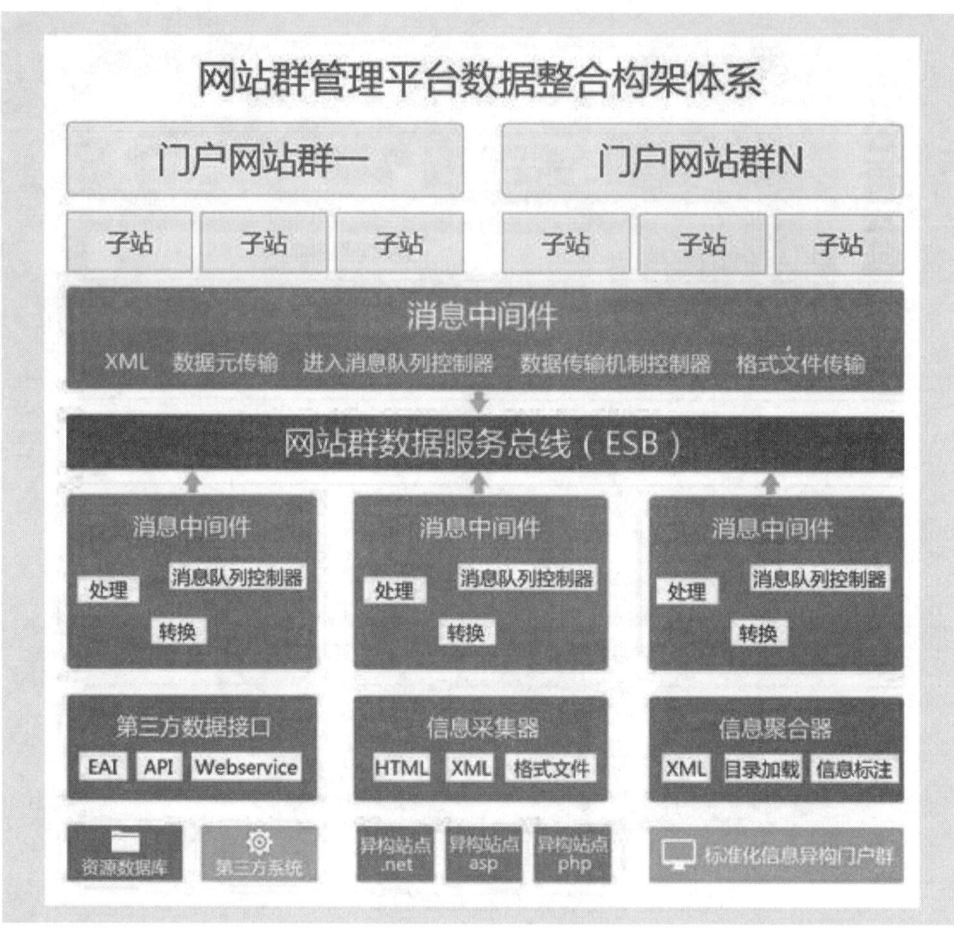

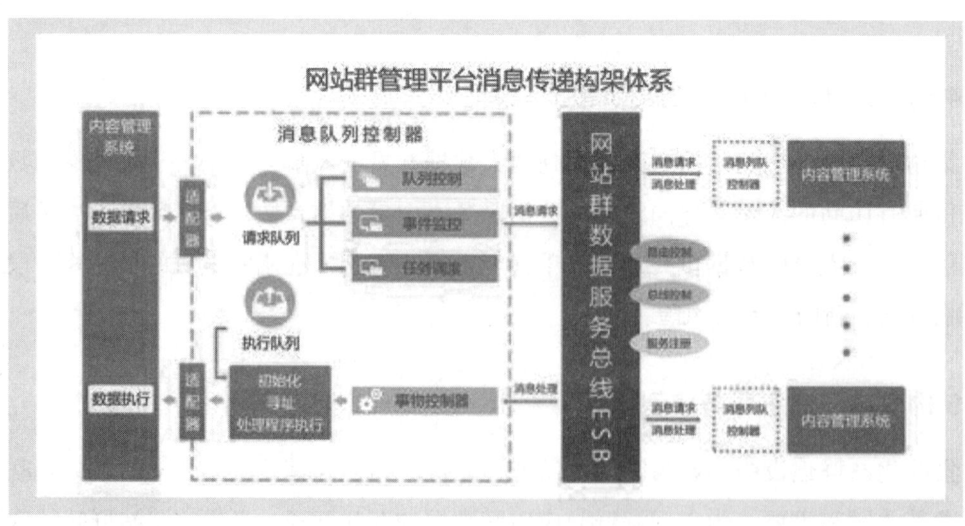

图5-23 网站群管理平台数据整合构架与消息传递构架体系

三、应用推广

政府网站服务集约化是政府网站集约化建设中最高层次的集约，对跨部门业务协同、业务流程再造、数据资源共享、服务统一规划均有较高要求。山东省人民政府门户网站的服务集约化可在很大程度上解决社会公众找信息难、办事难的问题，实现“少跑马路、减少网上断头路”的目标，并可有效降低行政和社会成本。通过集约门户网站提供一站式的政府网上信息与服务，部门在网站上的职能边界将越来越融合。

贵州省推进政府网站集约化建设工作情况

贵州省人民政府门户网站

（数据时间截至2017年7月）

2014年，《国务院办公厅关于加强政府网站信息内容建设的意见》（国办发〔2014〕57号）提出了推进政府网站集约化建设的要求，贵州省围绕开展大数据战略行动，依托电子政务外网和互联网，基于“云上贵州”系统平台，建成上线了中国·贵州政府门户网站云平台。该平台包括站群平台、统一数据交换平台和政务应用三大子系统，其中站群平台重点解决了数据的“聚集”问题；统一数据交换平台重点解决了数据的“融通”问题；政务应用重点解决了数据的“应用”问题。这三大子系统要解决的核心问题就是政府数据的“聚通用”。

一、主要做法

1.加大整合力度，建设统一平台

各地各部门自建政府网站技术平台，数据标准各不相同，严重制约了政府网站的数据共享。针对这一问题，在中国·贵州政府门户网站云平台建设之初，就摒弃了各地各部门自建平台的传统做法，目的就是通过建设全省统一平台，彻底消除政府网站数据开放共享的障碍。各地各部门只要接入使用全省统一平台，数据开放共享问题就能很自然地得到解决。

我们重点做了三件事：一是强力推进整体迁移。贵州集约化的做法是自上而下，首先将省直部门网站和市、县政府门户网站整体迁移至中国·贵州政府门户网站云平台，目前该项工作已完成70%；二是逐步开展分级整合。为保障政府门户网站的内容支撑，在省直部门和市、县门户网站完成整体迁移后，由各级政府办公厅（室）分级负责，继续向下延伸，将本级政府的各相关职能部门网站整合到门户网站；三是积极引导规范关停。基层部门的信息化能力弱，特别是县级部门和乡镇街道等基层网站支撑运营能力更是薄弱，对这些网站，我们能关一家就关一家，尽量不保留。普查工作开展以来，贵州已关停政府网站 3677 个，占原有政府网站总数的 80%，在全省 88 个县（市、区、特区）中，有不少县（市、区、特区）仅保留了政府门户网站。同时对全省新建政府网站，我们要求必须基于全省统一平台来建。通过减存量、控增量，集约化建设已取得初步成效。

2.完善标准规范，推进数据共享。

任何一个应用系统都不可能满足各地各部门的所有个性化需求，政府网站必定要与各种各样的政务信息系统实现数据共享，集约化平台必须满足开放、兼容和可拓展的性能要求。

对此，我们也做了三件事：一是建立完善的标准规范。我们先后编制了《中国・贵州政府门户网站云平台数据交换标准》《贵州省政府系统门户网站群栏目架构标准》等规范，并以文件形式印发，实现了中国・贵州政府门户网站云平台与其他政府网站技术平台、云工程之间数据交换共享制度化、规范化。当然，要形成完善的规范体系，还有大量的工作要做；二是大力推进全省政府网站数据共享工作。刚才讲到，整体迁移的政府网站，数据交换自然得到解决，但对没有开展整体迁移的政府网站，我们也提出了明确要求。要求他们 2016 年年底完成接口改造，实现与中国・贵州政府门户网站云平台数据打通共享，目前这项工作已全面完成；三是积极与省内其他云平台实现数据对接。在建设国家大数据综合试验区的背景下，贵州省不少省级部门结合自身业务建设了大量的云工程、云应用。我们围绕提升政府治理能力，积极探索"网上政府"集约化，在推进政府网站集约化建设的同时，将政府网站打造成全省省级云应用、云工程的总出口，与省内的电商云、旅游云、交通云、环保云等实现数据对接。比如，与贵州省网上办事大厅的数据对接就有 75 万余条，与贵州省公共资源交易平台的数据对接也达到 5 万余条。

3.明确职责分工，建立安全机制。

基于云计算平台建设全省统一技术平台，不管是针对云计算平台的建设单位，还是外包单位，都是一项全新的重大挑战，如何处理好集约化平台管理部门和平台上政府网站的主办、承办单位之间的职责，是当前集约化建设面临的重大难题。

为此，我们同样做了三件事：一是出台相关文件。在前期调研的基础上，出台了《研究省电子政务网、中国·贵州政府门户网站云平台以分级购买服务方式开展应用有关问题的会议纪要》(黔电政办专议〔2016〕2号),明确了集约化平台的功能要点,提出了对应服务的价格参考,在财政分级负责的背景下,为全省大规模应用推广提供了政策支撑;二是搭建运维系统。随着云平台政府网站数量的不断增加,功能问题和服务需求也将成倍增加。为确保问题和需求的解决效率和解决质量,我们运用大数据手段,搭建了运维服务系统,对各地各部门提出的服务需求,实行全程跟踪办理;三是优化部署方式。信息安全无小事,将全省政府网站集中在一个篮子里面,出不得半点闪失。针对并发量高的问题,我们采取了分布式部署的做法。同时采取前、后端分离部署的方式,将后端部署在电子政务外网,极大地增强了平台的安全稳定性。与此同时,我们搭建了云平台资源和安全辅助管控平台,加强了对服务器资源及云平台运行情况的监测,强化了安全应急预警。

二、取得成效

(一)降低了运维成本

以往的政府网站建设,需要承担从硬件采购到设备维护,从软件管理到信息保障等政府网站“建设、管理、应用”全流程业务,不仅内容复杂,而且还需耗费大量精力,对建设运维人员素质要求也比较高。集约化建设后,不仅积聚了海量数据,还给各部门减轻了以往自建网站而产生的建设、运维负担和安全风险,让大家能够集中精力抓好内容保障,更加注重政府网站的内容建设。节约资金方面,我们以贵州省六盘水市政府门户网站为例,通过集约化建设,相比原来的建设费用及硬件资源消耗,每年可节约80余万元,极大减少了政府部门的资金投入。

(二)提高了工作效率

政府网站集约化建设后,数据统一在一个平台汇聚,通过数据交换平台实现了资源的共享共用。可进行后台推送和抓取,实现了全媒体一键推送,即同一条信息可推送至移动端、微博、微信、报纸、大屏,这些业务流程的统筹规范,大大提高了工作效率。比如,国务院办公厅要求公开发布的政府文件,要第一时间在政府网站发布,各地各部门要形成联动机制,及时转载国务院文件和国务院重要信息。政府网站集约化建设以后,这项工作变得便捷高效,一份文件、一条信息只需在云平台编排,其他地方可直接调用,不需要再重复进行编排，不仅节省了时间，而且大大提高了效率，避免了各地各部门在重复编排过程中产生的低级错误。再比如，我们基于省电子政务网搭建了全省政府系统公务人员学习、办公、管理的总平台，集约化建设后，如果同一条信息需要在两个平台发布，仅需在其中一个平台编排，就可直接点击推送到另一平台发布，不再重复劳动。

（三）深化了功能应用

集约化建设后，政府网站和部门网站的定位更加清晰，部门网站可针对自身所长，按功能模块来建设统一功能平台，各单位可根据需要直接调用。比如，办事服务是政府网站的主要功能定位，以往是各建各的、五花八门，而且很难实现数据共享。一体化的贵州省网上办事大厅建成后，各地各部门在建设政府网站过程中，均不需再单独建设此功能模块，直接从贵州省网上办事大厅调用即可。目前我们的应急平台、公共资源交易平台、督查督办平台等均是按照这一思路规划建设的。同时，我们正在开发建设的省“政民互动”平台也是这样做的。此外，随着数据标准规范的统一，数据共享质量的提升以及数据积聚量的不断增大，大数据深化分析应用有了现实基础。我们将这些数据向各级各部门开放，各地各部门可基于统一平台，将自身部署在互联网上的应用逐步整合上来，以此集聚数据，深化分析应用。比如，贵州省黔东南州政府网站通过整合快递、公积金、信访等数据，建成了“聚查询”服务平台。

（四）强化了安全稳定

各地各部门自建政府网站，安全保障方面既缺乏专业技术人员、又缺乏科学的监管平台，集约化建设后，我们引进了专业技术团队，部署了必要的监测系统，实现了对云平台的安全可控。与此同时，会同省公安厅网络安全保卫大队、省网信办等相关部门，整合了监测平台和手段，针对集约化平台建立全方位、多角度、常态化的安全监管体系，确保了平台安全稳定运行。

三、下一步工作打算

取得成绩的同时，我们的集约化建设也面临着不少困难，比如集约方和被集约方之间的职责如何明确，集约化平台的共性需求和各地各部门的个性化需求差异等，而且随着平台的逐步变大，运维服务压力也不断增大。再比如，如何用好政府网站集约化建设积聚的数据，也是我们需要深入探讨的问题。

《政府网站发展指引》的印发，给我们指出了明确方向，下一步，我们将按照“四统一、两集中、五实现”的总体要求，坚定不移地推进政府网站集约化建设，把政府网站打造成更加全面的政务公开平台、更加权威的政策发布解读和舆论引导平台、更加及时的回应关切和便民服务平台，加快建设整体联动、高效惠民的网上政府。

（一）做大，继续拓展全省平台

继续推进省有关部门网站和市、县政府门户网站集约化建设，鼓励将本地区、本部门部署在互联网端的应用整合到门户网站集中展示、统一入口。进一步统一技术平台，市（州）政府部门原则上不再单独建设网站，已单独建设的政府网站逐步迁移至上级政府网站技术平台。加快县级政府部门网站和乡（镇、街道）网站关停工作，将相关内容整合至上级政府网站集中展现。

（二）做强，不断完善平台功能

加强对集约化平台建设需要、技术路线、系统架构、部署策略、运维机制、安全防护体系等研究，进一步完善“统一电话受理、专人驻场服务、线上适时收集、定期上门巡访”四位一体的服务响应体系，确保相关需求能得到及时响应。与此同时，按照《政府网站发展指引》要求，对集约化平台的功能模块、服务费用标准进行优化完善，形成新的购买服务目录规范，进一步明确职责。

（三）做优，深化数据分析应用

建立省级平台与其他各云应用、云工程以及网站群平台与单位业务系统的标准接口规范，畅通应用整合、数据共享的渠道。搭建集约化平台大数据分析平台，深入分析应用数据。推进省政府门户网站与省级各云应用、云工程的数据对接，加强联动，引导第三方力量基于现有平台和开放数据开发新的应用。

坚持集约化原则
构建全市统一的政府网站平台

济南市信息中心 闻 冬

国务院办公厅发布《关于加强政府网站信息内容建设的意见》以来，济南市认真落实文件精神，从政策制度、技术实现、运维管理等多个方面，有条不紊地推进全市政府网站的集约化建设，取得了良好的效果，政务资源得到有效整合共享，集群效应逐步显现。

一、现状与目标

（一）整体现状

济南市级机关各部门基本都在互联网上建立了网站，并与市政府网站进行链接。政府网站在提高执政透明度、加强政民互动和办事服务等方面，发挥了积极的作用。但是，由于各政府网站大多采用自建自管模式，存在着建设经费投入不一、技术水平不一、建设标准不一、运维能力不一、建设管理水平从整体上存在着较大不均衡性等问题。

总体服务以及信息发布的深入程度还不够，管理、运维体制尚不完善，直接导致各网站的信息资源难以互通和整合，各部门间的联合服务功能较弱，无法发挥政府网站集群效应，且在安全方面上也存在很多风险，极大地限制了政府网站的整体服务水平。在网站建设资金投入上，全市各单位政府网站建设费用投入分散，安全防护、硬件投入、调整维护等重复性支出较多，造成了全市政府网站总体建设运维费用的重复投入。

（二）建设目标

依托市信息中心现有信息基础设施、各政府网站现有数据资源和即将建成的电子政务外网服务平台，采用新技术、新方法，拓展信息服务渠道和手段，建设统一标准、服务共享、以用户需求为导向、以服务公众为目标的"一站式"统一平台。通过先搭建平台，然后逐步迁移信息以及交互应用，最后统一优化和运行，并在长效保障机制下统一集中运维的方式实现。

济南市政府统一平台项目本着"资源集约化、发展持续化"原则，按照建设智慧政府网站目标，积极推行服务外包的建设运维模式。其主要是：依托市信息中心现有的网络运行环境和软硬件资源，采用云计算、移动互联网等先进技术，建设具有国内先进水平的全市统一的技术平台和运维管理平台，实现对全市政府部门及部分下属单位的网站集中建设。在此基础上，对全市各部门的政府网站进行统一运维管理、考核和推广，实现部门网站在技术标准、平台规划、资源管理、安全保障、运维服务五个方面的"统一"，打造资源整合、服务协同的"一站式"智慧统一平台，构建宽领域、多层级、多样化、个性化、移动化的统一平台服务体系。

二、做法与模式

（一）实施做法

1.技术平台的集约化

由市信息中心作为建设主体，依托市级政务服务平台扩充提升门户网站的计算、存储、网络、数据库、中间件等支撑资源，构建全市统一的网站群技术平台和管理平台，全市各部门网站逐步迁移至统一的软硬件平台上，今后市财政不再安排各部门网站建设和维护经费，各部门可向市信息中心提出网站建设需求，由市信息中心在网站群建设维护经费中解决。

2.政务信息资源的集约化

我们认识到，技术上的集约化解决的仅仅是网站运行平台层面的问题，管理运维与内容保障要同步跟上。因此，在技术平台集约化的基础上，我们同样强调政务资源的集约化。一是所有迁入单位均打通实现了政府信息公开与各自网站的同步发布，避免了二次重复录入，同时保证了信息资源的同源与唯一；二是所有子站实现了向市政府门户网站的一键推送，既方便了内容保障，又确保了政务信息资源的规范与集约。

3.服务外包

济南市政府网站统一技术平台采用了服务外包的方式，主要是将统一平台整合建设及日常运维中所需的技术服务类工作包给外部供应商，由其组织专业人员统一提供技术服务，然后再由网站群管理单位根据技术运维服务的工作量支付服务费用。

外包服务内容包含提供统一平台技术平台和运维管理平台的设计与建设、各部门现有网站的迁移改造（含网站内容）、网站群系统运行保障和技术升级、信息检索、专题制作、绩效评估等，但网站内容更新发布以及业务系统的设计等仍由各部门自行承担。实现软硬件投资与技术管理服务的高度统一，达到集约建设、集中管理、共享资源、提升水平的目的。

（二）组织保障

1.强化组织领导

由于统一平台建设是一项涉及面较广、技术要求较高的系统应用工程，该项工作由市政府办公厅组织管理，市信息中心负责网站群建设和运维的支撑能力建设、技术方案设计实施和服务商的招标选定等工作。各相关部门根据各自工作职责，配合做好网站的迁移整合、信息资源共享、网站信息的更新维护以及网站交互应用信息与业务系统的接口改造等工作。

2.规范管理办法

2015 年，市政府办公厅下发了《济南市人民政府办公厅关于加强政府网站信息内容建设工作的通知》，其中明确规定了统一技术平台的要求（如图 5-24 所示）。

济南市人民政府办公厅文件

济政办发〔2015〕9号

济南市人民政府办公厅
关于加强政府网站信息内容建设工作的通知

（三）建设统一的技术平台。由市政府办公厅牵头，市

— 2 —

信息中心负责制定全市统一的政府网站信息内容建设标准和技术规范，在现有网站群技术平台基础上尽快建成全市统一的政府网站技术平台，用3年左右时间将市政府部门网站纳入该平台运行，逐步实现数据格式、基础数据库和政府部门服务资源目录规范统一，达到信息共用、服务互通、联动更新、协同回应的要求。

图5-24　济南市人民政府办公厅关于加强政府网站信息内容建设工作的通知

3.建立工作机制

济南市政府办公厅建立完善了发文、通报、座谈、督导、约谈的一整套监管工作机制。在对各县区、各部门的政府网站管理方面，重点解决了以下几个方面的问题：一是管理体制不顺的问题，将政府网站的管理权全部收归各级政府办公室，明确了问责的主体。二是按照国办、省府办要求，撤销县区各部门、乡镇政府网站的开办权，共关闭网站79个。2016年，市政府办公厅组织召开6次座谈会，对发现的问题，都出具了详细的整改报告，对问题严重整改不力的，进行了3次通报；落实了对11个县区政府网站的督导工作。

4.加强绩效考核

为进一步提高网站群的建设和运维水平，促进依法行政，提高行政效能，提升用户满意度，由市政府办公厅牵头成立网站群考核工作组，每年定期开展全市政府网站信息内容建设考核工作。该考评工作在济南市大幅缩减各类考评中得以保留，市委、市政府对政府网站工作的重视程度可见一斑。考核分日常考核和年度考核。日常考核是对各子网站日常运维及支持网站群的情况进行考核；年度考核是对各子网站的日常考核成绩、信息公开、在线服务及互动交流等进行综合测评。考核结果采取适当的方式进行通报，给予表扬和批评。

5.强化人员培训

一方面，网站迁入统一平台后、上线前，市政府门户运维单位会组织一次对网站的信息发布与管理等内容的专项技术培训；另一方面，每年市政府办公厅至少召开一次全市政府网站信息内容建设方面的工作会议，聘请国内相关领域专家对市政府各部门工作人员进行业务培训，介绍国内的最新动态和各级工作要求。

三、效益与效果

截至目前，济南市政府网站统一平台已建有部门子站 30 个，按照统一规划与部署，将在 2018 年年底把市级剩余部门网站全部纳入。

一是实现了政务信息资源的共享。市政府统一平台建成后，技术标准得以规范，实现了各单位网站与市政府门户网站的信息资源互通和共享，发挥了以门户为中心，各子站有效保障的集群效应，为下一步省政府网站的集约化奠定了良好基础。

二是解决了部分单位的网站运维问题。因为采用了统一的安全防护，统一进行等保测评，普遍提升了政府网站的安全性，各政府部门可以不再将人力与精力投入到机房与服务器管理、安全与硬件建设方面，而是集中在信息内容建设上。比如：2016 年市发改委要求全市政府部门的网站在 12 月底前完成无障碍功能加挂工作，市政府门户统一部署，完成了平台中的所有网站的快速实现，为单位免去了后顾之忧。

三是节省了财政经费开支。济南市政府网站统一技术平台建成后，从根本上节省了全市各单位用于网站建设方面的财政经费开支。各单位一次性建站费用支付后，节省了后期调整与维护、安全防护与等保测评等费用投入。

浅析扬州市政府门户网站群集约化建设

扬州市政府信息资源管理中心网站管理部 熊 浪

一、扬州市集约化网站群建设基本情况

扬州市集约化网站群平台于2010年开始筹划建设，先后到省内、国内的一些先进地方进行了学习。其中宁波一站，是大汉承建的，非常好，让扬州学到了不少思路和方法。

2011年，扬州市集约化网站群建设正式得到市政府批准，于同年8月完成招标，当年11月，首批34个站点上线运行，市政府主要领导出席开通仪式点击开通。至2012年10月，所有站点建设完成并上线运行。至此，全市集约化网站群平台初步建成。至2012年12月，集约化平台上运行的站点超过100个，范围涵盖了全市党群口、政府口及公共企事业单位。

2015年年底，扬州市根据需要，又筹划了网站群二期项目建设，主要是将下辖区、市直二级单位等网站纳入集约化平台。2016年9月正式实施，目前还在持续推进中，预计将于2017年年底前完成。

扬州市集约化网站群平台建设内容主要包括以下6个方面。

（1）统一的内容及权限管理：主要是网站内容的采、编、发功能，以及不同用户的不同权限管理功能等。这个大家应该都比较熟悉了，在此就不赘述。

（2）统一的信息公开系统：主要是根据《条例》要求，在市级层面上，将信息公开所需的要素全部建设好，并分发至各相关部门，由他们按要求提供内容，站群主门户做信息的聚合。这样，既保证各子站的内容更新，同时也保证主门户的内容有更新。

（3）统一的网上办事服务：主要是依托市里的行权系统，做好静态信息的公开、办事过程的全程网上参与、按服务对象需求的资源分类等工作，打通网站与行权系统之间的数据壁垒。

（4）统一的互动交流系统：主要是建设一个共用系统，将各站点所需要的咨询投诉、在线留言、访谈直播等进行统一开发，数据集中管理，各站点根据需要在子站上进行部署。

（5）统一的个性化服务系统：分对外个性化和对内个性化。对外个性化服务，是将一些公共资源通过数据接口、数据交换等方式集成到集约化平台上来，为社会公众提供个性化服务；对内个性化服务，主要是建设运维服务派单系统，为站点运维人员提供服务。

（6）统一的多维度访问系统：主要是涉及无障碍访问、智能终端访问及多语言版本建设。

按照“把技术平台和安全保障交给中心，部门只管内容维护”的思路，扬州市集约化网站群平台整合了全市 115 个站点，在当时看来，此项工作还是具有一定特色的。

二、集约化平台建设的问题和不足

在集约化平台建设过程中，包括运维至今，扬州市政府门户网站群建设也有不少问题和不足。

1.共性与个性的问题

在项目建设过程中，尤其是在网站界面设计、信息公开系统等建设中，为了调动部门的积极性，对于部门个性化需求做了过多的考虑，结果给项目增加了大量的工作。但是，随着项目建设的深入，很多部门发现当时提出的个性化需求其实并没有什么作用，于是又返工，回到原点，重新按照给出的规定动作来建设。特别是开展政府网站普查以来，许多部门都提出“去个性化”的要求，仔细核对他们的需求后，发现这些个性化都是当时项目建设中，他们不接受项目要求的共性原则而要求增加的。

现在看来，对于共性和个性的考虑，对于应该坚持的一些原则方面，当时做得还不够好。

2.“路”与“车”的问题

这个问题主要有两个方面。一方面是“有路无车”，从站群主站（门户网站）本身来看，当时建设时对于功能方面有过多的追求，而未全面考虑支撑功能的资源（内容、数据等）是否能保障，结果导致“有路无车”，功能使用率不高；从子站来看，当时很多部门站点建设了大量栏目，而且一些栏目层级结构超过三层，结果在维护中发现，这些栏目其实根本无法正常维护，一个是没有这么多内容来源，还有一个是由于部门人员的频繁变动，后接手的人不知道栏目在哪里维护，在后台找不到，也造成有栏目无内容的现象。

另一方面是“有车无路”，主要是从资源的整合挖掘来看，集约化平台中沉淀了大量的政务资源，但是这些资源如何归类梳理、如何开发应用，在当时项目建设中，以及在项目运维中，都没有很好地利用起来，导致的一个明显的结果就是扬州市网站群这几年没有特色、没有亮点。

3.规范性的问题

此处的规范性主要包括技术规范和管理规范两方面。技术规范方面，主要是在平台建设过程中，对于系统框架设计、系统代码等方面的要求，一个很简单的例子，就是关于网站界面浏览器兼容性的问题，在建设时没有很好地要求和规范，结果导致上线运行、后期运维中，存在较多的界面错位的现象，只能逐个调整，给部门和公众都带来了不便。

管理规范方面，主要是对于集约化平台建成后，如何让各部门运维节点起到“纲”和“领”的作用，在这方面，扬州市做得也并不好。举个例子，很多人都做过网站的内容保障，其中有一块我们称为专题。如果想制作一个专题，利用现有集约化平台沉淀的数据，能很快聚集到相关资源，但是在实际使用时发现，这些资源大部分因为数据属性（如格式、要素等）的原因，而让你无法使用。这反映出来的主要就是在管理规范方面的问题，部门节点这个“纲”没有规范好，导致我们提了“纲”，但是众目不张。

三、关于集约化平台的思考与探索

关于集约化网站群平台到底怎么建，扬州也一直在思考和探索。

扬州市政府网站集约化平台一期、二期的建设过程，也是摸索建设思路和方向的过程。目前，扬州设想的思路主要是“政府提供场地，部门组织货源”，即政府主导建设统一的技术平台及框架，各部门机构根据职责和需要提供内容。

“政府提供场地”方面，前面提到的扬州市集约化平台一期建设，就是按照这个思路进行的。扬州市按照实际情况，将必须用到的和部分有可能用到的平台建设好，不管是门户主站还是部门子站，如果需要，都可以提供出来供大家使用。这些平台既可以作为站点中的一个板块或者栏目，也可以单独作为一项专门型应用。从国办近期出台的政务服务网建设实施指引这一动作来看，扬州的思路与国家的相似。

既然政务服务可以作为一个独立的平台，那么类推网站中的其他服务，如信息公开、互动交流等，是不是都可以作为独立的平台存在呢？从扬州现在的情况看，如果有这种需要，扬州可以很快地将几大平台都独立出来，形成专门的应用。

“部门组织货源”方面，主要是集约化平台中的所有信息内容，几乎都是由各部门组织提供。扬州市门户主站做的是一个“商品陈列”。当然，在“供货”的过程中，扬州也是根据相关要求，做了一些规范，如动态信息该怎么提供、信息公开的信息该怎么提供、如果该提供的不提供该怎么处置等，对所有部门提供的信息都有一个监督和考核的过程。

这样操作的话，就带来一个问题：如果所有信息都由部门提供，那门户主站做什么？从扬州情况来看，门户主站主要的精力要花在怎么对部门提供的这些资源进行深入的挖掘和利用，以满足公众各种各样的需求。目前，这种挖掘和利用，主要是以各种小应用的形式提供的。比如，扬州去年开始建设了很多公园，而部门在提供信息时，提供了公园的名称、地点、面积、图片等，而且还是根据公园建设的进度分几次提供的。这些信息，对用户来说可能使用起来不方便，于是，扬州门户主站这边就将这些资源与公交线路、天地图、小区信息等进行整合，设计制作一款全市公园指南的应用。通过这个应用，用户可以方便地知道小区周围有哪些公园、怎么去、公园里能怎么活动等，使部门提供的信息更加符合市民的需要。这样的挖掘和利用，应该是集约化后政府网站应该重点关注的地方。

第六篇
数据挖掘与大数据应用

政府数据开放平台建设

大汉智政原创

一、数据开放的背景

随着大数据时代的到来，政府生产和拥有的数据资源日益丰富。政府数据资源蕴含着巨大的经济和社会价值，对生产、流通、分配、消费活动以及经济运行机制、社会生活方式和国家治理能力具有重要影响。随着公众要求开放、获取和利用政府数据资源的呼声越来越高，如何满足公众对政府开放数据的需求，激发市场活力和社会创造力，已成为政府部门亟须面对的重大挑战。

自 2015 年 9 月，国务院《促进大数据发展行动纲要》（国发〔2015〕50 号文）出台以后，2016 年 7 月，《国家信息化发展战略纲要》进一步提出要构建统一规范、互联互通、安全可控的国家数据开放体系，加强互联网政务信息数据服务平台和便民服务平台建设，加强信息资源开发利用的顶层设计和系统规划，完善制度体系，构筑国家信息优势。

美国联邦政府 2009 年推出的世界上第一个中央政府层面“一站式”数据开放平台，目前已开放 13 万个来自美国联邦政府各国家机构的数据集。在这之后掀起了政府开放数据的热潮，中国在两年前开始进行政府数据开放也成了热点话题。上海成为全国第一个建设数据开放平台的城市，接下来北京、深圳等城市也都迅速跟进。同时，自发通过互联网开放公共数据的地区包括上海、北京、浙江、武汉、无锡、湛江等地，而积极制订计划或规划推动公共数据开放的地区仍在不断增加。

二、我国数据开放建设的情况与不足

序号	省市	名称	上线时间	开放部门（个）	数据领域（个）	数据集（项）
1	北京市	北京政务数据服务网	2012年	39	17	400
2	上海市	上海市政府数据服务网	2014年6月	40	12	470
3	浙江省	浙江政务服务网	2015年9月	39	8	350
4	无锡市	无锡政府数据服务网	2014年7月	37	15	100
5	武汉市	武汉市政府公开数据网	2015年4月	94	12	642
6	青岛市	青岛市政府数据开放网	2015年9月	58	19	532
7	重庆市	重庆政府大数据平台	2015年	9	10	77
8	贵州省	贵州省政府数据开放平台	2016年9月	65	8	278
9	广州市	广州市政府数据统一开放平台	2016年10月	46	14	310
10	广东省	开放广东	2016年10月	41	7	104
11	深圳市	深圳市政府数据开放平台	2016年11月	28	12	459
12	哈尔滨市	哈尔滨政府数据开放	2016年12月	18	10	75
13	贵阳市	贵阳市政府数据开放平台	2017年1月	50	14	235

表6-1　我国部分城市开放数据平台情况

总体而言，中国的开放数据平台，跟国际上相比还有比较大的差距。主要存在以下几个方面的问题。

1.数据量少，价值低，可机读比例低

目前各地政府所开放的数据集总体数量和价值离社会需求仍有很大差距，无法满足经济发展与社会创新领域的需要。大量高价值且不涉及国家安全、商业机密和个人隐私的数据尚未开放。此外，开放数据所采用的数据格式决定了数据开放性的技术服务能力，目前各地方的开放数据实践尚不能提供所发布全体数据的可机读格式，而这为数据利用者，特别是非技术背景的使用者（例如学者、记者等从业人员）进一步增加了数据利用难度。经调研发现，目前很多政府开放网站所提供的数据均不支持下载，主要的服务目标是让公众知情而非增值利用，其实这并不符合数据开放的原则和要求。

2.开放的多为静态数据，更新慢

开放数据应以开放动态、实时的业务数据为目标。高价值的动态数据是激发企业、个人开发者进一步增值利用的重要因素。在实际调查中发现，目前各地方所发布的数据中平均86.25%的数据是静态数据（以年为单位更新，或按需更新），仅有平均13.75%的数据属于动态数据（以月、周、日为单位更新，或实时更新）。这种现状远不能满足和激发数据利用者的需求和兴趣。

3.数据授权协议条款含糊

开放数据的授权协议是开放数据生态圈建设的重要元素，不但可用于确保开放数据自由免费地被使用、传播，也有益于社会大众理解开放文化，从而进一步发展出基于开放数据授权协议的商业模式。如：各地方政府目前都采用了网站免责条款/用户协议的形式对所发布的所有开放数据进行了一次整体授权。但在相应的条款上，则存在较为严重的问题，并不符合开放数据的法定开放性原则。这主要体现在两个方面：一是部分地方的授权协议中含有明显有违数据开放性的条款；二是协议中通常对用户的权利表述含糊不清，未能明确、清晰地赋予使用者和保障其相应权利，如很多地方都没有条款用以明确使用者所拥有的自由分享与传播的权利。

4.缺乏良好的公共数据获取体验

在数据获取方面，从平台对数据的获取缺乏便捷性，多数需办理复杂的注册/登录手续，且平台注册难度较大，不利于用户快速、便捷地获取平台数据，由此对用户的积极性和满意度都产生了一定的负面影响。而且，多数地方政府的开放数据平台都未能提供数据内容的预览功能，少数进行预览功能提供的，也仅包括了部分数据内容，甚至有些地方政府的网站，仅以图片形式或站外链接的方式来实现这一功能，不利于为公众创造便利的数据获取体验。

5.缺乏便捷、有效的交互渠道

在交互渠道上，多数地方的开放数据平台都提供了对单个数据集的评价功能以及数据请求功能，也建立了用户和政府之间的对话机制。但是，平台的交互功能缺乏及时有效的回应，有些开放数据平台虽然提供了单个数据集的评价功能，但是经过试验，实际情况为提交评价后一直不在网页上显示，至于原因是审核尚未通过或未曾通过，还是评价功能"有名无实"，则不得而知。同时在试验中，还发现这些平台的数据请求功能大都未能进行及时有效回应。经研究发现，仅有宁波海曙一个地方的平台公开罗列了收到的公众反馈意见和数据请求意见，而其他地方都将这些数据封闭在后台，不利于激发大众参与互动反馈和数据请求。

三、数据开放工作开展的思路

1.明确不开放范围兜底，其余均可开放

世界主要国家通过立法或行政文件，明确不予开放的数据资源，为公共数据开放从源头上划定底线，形成了安全保障的最后兜底条款，主要包括直接或间接涉及国家安全、个人隐私和商业秘密的数据。在一些国家，经过开放部门脱敏处理后的个人、商业数据不再具有可识别出个体的属性，经评估后可以进行开放。美国法律规定国防或外交秘密、内部人事规章和工作制度、法定不得公开的信息、第三方商业机密、单位或组织内部文件、个人数据、执法记录信息、金融管理信息、油田地质信息和地球物理信息等九类数据资源不予开放，其余应无保留面向社会开放。在中国，公共企事业单位保存的大量公共数据应成为未来开放重点，可以参照国际上的成功经验进行开放范围的划定。

2. 组织目录编制确定具体开放范围

北京等地目前由大数据管理部门确定具体开放范围，在保护国家秘密、个人信息和商业秘密的基础上，率先开放了一批没有争议、开放难度不大、益民效果明显的公共数据。上海等地目前由经信委牵头，在进行信息资源目录梳理的基础上，组织编制了可开放的数据资源清单，开放了一批数据资源。

3. 优先开放高价值数据，滚动拓展开放范围

国际上将与生产生活联系更为紧密的数据作为高价值数据，要求优先开放。《G8 开放数据宪章》中提出了 14 类高价值数据先行开放，而后逐步开放其他数据。在上海、青岛等地也逐批公布开放清单，比照清单开放，并接受社会监督，同时两地分别在《2014 年度上海市政府数据资源向社会开放工作计划》《青岛市公共信息资源开放清单（一期）》中公布了 190 个和 373 个数据集作为当期开放工作需完成的目标，后期也不断积极拓展开放范围。

四、数据开放平台组成

1.建设统一数据开放目录体系

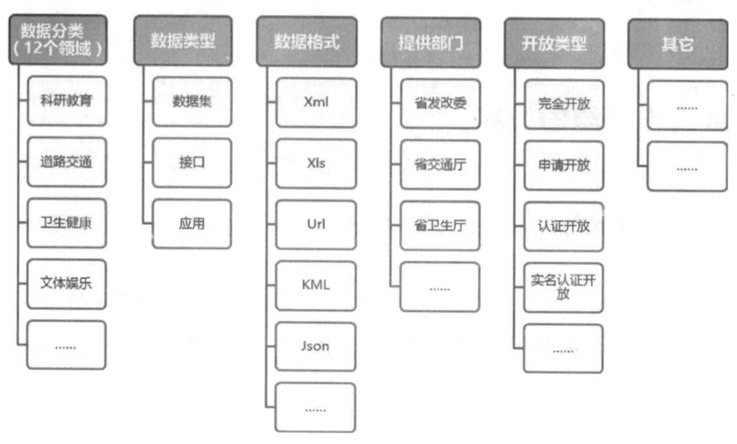

图6-1　数据开放目录体系示意图

在数据开放平台建设中，首先需要规划建设数据开放的目录体系（如图 6-1 所示），包括数据分类、数据类型、数据格式、提供部门、数据开放类型等，创建统一的可开放的数据目录集，为数据集、接口与应用定义地域分级、领域分类、专题分类、资源类型、资源描述、资源格式、获取权限等多个维度的数据开放目录体系。

2.建设数据开放资源库

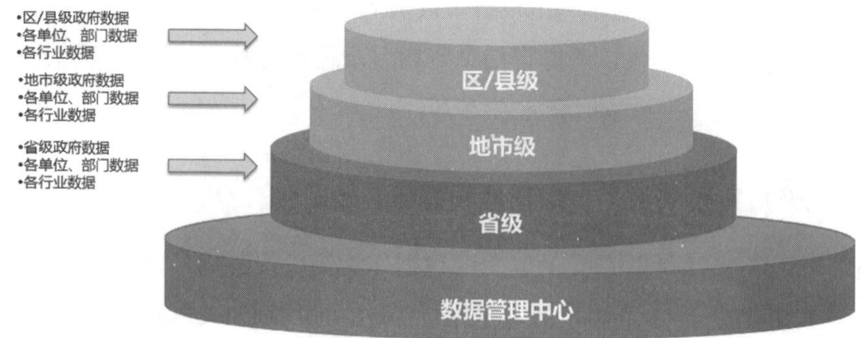

图6-2　数据开放资源库

数据开放平台基于“以用户需求为导向”的建设思路，搭建起政府与数据需求者之间的桥梁，数据开放资源管理体系的建立是为了将符合开放条件的数据从数据资源中心中提取出来，进入相应的主题目录集进行分类开放与更新管理，同时按照开放的管理层级进行对内管理授权和对外形成规模化服务（如图 6–2 所示）。数据开放主要分为三种形式：数据的直读开放、数据接口服务的开放、基于开放数据形成在线应用的服务。通过数据开放资源管理体系，帮助数据管理和运营者体系化地管理数据开放的各项资源，对数据开放的数量、质量、形式和所产生的价值进行多角度评估。

3.建设统一数据开放门户

数据开放门户，是通过对数据开放领域分类、数据开放来源单位分类、数据开放应用功能分类等多维度分类实现对数据开放的统一展现；基于数据开放标准，提供完善的开发者服务，为开发者提供 API 服务、交互服务、应用发布服务等，也可以考虑依托平台开展诸如开发者大会、数据开放公开课等，帮助数据管理与运营者有效整合和体系化管理数据开放的各项应用；同时还需完善交流互动功能的建设，实现功能强大、管理审核完善、应用广泛的互动交流体验，全面提升平台交互性与运行管理，从而全面推进全区域的数据开放战略。按统一标准、统一规范、统一部署、统筹规划的策略为公众提供数据开放服务。

4.数据开放管理平台

构建数据整体运营管理的统一高效、互联互通、数据共享的数据开放管理平台，通过元数据管理、接口与应用管理、开发者服务管理、运行情况监控等多种方式，提供对数据开放的平台级支撑。对内实现开放数据全流程的高效、标准化管理，对外实现开放数据的运行情况监控，提供数据运行情况分析、7×24 小时监控、平台预警告知、异常分析定位、应急恢复等功能，为数据开放的不间断服务提供技术支撑（如图 6–3 所示）。

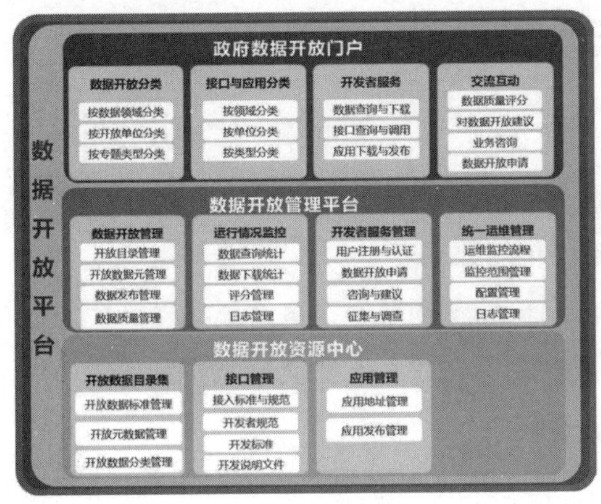

图6–3　数据开放管理平台

打通“信息孤岛”，共享数据价值

浙江省政府办公厅信息中心副主任 金加和

在聊“信息孤岛”前，先说说什么叫岛。

新华字典这样解释：岛是指江海或湖泊里四面被水围着的陆地，这片陆地比大陆要小。比岛要小的陆地，不叫岛，叫屿。所以，岛的总称，叫岛屿，简称为岛。

世界上有许多岛屿，面积最大的叫格陵兰岛，达到 2 166 086 平方千米；而中国面积达 500 平方米以上的岛屿有 6536 个，最大的三个岛屿为：台湾岛、海南岛、崇明岛。

这些岛屿，都不是人为造成的，而是大自然的鬼斧神工和造化。与大陆没有连通之前，都是孤岛，当然不同的孤岛有不同的感觉，比如海南岛和马祖岛。岛有大小，孤有不同。

人类有着无穷的智慧和无限的想象力，通过修桥铺路、挖掘隧道、海运摆渡、航空速递等各种水陆空方式，全方位、立体式，连接了现实世界的各种孤岛，让人类共享美景和快乐。

奇怪的是，人类一边在连通现实孤岛，一边又在制造孤岛——“信息孤岛”。几十年来，一边是信息化迅猛发展，一边是“信息孤岛”如雨后春笋般涌现，数据“烟囱”到处林立。“信息孤岛”之于国人，比连通现实孤岛更难解决，几成心头之痛。

什么叫“信息孤岛”？

信息孤岛是指相互之间在功能上不关联互助、信息不共享互换，以及信息与业务流程和应用相互脱节的计算机应用系统。这里的信息是指各类应用系统产生的，包括数字、字符、文字、图形、材料等结构化或非结构化的数据。

当前，最难破解的就是政府部门“信息孤岛”问题，这些“孤岛”产生的数据分别存储在不同部门的应用系统中，各自割裂、互不关联，无法实现共享利用，不能为企业与群众提供完整、准确、高效、便捷的政务服务。

不可否认，政府部门“信息孤岛”现象已经成为推进“放管服”和“最多跑一次”

改革的瓶颈制约。比如，企业和群众普遍反映强烈的是到政府办事总要重复提交材料、跑多个窗口、行政审批流程长和环节多等现象。

围绕“最多跑一次”改革目标，打通“信息孤岛”、实现数据共享，已成当务之急，迫在眉睫。

但是，搞清楚了什么叫“信息孤岛”概念还不够，还要具体搞清楚这个“孤岛”一词的真正含义，任何一个“孤岛”都是相对大陆或另一个“岛”而言。不然，打通和共享，可能会找不到突破口和支撑点，事倍功半。

以浙江政务服务系统对接和数据共享为例，假如政务服务“一张网”是片大陆，A、B、C、D是四个部门条线自建信息系统，因为没有连通，导致功能不关联、信息不共享、流程应用相脱节，那么，对“一张网”来说，就是四个“信息孤岛”。

“一张网”是一片大陆，已连通了许许多多的“信息孤岛”，形成了一条“岛链”。

如果基于“一张网”的11个应用系统需要同时与上述一个“信息孤岛”进行系统对接，实现数据共享，那么，对这个“信息孤岛”而言，“一张网”就有11个“信息孤岛”。连通“一张网”，等于连通11个“信息孤岛”。

反过来讲，如果A、B、C、D任何一个信息系统对于“一张网”，没有信息共享需求，那就不能算是一个“信息孤岛”。还有，A、B、C、D四个系统之间，如果有信息共享需求，又无法实现连通，那就存在另一种“信息孤岛”现象。

因此，连通大小“孤岛”、统计各类“孤岛”，还得讲究连通成本，要有科学、统一的计算口径。

假设“一张网”这片大陆为X，与A、B、C、D四个系统存在信息共享需求，且四个系统之间又有信息共享需求，这里是一对一、一对多、多对一的供需对接关系。请问将A、B、C、D与X连通，用哪种系统对接方法，可达到效率最高、速度最快？

如何连通“信息孤岛”，仁者见仁，智者见智。

有人说，用网状结构，先将A、B、C、D相互连通，满足各自需求，然后一个个与X连通；也有人说，建一个统一的数据共享需求平台，将各自系统的供需服务清单，以数据接口形式集中发布在平台上，各取所需、各尽其能。请问用哪种办法比较好？还有什么更好的技术手段和创新思路？

连通“信息孤岛”——不求高大上，但求高效实用。

打通“信息孤岛”，怎么才算真正打通？真正打通，必须符合“三通”原则：网络通、系统通和数据通。按现状分析，网络通是基础，主观有困难、客观没难度；系统通是关键，办法多但没有最优；数据通是目的，可共享、难实时。

诚然，打通“信息孤岛”不是件容易的事。多年来，社会上上下下、政府方方面面，都非常重视，投入不少，但进度缓慢，见效不大。为什么呢？有人说电子政务建设和应用，还是缺乏标准、缺乏顶层设计、缺乏绩效考核……唯一不缺的是什么？

打通“信息孤岛”，实现数据共享，确实是拴住了“最多跑一次”改革的牛鼻子。但是，加快推动“互联网＋政务服务”在浙江的深度融合，放大“最多跑一次”改革效应，不仅要盘活“信息孤岛”存量，控制“信息孤岛”增量；关键还要实实在在破除痛点、解决难点和打通堵点。

打通“信息孤岛”，实现数据共享只是起点，目标是消灭“信息孤岛”，要将各种“信息孤岛”与“一张网”连成一片，不分彼此，融为一体，并以“最多跑一次”改革为突破口，不断完善浙江政务服务网，倾力打造一个全天候、在线化、无缝隙的智慧政府。

综合交通出行大数据开放云平台

交通运输部科技司　姚育章

图6-4　“云出行”平台

如图 6-4 所示，综合交通出行大数据开放云平台（以下简称“出行云”平台）是基于互联网企业公共云的数据开放、共享、应用和管理平台，为交通行业管理部门、互联网企业和第三方大数据合作方等用户，提供大数据存储、计算、交换、管理等能力，实现行业与互联网出行服务信息的开放，促进社会企业使用数据进行服务创新，为社会公众提供更高品质的出行信息服务，为交通行业管理部门提供更有效的决策支持服务。“出行云”平台于 2016 年 11 月 17 日在第三届世界互联网大会正式上线。网址：http://www.transportdata.cn。

一、功能特点

“出行云”平台具备出行数据开放、应用服务开放、决策支持服务等核心功能，既可以向交通运输主管部门提供大数据分析等辅助决策功能，也能够支持各类主体依托平台创新出行信息服务。平台具备 PB 级数据存储功能、亿次 / 每秒运算效率、互联网国际安全水平等条件。

（1）数据开放。借助云平台存储、运算能力，进行全国范围综合交通数据整合，实现数据的开放。充分发挥行业管理部门与互联网企业各自的数据采集优势，在云平台数据管理办法的约束下，进行交通数据资源的开放以及政企数据与服务资源的交换。

（2）决策支持服务。发挥科研机构对于交通行业决策分析力优势，借助互联网企业成熟的大数据挖掘技术，深度发掘交通行业数据内涵，为行业管理部门提供数据统计、分析预测等行业管理相关决策支持。

（3）出行信息服务。充分发挥政府资源整合的优势，利用互联网企业在位置服务方面相关产品、服务的成熟开发经验，打造以跨区域、综合交通出行信息服务为亮点的出行信息服务。提升公众出行信息服务品质。

（4）云平台管理。依据云平台数据管理办法，设计云平台管理的相关功能，确保用户数据在日常存储、资源交换、数据应用的过程中安全可控。

二、建设模式

“出行云”平台是由交通运输部采用政企合作模式建设的，基于公共云服务的综合交通出行服务数据开放、管理与应用平台，旨在汇聚开放综合交通出行优质数据资源与服务技术，支撑相关机构创新开发应用，促进交通运输行业科学决策与管理创新，为社会公众提供高品质、差异化、多层次的综合交通出行信息服务。

各级交通行业管理部门、交通运输相关企业、互联网企业、数据开发企业、科研机构、其他社会机构、社会公众等，均可注册成为“出行云”平台用户。各用户可免费获取“出行云”平台内的数据和样例数据、样例应用服务，同时平台为各用户提供规范的高价值数据、服务资源置换环境。

三、制度机制

为规范“出行云”平台管理、使用及运行有关工作，有效界定平台使用相关方权利和义务，保障平台数据资源和服务资源的广泛高效汇聚与有序开放使用，编制完成《综合交通出行大数据开放云平台管理办法（试行）》（以下简称《管理办法》）。其内容包括总则、用户管理、数据接入、数据使用、应用服务接入、应用服务使用、运行保障等共八章三十九条细则。目前《管理办法》已经完成全国省级交通行业管理部门、20 家大数据应用企业和 4 家大学的征求意见工作，反复修改完善，形成正式报批稿。

同时，为了保障“出行云”平台的有效运行，编制完成了一系列平台运行管理文件，包括《综合交通出行大数据开放云平台数据资源目录（征求意见稿）》《综合交通出行大数据开放云平台使用手册》《综合交通出行大数据开放云平台使用协议》《出行云数据下载使用承诺函》等。

随着平台的深入推进，以及对政企合作模式的深入研究，为厘清部省、政企以及各类平台用户间的权责义务，我们建立了“出行云”联席会议制度，各类平台用户都作为联席会议成员单位，体现“开放共享、互利共赢、多方协商、共建共管”的原则。目前，已经编制完成了《联席会议章程》，并成功召开联席会议第一次会议。

四、社会效益

目前，“出行云”平台吸引了全国 16 个省市交通行业管理部门（其中包括 3 个直辖市、10 个省级单位，以及 3 个地级市单位）、2 家互联网公司、5 家技术企业、5 家科研院所等，实现了数据对接，初步形成了 9 个基础类、3 个专题类共 102 项动静态数据（如每月南航航班计划信息、重庆市出租车动态数据、四川省普通公路路线信息、联网售票信息等）的汇聚。当前数据已经可以支持交通行业个性化的数据挖掘分析工作，预计未来将吸引更多行业数据开放，全面形成跨区域、跨单位的综合交通出行数据的开放局面。

同时，目前云平台已吸引了 2 家互联网公司、12 家技术企业、3 个科研院所等共 17 家机构提供决策与出行服务，包括地图服务支持、春运服务评估、道路拥堵预测、路网管理、道路气象支持等共 7 大类 26 项决策服务，近百项出行服务开发基础接口和 4 项共建服务接口。这些服务对于服务各地方政府行业管理以及出行信息服务技术开发具有很好的支撑作用。

自"出行云"平台上线 1 个月以来，注册用户已经接近千个，数据总浏览量达到 26 000 次以上，数据及服务申请总数为 457 个，数据免费下载量达到 767 个，展现出了强有力的平台使用活力，更多的数据申请与使用必将衍生出更多的交通行业数据应用，以提升交通行业服务能力。

五、可推广性

"出行云"平台自 2016 年 11 月上线以来，获得了社会的广泛关注，预计将在全国范围内全面应用推广。具体推广点如下。

1.利用云平台，盘活交通数据，激励大众创新

平台聚合交通行业散落封闭的各种数据源，对数据进行标准化、打包、安全审核和处理，并结合云计算以数据接口的方式提供给大数据应用开发者和行业企业，极大刺激大数据应用创新以及生态系统的完善。

依托平台，企业可实现其服务业务在交通领域的创新发展和市场潜力的发掘，有利于新技术的推广应用和公众出行信息服务的健康长效发展，能够为整条产业链带来巨大的发展空间和经济效益。

2.利用互联网企业优势提升交通数据服务能力

平台通过与互联网企业合作，搭建集数据整合、数据开放共享、数据应用等功能为一体的智慧交通云平台，形成了政府数据与社会企业应用服务的资源置换模式，充分激活社会企业大数据应用开发动力。平台出行信息服务功能不断上线，百姓可以通过不同软件查询到更为准确的路况数据、实时公交数据，用户量与用户满意度持续提升。

利用云平台技术融合互联网企业数据和多源交通数据，实现了跨区域路径规划、一站式服务以及个性化信息推送等出行服务应用，使交通出行服务覆盖面更广、智能化更高、实用性更强，从而提高了居民安全高效的出行服务体验。

3.利用大数据技术辅助交通运输科学治理能力

依托云平台对海量政企交通数据的融合，各参与示范省份的交通行业主管部门提供支撑交通行业科学化决策、管理的大数据挖掘与分析。云平台为行业管理部门提供安全热力、迁徙、OD、客货运车辆、出租车及公交车分析等决策支持服务，使交通行业管理部门在进行规划、决策时做到有数可依。平台结合专题分析，利用定位数据和智能化分析技术，连续两年开展全国春运“黄金周”期间的交通分析工作，为科学决策提供技术支撑，有效地提升了行业科学治理和决策能力。

3.探索政企合作模式，形成全国性示范

形成可供全国其他地区参照的、政府部门与互联网企业合作共赢模式，制定形成符合各地实际的交通出行信息服务相关数据管理制度与办法，形成“互联网 +”交通出行信息服务产业的健康生态环境。

水运综合管理信息系统促进水运管理提质增效

——交通运输部水路运输建设综合管理信息系统

交通运输部网站工作部常务副主任 刘欣欣

交通运输部水路运输建设综合管理信息系统是践行“互联网 + 政务服务”，推进政府网站集约化建设，提升水运服务能力的一项重要举措。系统建立了管理和申报门户，形成了“一站式”行政业务申请办理平台；整合数据资源，建设了部级水路运输建设基础数据库；规范了网上业务办理流程，建立了国内、国际、海峡两岸水路运输管理、航道管理、水运经济运行分析、水运建设市场管理、水运建设项目管理、水运工程技术管理、水运地理信息服务等 10 个业务应用子系统。

一、水路运输建设综合管理信息系统建设过程

随着水运行业的高速发展，行业管理也不断加强改革，在水运行业高投入、快发展和行业管理转型的双重变革环境下，水路运输与建设管理业务不可避免地产生了几个方面的问题：一是现有系统功能单一，行政许可效能不高，行业管理的宏观调控能力不强；二是水运管理职能条块分割、管理业务交叉的现象导致统一的数据资源平台和应用平台尚未建立，难以有效进行业务协同、公共服务和决策分析。为此，2014 年，交通运输部水运局根据中央政府职能转变以及行业管理的最新要求，决定开展水路运输建设综合管理信息系统建设。

二、水路运输建设综合管理信息系统建设效果

（一）集成应用，形成水运“一站式”综合门户平台

系统梳理网上服务资源，整合网上办事渠道，集成部水运局前期已建的 7 个业务系统，建成了水路运输建设综合管理门户和申报门户，作为部水运局信息化对内、对外的统一界面，实现了统一用户管理、统一认证管理、统一接入管理、统一待办管理、统一策略管理、统一安全管理、应用集成等功能，同时具有信息发布、资质查询、办件查询等公众服务应用，这两个门户不仅是信息发布的平台，更是部与地方、部与企业、部与公众沟通的平台（如图 6–5、图 6–6 所示）。

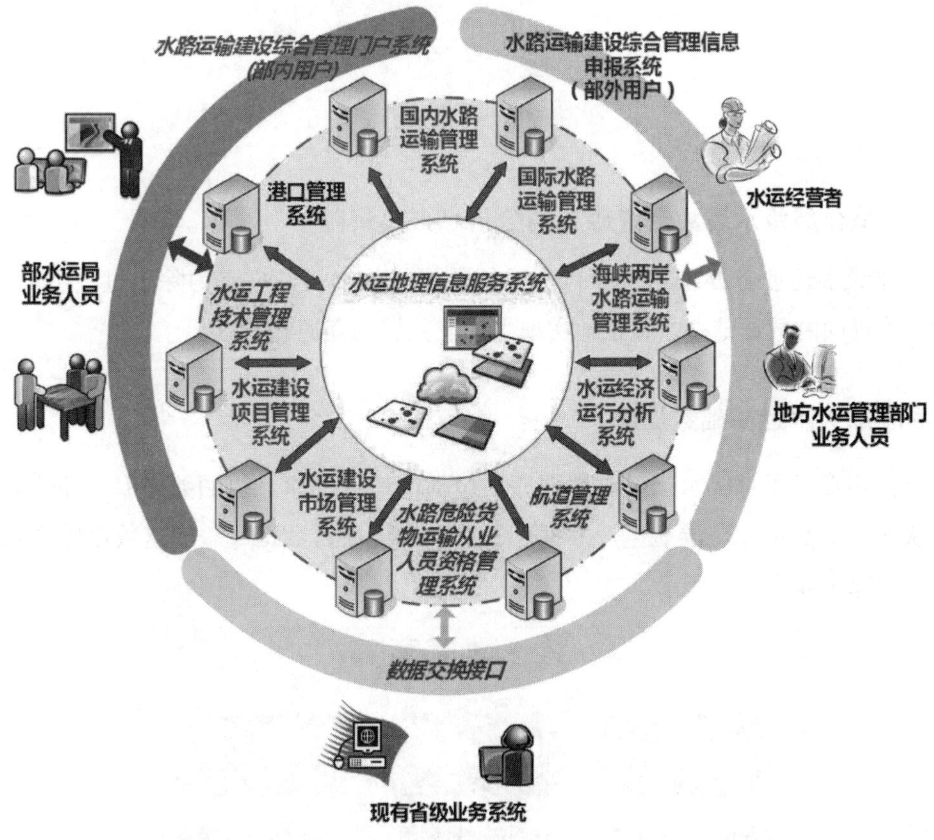

图6–5　系统功能图

图6-6 管理门户

（二）整合部级水运数据资源，消除信息孤岛屏障

通过部级水运业务办理信息及行业运行数据的收集与共享，消除了过去不同区域、不同业务管理间的数据壁垒，真正地实现了行业数据的互通和共享。

1.形成部级水运基础数据库

系统初步形成了部级水运基础数据库，包括港口数据库、船舶数据库、经营业户数据库、从业人员数据库、港航生产数据库、交通建设项目数据库、航道数据库及水运地理空间数据库（如图 6-7 所示）。

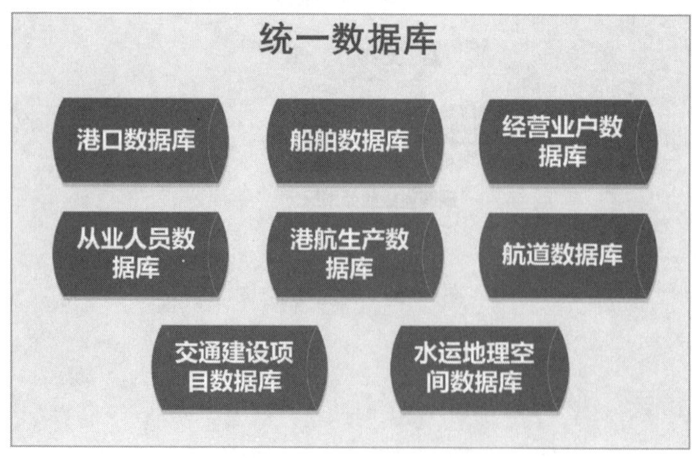

图6-7 系统数据库架构

系统收集业务数据（截至 2017–02–16）	
数据类型	数据量（条）
港口经营人	6919
航运经营企业	12898
营运船舶	4142
水运生产数据	1051880
黄金周和春运水上客运数据	10241
水运建设市场评价数据	7098
水运建设项目及过程管理数据	3165

表6–2　系统收集业务数据表

2.积极推进数据融合和共享

系统首次实现了国际航运、国内航运及海峡两岸航运的企业、船舶基础数据的融合，实现了航运业务间的数据互通，推进了信息共享。系统将发布国内航运及港口经营管理部省数据接口规范，推进全国港航数据的汇聚。同时，系统还积极与部行政许可平台、国家交通运输物流公共信息平台等其他平台对接，提高数据的使用效益。

（三）推进“互联网＋政务服务”，提升政府管理效率及行业服务水平

部水运局国际航运管理、海峡两岸航运管理实现了从行政许可相对人在线提交申请、逐级审核、办件查询、审批结果公开的网上行政许可审批，国内航运管理、水运生产快速统计、春运及“黄金周”旅客运输统计、水运工程招标和开工备案等业务也实现了网上办理，其中海峡两岸航运管理实现全程网上审批，申请人可通过系统在线打印证书。通过系统应用，提高信息传递效率，加快了业务办理进度，提升了政府效能，也给行政许可相对人带来了极大便利（如图 6–8、图 6–9 所示）。

系统对于业务办理过程及结果进行公开，同时发放的证书均带有二维码认证功能，即使纸质证件损坏或涂改，使用手机扫描二维码也可以查看证书详细信息，使得业务办理更加公开、透明和公正，行业服务更加高效。

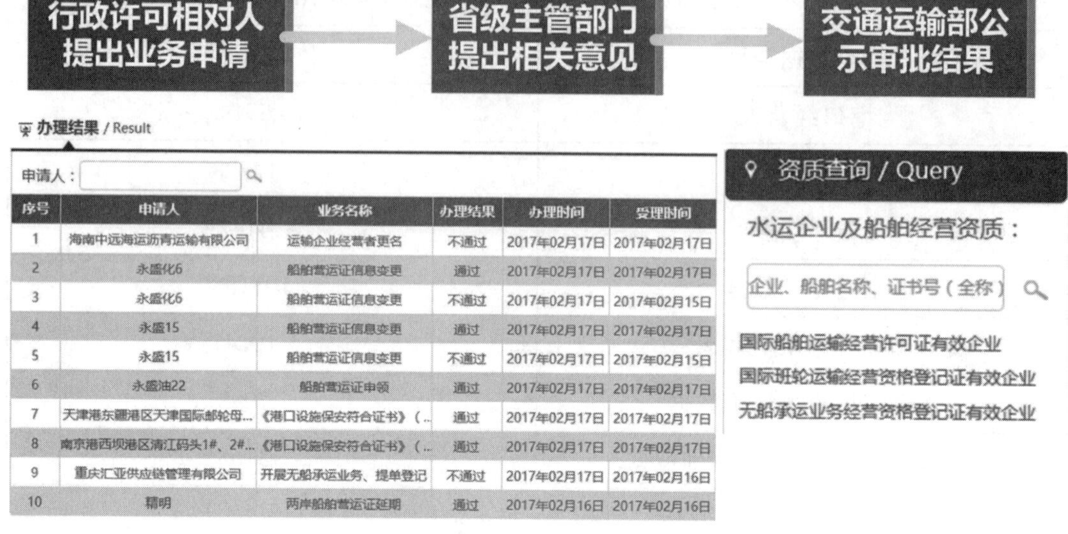

序号	申请人	业务名称	办理结果	办理时间	受理时间
1	海南中远海运沥青运输有限公司	运输企业经营者更名	不通过	2017年02月17日	2017年02月17日
2	永盛化6	船舶营运证信息变更	通过	2017年02月17日	2017年02月17日
3	永盛化6	船舶营运证信息变更	不通过	2017年02月17日	2017年02月15日
4	永盛15	船舶营运证信息变更	通过	2017年02月17日	2017年02月17日
5	永盛15	船舶营运证信息变更	不通过	2017年02月17日	2017年02月15日
6	永盛油22	船舶营运证申领	通过	2017年02月17日	2017年02月17日
7	天津港东疆港区天津国际邮轮母...	《港口设施保安符合证书》(...	通过	2017年02月17日	2017年02月17日
8	南京港西坝港区清江码头1#、2#...	《港口设施保安符合证书》(...	通过	2017年02月17日	2017年02月17日
9	重庆汇亚供应链管理有限公司	开展无船承运业务、提单登记	不通过	2017年02月17日	2017年02月16日
10	耦明	两岸船舶营运证延期	通过	2017年02月16日	2017年02月16日

图6-8 业务审批流程

图6-9 待办处理界面

（四）掌握水运经济运行情况，强化动态监测

通过应用系统开展网上业务数据报送，进行数据分析和数据挖掘，及时掌握了水运生产统计数据、春运及“黄金周”旅客运输情况，以及我国水路运输生产时空分布特点、分析其变动趋势，为水路运输转变发展方式、行业宏观管理和领导决策提供支持。

水利部“互联网+政务服务”类优秀创新案例

水利部 付静 杨柳

水利部门户网站是联系各级水利部门与公众的纽带，也是建设服务型政府的重要平台，在紧紧围绕“信息公开、在线服务、互动回应”三大功能定位的同时，突出水利特色，更好地服务群众，在“互联网 + 政务服务”的驱动下，水利部网站努力拓展在线服务能力，汲取先进的应用技术，不断探索创新，打造高效便民的服务窗口。

为进一步提高水利部网站的可搜索量与辨识度，拓展网站的用户覆盖面积，使网站符合用户搜索习惯与使用惯性，水利部网站积极探索大数据、云计算等新技术应用，创新服务模式，推动水利智能化发展，打造“水利易 sou”智能搜索平台（如 6-10 所示），充分结合水利部网站现状，实现跨库跨平台的智能搜索，联动网站群发布数据库、图片库、视频库等多类型资源，实现一站式检索服务。通过客户端和服务器两个主体来体现搜索的精确与智能，从而提升水利部门户网站智能搜索信息的供给能力。

图6-10　“水利易sou”智能搜索平台首页

水利部智能搜索平台主要实现以下功能：

（1）跨库跨平台搜索：可搜索政务公开目录数据库、图片数据库、视频库所有内容搜索服务的模块，搜索网站群所有相关数据库内容或某一特定数据库的内容，还可搜索网站群主站和子站所有内容搜索服务的模块，也可搜索某一特定子站的内容。

（2）多功能输入输出：信息输入输出方式包括文本、语音等方式，同时满足视力障碍、听力障碍人士的需求（如图 6–11 所示）。

图6–11　进入无障碍阅读模式

（3）自定义框计算：在搜索结果中无须点击搜索结果链接跳转查看，页面端直接展示热门服务或功能（如图 6–12、图 6–13 所示）。

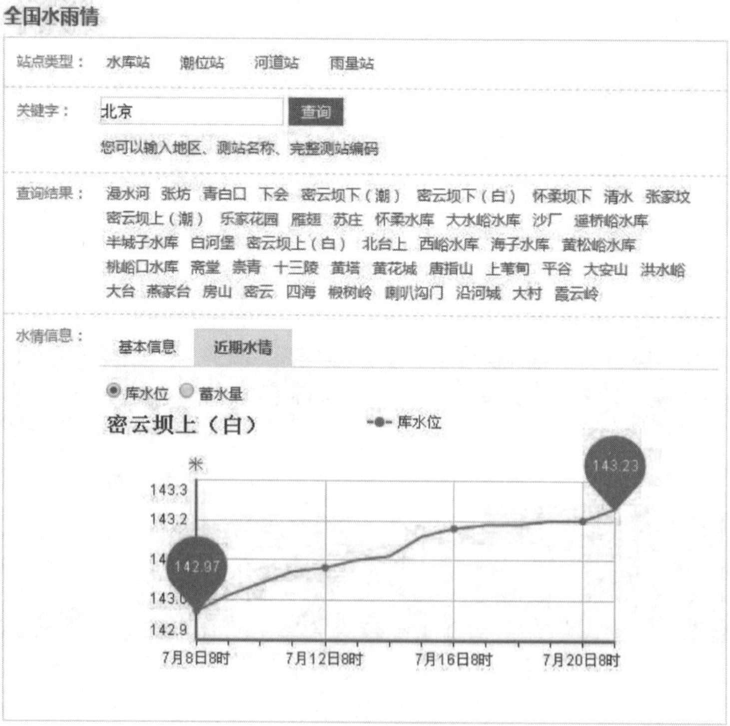

图6–12　全国水雨情信息查询

办事服务

行政审批事项	办事指南	下载中心	在线申请	承办单位
水利基建项目初步设计文件审批				规划计划司
非防洪建设项目洪水影响评价报告审批				国家防办
生产建设项目水土保持方案审批				水土保持司
生产建设项目水土保持设施验收审批				水土保持司
水利工程启闭机使用许可审批				建设与管理司
外国组织或个人在华从事水文活动的审批				水文局
水利工程建设监理单位资质认定				建设与管理司
水利工程质量检测单位资质认定（甲级）审批				建设与管理司
国家基本水文测站设立和调整审批				水文局

审批服务大厅

审批服务大厅　欢迎您点击进入水利部审批服务大厅。

图6-13　办事服务

（4）智能排显功能：对检索结果进行组织和排列，突出显示查询结果的标志性信息。

（5）智能纠错功能：输入搜索内容时自动纠错，提示按正确词语作为关键词进行搜索，减少重复输入操作；提供拼音搜索、关键词关联等功能（如图 6-14、图 6-15 所示）。

图6-14　文字纠错

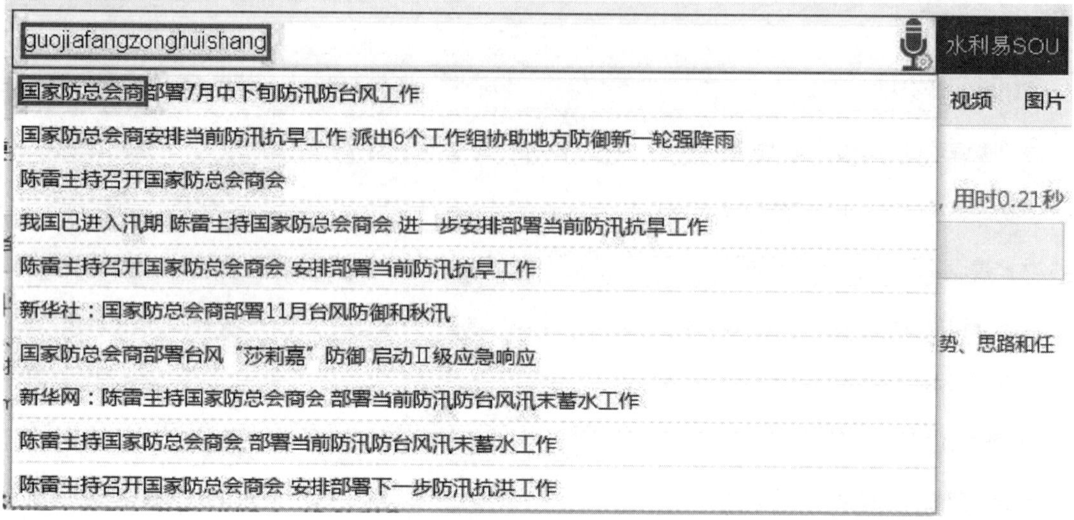

图6-15 拼音搜索

（6）自然语义翻译：将专业化的语言与百姓自然语言相关联，实现智能匹配。

（7）数据智能挖掘：系统自动对网站内部整合的信息进行数据挖掘，提取其中的附件信息、图片信息或自动关联信息特征相同的信息。

食品药品智慧监管与大数据

浙江省食品药品监督管理局 董建华

一、我们的实践

近年来，浙江省食品药品监管部门积极开展信息化建设，探索大数据的利用，从取得的成果角度，总结起来有四句话:数据采集实时化、标准应用基础化、建设模式协作化、共享利用多元化。

食品药品安全是当前社会的热点和焦点，也是监管的重点和难点。为确保人民群众饮食用药安全，自2014年开始，浙江省局根据国家总局和省委、省政府的总体安排和部署，在现有信息化基础上，结合相关业务需求和智慧城市建设的核心内涵，以构建食药安全长效机制为核心，围绕食品、药品、保健食品、化妆品和医疗器械五大监管对象，创新应用物联网、云计算、大数据等新一代信息技术，深化产品追溯、信用管理、风险防控等业务的应用，构建集“全面可控、权威可信、服务可心”于一体的智慧监管体系，着力提升食品药品监管部门的科学监管能力、公众服务能力、社会治理能力，实现食品药品全过程监管、全品种覆盖、全天候运作、全系统互联。

我局智慧监管工程的应用平台由七大平台组成，它们从监管、应用和服务三个层次上共同保障生产、流通、经营、消费全过程中“四品一械”的安全。监管维度是整个项目的基石，由审评审批、实时监控、行政执法三大平台组成，从最基础的食药安全监管实际需求出发，从食药安全问题发生的事前、事中、事后进行全面管控。应用维度在“就事论事”的监管维度基础之上，将信息进行集成整合，开发更深层次的应用，由产品追溯、综合监管、信用管理三大平台组成，主要用于帮助食药监管理人员站在全局的角度，对产品的全过程进行追溯，对项目整体提供全面辅助支持，更重要的是，从观念上改变企业和公众对食药安全的认识。服务维度由公众服务平台构成。它将在集成应用的基础上，将应用对象进一步扩展到公众，建立起公众与食药监管部门间的窗口，确保项目生成的信息可以更好地为公众提供服务。将公众纳入成为“智慧监管”项目中的一环,可帮助“智慧监管”形成一个完整的、良好的循环体系。公众可以直接将自身需求与意见反馈到监管部门，共同推进各应用系统的自我完善。

项目建设规划周期为三年，整体框架设计包含56个以上应用系统、100余个应用子系统。截至目前，基本完成“一中心七大平台”框架体系的建构工作，即将进入攻坚克难的阶段。取得的成果如下。

第一个成果：数据采集实时化。近年来，我们依托审评审批、实时监控、行政执法等平台，建立了企业、产品、人员以及监管四大类40多个基础数据库，采集有效数据近4亿条。除了新增职能中的食品生产企业信息外，基本涵盖了所有的监管对象。同时实现了基础信息的实时更新、监管信息的实时采集。目前企业、产品、人员三类基础信息每天的更新量在1.3万条左右，监管信息每天的更新量在14.6万条左右。我们相信，随着系统建设的深入和应用的拓展，每天更新量将会逐步提升，数据的实时性将得到有效的保障。

第二个成果：标准应用基础化。经过多年的探索，“标准”尤其是应用类的对接、交换等标准，在浙江食品药品监管部门已深入人心，我们在严格执行国家和省里现有标准的基础上，建立了标准管理系统。在业务管理层面，实现了数据元、元数据、数据集的可视化和对接交换的自定义配置。在系统建设、数据采集、交换共享、分析利用方面，标准得到了有效的贯彻执行，进一步提升了数据的规范性，为大数据的利用奠定了较好的基础。在技术检验方面，我们通过标准，规范了检验检测数据的采集、交换方式，提高了相关报告的可读性和交换性，打破了检验机构之类由于标准不统一导致的数据交换不畅，充分发挥了标准的基础性作用。

第三个成果：建设模式协作化。大数据的世界是一个由多元参与者构成的生态系统，需要多方携手合作，因此，我局在智慧监管工作中非常注重协作。在对外协作方面，根据国家和省委、省政府有关精神，我们除了开展传统的财政经费保障的系统建设外，探索创新，吸纳各类社会资源，规范有序地进入“智慧监管”项目，借用市场的力量，高效而经济地将食品药品安全服务信息推送到公众面前。如：在农贸市场的食用农产品质量追溯建设中，我们尝试与第三方进行合作，取得了一定的成效。在对内协作方面，考虑到各级食药监管部门承担的职能、原有信息化基础以及工作重点各有不同，我们进一步完善了组织体系和工作职责，从总体决策、统一管理和日常运作三个层面，逐步完善资源配置管理、项目建设和支持服务三大功能。同时，明确工作任务，充分发挥各级的积极性，明确省级的工作重点是下发系统与标准、推进数据分析、进行权威发布；市级部门的工作重点在于应用整合与定制开发；县级部门工作重点主要在于进行系统应用的简化与优化。

第四个成果：共享利用多元化。食药安全与公众生产生活关系紧密，如何保障公众在食药安全管理中的高参与度是我们工作的重点。因此，我局采取多种措施，拓宽渠道，将食药安全监管信息及时、准确、方便地推送到公众手中，充分调动社会各方积极性，共同保障食药安全。一是根据省委、省政府的统一安排和部署，积极做好政务服务网的建设工作，做好系统和数据的对接共享工作。社会公众可以通过政务服务网实时办理、查询食药相关的业务和信息。在 2016 浙江政务服务网年成绩单中，我局的政务服务网用户访问数量增长迅猛，用户访问量的环比增长排名在省级部门中位列第三；向社会公众免费开放的数据资源被评为最有价值的数据之一。二是积极利用新技术开展预警分析，如食品药品运输智慧监管系统，利用 GIS 技术，对药品和部分特殊类食品在途运输的状况进行了实时在线监测，实现运输过程的质量追溯。监管人员可以实时获取食品药品的运输方式、承运商信息、托运单明细、承运车辆信息、在途温度、GIS 位置、状态变化、在途时间等运输业务数据，提高监管部门对运输过程中的食品药品质量与安全监管的信息化水平。三是探索整合公共信息资源，创新服务模式，有效利用华数数字电视云平台，快速搭建我省食药安全信息服务终端网络“食药视界”，进一步加大食药安全知识的宣传力度。现在，全省 1300 万华数数字电视用户，只要按按遥控器，就能轻松了解各地的食品药品政策动态、科普日常饮食和用药的安全知识，查看曝光平台，查询药械企业许可证等信息。四是开发建设 App，向公众提供全面、及时、细致的服务。目前，我们除了在微信等主流社交工具上开通服务外，还委托南京大汉开发了“浙江食药监管”App，通过 PPP 模式建设食用农产品质量追溯平台。老百姓可以实时查询附近有哪个菜场，这个菜场的总体质量如何等。如果对某个产品不放心，还可以向监管部门提出检验的要求。五是探索食品药品质量安全数据的分析应用模式和方式，通过定期汇集、挖掘、分析现有数据资源，动态了解浙江省食药行业总体状况，包括企业、产品及从业人员等基本情况，利用可视化图表直观反映各地食药监管工作开展情况，对分析全省食药监管工作方向具有辅助作用。

二、我们的启示

我局的智慧监管工作正在紧锣密鼓地开展中，虽然取得了一定的成绩，但离目标还有相当长的距离，对大数据的探索利用也才刚刚开始。回顾过往，我们认为有四个方面需要引起重视，简单地说就是四句话：理念很重要、标准很重要，技术很重要、业务更重要。

第一个启示：理念很重要

这里，主要是探讨4个方面的问题：什么是大数据？什么是食品药品监管大数据？大数据有哪些利用方式？食品药品监管大数据应该怎么利用？

到目前，"大数据"还没有统一的概念，高纳德、国际数据中心以及维基百科，从不同的角度对它进行了定义。这些不同的定义有一个共识，那就是普遍认为大数据具有"规模大""多样化""动态化"的特征。

我们认为，要理解大数据，需要从这三个关键词和一个能力上进行把握。

第一个关键词是"规模大"。之所以称之为大，是因为一方面它的体量随着时间而逐渐增大，在时间的序列上沉淀了越来越多的数据；另一方面是随着数据挖掘的深入，对数据颗粒度的要求越来越高，导致在深度上产生更加细化的数据。

第二个关键词是"多样化"。大数据的多样化体现在多个方面，以食药行业为例，从数据来源和用途上，既有监管的，也有行业的，有研究类数据，也有生产过程数据，还有个人消费类数据，有自动化系统产生的，也有手工录入的，总之是五花八门，无所不采，无所不用；从数据格式上，涵盖文本文档、音频、图片、视频、模拟信号等等。

第三个关键词是"动态化"。大数据的动态化，主要体现为数据是不停地变化的，除了与时间序列密切相关，可以随着时间快速增加大量数据外，还在空间上不断移动变化。

除了上述三个关键词，大数据还需要具备一个关键能力，那就是"快速处理能力"。如果具备规模大、多样化又动态变化的数据，但我们需要很长的时间去处理分析，那不叫大数据，顶多就是"数据大"。要实现数据的快速处理必须借助机器实现，通过对数据进行快速的处理分析，获取想要的信息或者应用的整套体系，才能称为大数据。

通过关键词虽然可以理解大数据，但最重要的是，大数据不仅仅是一种技术，还是一种能力，更是一种思维方式，随着"互联网+"等理念的逐步深入，它正在成为一种文化。

刚才探讨了什么叫大数据，那么对于单一领域的食品药品监管而言，什么叫食品药品监管大数据呢？除了具备大数据自身的特征外，它应该具备行业或领域的一些特点。因此，我们对于食品药品监管大数据的概念是：在食品药品行业生产经营活动和监管工作过程中产生的，根据工作需要采集到的，用于行业和监管事业发展并可创造巨大潜在价值的数据集合。

食品药品监管大数据作为单一领域的大数据，从数据来源渠道看，主要有两个方面，一个是监管工作中产生的，如审评审批、日常监管、检验检测、举报投诉等，另一个是行业生产经营活动产生的数据，如生产工艺、生产过程、流通数据、消费数据等。两类数据相比较，监管数据较规范、易采集，但潜在价值相对不高，而行业数据虽然采集难度大，但潜在价值非常高。

相对于其他行业的大数据，食品药品监管大数据具备以下三个特点：一是数据的采集呈现高度的复杂性。食品药品监管的对象繁杂、关系复杂，既有高端的研究机构，也有小餐饮小药店，既有单体经营，又有连锁经营，生产经营活动与监管活动并存，呈现复合结构。行业的生产经营活动，普遍不具备标准化的操作流程和模式，导致数据的采集异常复杂。二是数据的应用需要高度的创造性。食品药品监管大数据,既有专业性数据，也有社会性的数据。在数据应用方面，需要打破数据分析与应用的常规思维，发挥更多的创造性。以不良反应或检验检测数据为例，虽然目前尚无法定依据明确要求“不予公开”，但食品药品安全关系到人民群众的身体健康和生命安全，关系到经济发展和社会稳定，关系到党和政府的形象和公信力，是当前社会最关注、最敏感的主题，如何利用这些数据需要我们充分发挥创造性。三是在数据分析利用上，不仅注重相关关系，还要强调因果关系。虽然大数据时代的一个最重要转变是从因果关系转向相关关系，但食品药品监管具备一定的专业性，从产品质量角度考量，诸如原材料质量与成品质量之间的因果关系可能更为重要，而从行业监管考量，对于食药经营企业等商业领域的监管，注重诸如质量管理体系的落实等一些相关关系的挖掘，反而更能提升监管的科学性和针对性。

因为食品药品监管大数据具备上述特点，从大数据理念的角度出发，作为监管部门，我们要改变原有的思维方式，在大数据建设过程中，从三个角度进行思考：一是要考虑数据的广度，要确保数据采集来源的全面性，做到全产业，全业务的采集覆盖。二是要考虑数据的深度，要确保业务线的完整性，做到数据采集的全链、全环节覆盖。三是要考虑数据精度，尽量细化颗粒度，提升数据的可处理性，确保数据准确、动态、实时。

前面我们梳理了大数据、食品药品监管大数据的概念，那么，如何利用呢？大数据的应用方法和模式，相信各位也都做了很多探索，取得了很多成效，我就不班门弄斧了，我主要从应用方向谈一下。

大数据有两个应用方向：一个是精准定制，一个是预测预警。一个偏重于需求，一个偏重于数据。

第一个是精准定制。个人认为这有点类似于传统的信息系统开发。通过对用户需求的分析，然后提供相对定制化的服务，通俗地说就是，我有什么数据，你要什么服务，两者碰撞产生了一个新的服务点。比如：想知道最近某类产品的质量情况，想知道我所在的地方有什么药店、餐饮店，而监管部门拥有的是最权威的数据，这就可以通过 App 等方式向公众提供服务。这就是典型的精准定制。对于食品药品监管部门而言，采用财政资金保障的绝大多数系统开发都是精准定制。

第二个是预测预警。个人认为这才是大数据应用的核心方向。这个方向是对大数据相关关系和因果关系的综合分析。当然，这也正是我们工作的难点。它是针对某个对象或目标，基于它过去、未来的一些相关因素和数据分析，提前做出预警或者优化。通俗地说，就是根据对象或目标以前的行为或轨迹，描绘出这个对象或目标的全身像，并判断出它是个什么玩意，它想干什么，它能干什么。在食品药品监管领域，这个方向非常重要，我们也正在探索中。比如，根据药品销售数据判断某些区域的健康状况、综合气象、环保等数据，预测售后一段时间的食品质量，综合检验检测数据优化生产工艺等。

虽然大数据的应用方向是清晰的，我们也逐步在探索中，比如前面介绍的一些成果也充分体现了这一点，但在实际工作中，对于食品药品监管大数据的利用来说，有几点要引起重视。

一是工作的方向性问题。前面我说了，食品药品监管大数据分为监管大数据和行业大数据，由于来源不同，相应的特点和价值有所区别。对于这两类数据，我们的工作方向要有所区别，简单地说，就是提升行业数据的可获取性，挖掘监管数据的潜在价值。为什么这么说呢？从数据的可获取性和潜在价值两个维度进行分析。大家可以看到最容易获取且最具价值的是互联网、金融和电信类数据，而教育类信息由于收集难度大等原因相对价值较低。这不是说教育类信息没有价值，主要原因是这类数据较难收集。对于食品药品监管部门来说，监管大数据属于政府信息的范畴，数据的采集不但有法律法规支持，而且业务表单和流程都非常规范有序，数据非常容易收集，但在利用途径、利用方式上还有待于进一步创新，所以目前来看，潜在价值并不是很高。反而是行业大数据，医疗健康、制造销售等领域，虽然收集难度很大，但它的潜在价值，无论是对社会还是个人，都非常高。所以我们的工作方向应该定位在：提升行业数据的可获取性、挖掘监管数据的潜在价值。

二是工作的进度问题。我非常认可诺兰的阶段论。相信各位朋友都知道，它的核心思想就是，信息化的发展有一条客观的发展道路和规律，任何组织都必须遵循这个规律，而且必须从一个阶段发展到下一个阶段，不能实现跳跃式发展。详细的内容，今天我就不展开谈了。在大数据利用上，至少我们应该考虑数据采集、存储、利用这样的阶段。虽然，我们现在是云计算和大数据时代，但大数据的实际应用与目标蓝图之间总是存在较大的差距，原因当然有很多，但我认为主要原因就是数据源的问题。你必须先获得数据，然后才能应用数据，这总是永恒的规律吧。实际工作中，这也是我们的难点，比如前面说的，通过销售数据开展一系列的预警预判，但数据如何采集一直困扰着我们。

三是工作的技术选择问题。大数据首先是一种技术，然后才是能力、理念，甚至是文化。作为一种技术，它就有一个选择何种技术的问题。业界有一条非常有名的曲线，就是高德纳公司每年发布的技术成熟度曲线，它描述了一项技术从诞生到成熟，再到广泛应用的过程。但是它还有个很别致的外号，叫“IT 忽悠曲线”。监管部门开展信息化工作，由于绝大多数采用的是财政资金，对于新技术是否应该花钱采购，应该有一个权威的评估。个人认为，技术成熟曲线可以帮助解决这个问题。毕竟历史长河中，有很多技术经过低谷以后，就没有复苏期，直接被淘汰了。因此，我们要审慎选择，尽量采用成熟的技术。

第二个启示：标准很重要

标准化是信息化建设的基础，相信各位朋友都认可。只有制定标准，才能规范信息化建设过程，又能使组织内部的相关系统相互关联，成为一个有机的整体。在这里，我简要谈两点看法。

一是信息分类编码很重要。近年来，我国积极推进以公民身份证号码和组织机构代码为基础的统一社会信用代码，其本质其实就是一个统一分类编码标准的问题，只有统一分类编码标准，才能实现系统互联互通。有了社会信用代码，食品药品监管部门才能与其他相关部门以及行业进行信息共享，提升社会信用，确保饮食用药安全。

二是行业、部门标准也很重要，它是实现系统集成的有效途径。虽然社会信用代码能有效解决部门间的信息共享问题，但前提是每个部门自身内部的数据统一，否则会造成虽然有共享，但数据相对分散，利用价值并不高。所以，需要各个部门逐步建立自己领域或行业的信息化技术标准，通过一系列标准化的协调和优化，建立主题数据库，然后对数据进行统一的定义和分类，规范用途，确保内部统一。在这个基础上，再通过社会信用代码的共享，数据的价值将得到极大的提升。我个人认为，国办发〔2015〕95 号《国务院办公厅关于加快推进重要产品追溯体系建设的意见》中其实也明确了这一点，文件中指出“完善标准规范。结合追溯体系建设实际需要，科学规划食用农产品、食品、药品……追溯标准体系。针对不同产品生产流通特性，制定相应的建设规范……”

根据这些精神，我局非常重视行业和部门标准的建设工作，在充分融合上级相关标准的基础上，重点进行数据和管理规范的建设，如数据项标准、元数据标准、接口标准等。

目前，我们完成了“四品一械数据元标准”“检验检测数据共享与交换标准”“阳光厨房数据标准”“统一用户标准体系”，这些标准的成果，我前面介绍过了。今年，我们采用试点的方式，在市局开展“公文交换标准”的建设工作，已取得初步成果，即将在全省系统内部推广，下一步我们将启动食品药品运输质量安全标准体系和食品质量安全追溯标准体系的编制工作。

第三个启示：技术很重要

技术的含义很广，内容很深奥，各位朋友比我在行，在这里我只说一点：安全。习总书记说：“网络安全和信息化是相辅相成的。安全是发展的前提，发展是安全的保障，安全和发展要同步推进。”我们除了要做好网信安全的各方面工作外，个人认为，要做好信息安全等级保护工作，这是网信安全工作的最佳切入点和有效抓手。

第四个启示：业务更重要

这个启示，也许很多从事综合管理的朋友没有什么感觉，但相信只要做过业务领域的信息系统，在这一点，应该有过痛彻心扉的感觉，那叫一个痛，相当痛。前面我谈过，对于财政经费保障的部门信息化，尤其是专业领域的信息化，大数据的利用以精准定制为主，那么需要什么数据、采集什么数据、数据怎么分析、结果什么含义等等的问题，都需要业务部门强有力的配合。没有业务的介入，我们建立不了模型，理解不了结果的含义；数据量再大，质量再高，那也仅仅是纸面上的数字，得不出预警或预测。比如，不良反应报告中的数字是什么意思，检验检测报告的结论说明什么问题，等等，都需要专业技术人员的解答，然后才能进行分析建模。所以业务更重要。

三、我们的展望

结合前面的成果和启示，下一步，我们主要是针对薄弱环节开展工作。

一是开展食品药品基础数据资源应用管理系统的建设工作，在行业内统一产品编码，通过标准引导，提升行业整体信息化水平，切实提高行业大数据的可获取性。

二是开展食品药品监管 SOP 应用、食品药品预警和决策支撑系统的建设工作，加强沟通，坚持业务驱动，逐步建立和积累监管数据，切实提升监管大数据的质量和潜在价值。

三是开展食品药品公众检测服务等系统的建设工作，坚持服务公众，探索大数据分析利用方式，为公众提升科学专业但易读易懂的信息服务。

四是开展食品溯源系统的建设工作，深度引入 PPP 模式，开展政企合作，拓展创新大数据应用模式，全面提升食品药品监管大数据的利用价值，确保社会公众饮食用药安全。

技术让教育管理更智慧

——浙江省教育管理信息化建设实践与探索

浙江省教育技术中心 陈鑫源

当前，以互联网为代表的信息技术日新月异，引领和创造着社会生产的新变革和人类生活的新空间，交通、医疗、金融等各行各业都演绎出了一个又一个精彩的“互联网+”传奇，也为教育管理带来新的思路。

在浙江教育改革发展的进程中，教育管理信息化一直是重要内容和改革动力。教育管理信息化是推动转变管理方式、提高管理效率的有力手段。我省向来重视教育管理信息化建设，充分利用信息技术来支撑和引领教育管理的改革与创新，学籍、资助、教师等国家管理信息系统，高中选课、学生评价、教师培训、电子监管、集约化站群等省自建系统已在我省全面覆盖和广泛应用，走出了一条具有浙江特色的智慧教育管理发展之路。

一、精准之路——从应用促进教育管理信息化发展

根据教育部《教育管理信息化建设与应用指南》要求，我省进一步明确了国家教育管理信息化“核心系统国家建、通用系统上级建、特色系统本级建”的整体推进思路，基本实现了贯穿学前教育、中小学教育、中等职业教育、高等教育全过程，涉及学生、教师、资助和校舍等主要教育业务的信息化管理，促进了我省教育管理的精准化。

1.是推进学籍系统应用，规范学校招生行为

2015 年，我省全面实现公办中小学“零择校”，在这个过程中，学籍系统的深化应用

起到了重要作用。浙江省中小学电子学籍系统实现了“一人一号、籍随人走”，违规招录的学生将无法注册电子学籍，而没有学籍将无法升学，有效杜绝了“人籍分离”“虚假学籍”“重复学籍”等现象。如杭州市公办学校招生统一使用浙江省中小学电子学籍系统，推动学校招生计划、招生范围（学区）、报名办法、需携带材料、招生录取办法以及招生录取结果“六公开”制度。截至目前，在校中小学学生 580 万余人。2014 年 7 月，我省启用了全国中职学校学生管理信息系统，实现了中职学校学生学籍、实习实训、毕业就业等环节的信息化管理。截至目前，在校中职学生 57 万余人。2015 年 6 月，我省启用了全国学前教育管理信息系统，涵盖了学前教育机构基本信息、办学条件和幼儿学籍信息，实现了在园幼儿流动的实时监控与管理。截至目前，在园幼儿总数 187 万余人。

2.推进教师系统应用，建立教师电子档案

2016 年 10 月，我省启用了全国教师管理信息系统，采集全省各级各类教师基础信息，为每一名教师建立电子档案，实现基础信息管理、业务管理与教师工作的深度融合。截至目前，全省所有学校 61 万余名教师已经全部入库，以后新教师招聘、教师调动等都要在系统中进行实时管理。

3.推进资助系统应用，实现资金使用监管

2014 年 6 月，我省启用了全国学生资助管理信息系统，提供了家庭经济信息管理、困难学生认定、学生银行卡号管理、资助项目管理和财政资金管理等功能，所有学生资助申请、审核、资金发放都要在系统中操作，进一步规范各级各类学校学生资助业务管理工作，提高了各级教育部门对学生资助信息的统计分析与监管水平。2016 年我省累计资助学生超过 103 万人次，发放资助金额超过 30 亿元。

随着国家管理信息系统在我省的全面应用，越来越多的我省个性化业务需求逐渐显现出来。2015 年起，我省在全国系统基础上启动浙江个性化建设项目，落实项目建设经费，针对我省业务管理需求，进行功能扩展和升级。如中职系统新增技工学校学生学籍、报表打印和学分制等管理功能，学前系统新增等级园、分园区、数据直报和浙江适龄儿童分布等管理功能，资助系统新增地方政府资助、资助名单补发和异常发放等管理功能，从而形成具有我省特色、符合浙江教育改革发展要求的信息化管理，更有效地实现教育管理精准化。

二、变革之路——从特色建设破解教育改革难点

改革，某种意义上是一个创新的过程，是破除原有的教育发展束缚。随着我省课程改革全面深化和选择性教育的逐步推进，我们充分利用信息技术破解课程多样化、管理精准化、评价过程化等改革难点。

1.破课程改革难点

首先我们开发建设了选课管理系统，通过让学生自主选择课程内容、课程时间和授课老师，学生人人都有一张个性化课表，充分促进了学生个性化发展。截至目前，累计108万余名高中学生通过系统完成选课走班。其次建立了学生综合素质评价系统，准确、便捷记录每位学生的学习、行为、运动、实践等过程信息，实现对品德发展、学业发展、身心健康、兴趣特长、实践能力等五个维度进行评测，这些评价信息在服务教育课程改革的同时也有效支撑了高考招生制度的改革。截至目前，已有77万余名高中学生通过系统完成综合素质评价，生成26万余名毕业生综合素质评价信息表作为高校招生参考依据。

2.破教师能力难点

教师能力的提升是提高教育质量的关键。教师的结构性短缺和教师流动不足是浙江教育发展中的一个现实难点。2012年，围绕建立中小学教师专业发展的新制度，我省首先开发建成浙江省教师培训管理平台，所有经确认的培训机构都把培训项目放到这个平台上，由老师自主地登录平台，根据专业发展需求选择喜欢的课程项目。仅2016下半年就发布培训项目3万余个，38万余名教师通过平台实现自主选课。其次建立了高校教师专业发展平台，实现了培训项目申报、教师自主报名、学员评价和证书打印等管理，建立了访工访学导师库和创新创业导师库，保障了高校教师个性化和多元化的发展需求。仅2016年就有1260余名高校教师通过平台自主选择培训。

三、开放之路——从汇聚走向教育数据的共享

通过教育管理信息系统应用，在业务管理过程中同步完成数据收集汇聚，形成学生、教师“一人一号”与学校“一校一码”的教育基础数据库。

1.建成教育管理公共服务平台及基础数据库

建立了统一信息门户、统一用户管理体系、数据交换共享和安全保障体系，实现了基础数据的伴随式收集。建立了浙江省教育基础数据库，完成823万名学生、61万名教职工、1.6万个教育机构数据清洗入库工作，基本实现学生、教师、教育机构数据在不同教育阶段的纵向贯通。

2.推进省级教育数据的共享和利用

编制并印发了《浙江省教育数据暂行管理办法》，在规范全省教育数据采集、共享、使用和维护等工作的同时，进一步明确了相关单位、部门的职责和权力，有效提升教育数据的利用率。建立统一的教育数据共享交换平台，截至目前，已通过数据交换共享平台向宁波、杭州、温州、金华等市教育局提供本地区基础数据，同时为厅多个业务部门提供定制化的数据服务。

四、突破之路——从规划走向智慧的教育管理

随着云计算、人工智能和大数据等技术的发展，管理信息化必将实现从IT到DT的跨越，2016年我省发布了《浙江省“十三五”教育信息化发展规划》，明确了“十三五”期间我省教育管理信息化的发展方向和工作重点，全面建成纵向衔接、横向贯通的，具备业务管理、决策支持、监测监管、评估评价和公共服务的浙江省教育管理信息化服务体系，推动教育治理体系和治理能力现代化。今后五年，浙江将投入省级专项3.5亿元组织实施浙江省智慧教育工程，其中“教育管理精准化”是五大项目之一。

1.是教育大数据应用服务中心建设

继续深化教育基础数据库的建设与应用，制定数据采集、管理与共享规范，实现数据的伴随式收集，进一步提高基础数据的准确性、及时性和安全性。联合科研机构和高校开展对教育大数据的分析、研究与成果共享，建成教育大数据应用服务中心。开放数据共享接口，不断拓展和提升数据的服务范围和服务能力，实现基于数据的服务教育科学决策。

2.教育管理创新支持服务平台建设

进一步挖掘和拓展管理信息化应用功能和服务能力，创设符合各级各类学校实际管理需求的信息化应用场景，建成集线上采购、线上部署、线上评价的一站式教育管理创新支持服务平台。建立教育管理应用商城，采用“企业投资建设，学校购买服务”的开放型模式，吸引社会、企业等力量参与管理信息系统建设，供各级教育用户择优选用。

以上是我省这些年来在教育管理信息化方面所做的一些探索和实践，虽然取得了一些成效，但离“互联网 +”的要求，还存在着诸多差距。世界在变化，教育也必须变化。行走在“互联网 +”的道路上，我们要继续坚持技术引领教育改革与创新的理念，持续深入推进教育管理信息化的建设与应用，让浙江教育管理更智慧！

政府大数据建设实践与思考

温州市政府办公室电子政务处处长 吴胜巧

一、2015：谋划之年

2015年初的时候，我们接到任务要谋划温州的政府大数据建设工作。刚接到这个任务时，我们不知道该怎么搞，感觉政府数据共享搞了这么多年都没有什么成效，现在提大数据是不是为时过早。但是到了2015下半年，政府大数据一下子变成了一个十分热门的话题，在电子政务发展过程中，好像除了安全保密工作以外，还没有一项工作内容能够在这么短的时间内，在各级政府达成如此高度的共识。

后来我们去大数据起步较早的地方如贵州、广东考察，还到阿里巴巴、个推等一些大数据企业去学习。当时在政务领域，各地仍处于概念性的研究讨论阶段，实际案例还非常少；但是在商业领域，大数据已经取得了很大成功，有许多很好的应用场景，特别是利用大数据实现精准服务、精准营销的理念给了我们很大启发。

考察回来以后我们便起草了温州市政府大数据平台的建设方案，去年8月份提交市政府常务会议审议后正式印发。这个方案确定了我市政府大数据发展的基本框架，主要包括三个方面的内容。

第一项内容是明确大数据建设的三项原则。

一是基础设施统一化建设。即通过统一的云计算平台建设来解决电子政务的重复建设和资源浪费问题。

二是数据资源的集中化管理。即把政务数据集中归集、集中管理、集中共享作为今后大数据发展的主要方式。

三是技术服务社会化保障。即在保障信息安全的情况下，把政府的IT基础设施建设和运维工作尽可能地通过政府采购服务方式全部外包给专业机构，让现有的工作人员能够从繁重的日常技术运维中解脱出来，有更多的精力来管理数据和研究数据开发。

第二项内容是确定大数据应用的主要方向。

一是运用大数据促进政府决策科学化。重点是整合各部门现有办公应用和业务系统数据资源，为政府决策提供全面准确便捷的数据服务。

二是运用大数据促进政府管理精细化。重点是推动在市场监管、环境治理、食品药品安全、交通管理等领域率先开展大数据示范应用，有效提升政府管理水平。

三是运用大数据促进政务服务精准化。重点是整合社会保障、公共安全、医疗卫生、国民教育、劳动就业、养老服务等领域的数据资源，加快建立政务服务“一张网”体系，着力改善政府公共服务水平。

第三项内容是理顺大数据发展的体制机制。

一是职能集中。由于云计算、大数据技术的发展，我们认为政府信息化建设将很快从目前的分散模式向大集中模式转变，原来的政府信息化多头管理、职能交叉的体制无法适应新的模式要求，比如说，一个部门管政务云，另一个部门管大数据；一个部门牵头搞政务服务网，另一个部门牵头搞信息惠民；等等，实际上部门之间会相互牵扯，不利于工作推动，还可能造成新一轮的浪费，所以电子政务的相关职能应当归并。这种观点得到了市政府领导的支持，所以我们最终确定将规划、管理、统筹、协调推进全市电子政务工作职能统一整合到政府办公室。同时在原来电子政务工作机构的基础上面，成立市政府大数据管理中心，具体负责政府大数据建设的组织实施。

二是项目统筹。现阶段对信息化项目的统筹和管控还是推进大数据建设较为有效的手段之一，去年国务院有关文件里面提出凡是不支持统一信息共享平台建设的，不向统一信息共享平台提供信息的部门信息系统，一律不予审批或验收的要求，我们也将这个要求确定为今后大数据工作应当坚持的重要原则。

二、2016：起步之年

2016是我市全面启动大数据建设的第一年，年初市政府就下发了工作要点，主要有下面四项工作：

一是建平台。通过向社会购买服务的方式，建立了政务云平台、数据交换平台和数据管理平台。

二是归数据。重点推动人口、法人单位、空间地理、信用信息、电子证照等重要基础数据库的数据归集。

三是建制度。主要是政务云平台管理、政务数据资源共享管理、政府投资信息化项目管理三项制度。

四是推应用。选择了七项应用作为2016年的大数据示范项目，具体包括行政流程优化再造应用、信用信息服务应用、防汛抗台应用、交通服务应用、水环境治理应用、智慧海洋应用和投资项目在线监管应用等。

2016年的一项重要基础性工作是出台了《温州市政务数据资源管理暂行办法》，其中建立的政务数据资源共享工作协调机制、项目审批挂钩机制、年度报告机制、责任追究机制等，为实现大数据整合和共享打下了坚实基础。

三、应用案例

温州是沿海城市，一般每年7到9月份会经历几次台风的袭击，所以防汛抗台是这段时间内市委、市政府的一项重要工作，应对自然灾害的应急指挥是一项非常典型的大数据应用，符合大数据的4V特征：数据量大、数据类型多、数据价值高、数据变化和要求处理速度快。

2016年7月份我们基本完成了该项目的第一阶段工作，目前这个系统上已经汇聚了公安局的视频监控数据、移动和电信公司的手机用户数据、气象局的气象预报数据、水利局的水库河流水位检测数据、规划局的地图数据、土地局的地质灾害数据、海洋渔业局的渔船数据、排水公司的排水管道监测数据等等，这些数据可以统一在指挥中心进行集中展示，为领导提供辅助决策支持。

但是当把这个系统向领导做演示的时候，我们发现并没有抓住重点，因为在防汛抗台中最关注的是人的安全问题，但现有各部门的数据还没有办法满足这个需求，所以我们又启动了第二阶段，具体在做的一些工作包括跟移动公司合作，开发了一个应急短信群发系统，利用基站数据及时将预警信息发送到所有相关人群。同时建立了一个人员流动分析系统，实时统计在电子地图上面标注的危险区域人员数量，确认该撤离的人员已经撤离该区域。

另外，我们还正在和一家视频分析企业合作，研究开发视频监控数据动态分析系统，及时获知城市低洼地段积水程度，及时监测地质灾害点是否发生塌方、泥石流等次生灾害，并第一时间通知相关部门进行应急处置。

四、几点体会

一是要用好“小数据”。前段时间我们到国内一些城市去考察大数据产业，一家企业的负责人给我们的建议是，政府要先做好自己的小数据。这非常有道理，现在很多地方都在大规模地建数据仓库、建云平台、建分析模型，投入很大，但见效不快，现在看来我们年初选定的一些示范项目也偏大了，比如说，像交通大数据、信用大数据等，短时间内很难取得明显成效。实际上并不是体量大才是大数据，一些数据的规模虽然不大，但能够通过对数据的分析，挖掘出传统方式下难以获取的新价值，就非常有意义，这应当是大数据的核心要义。

二是要培养数据思维。电子政务的发展要从原来的注重IT技术向数据技术或者说向数据思维转变。我们现在对新建的信息化项目有一个要求，需要业主单位在编制的建设方案中，明确这个系统会产生一些什么数据，以后的数据量会有多大，这些数据是否可以共享，能够以何种方式共享，要支撑这个系统的有效运行还需要其他单位的什么数据，等等。从长远看，这些信息系统会不断升级迭代或者被替代，但只要数据保存下来就能够产生价值。现在各部门从事电子政务工作的人员大部分还是习惯于传统的IT思维，需要加强培训，让他们尽快成为具备数据思维和数据管理能力的人才。

三是要重视安全问题。数据集中以后，安全问题变得更加复杂和重要，原来在数据分散的时候，一个单位的数据泄露可能并不会造成很大影响，但大数据平台一旦出现信息安全问题，后果将不堪设想，所以有专家认为没有安全就没有大数据。与要求相比，目前我们自身的技术能力和管理能力还有很大差距，如何处理好数据共享和安全的关系，将是今后大数据发展的一个重要主题，并对政府的大数据管理机构带来严峻考验。

数据铁笼——数据在政府治理能力建设中的实践

贵阳市交通管理局 樊劲松

近年来贵州省全面推进大数据、大扶贫和大旅游战略。在全面推进大数据发展战略的过程中，我省成为全国首个大数据综合试验区，今年还召开了数博会，借助这个东风，“如何将大数据应用到政府治理和为民服务中”，成为政府改革、提升服务效能的重要载体，是省委、市委关注的一个重要方向。

为此，从去年 2 月开始，作为两家试点单位之一，我局全面启动了“数据铁笼”，以下主要从数据铁笼的建设思路和数据铁笼的架构两个方面来进行介绍。

一、建设思路

建立数据铁笼的初衷，是通过大数据的方法和手段，建立用数据说话、数据决策、数据管理和数据创新的全新机制。

通过对权力运行过程中产生的数据进行融合分析，寻找异常，及时发现和控制可能存在的风险，最终实现把权力关进制度笼子的目标，进而提升政府治理能力。为了这个目标，我们主要从三个方面着手考虑：问题在哪里、办法在哪里和数据在哪里。

随着法制化进程的加快，以及预防和惩治腐败制度体系的不断完善，各种腐败的空间不断地压缩，但党风廉政建设和反腐败的形势依然严峻，“不作为，乱作为”的问题得到很大程度的改善，但还没有根治，“慢作为，懒作为”的问题时有发生。究其原因，其中一个主要方面就在于制度执行过程中出现了问题。

在传统方式下，制度的执行往往有赖于人的主观因素，人治泛化情况比较突出，缺乏刚性和时效性，问题不能及时发现，权力不能有效监督，导致一些问题在一些重点部门和领域层出不穷。

数据铁笼就是紧紧管住这些问题。

我们所构建的数据笼子主要建立在以下两个基本认识之上。

（1）管住了业务，就管住了权力。无论人力风险还是廉政风险，最终来自岗位职责以及预知关联的职位影响，都要体现在业务活动之中。比如交通违法处罚，无论通过什么方式，要想不被处理，最重要的由交警来实现。也就是说管住了这些业务的权力流转过程，就抓住了引起廉政风险的牛鼻子，为实现权力的有效监督找到突破口。

（2）通过数据关联寻找异常。业务活动中产生的数据，具有客观性和关联性，每一笔业务产生的数据信息都是客观真实的存在，涉及业务活动的各类数据，具有或者创立一定的关联性，在数据平台，通过各类数据进行融合，可以将分散的系统中的数据，通过逻辑的关系和规则自行进行分析，找到异常，直观反映权力运行中的问题，甚至预测个体行为的倾向性风险。所以基于数据来解决问题的办法，就是数据融合分析和预警跟踪反馈。

以大数据来解决问题，就必须以数据作为支撑，也就是意味着应当有海量的客观的数据作为数据铁笼的支撑。做法主要是坚持流程信息化、过程影像化和流程再造。

流程信息化，就是将全部的业务纳入信息化系统完成，不允许体外循环，实现各类业务数据的全过程，全覆盖记录。

过程影像化，就是坚持执法记录仪、窗口监控等方式，将各类工作置于音视频的监控记录之下，完善以权力运行相关的各类关联数据记录。

流程再造，通过各类系统运行过程的梳理和优化，减少我们流程环节和实现，使之符合优化服务，让群众少跑路，让数据多跑腿的要求。同时，流程再造，也关注数据项的增减，通过系统数据项的调整，让数据记录更加符合我们融合分析的要求。

二、架构问题

数据铁笼主要由一个平台、一个终端构成。

1.一个平台

一个平台是构建了数据融合平台。这个平台在不影响其他各个原有系统运行基础上，将涉及内外网、专网的各类信息数据按照不同的需求融合在一个平台之上，并构建了个人诚信档案和业务制约模型两个重要内容。在个人诚信档案，平台在现有各类业务系统中抽取数据，将所有工作数据最终映射到每一个具体的民警，通过多数据的数据记录和关联，干了什么，干得如何，在哪儿干，都一一记录下来。记录档案可以看作是个体的数据笼子，是数据铁笼的基础。

个人诚信档案不仅能够直观地评价个体的情况，而且我们可以通过数据模型衡量业绩，通过数据的积累，可以对其他数据进行深度的交互、挖掘，对廉政指数、廉政倾向、犯罪概率进行预测，为干部任用提供决策支持。

业务制约模型是平台的核心，也是数据铁笼的核心。

通过对权力清单的梳理和风险的排查，将业务运行各个环节、各个系统的数据在平台上建立不同类型的模型。模型会自动抽取相应的数据进行审计，及时发现异常行为。以最佳案件的办理来说，在最佳案件办理过程中存在很多的风险，有主观也有客观的，甚至来自不同层级的不正当的决定和命令，这些风险在以前主要通过各类信访等渠道事后才能发现。

现在在融合平台上，针对不及时送检、不及时立案、不规范办理等执法风险，我们将涉及的酒精含量检测管理系统、业务综合应用系统、案件信息系统，包括执法记录仪系统等已知相关联的数据整合起来，模型就会自动运行和发现其中的各类异常行为。

比如说，在执法记录仪系统里面，有一个数据记录项，但是在其他的系统里面没有。或者是你整个过程没有执法记录仪的全覆盖，都可以视为是异常，还有就是从现场查处的时间，产生的数据距送到案件管理中心的时间超过三个小时，系统就认为属于异常行为，等等。

再举个例子，比如说，老百姓诟病比较多的车托问题，这个问题一般来说主要还是内外勾结，尤其是在车管所窗口办不了的问题，出来以后，车托能够帮你办结，这是最集中的体现。为了解决这个问题，我们建立了一个业务全预约的系统和退办业务信息化管理。对所有来车管所办理业务的实行预约，所有的退办信息必须在信息系统进行记录。我们对这两类数据进行分析，将同一岗位退办率，对个体的退办率、办结率等数据作为异常行为的审查条件，当数据分析触发相应的条件之后就会找到异常行为。

2.一个终端

数据铁笼还有一个终端组成，其实这是一个最主要的方向，因为在 PC 端的应用，其实是不方便集成的应用，尤其是交通警察这种岗位，所以我们把终端作为数据铁笼的一个重要组成部分。它主要由手机和一个 App 两个方面来构成。功能大概有以下几个方面，

（1）手机端带有 GPS 移动考勤功能，所有民警每天的考勤包括请假都要在手机端进行操作。

这个移动考勤功能分析民警的GPS信息，在室内工作过长，出现GPS信息的格式不一致，或者是长期没有GPS移动的信息，我们都认为是考勤异常。所有的异常行为包括没有打指纹，没有打移动考勤，没有在手机端写工作日志以及各类业务模型分析发现的办案处罚风险，都通过手机终端分层级向个人和上级推送，一般第一天向本人和他的上级，第二天再向上一层，如果到第四天还没有处理，将推送到纪检监察部门实行问责。

（2）作为交警而言，手机端还有一个重要的应用，就是我们所有交通违法处理，基本上都是通过手机端操作。贵阳在前年已经取消了纸质的法律文书。

通过数据铁笼的初步运行，系统地及时发现预警和推送，不仅使行政管理更加科学和系统化，极大地提升行政机关的工作效能，而且使得党风廉政建设和反腐败工作在基层有了更加具体有力的抓手。

数据铁笼的有效运行，使得权力运行中每一个环节的风险都能够在过程中被及时发现、预警和分层次推送，从而真正实现了变事后监督为过程监督，管理更加精准化，监督更加具体和科学化。这种权力运行可视化，监督职能具体化的大数据反腐败的工作机制使得我们各级的主体责任和纪委的监督责任真正落地生根。

（3）也可以随时掌握民警的工作动态、工作效能，随时把控权力运行风险。为建立“不敢腐”的承接机制，“不想腐”的教育机制更加实际，切实做到为“不能腐”提供有力的保障，积极推进惩治和反腐败体系建设的同时，也为我们提升政府治理能力进行了有利的探索。当然围绕数据铁笼建设，还要建立相应的一整套的制度体系。

其实数据铁笼，是由数据笼子和制度笼子两个笼子构成。没有制度笼子作为基础，数据铁笼的运行是没法得到保证的。所以在建立数据铁笼的过程中，还对各类制度，尤其是保障数据铁笼运行的制度进行了大量的工作。这将是我们国家和各级别政府加快政府治理能力建设的一个重要方向。

通过数据铁笼，让管理理念和管理方法产生了深刻的变化。我们有一句话是基层民警的感受，他是一位基层的中层干部，他把数据铁笼形容为“不想管，也得管，管一定能够管住”。

第七篇

政府网站集约化实践

看政务服务的“十八变”

——细数浙江政务服务网三周年运维提升亮点

大汉智政原创

如图 7-1 所示，2014 年 6 月 26 日，由大汉科技承建的浙江政务服务网正式上线，中国电子政务建设进入“政务服务元年”。2015 年实现面向乡镇街道的延伸建设，2016 年进行了前台的改版更新和应用接入建设，进一步完善了“统一导航、统一认证、统一申报、统一查询、统一互动、统一支付、统一评价”的七统一建设体系，全面整合了各级行政权力与便民服务资源，为浙江省网上政务服务打开了良好的局面。2017 年 6 月 25 日，浙江政务服务网走完了三周年。浙江政务服务网在这三年中，不断拓展服务渠道，扩大服务覆盖范围，优化服务形式和内容，提升用户体验。

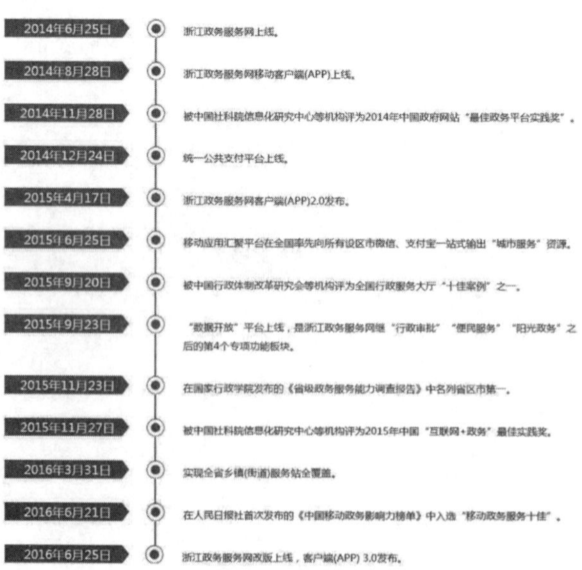

图7-1　大汉科技“浙江政务服务”发展历程

在这三年中，按照“互联网 + 政务”的建设思路，不断设法提升、完善政务服务网的服务品质和用户体验，为浙江的公众提供更加好用和易用的服务。

在服务品质的提升上，2015 年年底基于统一平台的应用服务向乡镇、街道、村、社区的延伸建设工作，将原来的三级联动转变成五级联动，实现了对全省政务服务资源的全口径汇聚，使得线上政务服务更加完善。

经过三年的运营完善，浙江政务服务网已形成功能清晰的“2+4”板块。“2”即个人办事、法人办事两个主体板块，对政务服务事项进行全口径汇聚和菜单式管理，并按主题与部门分别归类。以“个人办事”板块为例，只要登录网站，动动鼠标，就能办理户籍、教育、就业、住房等个人业务，每一个事项都提供了办事指南和表格、网上办理入口、现场办理地点的地图服务、网上咨询入口、办理满意度评价以及办件进度查询。“4”指的是行政审批、便民服务、阳光政务、数据开放四个专项板块，完善了行政处罚信息、信用信息查询展示，从政府治理的不同维度展现内容。

在用户体验的完善上，浙江政务服务网的主旨是“服务零距离，办事一站通”。2014 年办网之初，需求导向就是第一位的，着力解决的是能不能用的问题。而在运行的三年中，按照能不能用、有没有用及好不好用的思路，不断对网站服务形式和内容进行提升。按照“用户至上”的服务理念，深入分析“互联网 + 政务服务”的服务对象、群体特征、个性化需求等方面的特点，发掘其与传统政务的本质区别，找到自身的内在属性、衍生规律和主要特征，着力解决用户刚需，也就是通过服务可用留住用户；通过整合接入一些热点的、关注度高的服务，每个月上线推出一个新服务热点，覆盖更多的用户；通过不断完善消息中心、个性化订阅、用户层整合，打通 PC 和 App 端的个人中心，形成更加智能的个性化服务等。

2016 年，随着浙江政务服务网的建设规模不断扩大，新应用、新服务不断上线，以及国家不断加强“互联网 +”战略的落实推进，省政府办公厅指示对政务服务网进行改版提升，重点围绕前台服务、平台构架和应用汇聚这几个方面进行创新和提升。

首先应该看到，改版工作中存在着一些难点，也成功地找到了相应的解决办法：

第一是规模大，涉及单位多，平台统一支持 2000 个独立运行的省内各级单位站点，前台有 900 万个全省注册用户，每天的访问量为 850 万次，后台运行栏目 40 万个，存储的发布信息为 4000 万条。系统巨大的承载量，牵一发而动全身，牵涉大量的开发建设工作和各单位业务协调工作。

第二是后台技术架构复杂，政务服务网本身是构建在阿里云技术平台上的，针对云架构模式，系统进行了整个适应性开发，形成了前后台集群化的分布式部署架构。同时在三年的运维过程中，不断推出的新应用牵涉大量的数据与应用对接开发，形成了复杂的层级和数据关联关系，后台逻辑架构情况十分复杂，同时在改版期间还需要保证一些新应用的不间断上线。

第三是要保证前台服务不间断运行。和搭建其他网站时有内部测试、试运行、域名切换这些准备工作不同，政务服务网面向全省用户提供 24 小时不间断的在线服务，不能因为改版的建设工作而暂停，需要在改版后随时进行发布，这对改版方案的可行性、严谨性提出了非常高的要求。

最后是在三年的运维过程中积累下来的痛点需要进行优化和解决。首先是浙江提出的政务淘宝模式，需要在提供全天候运行的同时，解决应用的持续快速上线问题，并降低接入开发的成本，提高应用构建的效率。其次是要提升系统的整体性能，对应的解决方案是按服务进行拆分，从以往的系统分布式转变成服务模块的分布式部署，在提升性能的同时应对未来更大规模的集约化站群建设。同时，为了服务 2016 年 9 月的 G20 峰会，系统需要对安全解决方案做出适应性调整，系统自己也需更加健壮。而随着应用使用单位的增加，对系统的各种外挂模块提出了更多更高的功能性要求，从而需要进行相应的系统化独立拆分与构建。

在接到政务服务网改版任务和了解工作难点后，公司上下高度重视，组织了内部各业务部门对解决方案进行了大范围讨论。在时间紧迫、构架复杂、系统运行无间断的要求下进行大规模改版，首要考虑的是整体风险的评估和做好相关的应急预案，并制订详细的建设计划，细致地论证其可行性，做好提前开发和提前实施测试工作，并在具体实施过程中进行了改进和创新。

在最终整体方案确认后的项目实施环节，时间非常紧张，通过大量人力资源的调拨，轮班制不间断的集中攻坚，终于确保了新版本的正式上线。本次建设，分别对政务服务网的前、后台管理平台和手机 App 客户端的前后台进行了改版和重构提升，主要包括以下三个方面。

首先是前台重构工作，提出的重构重点是：入口清晰、热点突出、界面降噪、交互流畅。

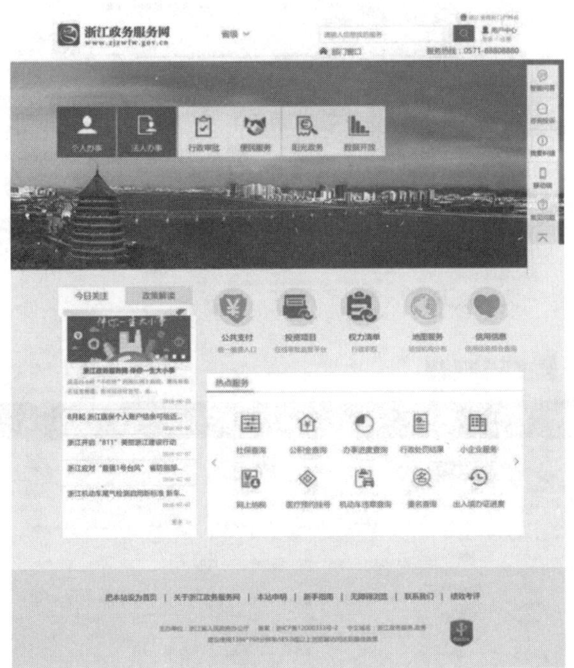

图7-2 浙江政务服务网主页

在服务入口的升级上，重新改造了地区导航、分类导航、内容导航、服务导航这几个方面。在地区导航上，对地市和省级部门进行拆分，独立展现，由于五级联动延伸建设至社区和村，因此在地区导航上按照层级关系进行了逐层渐进的引导，让访问者一站到底。在分类导航上，弱化以往“我要看”“我要问”的分类思路，将重点功能以悬浮侧边栏的方式进行了折叠显示，在每个页面进行嵌入，方便用户随时使用。加强了服务导航的显示，把以往关注度比较高，却隐藏比较深的服务和信息内容直接推送到首页，形成了推荐服务、热点服务、今日关注、政策解读几个板块，方便用户直接访问（如图 7-2 所示）。

图7-3 浙江政务服务网界面设计

其次，在界面降噪上，希望在用户访问目标内容的过程中，减少各级引导页面对用户的干扰，让用户很流畅地获取想要的信息。比如在个人办事的界面，上一版中存在一个分类的栏目页，这次将之删去，让用户在点击“个人办事”后直接进入同时包含分类和列表的页面。同时，对每一个事项在外部显示的内容进行简化，去掉了问题咨询、进度查询、满意度评价等入口，只保留办事指南和在线办理的入口，将形成干扰的内容放置在底层页面。

除此以外，通过设计上的优化使交互的界面更加友好和美观，内容分类更加清晰，层级更加明确，同时进一步加强了各种终端浏览器访问的全面适用性，使网页自适应各种分辨率屏幕和浏览器的访问，保持一致性。

在前台的应用提升上，本次建设大幅提升了检索服务的各项功能。一是完善了多维度的分类搜索结果呈现，通过按照地区、业务类型、系统类型、对象格式类型进行的分类整合，形成跨数据库、跨区域的综合检索，丰富了用户搜索的组合结果展现，用户将获取更多渠道的结果来源，从而定位所需内容。二是增加了语音检索、框计算、自然语言和政务词库识别这些技术辅助手段。三是系统具备了自学习功能，通过记录和分析访问者对搜索结果页面的访问行为，对搜索引擎的计算模型进行智能调整和优化，更加准确地输出结果（如图 7–3 所示）。

图7–4　浙江政务服务网搜索功能

如图 7–4 所示，这是一个示例页面，在首页用语音输入“下城区人如何结婚”，搜索将直接进入下城区内进行检索，展示出婚姻服务的相关内容，同时展现省政府和杭州市政府相关检索结果，在检索结果内包含了和此事项相关机构的地图服务导航。

最后，在政务服务网移动 App3.0 的重构上线工作中，通过对前台服务入口的重构，使新版 App 相比于旧版本更加具有“互联网范儿”，是运用互联网思维对网上政务服务的一次移动化改造。其具体主要体现在删减冗余内容、增加常用事项和优化服务导航，通过产品设计的“+”“-”法，让掌上政务服务更加实用和便捷。通过对后台容器的重构，使得平台的迭代、应用的整合接入成本更低（如图 7-5 所示）。

图7-5　浙江政务服务移动APP

一、本次建设的“加法”理念应用

1.置顶搜索入口

在首页顶端显著位置新增智能检索功能，形成一站式服务搜索入口，方便用户快速查找自己所需内容。

图7–6　浙江政务服务移动APP搜索入口

2.增加扫码入口

首页增加“扫一扫”功能，为一些线下应用场景提供网上服务入口，更具移动互联网特色。例如，用户可扫描缴费单上的二维码进行网上支付（如图 7–6 所示）。

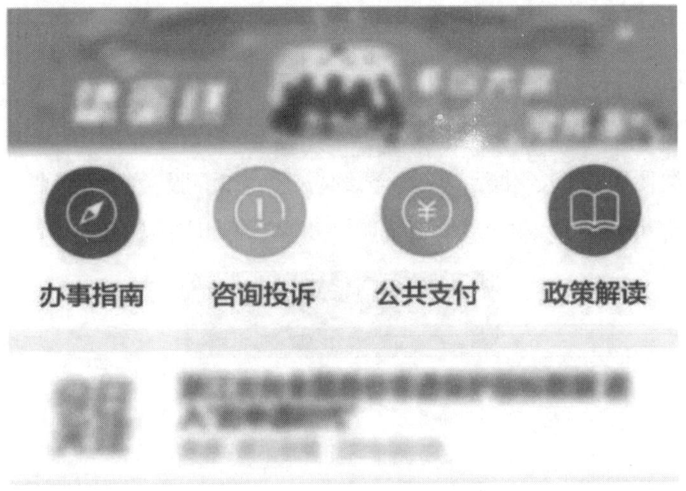

图7–7　常用功能突出显示

3.突出常用功能

根据用户的行为习惯，将最常用的服务功能作为一级栏目放置在首页。除“办事指南”“咨询投诉”外，首页新增加了“公共支付”和“政策解读”入口（如图 7–7 所示）。

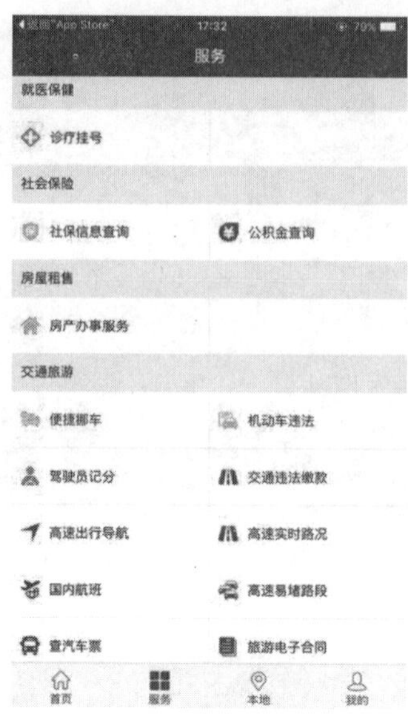

图7-8　便捷的服务分页

4.汇聚服务事项

新版 App 中增加“服务”分页，将各级政府各部门、企事业单位的常用服务通过汇聚和移动化改造，封装为一个个便民应用（如图 7-8 所示）。

用户在“服务”页中可按类别查找自己所需服务，点击应用图标即可进入服务办理页面，例如，各类便民查询、生活缴费、预约登记、办事服务等。需要强调的是，“服务”页中每一个应用都可便捷地对应完成一个服务事项，保证了应用可用、有用、好用。

图7-9　“我的消息”界面

5.强化主动服务

新版 App 中用户中心新增了“我的消息”查看入口。移动互联网时代，消息推送已成为政府为民众提供主动服务的重要形式，例如，用户办件状态变更、重大疫情灾害预警、城市断水断电通知等，事关民生的重要事件都可通过推送消息快速送达给广大群众。用户除了可在接收到推送消息时进行查看，也可在“我的消息”中浏览历史消息，保证重要信息记录留档（如图 7–9 所示）。

二、本次建设的“减法”理念应用

1.精简首页版面

首页版面更加简短，由原先上下滑动的长页浏览，优化为一页式展现，更加符合移动应用的首页访问习惯。

2.取消冗余栏目

高频、实用的服务内容被提升至首页一级栏目入口，例如“办事指南”“咨询投诉”；一些重复性服务内容则被归并至统一入口，例如，“办件进度查询”归并至用户中心的“我的办件”，“信件回复查询”归并至用户中心的“我的咨询”和“我的投诉”。

3.不再提供第三方应用下载

App3.0 中，不同部门的服务事项均经过汇聚、封装为移动应用单元，供用户直接点击使用，用户不再需要下载不同机构部门的 App，高度体现了政务服务 App 的集约化。

4.优化用户中心

取消旧版 App 用户中心中“我的评价”菜单和“我的应用”菜单。用户评价依赖于办件，是对一项具体办件的满意度评价，因此合并至“我的办件”中，而不再作为单独功能体现。

由浙江政务服务网 App 改版中“+”“–”法可以看出，新版 App 中一切改变都围绕着“实用、便捷”进行设计，体现了浙江省各级政府为民、便民、惠民的执政思路。

众所周知，政务服务涉及社会保险、就医保健、交通旅游等 17 大类，但接入 App 的大部分应用均由各级政府单位独立开发，也由于厂商技术层次的差异，使得应用开发深浅不一，导致界面不统一、业务模式多样、开发成本高、安全隐患多、程序开发不规范、管理维护难等问题。在政务服务 App 上的热点应用也仅仅基于浅层次的链接整合，其用户、功能、数据均无法打通。

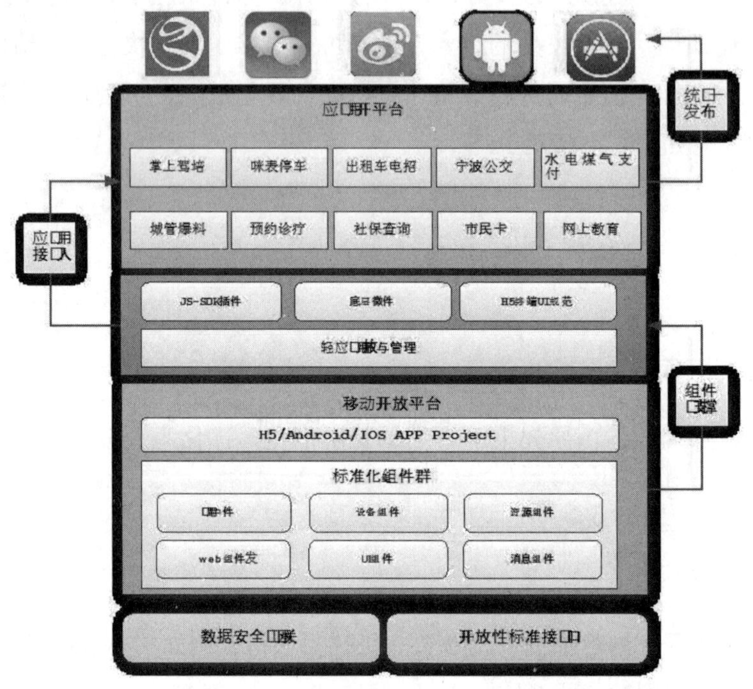

图7-10　优化后的用户体验系统

为改变这种局面，应在后台整体框架上进行重构，由应用开放平台、标准化组件群、轻应用开发管理平台三部分组成移动开放平台。通过制定 H5 的终端 UI 规范，统一规范的各应用在制作过程中需要遵循相关标准，包括样式、字体、颜色、尺寸布局等多个方面（如图 7-10 所示）。对外提供开放平台的 API 接口，形成 JSSDK 的统一调用接口，让开发单位能够快速实现与公共组件的对接，最终实现本地应用能够处理统一客户端上的应用数据请求。第三方应用可以通过轻应用开发平台实现快速调用个性化功能和统一组件群。移动开放平台的构建，将促成更容易、成本更低的应用整合和更便捷的一体化用户体验，实现平台统一、用户统一、数据分析统一和服务入口统一，打造范围更大的政务服务生态体系。

四川省人民政府网站企业法人版优秀案例

四川省人民政府网站　赖永波

图7-11　四川省人民政府网站“企业法人版”首页

一、功能展现

四川省人民政府网站企业法人版由11个一级栏目和59个二级栏目构成，主要栏目及功能如下。

服务检索：企业可以在线查询相关办事指南、表格及服务资讯等内容。

要闻聚焦：及时发布省政府主要领导参与的涉及商事制度改革、商务活动的新闻动态及资讯。

企业办事：企业可以按为企业法人提供按生命周期办事的功能，细分办事类别、整合服务资源。

主题服务：企业可以在线查找生产经营涉及的创业、培训、融资、法律、招聘、中介等社会服务资源。

投资动态：及时发布省本级和21个市（州）的招商引资项目，以及公共资源交易信息。

政策解读：及时发布涉及商事制度改革、减少企业负担等政策法规、重要文件，并通过生动形象的图解方式进行深入解读。

数据开放：充分依托政务云和大数据平台及时公开与企业生产经营密切相关的大数据统计分析结果，为企业生产决策提供依据。

通知公告：及时发布与企业相关的办事通知或公告。

热点推荐：推荐与企业服务相关的热门App应用、微信、微博等移动服务渠道。

全省企业服务资源查询：企业可以按服务主题、按部门、按地域三个不同的维度快速查询全省的企业服务资源。

办事快速通道：提供企业服务高频使用的功能入口，包括：我要办事、我要查询、我要建议、我要投诉。

二、做法与成效

一是细分服务对象。面向经营者，主要提供政策解读、行业通告、中介服务，以及工商、税务等专业化服务资源；面向投资者，主要提供省内21个市（州）和183个县（市、区）详尽的区域优势分析、优惠政策说明和重点投资项目查询等服务；面向创业者，尤其是大学生、农民工等人群，提供创业园、孵化园的优惠政策以及税负减免的在线申报渠道。

二是提升服务能力。首先，严控服务资源质量。按照网站普查的要求严格对标，凡要素不全、表述不清的指南一律"下架"，补全完善后再重新"上架"。然后，狠抓表格样表下载。协调办事部门提供资源，超过80%以上的省级办事指南提供了表格或样表下载。

其次，搭建智能咨询平台。通过与实体政务服务中心整体联动，为公众提供智能机器人与人工值守服务相结合的个性化咨询服务。随后，开通网上申报渠道。方便用户查阅办事指南后“一键”网上递交申请，实现 65% 以上的行政办事项目网上受理。

三是整合服务资源。会同工商、税务、质监等与企业生产经营关系密切的部门，系统梳理服务资源，共同做好更新维护工作，方便企业获取。建成后的企业法人版频道，将行政办事指南、实时咨询、在线申报、动态查询等服务要素串联起来，将全省 3800 多家资质良、上规模、服务好的中介服务机构资源聚合起来，将融资贷款、技术创新、人才招聘、管理智库等第三方服务机构资源配套起来，为企业提供更加便捷高效的“一站式”服务。

三、制度机制

一是规范服务资源。建立《四川省人民政府网站企业法人版基础服务资源管理台账》，将杂乱无章、散落各处的服务资源逐一清理、有序重组，并定期进行动态更新（如图 7–12 所示）。例如，“企业开办”服务主题按照政策法规、行政办事、公共服务、常见问题等四个维度进行资源聚类，并列举登记相关服务资源的主要功能、保障渠道、对口部门等信息，做到“有据可查、家底清晰”。

四川省人民政府网站企业法人版基础服务资管理台账

栏目	分类	类别	说明	举例	备注	厅局
企业开办	企业开办	政策法规	提供2013-2015年企业开办（主要包括企业设立、公司注册登记、合同信用、税务登记、发票业务等）相关的政策法规文档	公司注册资本登记管理规定	举例地址：http://www.sc.gov.cn/10462/11855/12133/12134/2014/8/26/10311071.shtml	省工商
		行政办事	提供企业开办（主要包括企业设立、公司注册登记、合同信用、税务登记、发票业务等）相关的办事指南文档（包括：办理材料、办理地点、办理时间、联系电话、办理表格、办理流程）	企业（非公司）注销登记办事指南	举例地址：http://www.luzhou.gov.cn/Item/60203.aspx	省工商
		公共服务	提供企业开办（主要包括企业设立、公司注册登记、合同信用、税务登记、发票业务等）相关的公共服务类地址、文档	企业速查	举例地址：http://www.gov.cn/banshl/2005-06/27/content_10190.htm	省工商
		常见问题	提供企业开办（主要包括企业设立、公司注册登记、合同信用、税务登记、发票业务等）类相关的常见问题文档	关于更改有限责任公司注册资本	举例地址：http://www.sc.gov.cn/10462/11855/12133/12137/2012/9/26/10230143.shtml	省工商
交税纳税	交税纳税	政策法规	提供2013-2015年税费缴纳相关的政策法规文档	四川省地方税务局关于建筑企业跨地区经营有关所得税事项的公告	举例地址：http://www.sc.gov.cn/10462/11855/12109/12113/2014/8/26/10311084.shtml	省国税、省地税
		行政办事	提供税务登记、发票管理、认定核定、申报纳税相关的办事指南文档（包括：办理材料、办理地点、办理时间、联系电话、办理表格、办理流程）	>税务设立登记办事指南	举例地址：http://egov.sczw.gov.cn/10942/10943/10987/index.shtml?AppProjectCodeId=ScGsc-App-2009-3570&AppObjectOrganCodeId=sichuan-ScGsc-Org-2008-57	省国税、省地税
		公共服务	提供税费缴纳相关的公共服务类地址、文档	四川省国家税务局网上办税平台	举例地址：http://wsbs.sc-n-tax.gov.cn/login.htm	省国税、省地税
					举例地址：	

图7–12　《四川省人民政府网站企业法人版基础服务资管理台账》部分内容

二是规范日常运维。建立《四川省人民政府网站企业法人版内容保障管理办法》，对“要闻聚焦”等 11 个一级栏目，“投资政策”等 59 个二级栏目的内容维护规定了具体的更新办法（如图 7–13 所示）。例如，“要闻聚焦”发布的省政府领导参与相关重要会议、活动的权威信息明确规定必须来源于四川省人民政府网站的“今日四川”等权威栏目，且需每日更新；“企业办事”展示的服务指南和在线办理渠道必须来源于四川省电子政务大厅等权威政务服务平台。

四川省人民政府网站企业法人版内容保障管理办法				
栏目名称	子栏目名称	信息来源	编辑静态页面	保障频率
首页	要闻聚焦	省网新闻聚焦、今日四川、政府领导、省政府栏目	发布	4条信息/天
	主题服务	策划企业服务类专题	发布	2个服务专题/月
	政策解读	省网政策解读	发布	1条信息/天
	企业办事	省电子政务大厅、厅局办事服务栏目	发布	服务指南有变动时更新
	投资动态	省网投资四川栏目	发布	3条信息/天
	数据开放	省网数据开放专题、厅局网站	发布	根据实际情况更新
	通知公告	省网公示公告	发布	2条信息/天
要闻聚焦	图片列表	省网新闻聚焦、今日四川、政府领导、省政府栏目	发布	1条信息/天
	长列表	省网新闻聚焦、今日四川、政府领导、省政府栏目	引用	5条信息/天
主题服务	专题	策划企业服务类专题	编辑静态页面	2个服务专题/月
	培训（通知公告）	四川培训网等	发布	根据实际情况更新
	融资（融资政策）	省融资担保业协会等	发布	根据实际情况更新
	融资（融资动态）	省人民政府金融办公室等	发布	根据实际情况更新
	法律（公司法规）	中国公司法律网	发布	根据实际情况更新
	法律（公司设立）	中国公司法律网	发布	根据实际情况更新
	法律（合同管理）	中国公司法律网	发布	根据实际情况更新
	法律（风险防范）	中国公司法律网	发布	根据实际情况更新
	法律（知识产权）	中国公司法律网	发布	根据实际情况更新

图7–13 《四川省人民政府网站企业法人版内容保障管理办法》部分内容

三是强化合作监督。拥有行政权力的政府部门是拥有服务资源并直接提供服务的主体，因此，四川省人民政府网站建立了与政府部门的常态化合作机制和配套的监督机制，以此促进内容资源共享、提升内容资源质量（如图 7–14 所示）。例如，安排专人每天对为企业法人版提供内容保障的政府部门的服务资源完备度、覆盖度、准确度等进行抽查登记，一旦发现不符合规范、质量有瑕疵的服务资源立即通知部门限期整改，整改不到位的服务资源一律不得上线。

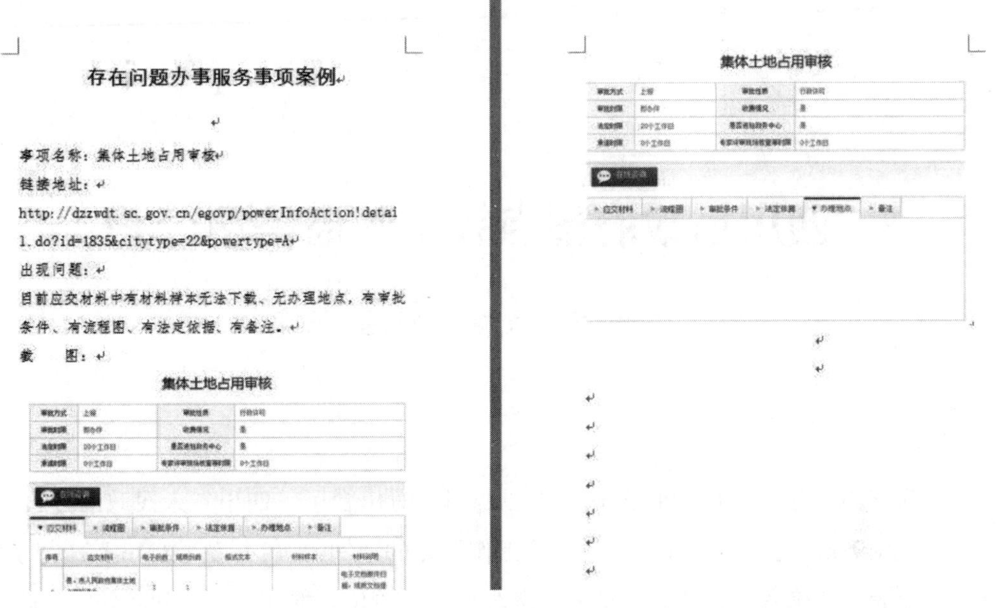

存在问题办事服务事项案例

事项名称：集体土地占用审核

链接地址：

http://dzzwdt.sc.gov.cn/egovp/powerInfoAction!detail.do?id=1835&citytype=22&powertype=A

出现问题：

目前应交材料中有材料样本无法下载、无办理地点，有审批条件、有流程图、有法定依据、有备注。

截　　图：

图7-14　发给某部门的服务资源整改说明

四川省政府重点领域政府信息公开

四川省人民政府网站 张竞

为做好重点领域政府信息公开工作，四川及时出台了《四川省人民政府办公厅关于贯彻落实国务院办公厅2016年政务公开工作要点的通知》（川办发〔2016〕31号），制定任务分解表，明确各重点领域信息公开牵头和责任单位，推动工作落到实处（如图7-15、图7-16所示）。

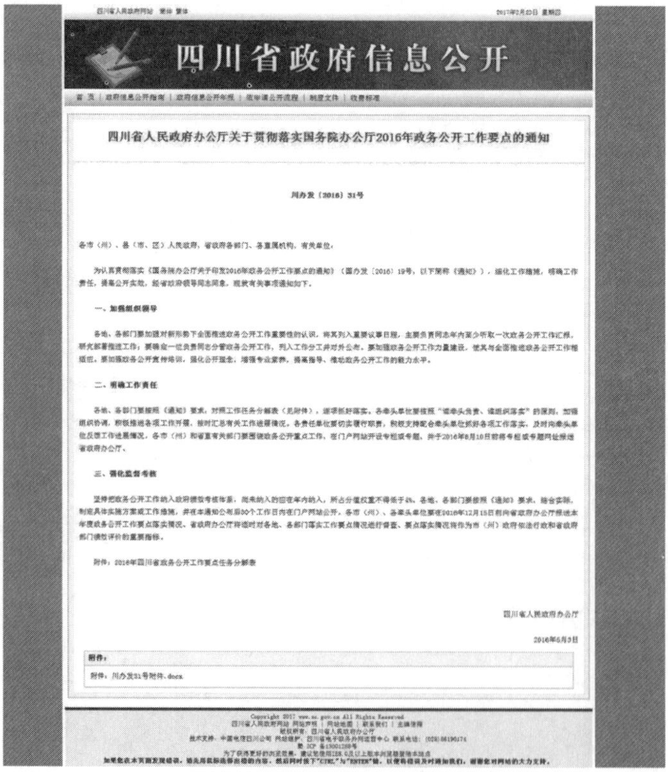
四川省政府信息公开

首页 | 政府信息公开指南 | 政府信息公开年报 | 依申请公开流程 | 制度文件 | 收费标准

四川省人民政府办公厅关于贯彻落实国务院办公厅2016年政务公开工作要点的通知

川办发〔2016〕31号

各市（州）、县（市、区）人民政府，省政府各部门、各直属机构，有关单位：

为认真贯彻落实《国务院办公厅关于印发2016年政务公开工作要点的通知》（国办发〔2016〕19号，以下简称《通知》），细化工作措施，明确工作责任，提高公开实效，经省政府领导同志同意，现就有关事项通知如下。

一、加强组织领导

各地、各部门要加强对新形势下全面推进政务公开工作重要性的认识，将其列入重要议事日程，主要负责同志年内至少听取一次政务公开工作汇报，研究部署推进工作；要确定一位负责同志分管政务公开工作，列入工作分工并对外公布。要加强政务公开工作力量建设，使其与全面推进政务公开工作相适应。要加强政务公开宣传培训，强化公开理念，增强专业素养，提高指导、推动政务公开工作的能力水平。

二、明确工作责任

各地、各部门要按照《通知》要求，对照工作任务分解表（见附件），逐项抓好落实。各牵头单位要按照“谁牵头负责、谁组织落实”的原则，加强组织协调，积极推进各项工作开展，按时汇总有关工作进展情况。各责任单位要切实履行职责，积极支持配合牵头单位抓好各项工作落实，及时向牵头单位反馈工作进展情况。各市（州）和省直有关部门要围绕政务公开重点工作，在门户网站开设专栏或专题，并于2016年6月10日前将专栏或专题网址报送省政府办公厅。

三、强化监督考核

坚持把政务公开工作纳入政府绩效考核体系，尚未纳入的应在年内纳入，所占分值权重不得低于4%。各地、各部门要按照《通知》要求，结合实际，制定具体实施方案或工作措施，并在本通知公布后30个工作日内在门户网站公开。各市（州）、各牵头单位要在2016年12月15日前向省政府办公厅报送本年度政务公开工作要点落实情况。省政府办公厅将适时对各地、各部门落实工作要点情况进行督查，要点落实情况将作为市（州）政府依法行政和省政府部门绩效评价的重要指标。

附件：2016年四川省政务公开工作要点任务分解表

四川省人民政府办公厅

2016年6月3日

附件：

附件：川办发31号附件.docx

图7-15　四川省人民政府官府截图

附件

2016 年四川省政务公开工作要点任务分解表

工作任务	牵头单位	责任单位
一、围绕深化改革推进公开		
（一）进一步推进权力清单和责任清单公开	省政务服务管理办	各市（州）、县（市、区）人民政府，省政府各部门、各直属机构
（二）推进市场监管公开透明		
1. 加强监管执法信息公开	省法制办	各市（州）、县（市、区）人民政府，住房城乡建设厅、省旅游发展委、省质监局、省安全监管局、省知识产权局，其他省直有关部门、有关直属机构
2. 推进企业信用信息公示	省工商局	各市（州）、县（市、区）人民政府
3. 推动信用信息互联共享	省发展改革委	各市（州）、县（市、区）人民政府
（三）推进政务服务公开		
1. 推动政务服务事项向网上办事大厅延伸	省政务服务管理办	各市（州）、县（市、区）人民政府，省政府各部门、各直属机构
2. 推进公共企事业办事公开	省发展改革委、省经济和信息化委、教育厅、科技厅、交通运输厅、住房城乡建设厅、文化厅、省卫生计生委、省国资委、省体育局、省档案局分别牵头	各市（州）、县（市、区）人民政府，其他省直有关部门、有关直属机构
3. 推进户籍管理服务公开	公安厅	各市（州）、县（市、区）人民政府
二、围绕促进经济发展推进公开		

图7-16　四川省人民政府附件截图

完善考核机制，将政府信息公开工作情况作为依法治省和依法行政工作的重要指标，纳入部门绩效管理、全省政府系统办公室（厅）绩效评价和政府网站绩效评估指标体系。

2016 年年初，四川省人民政府网站“信息公开重点工作”专栏改版，集中展示了各地各部门发布的重点领域信息。专题以“及时、高效”为出发点，不断扩展公开范围，强化公开力度。

图7-17　四川省人民政府官网截图

一是在公开范围上，专题按照国务院办公厅和省政府办公厅文件要求，紧紧围绕政府中心工作和群众关心、社会关注的重点领域，开设行政权力、国有企业、财政资金、重大项目、环境保护、食品药品安全等一级栏目，以及财政资金使用、政府采购、保障性住房查询、土地出让结果、土地变更、征地信息等二级子栏目，并整合“四川省电子政务大厅”“四川信用网”“企业纳税信息查询”等网站，公开范围扩展到多个领域；全面推进行政决策、执行、管理、服务和结果五公开，通过图表、图解、视频等方式，使公开内容可读、可视、可听（如图 7-17 所示）。

图7-18　四川省人民政府官网信息公开界面

二是在公开内容上，加强权力清单、财政预决算、公共资源配置、重大建设项目、社会公益事业等方面的公开力度（如图 7-18 所示）。责任清单方面，公布每项权力的责任主体、职责边界、责任事项、追责情形等信息（如图 7-19 所示）；财政预决算方面，公开除涉密单位外的政府预决算、部门预决算和“三公”经费预决算信息（如图 7–20 所示）；公共资源配置方面，全面公开保障性安居工程的项目建设、保障对象、分配结果等信息；重大建设项目方面，集中公开各地重大项目批准、实施和建设管理信息；社会公益事业方面，系统公开全省“十项民生工程”及 20 件民生大事的政策文件、工作目标、工作推进、项目资金、责任单位等信息（如图 7–21 所示）。

中国政府网 简体 繁体 English RSS订阅 无线门户 微博微信 App客户端 省政府邮箱 2017年2月23日 星期四

四川省人民政府
Sichuan Provincial People's Government
四川省人民政府.政务

首 页 | 四川概况 | 机构职能 | 政府领导 | 政务信息 | 办事服务 | 互动交流 | 投资四川 | 旅游四川 | 企业法人 | 网站导航

责 任 清 单

第一批

人力资源社会保障厅	审计厅	省外事侨务办	省体育局
省扶贫移民局	省人防办	省档案局	省知识产权局
省地方志办			

第二批

省发展改革委	省国防科工办	交通运输厅	教育厅
省经济和信息化委	林业厅	水利厅	司法厅
省统计局	文化厅	质监局	

第三批

省民族宗教委	公安厅	民政厅	财政厅
国土资源厅	环境保护厅	住房城乡建设厅	农业厅
商务厅	省卫生计生委	省地税局	省食品药品监管局
省新闻出版广电局	省安全监管局	省旅游发展委	省粮食局
省保密局	省盐务局		

Copyright 2017 www.sc.gov.cn All Rights Reserved
四川省人民政府网站 网站声明 | 网站地图 | 联系我们 | 主编信箱
版权所有：四川省人民政府办公厅
技术支持：中国电信四川公司 网站维护：四川省电子政务外网运营中心 联系电话：(028)86190174
蜀 ICP 备05030899号
为了获得更好的浏览效果，建议您使用IE6.0及以上版本浏览器登陆本站点
如果您在本页面发现错误，请先用鼠标选择出错的内容片断，然后同时按下"CTRL"与"ENTER"键，以便将错误及时通知我们，谢谢您对网站的大力支持。

图7–19 责任清单

图7-20　政府预决算、部门预决算和“三公”经费预决算专题

图7-21　全省“十项民生工程”及20件民生大事专题

三是在公开数量上，栏目采用“整合＋联动”建设模式，通过网站与部门共建、信息采编、直接链接等方式及时公开信息，并组织环境保护厅、人力资源和社会保障厅、国土资源厅、财政厅等重点部门及时报送信息，大幅提高重点领域政府信息公开水平，实现每月更新信息千余条（如图 7–22、图 7–23、图 7–24 所示）。

图7–22 水龙头水质饮水安全

四川省地级及以上城市供水出厂水水质信息公开情况

序号	城市名称	网站链接
1	成都市	成都市人民政府网站： http://www.chengdu.gov.cn/servicelist/topic/importantinfo.shtml#subChannelId=00342600 成都市水务局： http://www.cdwater.gov.cn/zwgk/gkxx/csgscsz/ 成都市自来水有限责任公司：http://www.cdwater.com.cn/
2	自贡市	自贡市人民政府网站：http://www.zg.gov.cn/news/articles/2017/01/04/20170104094907-637102-00-000.aspx 自贡水务信息网站：http://www.zgshuiwu.gov.cn/news.php?classid=3
3	攀枝花市	攀枝花市公众信息网站：http://www.panzhihua.gov.cn/bdyw/gggs/zw/635606.shtml 攀枝花市水务局网站：http://www.panzhihua.gov.cn/bdyw/gggs/zw/635609.shtml
4	泸州市	泸州市政府门户网站： http://www.luzhou.gov.cn/GovPublicInfo/Detailed.aspx?Id=20170122144244-514007-00-000 泸州市住建门户网站：http://www.lzgjj.gov.cn/ 泸州市水务集团网站—泸州市兴泸水务（集团）股份有限公司网站:http://www.lzss.com
5	德阳市	中国・德阳网站：http://www.deyang.gov.cn/info/iIndex.jsp?node_id=GKdyszf&;cat_id=27975
6	绵阳市	绵阳市人民政府政府门户网站：http://myzwgkml.my.gov.cn/dept/index.aspx?id=92337805 绵阳市水务集团网站：http://www.scmywater.com.cn/
7	广元市	广元市人民政府网站：http://www.cngy.gov.cn/govop/show/20170123143611-53380-00-000.html 广元市城乡规划建设和住房保障局网站：http://gyjsw.gov.cn/Item/9653.aspx
8	遂宁市	中国・遂宁网站：http://www.suining.gov.cn/10000/10007/10334/2017/01/23/10073461.shtml 四川明星电力公司网站：http://www.mxdl.com.cn/newshow.aspx?id=2905&mid=76
9	内江市	中国・内江网站：http://img.neijiang.gov.cn/news/mshow/1299134
10	乐山市	乐山市人民政府网站： http://www.leshan.gov.cn/lsszww/bmdt/201612/cac58a184bc5422cb5fdb6c09df3937f.shtml 乐山市水务局网站：http://www.lsswj.gov.cn/Sitesw/List.aspx?ID=16
11	南充市	南充市人民政府网站：http://www.nanchong.gov.cn/10000/10192/10193/2017/01/23/10134855.shtml
12	眉山市	眉山市人民政府网站：http://www.ms.gov.cn/info/1025/ 眉山市水务局网站：http://www.mswater.gov.cn/xxgk/tzgg.htm
13	宜宾市	中国・宜宾网站：http://www.yibin.gov.cn/ybdt/detail.jsp?newsId=470181&classId=020114 宜宾市清源水务集团网站： http://www.ybqysw.com/index.php?m=content&c=index&a=lists&catid=29
14	广安市	广安市人民政府网站：http://www.guang-an.gov.cn/affairinfo/openList.jsp?infoType=-2&searchWord=0;92337815; 四川广安爱众股份有限公司水务事业部网站：http://192.168.1.70/seeyou/main.do?method=index
15	达州市	达州市人民政府信息公开网站 ：http://xxgk.dazhou.gov.cn
16	雅安市	雅安市人民政府网站：http://www.yaan.gov.cn/htm/openview.htm?id=20170123153947-755237-00-000 雅安建设网： http://www.yaanjs.gov.cn/Article/ShowArticle.asp?ArticleID=1777
17	巴中市	中国・巴中网：http://www.cnbz.gov.cn/；E—mail:Bzsfwz@126.com 巴中水务网：http://www.bzswj.gov.cn/ 巴中圣泉水务公司网：http://www.bzsqsw.com/
18	资阳市	资阳市人民政府网站：http://www.ziyang.gov.cn/_ziyang/detail.aspx?id=85365

图7-23 四川省地级及以上城市供水出厂水水质信息公开

无障碍访问 | 手机版 | RSS | 网站地图

四川省环境保护厅
SICHUAN ENVIRONMENTAL PROTECTION

网站首页 信息公开 网上办事 互动交流 2017年2月23日 星期四

省厅介绍：省厅领导 机构职能
处室业务：政务信息 政策法规 规划财务 人事管理 科技产业 总量控制 环境评价 环境监测 污染防治 核电工业 农村环保 自然生态 核与辐射安全 建管处 信访督察 宣教合作 离退休处 机关党建 纪检监察 环境监察

当前位置：首页 > 处室 > 环境监测 > 环境质量公告 > 集中式生活饮用水水源地水质状况

请输入检索词… 搜索

集中式生活饮用水水源地水质状况

处室业务

- 政务信息
- 政策法规
- 规划财务
- 人事管理
- 科技产业
- 总量控制
- 环境评价
- 环境监测
- 污染防治
- 核电工业
- 农村环保
- 自然生态
- 核与辐射安全
- 建管处
- 信访督察
- 宣传教育
- 对外合作
- 离退休处
- 机关党建
- 纪检监察
- 环境监察
- 应急管理

集中式生活饮用水水源地水质状况

- 四川省城市生活饮用水水源水质状况报告（2016年12月） 2017-02-07
- 四川省城市生活饮用水水源水质状况报告（2016年11月） 2017-01-18
- 四川省城市生活饮用水水源水质状况报告（2016年10月） 2016-11-25
- 县级以上城市生活饮用水水源水质状况报告（2016年3季度） 2016-11-25
- 县级以上城市生活饮用水水源水质状况报告（2016年2季度） 2016-07-27
- 县级以上城市生活饮用水水源水质状况报告（2016年1季度） 2016-07-27
- 四川省城市生活饮用水水源水质状况报告（2016年9月） 2016-11-25
- 四川省城市生活饮用水水源水质状况报告（2016年8月） 2016-09-28
- 四川省城市生活饮用水水源水质状况报告（2016年7月） 2017-01-18
- 四川省城市生活饮用水水源水质状况报告（2016年6月） 2016-07-27
- 四川省城市生活饮用水水源水质状况报告（2016年5月） 2016-07-27
- 四川省城市生活饮用水水源水质状况报告（2016年4月） 2016-07-27
- 四川省城市生活饮用水水源水质状况报告（2016年3月） 2016-07-27
- 四川省城市生活饮用水水源水质状况报告（2016年2月） 2016-04-21
- 四川省城市生活饮用水水源水质状况报告（2016年1月） 2016-02-15
- 四川省2015年9月集中式生活饮用水水源地水质状况 2015-10-13
- 四川省2015年8月集中式生活饮用水水源地水质状况 2015-09-09
- 四川省2015年7月集中式生活饮用水水源地水质状况 2015-09-07
- 四川省2015年6月集中式生活饮用水水源地水质状况 2015-09-07
- 四川省2015年5月集中式生活饮用水水源地水质状况 2015-09-07

[首页] [上一页] 1 2 [下一页] [尾页] [共2页]

地址：中国成都高新区科园南路88号A2 办公室电话：028—80589003，传真：028—80589008，值班室电话：028—80589003(白天)，028—80589100（夜间）
网址：www.schj.gov.cn 版权所有：四川省环境保护厅 技术支持：四川省环境信息中心 蜀ICP备05008542号

图7-24 集中式生活饮用水水源地水质状况

四川省“信息公开重点工作”栏目整合信息资源，丰富传播方式，完善发布功能，严格发布程序，在更广领域、更大范围、更高层次上推动政府信息公开工作深入开展，充分发挥政府网站作为信息公开的第一平台作用，不断推动法治政府、服务型政府建设。

北京市政府年度重点工作解读

——首都之窗门户网站“热点舆情类”案例介绍

北京市人民政府办公厅 余勇妮 符纯嘉

2016年年初，中共中央办公厅、国务院办公厅联合印发《关于全面推进政务公开工作的意见》，进一步明确了推进政务阳光透明，让权力在阳光下运行的指导方针，从行政决策、执行、管理、服务、结果以及重点领域等方面提出公开工作实施细则。市政府办公厅为落实《北京市人民政府关于印发2016年市政府工作报告重点工作分工方案的通知》（京政发〔2016〕1号），加强市政府重点任务宣传解读和舆论引导工作，制定了《2016年市政府重点任务宣传解读工作方案》，指明要着力宣传推动京津冀协同发展取得的新进展、深化改革开放获得的新经验、推进创新发展取得的新成绩、加快城乡区域协调发展迈出的新步伐、构建绿色发展新格局取得的新成效、坚决推进城市治理取得的新突破、繁荣发展社会主义先进文化取得的新成果、不断提升民生保障水平取得的新成就以及进一步加强政府自身建设焕发的新风貌等九个方面。为落实文件要求，首都之窗网站拟建立统一工作平台，开设专题栏目进行集中宣传报道（以下简称“专栏”）。

一、栏目定位

栏目以“北京新变化”为主线，以“百姓关注”为核心，采用信息生态式构建手法与多端传播方式，着重突显民生类政策文件、公共服务信息、政府工作中的重要决策及决定等内容。

基于“静态展示＋动态播放”与“主题浏览＋快捷查询”展现功能，融入数字化、图表化、可视化等设计元素，并设置文件搜索及分类导航目录，使信息传播更直观丰富的同时，让公众在查阅过程中更方便易用。通过文字、图片、音视频和图表的形式，打造及时、统一、集中的网上解读平台，充分展示市政府着力推行阳光政务、透明运行的决心和行动力（如图 7–25 所示）。

图7–25 首都之窗网站网图

二、栏目内容

专栏紧紧围绕“全年市政府重点任务宣传解读目录”列明九个方面主题及具体任务进行内容规划，设置京津冀协同发展、深化改革开放、推进创新发展、加快城乡区域协调发展、构建绿色发展新格局、推进城市治理、繁荣发展社会主义先进文化、提升民生保障水平、加强政府自身建设等九个板块。每个板块及时发布相应主题各任务工作动态、工作方案、工作成果等信息。

首都之窗网站根据各类主题任务信息内容丰富程度和社会关注度开展专题报道，逐步形成“1+9+N”的栏目内容结构，即一个大型专栏（“市政府年度重点工作解读”栏目首页）+9 个分板块栏目 +N 个板块内子专题。

首都之窗网站开辟市政府年度重点工作宣传报道直播平台，推出“直击新闻发布会”子栏目，对相关主题任务的市政府新闻发布会和各部门新闻发布会、通气会、信息披露会等进行直播；开通“对话新北京”网络访谈节目，定期邀请相关单位走进直播间，就本部门在具体任务推进和落实中的工作进展、成效，结合社会公众关注的问题，与网民进行沟通或回应社会关切；节目还可邀请市政府专家顾问团成员就时政热点问题进行正面点评，引导舆论正面报道（如图 7-26 所示）。

《北京市全民健身实施计划(2016-2020年)》新闻发布会

文章来源：首都之窗 发布时间：2016-12-30

时间：2016年12月30日

简介：近日，《北京市全民健身实施计划(2016-2020年)》以市政府名义印发并向社会公布，该《实施计划》以建设健康北京为总目标，从建设健身设施，开展健身活动，推广冰雪运动，推动体育产业发展等多方面勾勒了北京市全民健身实施推进的路线图，将成为未来五年的行动指南。为及时做好相关内容解读，此次发布会邀请到北京市体育局的相关领导介绍情况，并回答媒体朋友的提问。

图7-26　首都之窗直播平台

为响应当前互联网用户读图习惯，首都之窗网站整合内部资源，开设“图说政府工作”子栏目，及时对新政策、新举措、新成效进行图片化总结展示，每周一期，使政府可看、易懂（如图 7-27、图 7-28 所示）。

当前位置：图解

图7-27　首都之窗图说栏目1

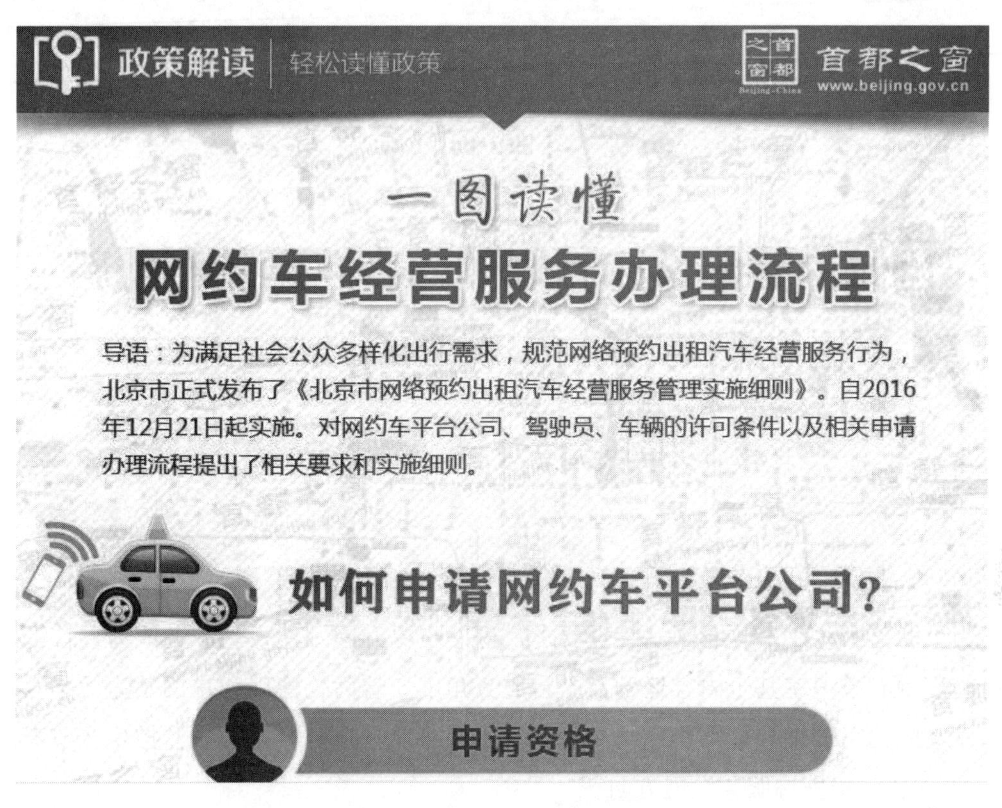

图7-28　首都之窗图说栏目2

三、宣传推广

由市政府办公厅统筹年度政府重点工作解读宣传。首都之窗网站整合自有渠道和社会传播力量，形成合力，高效推进年度市政府重点工作宣传解读效果。专栏所有页面将应用网页自适应技术，使网民通过桌面端、手机端，以及在今日头条、网易新闻、一点资讯等当前主流新媒体传播平台上，均可快速访问和浏览专栏内容，并可通过分享功能进行推广。

四、实施与保障

市政府办公厅负责牵头部署全市年度政府重点工作宣传解读全面工作，各板块内容由《2016年市政府重点任务宣传解读目录》中各主责单位提供内容保障。各单位应充分利用首都之窗网站年度政府工作重点工作宣传解读平台作用，积极主动与首都之窗网站开展合作，共建各类主题任务专题网页，共同进行活动现场报道。

网站内容建设和新媒体内容运营制度创新

——首都之窗门户网站“管理机制类”案例介绍

北京市人民政府办公厅 余勇妮 符纯嘉

为贯彻落实北京市政府网站管理要求，进一步提升网站建设与服务能力，首都之窗运行管理中心总编室基于内容运营及平台服务角度，着力构建以门户网站为大本营、多渠道联动的信息管理和运维机制，有效统筹中心各业务口内容资源、监控生产节奏（发布周期），并积极把握服务发展方向。

一、明确运营机制

2016年围绕数据驱动内容运营思路，总编室牵头着手完善数据分析维度、改进数据采集质量、优化业务绩效考量指标，并尝试确立从流程角度搭建业务评价框架，全面囊括各口内容发布管理及用户访问相关数据。一方面，借助制度规范、流程机制、数据监测等，“拉”动网站服务建设，确保日常运行安全稳定；另一方面，组织开展相关网站用户研究，为业务口做好相关分析参考与决策支持，“推”动网站服务建设，鼓励内生创新发展。

（一）建立以网站为大本营的内容管理和制作机制

伴随移动互联网大潮，借势新媒体平台，首都之窗以门户网站为大本营，将核心服务资源向多终端、多渠道辐射，不断实现政府信息多元传播，逐步形成联结式内容运营的工作体系与绩效评价标准。

（二）明确优势互补升级服务体验策略

结合用户浏览习惯区别化开展桌面端与移动端内容运维工作，投其所需，紧扣热点，助推实用解读和便民信息成为新媒体内容亮点。

（三）瞄准移动化需求扩充数据分析维度

针对访问人群移动化行为特性，扩充用户数据统计类别，构建人物角色，聚焦核心需求，把握运营内容与服务的排他性优势。

二、深耕新媒体平台

（一）加强发挥微信服务价值

作为日活指标最高的微信平台，首都之窗微信账号已成为官方内容服务一次传播、二次转发、多人分享的重要阵地。在总编室及各业务部门配合共建下，基于规律制定微信常规运营计划，按主题焦点与固定需求特性发布内容；紧跟热点制定每日选题，按用户留言与关注重点发掘贴合动态需求；运用网络语言使传播更接地气，内容生动活泼、形式鲜活抓眼球、标题精准有吸引力。通过日常的精耕细作，微信账号运维服务效果日益凸显。

（二）具体做法及创新举措

1.利用渠道优势，同步推广网站重点专题

配合网站发布“2015 年北京市政府常务会议”。“2015 年民生政策盘点”“北京市 2016 年重要民生实事网上投票”活动、“2016 年市级部门预算信息公开”“品古树风韵 享亲子时光”活动、2016 年全国“大众创业 万众创新”活动、“2016 世界机器人大会”等重点专题，开展微信端内容推广，扩大专题宣传效果和影响力。

2.与网站同步，全程重点报道2016北京“两会”

根据两会日程及时推送首都之窗原创图片，精编策划两会热议的“2016 年政府工作重点”“京津冀协同发展”“市副中心建设”“交通治理”等内容。每天发布“市民一把手访谈”和委员谈提案原创精编内容，提高了内容原创性和独家性，尤其是“市民对话一把手”

微信精编内容，第一时间独家首发，第二天不再转载《北京日报》内容。

3.积极开展送票活动，增加用户关注人数

（1）为宣传第四届北京农业嘉年华，扩大嘉年华活动影响力和知名度，让更多的市民参与到新型农业的体验中，在昌平区宣传部大力支持下，首都之窗微信订阅号共开展4期免费送票活动。活动于2016年4月11日开始至4月26日结束，共计送出门票600张。此外首都之窗微信订阅号发布了活动预热内容、昌平旅游和美食推介等微信精编内容。此次宣传推广活动除了通过首都之窗网站、首都之窗网站手机版、首都之窗微信订阅号三个自有渠道进行宣传推广外，还借助网易号、头条号、腾讯迷你版网页等用户使用度高的媒体平台进行宣传推广。另外为了扩大宣传规模，首都之窗微信订阅号主题策划了专题。整个送票活动近1万人参与，活动相关内容阅读人数近5万，分享转发近6000次，活动期间有效新增用户共计达2804人，同比上月增加50.5%。

（2）4月28日~5月4日期间开展了北京国际鲜花港郁金香文化节送票活动，活动共分两次送票200张，推送4条内容，图文阅读人数达11 660人，参与活动人数达2405人。每期送票图文阅读数在4000多，参与人数1000人左右，门票公布内容阅读人数在1000人左右。活动期间新增用户1069人，取消关注249人，净增人数820人，同比无活动开展时用户关注数增加56.7%。

（3）2016年10月，首都之窗配合全市开展2016年全国“大众创业 万众创新”活动周免费参观券预约。在首都之窗微信订阅号菜单栏设置“双创门票”入口，为公众提供参观券预约入口。活动期间在活动现场放置首都之窗微信二维码进行宣传，10月10日~10月17日活动期间，微信净增用户3525人，是平日的6倍左右，活动周宣传推广为微信订阅号带来较大用户增长。

4. 紧扣社会热点，为用户提供实用内容

针对幼升小、小升初入学政策这一社会热点，微信整合网站专题内容，与网站同步推出了微信2016年入学政策服务专题，第一时间将16区入学政策推送。用户通过输入“入学”“入学政策”等常用关键词，即可获得最新公布的入学政策。用户还可以通过回复如“东城入学”获取东城区入学政策内容（如图7-29所示）。针对暑期出境游人群，特别制作了出境游专题，用户可以根据不同人群查看出境办理方法、所需材料等内容。

图7-29　首都之窗热点详解

5.强化内容时效性，提供高效服务内容

在选题方面强化内容时效性，春暖花开推出系列赏花游活动主题内容；节假日前后推出旅游交通出行内容（如图 7-30 所示）。根据多项活动在同一天开展策划了“明天是一个特别的日子，咱大北京要发生这么多事儿，赶紧瞧瞧”；根据气象预报北京将迎入汛最大降雨及市防汛办汛期提醒制作“入汛最大降雨来袭，回家怎么办？最好先看看这个”“闷热！‘大蒸笼’天气该怎么办？”“高温防暑健康生活攻略请收好”，特别是最后一条下雨提示信息成为上半年来单条信息阅读数和转发数最高内容。

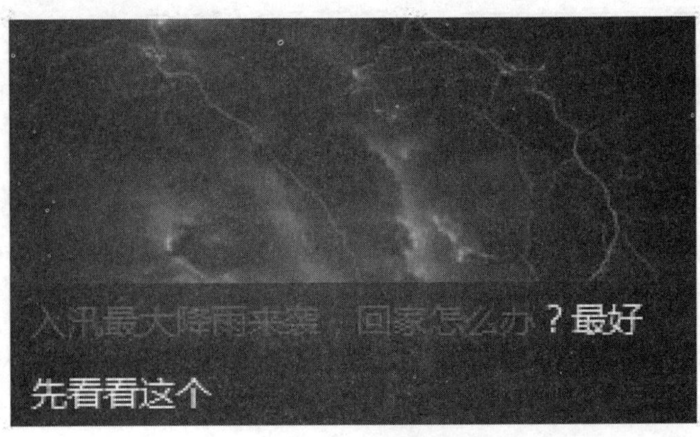

图7-30　时效提醒

6.与相关分站合作，推送原创内容

配合委办局内容推广，独家发布，增加微信的原创内容（如图 7–31 所示）。如市环保局提供的“别人一说您就信了？十大环保谣言来袭，您中招了吗？”；无烟北京提供的“戒烟，您失败了几次？别灰心，这次不一样！”。阅读情况较好。

别人一说您就信了？十大环保谣言来袭，您中招了吗？

图7–31　分站相互合作推送

7.密切关注用户需求，根据用户留言完善关键词回复内容

（1）义务教育入学主题。结合义务教育入学这一社会热点、用户需求，整合网站专题内容，制作了“入学”关键词服务，为用户提供 2016 年义务教育入学政策。其中包含制作了“海淀入学”等 16 区和燕山地区入学政策、“海淀非京籍儿童入学”等 16 区和燕山地区非京籍儿童入学政策等关键词。

（2）配合“营改增”政策宣传。整合网站内容，制作了“营改增”内容。

（3）针对社会热点用户普遍关注的小客车摇号、限行等内容。结合网站现有专题，制作了“尾号限行”“小客车摇号”关键词回复，方便用户及时获取相关信息。

（4）根据今年发布的本市棚改计划及其他保障性自住房政策，制作了“棚改”“公租房”“限价房”等关键词回复，为用户提供便捷服务。

（5）根据相关政策调整，更新制作了“我要办生育服务证”“我要办港澳通行证”“婚假”“产假”等关键词，保证用户获取的信息准确有效。

（6）根据积分落户政策，新增积分落户及居住证办理，该关键词成为年度新增最热

关键词，用户需求度居高不下，同时修改了“暂住证”关键词回复内容，指引用户正确有效地办理新证件。

（7）根据今年全面实施的二孩政策，新生儿大幅增长，新增“新生儿该如何落户”关键词，帮助新晋父母或大批生育二孩的人群解决孩子该怎么落户的问题。

（8）针对生活中经常有各种证件丢失的情况，制作了“房产证丢失怎么办”“护照丢了怎么办？”等关键词，帮助用户获得相关办理方法。

（9）根据新政策的出台，制作了“京八条”关键词，对政策进行了透彻的解读。

（10）2017 年北京开始使用北京通 – 养老助残卡，针对用户群体广大，特制作了“北京通 – 养老助残卡如何办理”的关键词，为用户提供行之有效的办理方法，让有需求的用户进一步了解此卡。

（11）供暖季来临后，新增“2016—2017 年采暖季全市供热服务电话”关键词回复内容，方便用户获取相关信息。此外，根据社会热点和用户留言较多的内容，完善了“2016 年养老金提高标准”“我要办生育服务证”等关键词。

三、取得效益效果

从推送信息传播覆盖面及用户阅读规模来看，新媒体推广渠道的传播影响力与实际阅读量，相对门户网站更为广泛、高效（新媒体平台>微信账号>门户网站）。如同一条信息，数据显示，“关于 2016 丝绸之路国际汽车拉力赛对道路采取交通管制的通告”微信阅读量约为网站用户浏览量的 5 倍；网易新闻同步推荐的有关“135 万张老人‘北京通’2016 年年内发放”信息，一周内阅读量高达 5 万多，是门户网站该条信息同一时期页面浏览量的 20 倍，以及微信同步推送该条阅读量的约 10 倍。

在用户从 PC 向移动端转移的时代，首都之窗门户网站仍保持每年近 30% 的用户增长量，同时微信订阅用户量较去年增长高达 260%。此外，新媒体合作发布平台的用户及阅读量呈现出直线上升态势。2016 年入选全国政府网站移动应用优秀 50 强，并且在北京地区政务微信影响力排行中也取得较好名次。

江苏省水利厅门户网站建设分享

江苏省水利厅办公室 彭 昕

为了使江苏省水利厅政府门户网站，能够符合服务型政府建设的要求，满足江苏省政府对政府机关门户网站评测指标，同时也为了实现水利行政权力网上公开运行电子化运作的要求，江苏省水利厅于2013年组织对原有的江苏水利门户进行改版重建。

一、前期调研

在本次网站改版建设之初对国内政府门户网站进行调研，包括省市的政府门户网站，以及其他省市水利厅局的门户网站，对国内外的政府门户网站的发展情况进行梳理、收集资料、汇总分析，目前可以分为以下几种建设现状：

一是最简单的信息提供，把政府所能提供的，公众所需要的部分信息，公布在网站上供网民浏览。

二是提供网上受理服务，公众能单向地把办事所需的材料进行在线填报提交。

三是完全的在线受处理的阶段，所有事务都可以在网站上进行处理，包括信件的接收与反馈，以及政府机关办事进行网上处理与反馈。

二、建设目标

本次项目改版建设的目标，主要是重点建设突出行政权力事项受理和发布，以及在线办事、信息公开、公众参与互动四大服务功能。对网站前台展现的内容进行规划和设计，使得网站的结构更加清晰简洁，网站页面更加简单大方，服务界面更加方便友好。对网站后台功能进行优化，优化数据库结构，智能化同步相关内容，实现网站功能的模块化设计，提高可扩展能力；引入网站信息报送、审核、发布的流程化管理模式，规范网站信息发布的流程；同时，以用户满意为目标，提升网站服务能力和服务便捷程度，以水利行业和信息化建设为重点，进一步加强政务信息公开的力度，加大为企业和公众提供的服务深度，拓展与公众实现双向互动的广度，提升各个部门办事效率，给企业及社会公众提供更加方便、优质的服务。

（一）前期网站的需求分析

在重建之前江苏省水利厅网站是2008年建设的门户网站，由于当时的条件限制和政府要求，主要作为政府信息发布的门户，后期又根据省政府的统一安排，不断在此之上添加了信息公开、信箱处理、行政权力运行展示等多个独立功能系统，系统复杂，系统之间缺乏紧密联系，为真正达到设计要求，重建后的门户网站需要将信息公开、信箱处理、行政权力网上公开运行系统外网门户的功能整合进入水利厅门户网站统一管理。它是实现政务信息公开的重要载体和窗口，需要为公众和企业提供一个单一的访问各种应用和信息资源的入口，因此我们需要统一用户登录，不仅可以及时发布公共信息，如机构设置、工作职责、政策规定、招投标公告、工作进度、政务信息、提供便民服务等，同时也可以是省水利厅行政权力网上公开运行系统的外网受理、信息反馈的窗口，接受外界监督的重要途径。对现有的门户网站系统进行改造重建，扩充网上办事的能力，使其能实现行政权力事项的网上发布、受理、查询、常见问题解答等服务，增加信箱处理、投诉建议等模块，丰富网站图片、音频、视频等多媒体资源，提供全方位多角度服务。

（二）手机短信平台

已建成的省水利厅行政权力网上公开运行系统和信箱处理系统没有考虑手机短信服务和提醒等功能。为了提高办事效率，降低办事成本，优化服务手段，需要建设手机短信服务平台，以实现行政审批服务与申请人的互动，提供业务短信定制、办事状态提醒等功能。

（三）建设原则

网站总的建设宗旨是要树立一个以用户为中心，以服务为宗旨，要突出政务服务特色的建设原则。围绕水利厅中心工作，打破政府部门设置的界限，按照用户使用习惯提供人性化、个性化、专业化的服务。在筹建门户网站过程中应该遵循以下主要原则：开放性与规范性原则、平台共用与资源共享原则、先进性与实用性原则、可靠性和稳定性原则、易于实施管理与维护原则、可扩充性原则、安全性原则、合理共享资源、避免重复建设原则。

（四）网站页面设计

针对之前2008年时候的网站，因为是不断地往上打补丁的方式，相对来说网站的结构不是很明晰，各个服务应用混杂在一起的，不方便网民去寻找所需的资源和应用。

前台界面要重点突出服务型政府网站的特点，重点突出政务公开、网上办事和公众参与的有关内容，真正起到便民利民的服务效果，对前台页面进行了重新的规划，大致分成几个模块，包括水利新闻模块、信息公开模块、公共服务模块、互动交流模块和网上展厅模块。分成几大模块后，网站的界面就比较明晰，方便网民直接寻找他们所需要的资源，而且相对来说，网站的结构也不是很长，在1屏半到2屏左右，符合网民使用习惯，鼠标点击在2到3次就可以寻找到他们所需要的资源，另外在网站导航条上整合搜索引擎，提供对网站内部及外部信息的高效搜索定位功能。其中网站内部搜索包含对栏目、文号、来源、日期等条件的搜索，搜索结果排序可定义。

（五）网站功能开发

江苏省水利门户网站升级扩建，按照完全实现双向互动的目标，进行功能扩展。本项目建设江苏水利门户网站，但同时以长远站群为目标做了规划设计，主要功能设计包括以下几点。

1. 系统集成

依照模块化设计理念，整合现有网站的内容保障、政府信息公开、厅长信箱（在线咨询）、在线访谈、行政权力专栏等多个网络应用系统后台，形成一个后台、多个应用系统的网站模式，同时为今后网站功能扩展预留足够的数据接口，提高网站的可扩展性。

2. 编辑功能

优化后台编辑功能，在网站的维护和建设工作中，参照word的模式，达到所见即所得的效果，看见的网页就是维护的网页，只需要直接在浏览器上修改就可以，不需要下载、修改、上传等复杂的步骤，方便后台网站维护人员操作，减少维护过程中出错的概率。

后台应有完善的文档管理功能，支持文档的录入、浏览、修改、删除、导入、导出等；提供在编辑和查看页面预览文档功能，随时得知发布后的效果。后台应支持对文档的移动、复制和引用的操作，文档引用能够实现信息的同源同现、同源异现的表现方式。

3. 数据库功能

优化数据库结构，按照信息内容存储，同一条内容仅存储一次，在编辑时提供“发布到”选项，实现一稿多链；增加数据库自动分类的功能，尽可能减少管理人员手动操作的次数，如厅领导工作动态的内容可以在更新首页水利要闻的同时，自动或手动根据领导姓名等关键字同时显示在领导个人子网页的工作动态中。

4. 联动功能

集成一个联动的功能，网站信息资源部分来自水利厅下属的各个事业单位、机关处室和市县水利部门，增加各子网站维护人员向主站推荐报送信息的功能，在子网站维护编辑信息的同时，提供“是否推荐报送”的选项，主站系统管理员审核后可发布在主站相应栏目。如系统管理员在首页发布了有关处室（单位）的信息内容，则可自动转发至相应部门子网页栏目中，丰富子网页信息量；针对手机 WAP 页面进行重新设计，实现与主站的页面内容自动同步。

5. 统计功能

为方便对部门维护情况的考核，在门户后台实现部门维护信息的分类统计和得分功能，包括全站本月最受欢迎的信息和网站群每月浏览量、信息量排行榜等，并可对有关统计结果进行发布。

网站统计功能包括，按照更新量、访问量、响应时间、错误率等方面对各部门维护情况及子站运行情况进行实时监测统计，并生成相应的统计报表，作为各项考核指标的依据。

6. 网络安全

增强网站的防黑能力，根据网站允许使用者上传部分文件和数据的情况优化安全设计，最大限度保证网站安全、稳定。

7. 系统管理功能

所有流程的设置通过图形化的界面实现。在系统提供的主页模板上，经工作流处理后的信息将自动生成网页在网上发布。可以利用系统提供的模板随时扩充新的应用。页面模板可以随意更换。

信息维护与页面样式设计相分离，网站系统提供基于浏览器的傻瓜式信息维护工具，适用于非计算机专业的信息维护人员方便、快捷地录入新信息和修改、删除已有信息等信息维护工作。

8. 用户管理及认证

在网站用户管理这方面，采用了统一用户登录的方式，包含用户管理、用户身份认证以及应用单点登录等功能，实现应用间身份信息共享、登录信息互通，提供“一处登录、全网漫游”的解决方案。

为了增强 Web 访问的安全性，登录系统针对 Web 应用采取相应的安全策略，如：IP 地址限制或 IP 地址绑定、输入验证码或手机短信验证等方式。

系统为管理员提供完备的权限管理功能，包括用户增改、删除、权限的配置，可以精确到每一个栏目。

9. 政务公开系统

政务公开包括水利厅信息公开、权力公开、政务活动公开、办事公开、招投标公开等等，凡是《政府信息公开条例》规定需要向公众公开的政务信息一律及时上网发布，同时通过网站与江苏省政府信息公开平台对接，可以将需要推送的信息直接推送到江苏省政府信息公开相应的数据库中。

10. 公共服务系统

公共服务系统主要通过行政权力公开透明运行体现，江苏省水利厅行政权力公开透明运行系统，实现了网民进行网上申报、在线的预审和结果反馈，同时公布网上办事指南、在线查询办理事项的基本信息和办理状态。

11. 公众参与系统

拓展升级互动服务体系，对厅长信箱、在线咨询、投诉建议、在线访谈、民意征集、网上调查等等进行了整合，而且形成网站直播系统，一方面完善江苏省水利厅政府网站满足省政府关于评测的指标服务项，同时实现对重要会议和访谈的图文直播。

12. 手机微门户建设

开发建设了手机端的微门户，充分地考虑目前智能手机的普及应用，对网站信息重新梳理优化，使公众可以方便地在手机上浏览水利厅网站。

（六）运维机制

对于网站运维，水利厅内部制定了网站运行维护制度。维护单位为省水利厅办公室、省水利厅信息中心、各处室和地方水利部门和下属单位，每年每季度对维护报送信息的质量，按照制度进行评测。所有报送的信息汇集到网站稿源库供筛选和使用。

在网站硬件的运行维护上，依托于江苏省水利厅网络信息中心进行统一维护，包括对数据库、系统软件、服务器等，进行定期的巡检，安全的筛查，以及数据的备份。同时委托第三方软件检测机构，定期对网站的安全漏洞、错别字、敏感词、错链死链进行扫描，实时地发现问题并进行反馈。在网站的安全上面，引入网页防篡改机制，增加了负载均衡设备，确保江苏省水利厅网站可以正常维护运行。

国务院扶贫办网站建设的历史脉络

国务院扶贫办信息中心网站负责人 肖 禹

国务院扶贫办自2005年第一次网站建设完成以后，前后共经历了两次改版。

2005年版本的网站建设比较简陋，仅仅是完成了扶贫办网站从无到有的经历。当时扶贫办还没有完全独立办公，官方门户网站制作资金和技术人员都十分有限，可填充内容相对较少，仅仅是我办领导或者是相关扶贫新闻的报道，功能非常单一，后台系统只具备发布文字和图片新闻功能，视频发布、互动功能和页面应用等没有列入计划，甚至基础的信息公开模块，在最初版上线时也没有部署。

一、2011年改版

2011年，因旧版本不再符合国家对网站的要求和当时政府形象，所以我们进行了第一次网站改版。改版的实质性内容主要是针对网站的功能，如视频发布、页面调整和栏目内容的全面性。当时我们提出的理念主要是以下几条。

第一个理念要突出"新"，改版后的理念要创新思路、创新内容、创新形式。

第二个是"全"字，要把网站办成整个扶贫系统的窗口，既是工作的窗口，更是反映整个扶贫开发工作的窗口。

第三个是"活"字，要在坚持原则的基础上，充分体现灵活性。我们当时要反映的是扶贫基层的鲜活势力，考虑更多的要求，增强网站的感染力和冲击力，同时还要办出网站自己的特色。

最后一个是网站的安全稳定，要确保政治上不出事，运行上稳定可靠。

随着互联网技术的进步，在2012年、2013年稳定运行之后，时间到了2014年。随着扶贫新形式的网络宣传需要，我们明显察觉到，在应对一些新的浏览器，网民的阅读习惯以及页面展示方式上我们又落后于时代了。当时的网民的阅读习惯已经由传统 Web 端转换到手机端，同时网站的使用格局上也发生了较大变化。一开始的网站主要靠网民点击自主寻找，随着信息量的加大，网站信息呈现越来越依靠搜索式查询。在其他的部委都在不断自我更新的情况下，我们决定进行第二次网站改版。

为此，我们委托第三方机构对我们的网站进行了综合测评：从客户在首页停留的时间、网民在首页点击的次数和访问习惯、网站停留热力图的基础数据进行了逐步分析。经过分析，确实感觉旧版网站出现了用户体验效果欠佳、栏目体系规划不明晰、页面设计不合理、网站应用功能较弱、网站栏目设计层级过多等一系列问题。为此，我们于 2015 年把网站推倒重建，进行了一次网站全新改版工作。

二、2015年改版

在最新一次改版中，我们首先明确了网站定位，最基础的要做好：政策信息的公开，政策和法规宣传的窗口，以及提供在线服务的平台。

在这个定位下，我们的改版要求从页面、终端、功能、信息等各方面满足发展的潮流，承担政府网站信息公开、在线政务、信息共享的基本功能，加强我们扶贫办工作的正面宣传和政策发布。尤其是要实现信息的权威性、及时性和准确性，这也是国家领导人对我们网站及扶贫网络宣传工作提出的要求。

为此，我们 2015 版网站在页面设计上相比于旧版，采取了更加简洁明了的方式，基本上采用的是一屏半到两屏之间的设计，原则上实现了不超过三次点击就要能找到所需文章的设计理念。我们借鉴了发改委、京东、淘宝等比较成熟的政府和商业网站的页面设计布局，让我办网站更加符合公众的使用习惯。

此外，我们着重想突出网站的功能性，在老版网站的功能划分上，各个功能区是混杂在一起的，给具体用户使用者造成了极大不便。2015 年我们明确划分了各个区域，仔细划分好导航栏、专题区域、链接区域、栏目区域，从首页上可以较清晰地反映我办的主要功能和特点，不用网民再进行长时间寻找或二次搜索。

三、信息内容永远是网站的生命

衡量一个网站的成功与否，关注度是一个重点指标，而关注度的核心就是信息内容。网站改版除了后台基础功能的加强，我们下了更大的力气在栏目框架设计和信息内容充实上。在围绕国家部署的扶贫中心工作和国务院扶贫办主要职能基础上，我们与各业务充分沟通，重新设计了栏目和架构。

功能上依托网站新版后台，我们逐步实现了信息抓取和网站信息内容的标签化。业务上我们着力拓宽信息获取渠道，有意识地尝试了政府购买信息外包服务，为提高信息获取效率、提高信息发布速度，提供了必要保障。

国务院扶贫办作为一个议事协调机构，自身能提供的信息量有限。在新网站运行的一年多里，我们为解决信息内容问题，逐步建立了统一的信息收集平台，让我办门户网站信息发布平台与我办舆情平台、各省信息宣传人、我办其他宣传渠道等平台机构实现信息共享，简化中转和报批手续，建立问责自负工作机制，明确信息采集和上网标准。这些工作保障了我办新闻更新速度和点击量每年均有 50% 以上的增长。

在网站的功能上，我们除了扶贫办本身的网站办事功能、信息公开、电子政务服务以外。2016 年我们正式开通了一个主任信箱功能。虽然很多部委网站的互动功能远在我办之上，但扶贫办主任信箱功能的开始是扶贫历史上第一次实现网上沟通及交互性反馈。

同时在网站安全上，除了必要的软硬件安全体系外，我们更注重内容安全服务功能。随着新版网站的投入使用，我们委托第三方对我们的网站进行 24 小时监控，主要是网站运维、信息内容和应用功能监控。如当网站访问出问题，可以在 10 分钟内通知到我办网站负责人，并即时恢复访问。网站内容问题可以即时反馈并立即予以整改。这一方面保证了我办网站信息的安全，另一方面也满足了网站普查工作的新要求。

四、制度保障

网站改版工作不是一个短期任务，而是随做随改，要时刻跟上新形势，这就少不了相关制度的保障。在 2015 版网站改版上，我们明确了以下制度方针。

第一，加强领导意识。信息化工程简单来说就是一把手工程，所以要在领导关注度上下大功夫。

第二，从头落实责任机制，从机关领导到信息中心相关同事，都要将网站安全、工作和责任落实到位。

第三，严格考核制度。主要针对的是信息发布人员是否履职履责方面。

第四，明确约束机制。规定了三个方面：第一是必须做；第二是禁止做；第三是请示做。三方面明确机制以外，让工作人员能够加强自我约束。然后是规范工作的细节，包括我们用几号字、发什么信息、用什么视频。

1 年一小改，3~5 年一大改。

在此次改版之后，我们也基本明确了一个认识，就是 1 年一小改，主要指的是页面修改和其他临时性的任务，比如说国务办普查中发现的问题，国家布置的新的扶贫任务需要进行特殊展示的。

3—5 年一大改，基本上后台整体门户网站集成、信息化这些全部进行重新的梳理，网站栏目的架构也要进行必要的优化。

五、改版的具体内容

从技术难度上来说，现在政府网站改版已经不存在太多技术问题，基本模块十分成熟，网站公司相关研发也已经比较优秀了。更多问题出现在技术配置的合理性和每个单位的个性需求定制，还有对一些程序流、数据流的细节处理问题。而我办门户网站在 2015 年改版中，主要是制定了信息抓取和采集系统。

扶贫办在信息上有它的特殊性，因为扶贫是一项全社会参与的系统工程，各行业、各部委都有参与其中，所以信息抓取对我们来说是比较重要的。定点信息抓取更有利于掌握信息来源，减少了我们大量的人工工作量，提升工作效率。信息采集系统，可以让我们对信息进行更有逻辑性的梳理，通俗来说就是抛弃笨办法，不再用我们挨个网站去搜去看，同时也可以服务于我们的舆情系统，弄成一个真正的统一信息内容服务平台。

同时我们逐步重视互动平台的开发，我们刚才说的主任信箱的互动就是我办互动功能的第一步。在 2016 年，我们开通主任信箱以后，相关信件较多，体现了网民和贫困人口确实需要这样一个渠道来反映相关问题。我们计划在 2018 年，让我们的微博、微信互动这一块能与网站互动信箱和信息内容实现一个实时的互通。最后就是功能上，我们可能加入了 SSO 单点登录系统，让诸多业务应用、查询系统，不再需要每登录一次都需要用户名密码，可以进行一个统一的登录，通过安全手段实现权限分级，让门户网站本身变为一个各应用系统功能集合平台。

在网络安全环境方面，由于受限于场地和资金等因素，国务院扶贫办并没有建立自己的机房。我们的网站硬件设备全部部署在国家信息中心，用的也是国家信息中心的网络环境。在网络安全方面，我们有自己的防火墙、VPN，但更主要的是依托于国家信息中心的网络安全策略。这方面的好处就是，如果单独建设一个机房，短期投入巨大，而后期我们需要有自己的管理和维护人员。采用这种租用的形式，既保障我们的网络安全，同时又减少了后期用人的工作量和投入。

六、关于网站建设的一些认识

内容永远是第一位的。

以扶贫办门户网站为例，在国家实施精准扶贫这个大背景下，如何提高扶贫办网站关注度，就是我们现在追求的目标。特别是当网站信息量有限的前提下，如何创新形式，就是一个非常值得探讨的问题。

我们想过多种办法，如将贫困县地区二维化、可视化，让关心扶贫工作的网民对贫困地区贫困县有更加直观的感受。也设想过网站问答机器人，并再次优化搜索功能这些方式，尤其是要进行搜索的语意与逻辑匹配。

在这儿我举个简单的例子，很多网民甚至是扶贫系统工作人员在扶贫办门户网站想搜索国家级贫困重点县，一半就会搜索“贫困县”三个字，但我们当时公布这个重点的名单的文件叫作《国家扶贫开发重点县》，里面没有“贫困县”这样的字眼，这也不是准确的叫法，导致很多人抱怨网站信息搜索功能。但我想这个问题，如果能导入一个智能化搜索，或者再次优化搜索引擎的语义匹配，就能很好地解决。

最后，作为我个人来说，尤为关注如何让政府网站工作能有效触及受众群体切身利益的问题。这也是国务院扶贫办门户网站下一步需要下大功夫去抓的事情。具体到实际工作，比如贫困标准、贫困县摘帽、建档立卡工作等国家系统性扶贫工程内容，我办门户网站还很难让利益相关者和工作关联者得到有效的信息，也缺少信息内容上建立逻辑关联引导的能力，而这些直接触及贫困人口的问题又恰恰是国务院扶贫办存在的基础。这个问题，我认为不仅仅是我办网站存在，在很多机构网站服务中都存在。我觉得以后网站改版的方向也更加趋近于一步式服务化，在这方面我们差距还是比较大的。

浅谈基于政府网站开展政务公开工作的几点体会

枣庄市政府信息和政务公开办公室主任 张 帆

一、政务公开的基本内容

根据中办、国办印发的《关于全面推进政务公开工作的意见》,政务公开用一句话概括，就是推进行政权力的运行全流程、政务服务的全过程公开。

政务公开的内容可以分成两个方面：一是推进政务阳光透明，包括“五公开”+重点领域的信息公开；二是扩大政务开放参与，包括政策解读、公众参与和回应关切。原来的政府信息公开我们认为就是政务公开的“五公开”的一部分，也就是说政府信息公开应该是政务公开的一个子项。

从政务公开的内容来看，政务公开对内容过程的要求远远高于原来的政府信息公开。那么针对内容丰富的政务公开要求，行政机关应该怎样有效开展公开工作，值得认真去研究。

二、政府门户网站是信息公开第一平台

在门户网站的建设当中，我们有以下做法。去年进行了政务公开平台的重新建设，主要是两方面：一是做好了公开平台设计，编制了《枣庄市市级政务服务平台建设方案和互联互通实施方案》《基于电子政务云平台的枣庄市政府门户网站改版升级建设方案》，提出采取电子政务云平台模式，建设市级政务服务平台和市政府门户网站，对建设需求、目标、标准、内容及保障机制进行了详尽规划；二是整合各方资源，搭建了政务服务和政府网站两个平台。与中国联通公司战略合作，基于联通云建设枣庄电子政务云系统，建设了政务服务平台，在南京大汉公司支持下，全面改版升级政府门户网站。

群众和社会目前虽然对移动平台有了许多需求，但是我们认为，目前社会对政务公

开更细致详尽的需求，还是通过政府网站的方式来取得。比如政府的文件政策规范文本，各种决策过程的公开，政府对社会提供的各项服务，等等。在政府网站模式下，目前的公开效果和访问频度明显高于移动方式的手机、微信、微博。因此政府网站作为第一公开平台，在目前的条件下，主要的精力和重心应放在政府网站建设上，随着移动需求量变大，兼顾移动平台建设。

三、政府网站政务公开的内容架构

根据新的政务公开要求，过去模式的政府门户网站在内容架构上有许多的不适应性。在目前条件下，如何对政府门户网站进行改版和升级，需要认真探究。

政务公开的内容架构可以在政府网站上通过两种方式来进行改版升级：一是全面改版适应政务公开的要求，包括“五公开”和重点领域公开；二是在原来的政府信息公开模式和政府网站内容上进行嫁接完善。

我们是在大汉公司的支持帮助下按照第二种方式，就是在原有政府信息公开和政府网站的架构上进行了嫁接升级。选择这种方式，我们的想法是：目前政务公开虽然在内容上，从国家、省政府层面都有了比较细致的要求，但是政务公开还在升级，就内容来说还在调整当中，将来还需要进一步改进提升，如果全部推倒原来政府网站的模式，进行全面的改版适应，一是工作量很大，一切从头做起；二是将来还可能会有新的要求和变化，对网站架构也许还要再次深度调整。因此，改版升级政府网站选择嫁接的方式，我们新的政府网站包括三大块，总体就是公开、互动、服务，具体的内容包括市情、党务、政务、新闻、服务、互动、清单等等专题和数据；在政府门户网站的首页上设置了“五公开”、热点回应、重点领域、信息公开等等内容，点击进入之后可以自动进入“五公开”、重点领域公开内容。这样就兼顾了过去的网站模式、信息公开的基本情况，同时能够使政务公开的新要求，主要是“五公开”和重点领域信息公开得到充分的保障。

图 7–32 页面就是我们枣庄市政府政务公开，从网站的首页去点击“五公开”以后，出现一个目录索引页面，点击“五公开”以后自动跳转到“五公开”的三级目录内容。这项内容由大汉公司技术人员帮助实施完成，最前面的就是“五公开”的决策公开、管理公开，后面还有执行公开、服务公开、落实公开。比如一级目录下的决策公开，其下又分了二级目录两项，三级目录四项，其他几项一级目录也是同样方式展开。点击网站的重点领域公开，也同样展示三级目录项。目录项下点击最后一项目录，就可以直接跳转到政府信息公开页面的信息展示地址。通过这种目录的跳转连接，能够保持政府信息

公开的原形，同时还把政府公开的内容系统性实现。

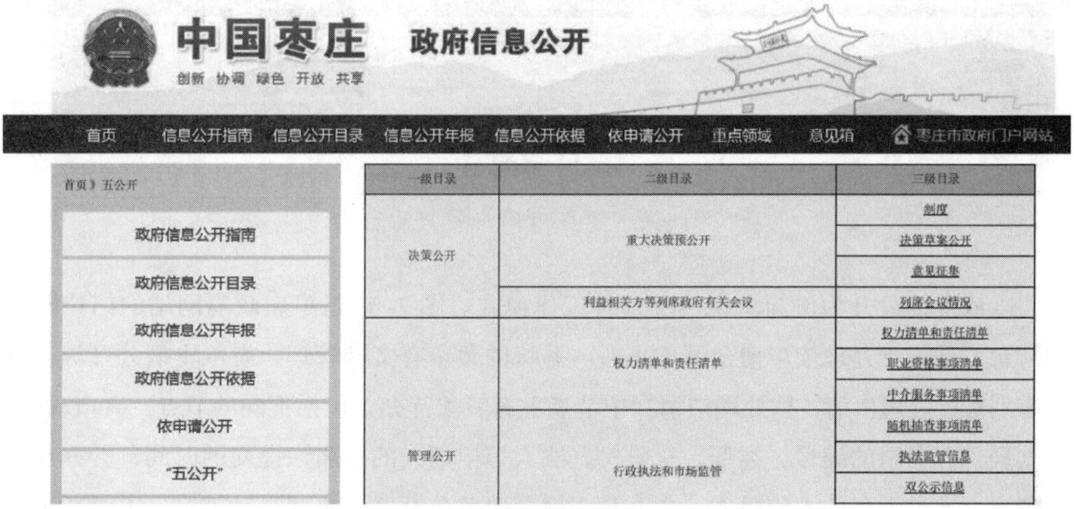
中国枣庄
政府信息公开
创新 协调 绿色 开放 共享
首页
信息公开指南
信息公开目录
信息公开年报
信息公开依据
依申请公开
重点领域
意见箱
枣庄市政府门户网站
首页 》五公开
政府信息公开指南
政府信息公开目录
政府信息公开年报
政府信息公开依据
依申请公开
“五公开”
一级目录
二级目录
三级目录
决策公开
重大决策预公开
制度
决策草案公开
意见征集
利益相关方等列席政府有关会议
列席会议情况
管理公开
权力清单和责任清单
权力清单和责任清单
职业资格事项清单
中介服务事项清单
行政执法和市场监管
随机抽查事项清单
执法监管信息
双公示信息

图7-32　枣庄市政务公开界面

四、基于政府网站的政务公开工作模式——以依申请公开为例

近年来在开展政务公开工作中我们遇到一些新的难题。对比以往的政府信息公开模式，在新形势下政务公开的内容量大面广，不仅要公开结果，还要公开决策执行过程；公开的主体不仅涉及本级政府各个部门，还有涉及部分的党委系统部门、有关的企事业单位，甚至包括了纵向的从市级、区级、镇街直至村居。那么在政务公开过程当中如何协调各方规范有序地做好公开工作，是需要各级认真破解的新问题。在实践中我们探索总结了基于政府网站的一种可行的政务公开工作模式：主办牵头、协调联动、信息共享、平台监督。

“主办牵头”就是根据行政职能公开，主要公开主题牵头落实公开任务，其他的有关单位分工分级负责。“协调联动”，就是主办方联络协调责任方共同完成公开任务。“信息共享”就是基于政府网站的信息化平台，所有的公开主题实现公开信息的共享，在各自用户端能看到公开信息的内容、办理进展等。“平台监督”就是主管部门，比如政务公开办就是作为全市的政务公开的主管部门，通过网络的后台监督平台，检查各级各部门公开的过程和结果，同时指导协调公开工作。

图7-33 枣庄市门户网户后台

以依申请公开为例简单说一下这种工作模式。图 7-33 是枣庄政府网站的门户网站的后台，是关于办理依申请公开的平台。系统的菜单有文档管理，有依申请公开等，可以看到有待处理申请，待处理申请当中节点上有三条待办，包括不同的节点，有市政府、规划局，有申请的编号、类型，有公民、法人等申请人的姓名，提交的时间，转办查询等情况。通过平台的工作模式，主办牵头就是政务公开办，协调联动就是上下级通过机制建立协调，信息共享在后台显示全市所有的节点，有 200 多个节点，包括各级各部门和企事业单位，关于申请公开的办理的情况，通过平台监督各家具体的办理的进程。基于政府网站的网络平台方式，能够做到分工协作和监督，把时间、人员、信息等资源合理充分地应用起来。

供给目录化 服务主题化 内容议程化

——成都市政府门户网站探索实现全网“三化”服务

成都市政府政务服务管理办公室 赵仕品

政府网站是网络时代政府履行职责的重要平台，是政府信息公开的主要渠道、提供公共服务的重要窗口、开展政民互动的重要载体和回应社会关切的重要阵地，对加快政府职能转变、创新行政管理方式、增强政府公信力和推进治理能力现代化具有重要作用。近年来，成都市利用政府门户网站开展信息公开、回应关切、办事服务。在丰富网站服务资源的同时，我们越来越关注政府网站的可用性、全面性、时效性、易用性、亲和性和可信性，认识到政府网站用户认知度和满意度的重要性。为此，我们近几年开展了以用户体验为导向的智慧政府服务规划与架构设计的探索与研究。

一、强化政府门户网站资源的规范供给

自2008年来，成都市依托政府门户网站先后建立了全市统一的四大资源服务目录平台，通过目录规范编制、管理机制建设、运行监管强化等，形成了涵盖全市各级政府部门、公共企事业单位、基层社会组织四级一体的全覆盖、规范化的政务服务资源供给体系。

（1）强化政府信息公开平台建设，推进政府信息公开规范化。成都市坚持将政府网站纳入政府信息公开主渠道建设，建成覆盖市级、区（市）县、乡镇（街道）三级行政机关及全市3067家公共企事业单位的统一公开平台，集中公开政府信息公开目录和公共企事业单位办事公开目录，推进了全市政府信息公开规范化、精细化。

（2）强化行政权力公开平台建设，促进权力规范透明运行。2010年，成都市在厘清行政权力边界的基础上，对行政职权事项进行统一编码，建设网上政务大厅，将权力清

单及运行流程图固化上网，实现权力内容、运行和结果公开。2013年，按照省政府办公厅的统一部署，完成市级、区（市）县两级统一电子政务大厅建设，启动清理完善行政权力事项要素，固化内、外运行流程图，合理设置监察点和廉政防控风险点，促进权力规范透明运行。

（3）打造基层公开综合服务监管平台，规范基层延伸服务。为破解政府信息公开向基层延伸的难题，加强及规范基层基础工作，2013年成都市统一规划建成了基层公开综合服务监管平台，平台覆盖20个区（市）县、317个乡镇（街道）、3408个村（社区），成为一个集信息公开、服务群众、互动交流、网络监管于一体的综合信息化服务平台，规范了基层延伸服务。

（4）开展全市政府网站绩效评估，规范政府网站群建设。成都市连续多年坚持开展全市政府网站绩效评估，从政府服务供给、网站服务组织、用户需求满足、政府网站管理等方面规范全市各级政府网站建设，促进全市各业务系统、子网站与门户网站实现资源共享、协同和整体联动，提升政府网站整体服务水平。

二、厘清政府门户网站服务的供需体系

成都市通过强化政府门户网站资源的规范供给，形成了基于政府角度的全市"资源供给体系"。但通过调查和数据分析，目前公众对政府网站的满意度和认知度仍比较低，尤其是在在线办事服务水平方面，社会公众的期望与政府网站现有服务能力差距还非常大，社会公众"需求体系"与政府部门"供给体系"两者之间存在不对应关系。厘清政府门户网服务的供需问题已成为提高政府网站服务能力、提升用户满意度首先要探讨解决的问题。

（1）开展基于政府网站用户行为及需求分析。通过在成都市政府网站群全面部署"网站智能分析系统"，基于大数据技术深入研究网民访问政府网的规律和体验。我们采集了一年用户访问行为的基础数据，对用户来源、点击流数据、技术环境、页面地址、表单提交、鼠标点击等用户行为数据进行了全面分析。通过上述分析，归纳总结网民访问行为规律，重点梳理网民关注热点，探究网民访问需求，查找旧版网站服务缺陷，明确网站重构方向及结构。

（2）全面梳理政府机构资源供给及服务。从资源供给角度进行资源的全面梳理，对旧版网站8000多个栏目内容及栏目路径进行清理、比对、筛选、重列；对全市80个多市级政府部门及相关公共服务机构进行全面资源服务调研，结合用户需求，提炼服务资

源；对成都市统一的政府信息公开目录、行政权力目录、公共企事业单位办事公开目录等资源目录体系进行梳理，寻求与用户需求之间关联，探索将政府角度的“资源供给体系”转换为用户角度的“服务供给体系”。

（3）明确政府门户网站服务重构达到目标。一是清晰网站结构。针对以往网站栏目结构复杂，访问路径纵横交错的问题，以一个全网服务目录统领网站服务体系，规范网站页面风格，提升易用性；二是减少网站层级，将全网首页到服务内容访问层级简化为2~3 个最多 4 个访问层级，缩短用户访问路径，方便用户使用；三是增强网站实用性，明确政府网站服务边界，按用户需求重组服务内容，增强网站检索功能，强化实用性；四是理顺运维管理，将网站日常运维管理转变为服务内容组织为主的运维模式，强化与政府部门之间的协调对接，提升政府网上服务能力。探索下一步政府网站智能检索、自定义服务、智能推送服务的实现路径。

三、门户网站“三化”服务探索及实践

成都市政府门户网站创新“供给目录化、服务主题化、内容议程化”，从用户的角度考虑重构全网服务体系，以期探索解决网站建设现状与用户需求之间的差距和问题。通过“三化”服务，优化政府部门资源供给体系，形成基于用户需求角度的政府网上服务目录，真正建立起“以用户为中心”的政府网站服务模式，探索社会公众“用户需求”与政府部门“资源供给”之间问题的破解之道。

（一）供给目录化

成都政府门户网站打破了原有网站频道概念，在公开、办事、互动功能定位的基础上，从用户实际需求角度出发，将全网所有服务按照主题化模式，形成了全网服务目录体系，将政府角度的“资源供给体系”转换为用户角度的“服务供给体系”。该服务目录体系由一级主题、二级主题、服务清单、详细服务内容构成，涵盖原有公开、办事、互动全部服务，成为全站服务导航体系。整个网站按照“导航 + 搜索 + 推荐”的方式组织服务呈现，借鉴了电子商务网站全站商品目录导航形式，方便用户快速达到最终内容服务，避免了原有频道间服务内容间交叉重复问题，清晰了网站服务体系。

（二）服务主题化

成都政府门户网站的主题设计，在充分挖掘用户需求、调研政府资源供给的基础上，从用户需求角度出发重构全站服务内容，最终确定了全网主题化服务模式，共计形成28个一级主题，133个二级主题，576个服务清单。以业务应用服务为牵引，突出服务需求满足度，引导服务供给，实现业务与服务的无缝对接，形成全网服务主题化。

政府网站需要一站式满足用户办事所有需求，如办理保障性住房申请，可能涉及查询保障性住房的相关政策文件、保障房房源信息、保障房办理流程、保障房资格公示、办理过程中遇到问题的咨询渠道等内容。这些内容对于资源供给的政府部门来说，属于公开、办事、互动不同范围，但对老百姓来说，都是办一件事情中的不同环节。通过全网服务主题化，将原来分布于公开、办事、互动三个不同频道的内容整合到一个主题里，重组了政府资源供给体系，形成了以用户为中心的服务体系，通过资源二次整合，解决了资源供给与用户需求之间的响应关系，提高了政府网上服务效能，提升了用户体验。

（三）内容议程化

成都政府门户网站内容议程化主要针对每个主题下设的具体服务清单，一是每个服务清单实现议程化配置。每个服务清单从用户角度构建一个服务完整周期，从用户角度，办理或查询一件具备完整流程、相对独立的服务事项或内容，即为一个服务清单，内容包含信息公开、办事指南、查询、咨询、投诉等，并逐步实现标准化。二是针对不同服务清单实现议程化调配，依据用户行为分析、指标体系分解、用户使用习惯等建立服务清单的标签库体系，为每一个服务清单配置相应标签，根据用户群体需求不同，以便实现服务组合调配、支持全站智能检索，最终按照关键标签实现服务主题自定义。

在原有的政府网站服务体系中，提供的每一个具体服务内容对应某个具体政府部门，当用户所办事项涉及多个部门时，需要到不同的业务分类体系进行多次查找，有些内容还可能由非政府部门的其他公共服务机构提供，无法查找。对用户来说，希望在门户网站上能够一次性查阅到办事的全部流程，包括多个部门及服务机构提供的服务。如办理入户，在公安局办理入户登记之前，新生儿入户需要到医院办理新生儿出生证明、到卫计部门办理准生证；购房入户需要到人社部门打印《个人养老保险实缴信息单》、到房管部门打印《房屋信息摘要》等，通过内容议程化，将原来分散到不同部门和机构的办事服务整合到一个服务清单里，形成服务事项全生命周期服务，明确了服务目的，满足了用户需求，强化了门户作用，提升了服务效能。另一方面，通过每一个服务清单与标签库建立关联，实现根据不同用户群体、阶段性工作等不同维度，配置生成新的主题内容。

成都政府网站“供给目录化、服务主题化、内容议程化”的探索与实施，通过服务主题和服务清单，提出跨部门业务资源整合规范，通过资源组织标准、资源调配标准、资源配置标准，重构供求关系，形成资源组织、管理、调配的规范化管理，提升政府网站用户满意度，为政府集约化平台业务标准规范的建立进行了有益的实践探索，同时也是政府网站未来网上政务服务能力标准化评估理论与实践的探索尝试。

成都市政府门户网站全网"三化"服务研究与实践

成都市经济信息中心（成都市经济发展研究院） 王萌森

政府网站是公开政府信息的主要渠道、提供政务服务的重要窗口、开展互动交流的重要载体和回应社会关切的重要阵地，对加快政府职能转变、创新行政管理方式、提升政府互联网履职能力和服务水平、推进国家治理体系和治理能力现代化方面具有重要作用。近年来，成都市按照建设法治政府、创新政府、廉洁政府和服务型政府的要求，在利用政府门户网站开展信息公开、解读回应、办事服务和互动交流的同时，越来越关注网站的可用性、全面性、时效性、易用性、亲和性和可信性，认识到网站用户认知度与获得感的重要性。为此，成都市开展了以用户需求为导向、以提升政府互联网履职能力为目标的智慧政务服务规划与架构设计探索与研究，并基于此在成都市政府门户网站开展全网"三化"服务实践。

一、"三化"服务基础——强化政府网站资源的规范化供给

电子政务业内对我国政府网站的发展阶段有一个"三阶段"划分，第一是技术导向阶段，解决的是网站有无问题；第二是内容导向阶段，解决的是网站内容多少的问题；第三是服务导向阶段，解决网站内容质量好坏。成都市政府门户网站正是沿着这个道路发展过来的。在技术导向阶段，成都市政府门户网站于 2002 年 1 月开通，是国内较早上线的政府网站。到 2008 年，我们发现网站现有运行模式已无法满足网站的发展要求，需要更为丰富、全面和规范的内容供给，网站开始逐步转向内容导向阶段。从 2008 年到 2013 年，成都市依托政府门户网站，先后建立了成都市政府信息公开目录（如图 7-34 所示），成都市公共企事业单位办事公开目录（如图 7-35 所示）、成都市行政权力目录（如图 7-36 所示）和成都市基层公开综合服务监管平台（如图 7-37 所示）。通过目录规范编

制、管理机制建设、运行监管强化等，形成了涵盖全市各级政府部门、公共企事业单位、基层社会组织四级一体的全覆盖、规范化的政务服务资源供给体系。

图7-34　成都市政府信息公开平台

图7-35　成都市公共企事业单位办事公开平台

图7-36　成都市电子政务大厅

图7-37　成都市基层公开综合服务监管平台

该体系建立后，在资源供给方面，形成了覆盖全市各级政府部门、公共企事业单位、基层社会组织四级一体的规范化的政务服务资源供给机制；在政务公开方面，实现了政府信息公开、公共企事业单位信息公开、行政权力运行公开、基层信息公开，实现全面、立体、深入的政务公开模式；在资源保障方面，形成 53 个政府相关部门，22 个区（市）县，一千余个政府相关单位，3067 家公共企事业单位，374 个乡镇街道，4250 个村（社区）共同参与的网站资源保障架构。成都市政务服务资源供给体系的形成，强化了政府网站资源的规范化供给，为网站下一步的发展和探索奠定了重要基础。

二、"三化"服务缘起——发现政府网站服务的供需问题

2013年，成都市政府门户网站基本建立起了全市"政务服务资源供给体系"，但我们通过研究调查和数据分析发现，单纯丰富和规范网站的服务内容对于用户是远远不够的，提供了再多的信息和服务，如果不易查询和不便使用也是毫无意义的。如我们在研究中发现的一个案例（如图7–38所示），这是成都市政府门户网站上关注度较高的一条标题为《成都市2014年小学毕业生初中入学划片范围》的信息。我们对此条信息在一个月内的访问来源和途径进行了分析，这条信息的访问量为921次，其访问来源中，百度、搜狗等站外搜索就达到787次，占85%；而通过首页开始，逐级点击查到这条信息的只有9次，占比还不到1%。这说明网站从首页开始设置的多个层级和各种门槛，让用户进入网站后找到自己所需的信息是很难的。

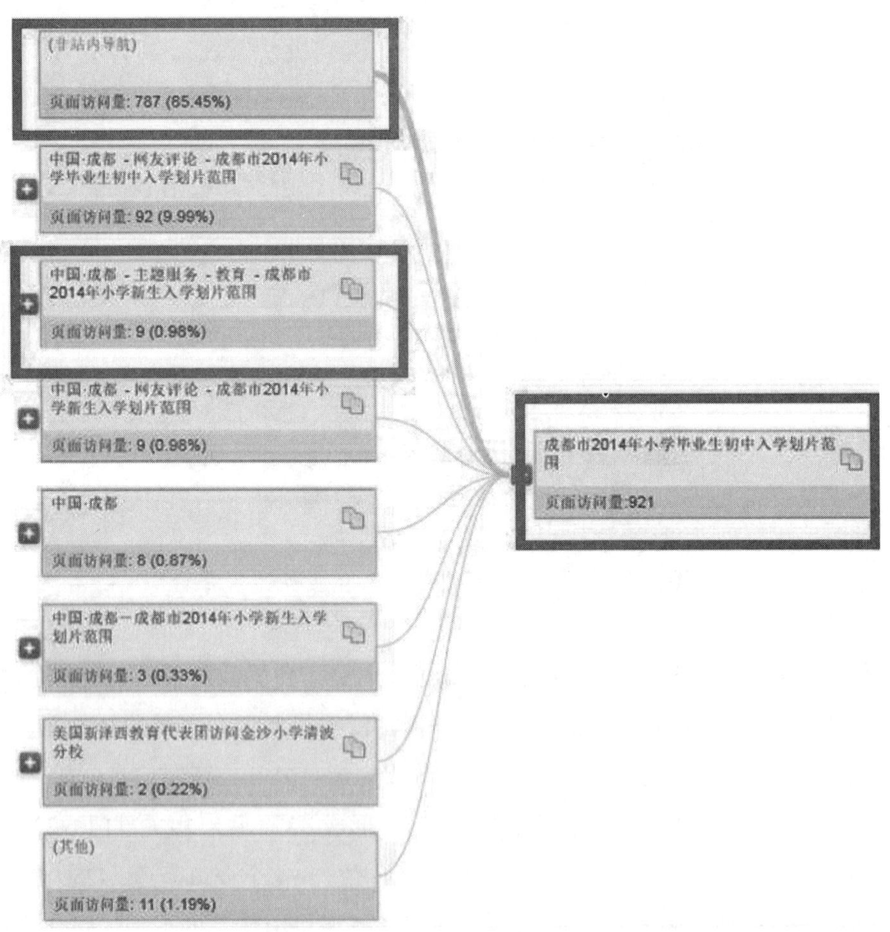

图7–38 《成都市2014年小学毕业生初中入学划片范围》某月访问路径与占比图

针对此类现象，我们对当时的成都市政府门户网站栏目关系进行了全面梳理，形成了两张栏目关系图（如图 7-39、图 7-40 所示）。从图中可以看出网站的栏目关系错综复杂，相互交叉，而这样的栏目结构在我国各级政府网站也是普遍存在的，公众很难便捷使用。这样的用户体验，使公众对政府网站的满意度较低，社会公众“需求体系”与政府部门“供给体系”两者之间存在不对应关系。基于此，我们发现厘清政府网站服务的供需问题，已成为提高政府互联网履职能力，提升网站满意度亟待探讨解决的问题。

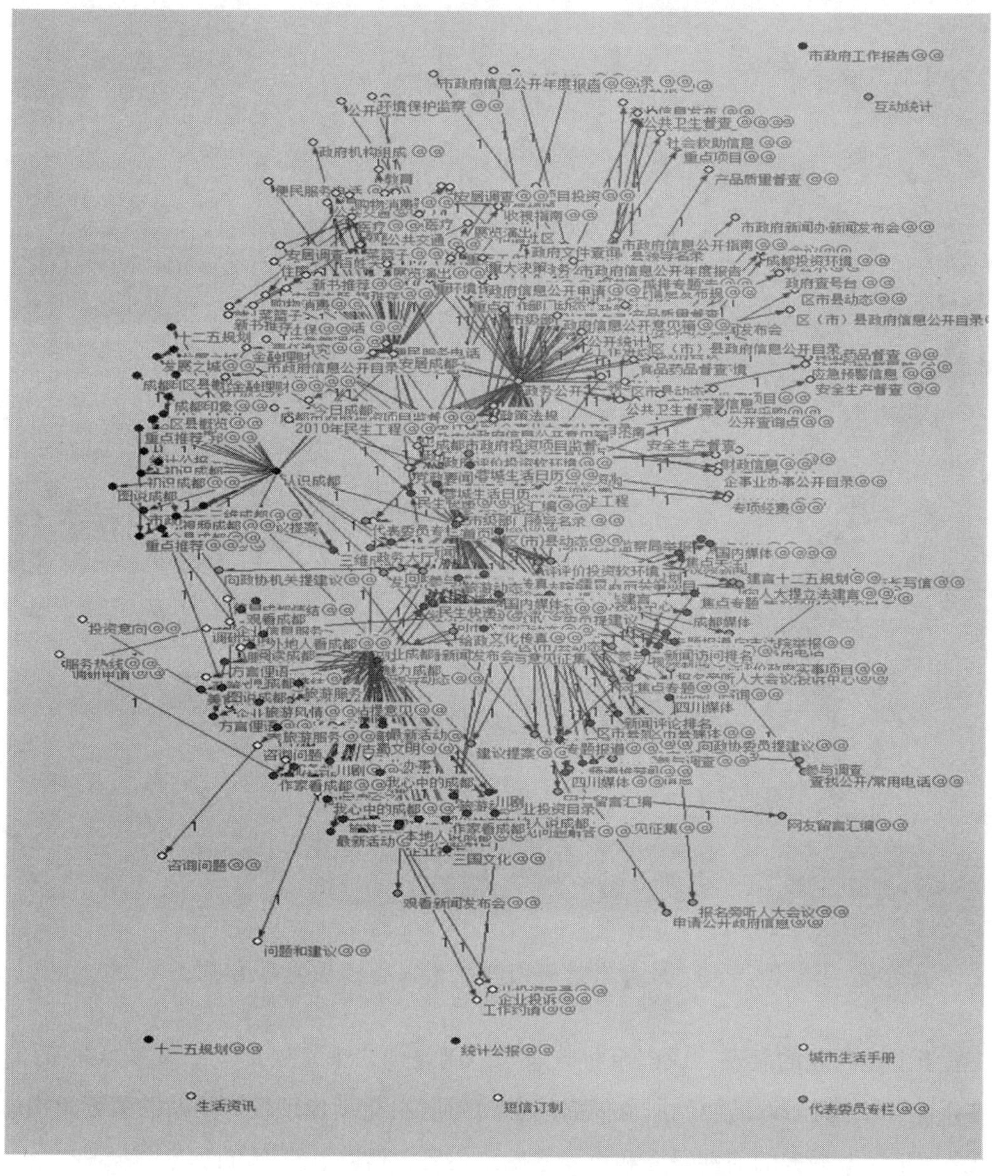

图7-39　成都市政府门户网站旧版栏目关系图 1

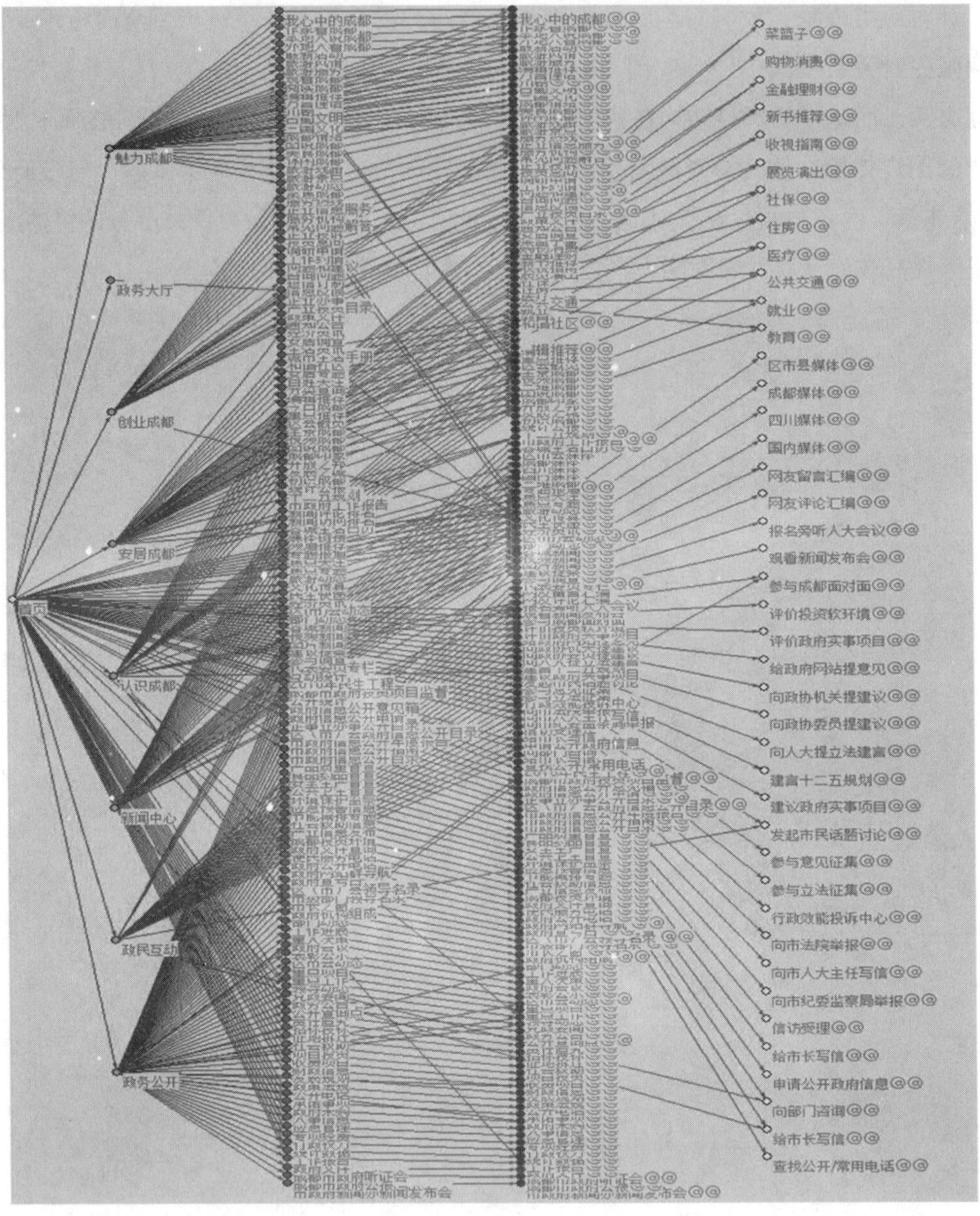

图7-40 成都市政府门户网站旧版栏目关系图 2

基于上述问题的发现，成都市将政府门户网站的未来发展定位于服务导向阶段，于2013年即开始基于"政府网站服务供需问题"的研究，重新梳理政府网站的服务架构体系，这也是"三化"服务的前期研究和重要基础，主要包括以下三个方面。

第一是开展基于政府网站用户行为及需求分析。通过在成都市政府网站群全面部署

“网站智能分析系统”，基于大数据技术深入研究网民访问政府网的规律和体验，采集了用户访问行为的基础数据，对用户来源、点击流数据、技术环境、页面地址、表单提交、鼠标点击等用户行为数据进行了全面分析，并引入页面点击热力图、访问路径扩散图和热点探测等智能分析工具，对网民访问政府网站的一般行为规律进行了归纳总结。通过上述分析，重点梳理了网民关注热点，探究网民访问需求，查找网站服务缺陷，明确网站下一步的重构方向。

第二是全面梳理政府机构资源供给及服务。基于成都市政府门户网站现有资源体系，我们从资源供给角度进行了服务资源全面梳理。通过对成都市政府门户网站8000多个栏目内容及栏目路径进行清理、比对、筛选、重列；对全市80多个市级部门及公共服务机构进行全面资源服务调研，结合用户需求，提炼服务资源；对成都市统一的政府信息公开目录、行政权力目录、公共企事业单位办事公开目录等资源目录体系梳理，寻求与用户需求之间关联,探索将政府角度的“资源供给体系”转换为用户角度的“服务供给体系”。

第三是明确政府网站服务重构达到目标。（1）清晰网站结构。针对以往网站栏目结构复杂，服务内容重复交叉，访问路径纵横交错的问题，以一个全网服务目录加主频道导航统领全网服务体系，增强网站检索功能，规范网站页面风格，强化实用性，提升易用性。（2）减少网站层级，将网站首页到服务内容平均5~6个访问层级最多7~10个访问层级，简化为2~3个层级最多4个访问层级，缩短用户访问路径，方便用户使用。（3）理顺运维管理。将网站日常运维管理从动态资讯更新为主的运维模式，转变为服务内容组织为主的运维模式。更关注政府网站内容建设本身，强化与政府部门之间的协调对接，提升政府互联网履职能力。这也是成都市政府门户网站近年来改版的主要目标，实现网站结构清晰化，层级简洁化，内容实用化和保障规范化，进而进一步明确成都市政府网站未来的奋斗目标，实现全面智能搜索，自定义服务和智慧化推送服务等智能应用和体验。

三、“三化”服务探索——成都市政府门户网站的实践

通过上述研究工作，我们明确了从用户角度出发，重构网站服务体系，提出“供给目录化、服务主题化、内容议程化”的“三化”服务创新思路。力图通过全网“三化”服务，弱化政府部门资源供给体系，形成基于用户需求角度的政府网上服务目录，真正建立起“以用户为中心”的政府网站服务模式。探索社会公众“用户需求”与政府部门“资源供给”之间不对应的破解之道，并在成都市政府门户网站上开展探索与实践。

（一）供给目录化

国内政府网站一直习惯以“公开”“办事”和“互动”作为网站的分类框架，其实是人为给网站用户的选择加了一个壁垒，未从用户的实际需求出发。成都市政府门户网站创新采用“供给目录化”，将全网所有市民和企业服务按主题化模式形成全网服务目录体系，将政府角度的“资源供给体系”转换为用户角度的“服务供给体系”。该服务目录体系由一级主题、二级主题、服务清单、详细服务内容构成，涵盖原有公开、办事、互动全部服务。整个网站提供了传统导航和全网服务目录两种导引,形成“导航 + 搜索 + 推荐”的组织服务方式，方便用户快速达到最终内容服务，清晰了网站服务体系（如图 7–41 所示）。

图7–41 成都市政府门户网站首页全网服务目录

（二）服务主题化

成都市政府门户网站在充分挖掘用户需求调研政府资源供给的基础上，从用户需求角度出发，对成都市政府门户网站服务内容进行了梳理重构，通过主题将政府部门业务与服务进行对接，最终形成“服务主题化”思路。截至 2017 年 7 月，成都市政府门户网站现已梳理上线 42 个一级主题，191 个二级主题，806 个服务清单。下面以一个小案例来说明成都市政府门户网站“服务主题化”的内涵。

网站的“幼儿园”主题（如图 7–42 所示）是公众关注度比较高的主题之一，家长如果办理幼儿园入学的事宜，可能涉及查询幼儿园入学相关政策文件，了解幼儿园报名登记流程，查看幼儿园名录和招生范围以及咨询渠道等，这些内容对于服务供给的政府部门来说，是属于公开、办事、互动的不同范围，但对老百姓来说其实就是办一件事情的不同环节。成都市政府门户网站通过全网服务主题化，将原来分布于公开、办事、互动三个不同频道的内容整合到一个主题里，弱化政府资源供给体系，建立以用户为中心的服务体系，通过资源二次整合，解决了资源供给与用户需求之间的响应关系，提高了政府网上服务效能，提升了用户体验。

图7-42　成都市政府门户网站幼儿园主题页面

（三）内容议程化

“内容议程化”是服务主题下的具体服务清单，成都市政府门户网站在网站服务内容的提供和管理中，对每个服务清单进行了议程化配置，即每个服务清单都以用户角度构建一个服务的完整生命周期。服务清单是从社会公众对于办事流程的认知和理解出发，办理或查询一件具备完整流程、相对独立的服务事项或内容。下面以一个例子来具体说明“内容议程化”的体现。

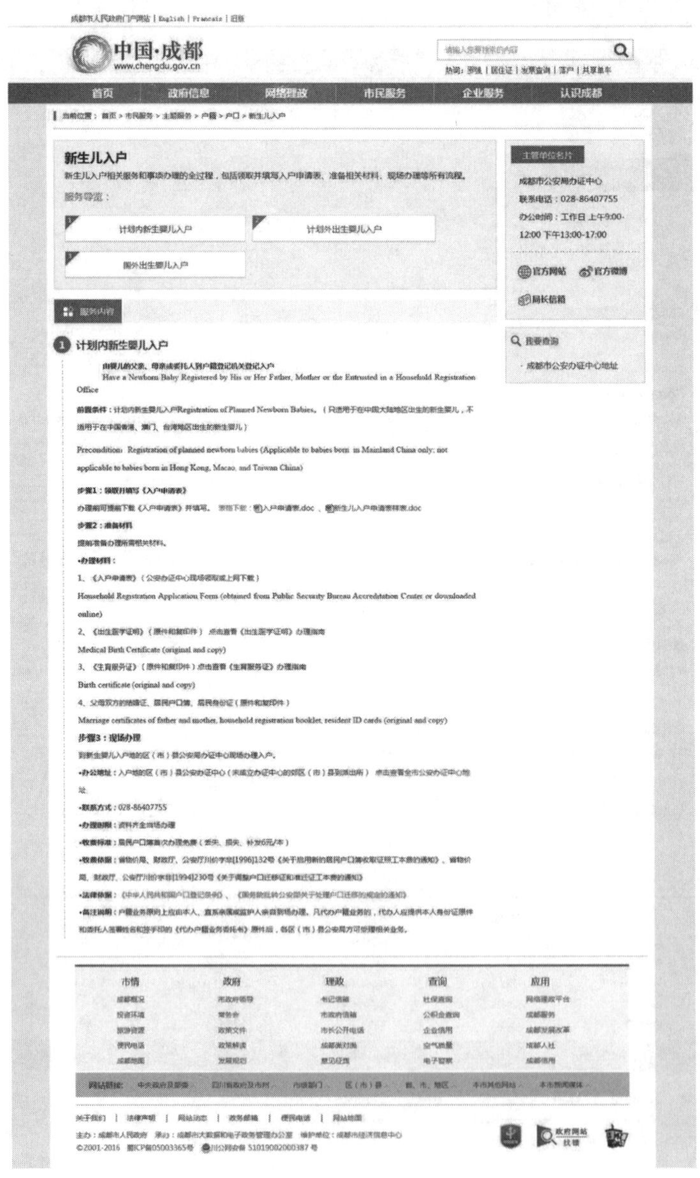

图7-43　成都市政府门户网站“新生儿入户”服务清单

在原有的政府网站服务体系中，提供的每一个具体服务内容对应某个具体政府部门，当用户所办事项涉及多个部门时，需要到不同的业务分类体系进行多次查找，有些内容还可能由非政府部门的其他公共服务机构提供，无法查找。对用户来说，希望在门户网站上能够一次性查阅到办事的全部流程，包括多个部门及服务机构提供的服务。如办理入户，需要在公安局办理入户登记之前，新生儿入户需要到医院办理新生儿出生证明、到卫计部门办理《生育服务证》；购房入户需要到人社部门打印《个人养老保险实缴信息单》、到房管部门打印《房屋信息摘要》等，涉及多个部门的不同事项。通过网站的“内容议程化”，将原来分散到不同部门和机构的办事服务整合到一个服务清单里，形成办事事项全生命周期服务。如新生儿入户服务清单（如图 7–43 所示），就将《出生医学证明》《生育服务证》等的办理在同一清单中进行展现。这明确了服务目的，满足了用户需求，强化了门户作用，提升了服务效能。

成都市政府门户网站“供给目录化、服务主题化、内容议程化”的“三化”服务探索与实践，通过服务主题和服务清单，提出跨部门业务资源整合规范；通过资源组织标准、资源调配标准、资源配置标准，重构供求关系，形成资源组织、管理、调配的规范化管理，提升政府网站用户满意度，为政府集约化平台业务标准规范的建立进行了有益的探索，同时也是政府互联网履职能力评价理论和实践的尝试。

四、“三化”服务延伸——基于用户需求的网站运维

从 2016 年开始，成都市政府门户网站基于“三化”服务的应用基础，深化网站服务供需问题的研究，依托“网站智能分析系统”，创新实践基于用户需求的网站运维。该运维方式通过网站站内搜索关键词，服务主题和清单的点击量，网站页面分析图等关键数据，对一段时间内网站用户关注的内容进行重点策划和推荐，将网站内容与用户需求尽可能地实现对应，提升用户体验。以下为“基于用户需求分析的网站运维”的一个典型案例。

2016 年 1 月开始，从国家到全国各地，生育政策——这一民生大事先后开展了修改调整。四川省也新修改了《四川省人口与计划生育条例》，并于 2016 年 1 月 22 日公布施行。成都市政府门户网站运维监测人员在网站日常监测时发现，对于生育相关内容的关注度在该项政策发布后的短时间内出现爆发式增长。在 2016 年 2 月 22 日 ~28 日这一周网站站内搜索关键词排名中，“婚假”“晚婚假”“晚婚”“二孩”和“产假”这五个和最新修改的《四川省人口与计划生育条例》相关的关键词均排名前 10。这说明成都市政府门户网站的网民对生育政策非常关注，也从侧面说明网站对此类信息的推荐和导引上有所欠

缺，网民大多通过站内搜索方式查找（如图 7–44 所示）。

	站内搜索关键词		搜索访问量	站内搜索次数	搜索结果点击次数	搜索结果点击率
1	婚假		116	143	79	44.06%
2	晚婚假		41	51	4	7.84%
3	成都市		29	64	127	42.19%
4	居住证		29	33	48	66.67%
5	晚婚		29	40	2	5.00%
6	二孩		25	32	4	12.50%
7	产假		22	31	16	45.16%
8	政府工作报告		18	21	21	85.71%
9	四川省人口与计划生育条例		17	22	3	13.64%
10	公车拍卖		15	16	8	50.00%

图7–44　2016年2月22日~28日成都市政府门户网站站内搜索排行

针对此情况，网站运维人员对涉及《四川省人口与计划生育条例》的相关信息进行了重点推荐，分别在首页访问量较高的“最新信息公开”和“热点推荐”栏目以头条方式进行推荐展现，方便网民查阅。同时，网站相关运维人员积极联络四川省卫计委、成都市卫计委等相关业务主管单位，收集整理相关政策文件，梳理服务信息，在最短的时间内，在“生育”服务主题中修改形成“生育登记服务”“流动人口一孩生育服务登记”“生育假”服务清单，并得到成都市卫计委的权威确认。这些服务内容和流程的梳理响应及时，策划为先，还早于市卫计委这些职能部门本身的业务梳理，真正实现基于用户需求，开展权威、准确和快速的服务供给（如图 7–45、图 7–46 所示）。

蓉城新闻　**最新信息公开**　>更多

- [条例]四川省人口与计划生育条例 (02-25)
- [通知]做好2016年小学1年级新生入学工作 (02-26)
- [政报]2016年第2期政府公报 (02-26)
- [通知]关于更新工业园区基础设施建设项目库… (02-26)
- [通报]1月份全市环境卫生检查考核情况 (02-26)
- [数据]2016年1月成都市金融运行简况 (02-26)
- [通知]2016年成都市市民体质提升计划 (02-25)
- [通知]2016年成都市体育竞赛计划 (02-25)
- [通知]停止征收价格调节基金 (02-25)

热点推荐　专题专栏　>更多

- [解读] 成都全面两孩、婚假产假等新规解读
- [发布会] “成都轨道交通规划建设情况”
- [解读] 我市多部门解读“成都人才新政十条”
- [图解] 成都市教育局2016年工作要点
- [专题] 2016成都招生入学
- [国网] 清理规范国务院部门行政审批中介服务事项
- [文化] 成都市3月2日、6日公益电影
- [互动] 3月“局长进大厅”活动时间表出炉
- [天气] 未来三日阳光依旧 周末有降雨

图7–45　2016年2月26日成都市政府门户网站首页最新信息公开栏目和热点推荐栏目

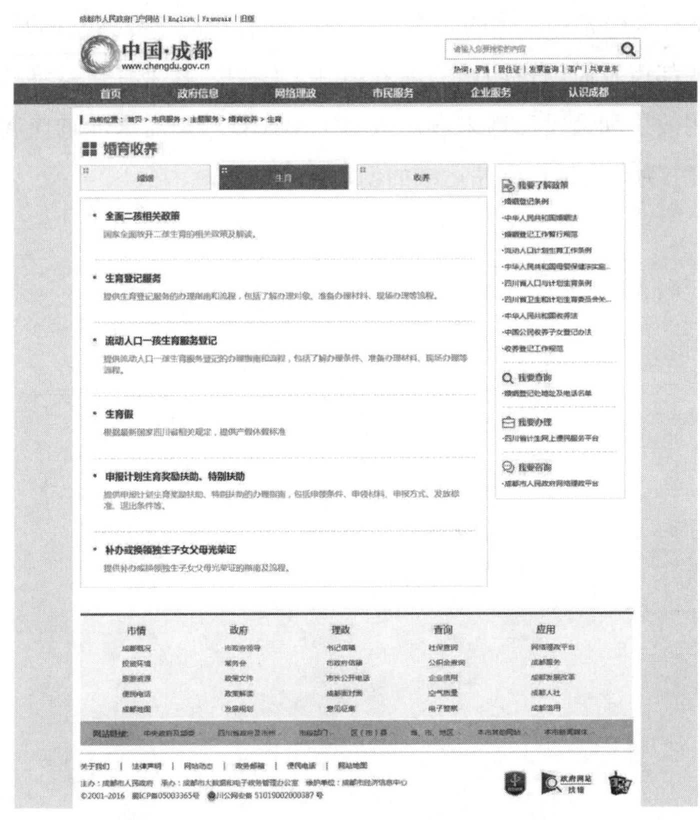

图7-46　成都市政府门户网站修改调整后的生育服务主题

在相关优化调整完成的第二周监测发现，生育的相关站内搜索关键词只有“婚假”和“产假”关键词继续排名前 10，且搜索频次也相对较低，也从侧面说明了网站推荐展现和服务主题建立起到了一定的效果（如图 7–47 所示）。

	站内搜索关键词		搜索访问量	站内搜索次数	搜索结果点击次数	搜索结果点击率
1	居住证		21	24	46	79.17%
2	成都市		19	23	5	8.70%
3	婚假		17	20	13	60.00%
4	唐良智		15	28	9	32.14%
5	十三五		10	17	30	82.35%
6	糖酒会		10	13	9	15.38%
7	产假		9	10	8	60.00%
8	地铁		8	57	55	85.96%
9	黄新初		8	12	12	58.33%
10	天府新区		7	11	14	63.64%

图7-47　2016年2月29~3月6日成都市政府门户网站站内搜索排行

以上是网站日常内容运维中的一个小案例，目前，基于数据挖掘开展用户需求的分析已全面融入成都市政府门户网站的内容运维工作中，属于日常运维的一个重要部分。从目前网站使用效果和网民反馈来看，该运维模式对网民需求的响应起到了较好效果，是真正以服务需求为导向进行网站运维的创新探索。

威海政府网改版思路交流

威海市电子政务管理中心　张剑嵩

按照国办、省办等上级文件精神和市领导“让政府网站动起来”的相关要求以及互联网技术发展的需要，我们对威海市政府门户网站进行了平台技术升级和网站改版。平台升级到了大汉 JCMS2.6 产品，主要是为了解决一些用户浏览器升级导致的页面显示空白等问题。版面上设首页、市政府、资讯、公开、服务、问政、专题、市情等八大栏目，以后还会增加信用、数据等栏目。下面我向大家介绍一下新版网站的一些变化，交流一下我们设计的思路。

图7-48　前后版头名称的变化

网站名称变化

网站名称由“中国威海”更名为“威海市人民政府网站”,简称“威海政府网”。名称改变,性质也有较大变化,从原来的类似地区综合网站明确为威海市人民政府的官方网站,是市政府及各部门在互联网上第一入口,需要各部门共同建设。

名称以及版面的设计,都借鉴了中央政府网站和山东省人民政府网站。我们认为他们的网站版面设计科学合理,大方大气,栏目的可扩展性也很好(如图 7–48 所示)。

实现了网站群的数据流程

原来独立,现在互通、共享。我们这次设计每一条信息数据从部门的信息公开发出,自动送到部门网站,然后由部门网站管理员选择适合在威海政府网上发布的提交发出,这样建设形成左右互通、上下互动的网站群。

市政府办文件规定,所有部门网站 2016 年年底前全部纳入网站群建设管理。网站群的建设,首先解决了部门网站技术维护力量不足的困难,网站数据空间运行、网站安全、数据备份等都统一规划实施。

在内容建设上的好处,一是数据互通共享,在信息公开系统上发布的信息可以自动传送到部门网站相应的栏目里去,信息不必再重复发了。这次项目里我们要求大汉公司为此开发了互通接口,并给各部门的信息公开和网站栏目做好直通信息的栏目对接。二是部门可以直接在威海政府网上展现部门的亮点工作。至少有三个方式展现:首页大图新闻、部门快讯(区市动态)栏目、专题。前面说过,我们长期以来搞不到首页的政务图片资源。我们发现,在部门网站上有很多优秀的政务图片,是部门工作人员拍的,没有版权问题,既解决了威海政府网的政务图片需求瓶颈,又为部门工作亮点起到了宣传作用。

突出专题建设

我们认为,专题应该是一个重大活动、重大项目的资料数据库,应该可以记录这一事件延续发生以及相关的所有动态、政策文件、记录事件的图片视频、主要组织人员和参与人员名单及公众参与情况,就像影视作品都要写上所有参与人员名字一样。比如,我市每年举办的重大赛事,每年的城市建设重大项目、每年举办不同主题的党建活动、创建文明城市、创建食品安全城市等各种创城活动、我市一些传统文化活动如 5・23 歌咏大会、每年的渔民节、夏天街头群众文化活动等都可以做成专题,各参与部门都可在这个专题里发布自己的活动记录。专题是部门工作亮点的集中和长期的展示和记录。比如每个世界日、国际日、全国日、纪念活动等都可以建专题，每年政府在这个专题里所做的工作都可以记录到专题数据库里。

此次改版我们新增了“主题服务”和“热点服务”专题。这两个板块是我们旧版网站的缺项（如图 7–49 所示）。

图7–49　主题服务

根据最新的全国政府网站绩效评估指标要求，围绕民生和企业需求，建设了教育、就业、住房、交通、医疗等十二个主题服务。我们首先深入研究分析民生领域用户的实际需求，如，住房领域的主要需求，一是商品房，二是保障性住房，三是公积金需求，四是物业管理等；其次梳理民生服务专题相关服务资源，制定信息和服务资源规范，合理规划栏目，设计展示框架，方便公众使用。此次改版主题服务共设二级栏目 115 个，子栏目 535 个，通过主题服务最大限度整合了服务信息、政策文件、在线办理以及互动咨询，这个互动咨询绑定在后面要说的有问有答系统中，实现了“一个入口，多种服务”，提升了政府网站服务的可用性和易用性。今年 1 月中旬，我们组织了主题服务频道内容保障培训，涉及 36 家部门单位 60 余人次，大部分内容从信息公开系统呈送过来，办事指南等从政务服务中心拷贝过来，基本完成了主题服务的内容保障。

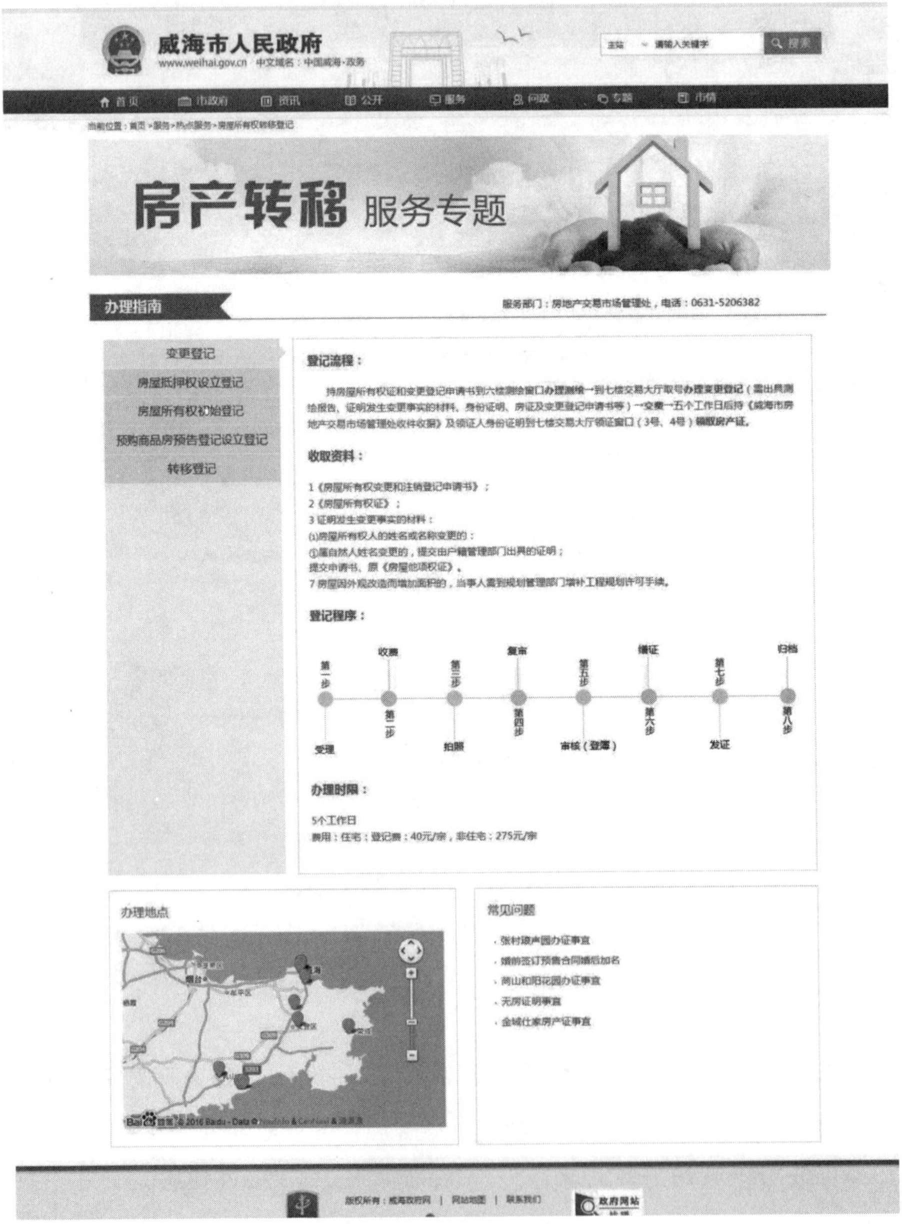

威海市人民政府

www.weihai.gov.cn 中文域名：中国威海.政务

首页 市政府 资讯 公开 服务 问政 专题 市情

房产转移 服务专题

办理指南

服务部门：房地产交易市场管理处，电话：0631-5206382

变更登记
房屋抵押权设立登记
房屋所有权初始登记
预购商品房预告登记设立登记
转移登记

登记流程：

持房屋所有权证和变更登记申请书到六楼测绘窗口办理测绘→到七楼交易大厅取号办理变更登记（需出具测绘报告、证明发生变更事实的材料、身份证明、房证及变更登记申请书等）→交费→五个工作日后持《威海市房地产交易市场管理处收件收据》及领证人身份证明到七楼交易大厅领证窗口（3号、4号）领取房产证。

收取资料：

1《房屋所有权变更和注销登记申请书》；
2《房屋所有权证》；
3 证明发生变更事实的材料：
(1)房屋所有权人的姓名或名称变更的：
①属自然人姓名变更的，提交由户籍管理部门出具的证明；
提交申请书、原《房屋他项权证》。
7 房屋因外观改造而增加面积的，当事人需到规划管理部门增补工程规划许可手续。

登记程序：

第一步 受理；第二步 收费；第三步 拍照；第四步 复审；第五步 审核（登簿）；第六步 缮证；第七步 发证；第八步 归档

办理时限：

5个工作日
费用：住宅：登记费：40元/宗，非住宅：275元/宗

办理地点

常见问题
· 张村琅声园办证事宜
· 婚前签订预售合同婚后加名
· 岗山和阳花园办证事宜
· 无房证明事宜
· 金城仕家房产证事宜

版权所有：威海政府网 | 网站地图 | 联系我们

图7-50 热点服务

针对办理量大、关注度高、涉及面广的重点办事服务，按照用户的理解习惯进行内容分类，以“最短路径”为原则，服务聚合、流程清晰，采用图文并茂的场景化服务方式描述办事服务的流程，开设了户籍办理、机动车驾驶、公积金贷款、房屋所有权转移登记、因私护照办理等 12 个热点服务，目的是让公众一看就明白（如图 7–50 所示）。

我们力争在 3 年左右时间，按照全国政府网站绩效评估指标，完成用户需求度最高的 30~50 项重点服务。这些专题的服务内容和办理流程均由各业务部门提供保障，动态类信息由各部门在后台实时更新。这些热点服务专题也是部门的工作亮点，我们提供技术支持。

实现全员共建共管的机制

原来的“中国威海”是一个单位管，现在的“威海政府网”由所有部门共建；网站群里原来部门网站也由一两个人负责，现在支持部门全员共建。我们用三个机制来实现：用户管理机制、信息发布机制、全员互动服务机制。

1.用户管理机制

原来系统网站管理员可以调整网页的模板，如果随意发放管理员权限有时候网页会被不懂的人调乱。这次我们要求单独设置技术管理员角色，由技术管理员专门负责网站模板，而网站管理员则不负责技术问题。每个部门设置 1~2 名网站管理员，由网站管理员来设置和管理本部门的信息审核员和若干信息员（如图 7–51 所示）。

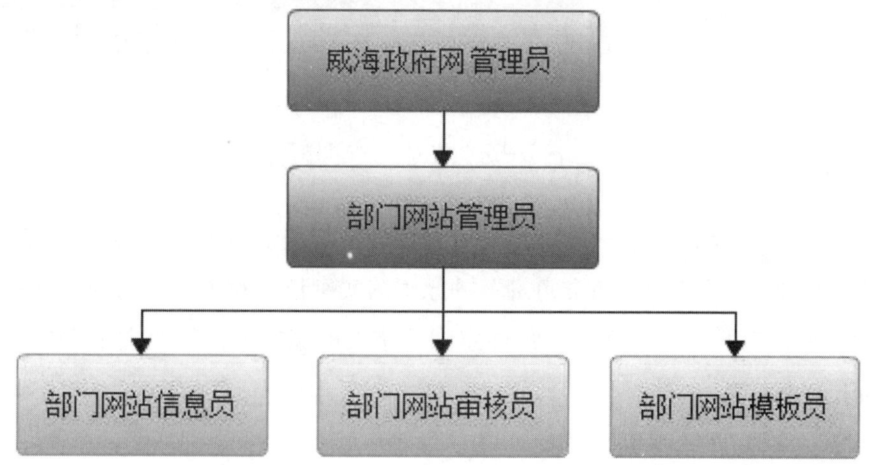

图7–51　用户管理机制

原来部门网站一般只由一两个人来负责，现在我们在技术上支持这种机制，允许部门每个人都来进行网站相关栏目的维护，减轻原网站负责人的工作负担。威海政府网及网站群系统只管理各部门的管理员和技术管理员，各部门的管理员负责本部门的审核员、信息员的管理和调度。如果有人员调出本单位，网站管理员只需停用这个人的账号登录即可。所有人员的登录名称，建议他们使用汉字姓名，真实姓名和工作电话如实填写，这样在发布了一篇文章后，公众如发现错误或者有咨询，可通过系统直接联系到发布者本人处理。后面要讲的全员互动平台，也是需要每人都能在线办理与自己业务相关的公众服务业务，网站管理员可在线调度、业务在线流转。在安全上，目前还是密码认证方式，因此还要强调设置复杂密码，以后我们还要增加使用电子签名认证技术来保证登录身份的合法性认证。

2.信息发布机制

信息员只能编辑提交文章，提交后由网站审核员进行审核、发布，审核员不能编辑文章。这样从技术上为信息内容审核发布机制提供支持（如图 7–52 所示）。

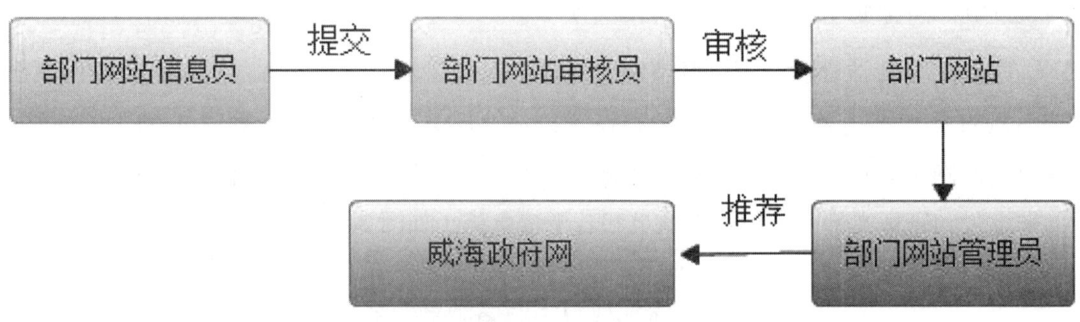

图7–52　信息发布机制

有适合在威海政府网上发布的，由网站管理员提交。各部门对发布内容进行把关，按照“谁主管谁负责”“谁发布谁负责”的原则落实责任。对于本部门的工作亮点，想提交到威海政府网首页位置发布的，需注意图片格式的编辑、标题及文字内容，要适合在威海政府网上发布。

3.全员互动服务机制

我们做了一个“有问有答”系统，题目的提出是源于市领导要求建立的网站监督员体系和建设服务型政府的要求（如图 7–53 所示）。

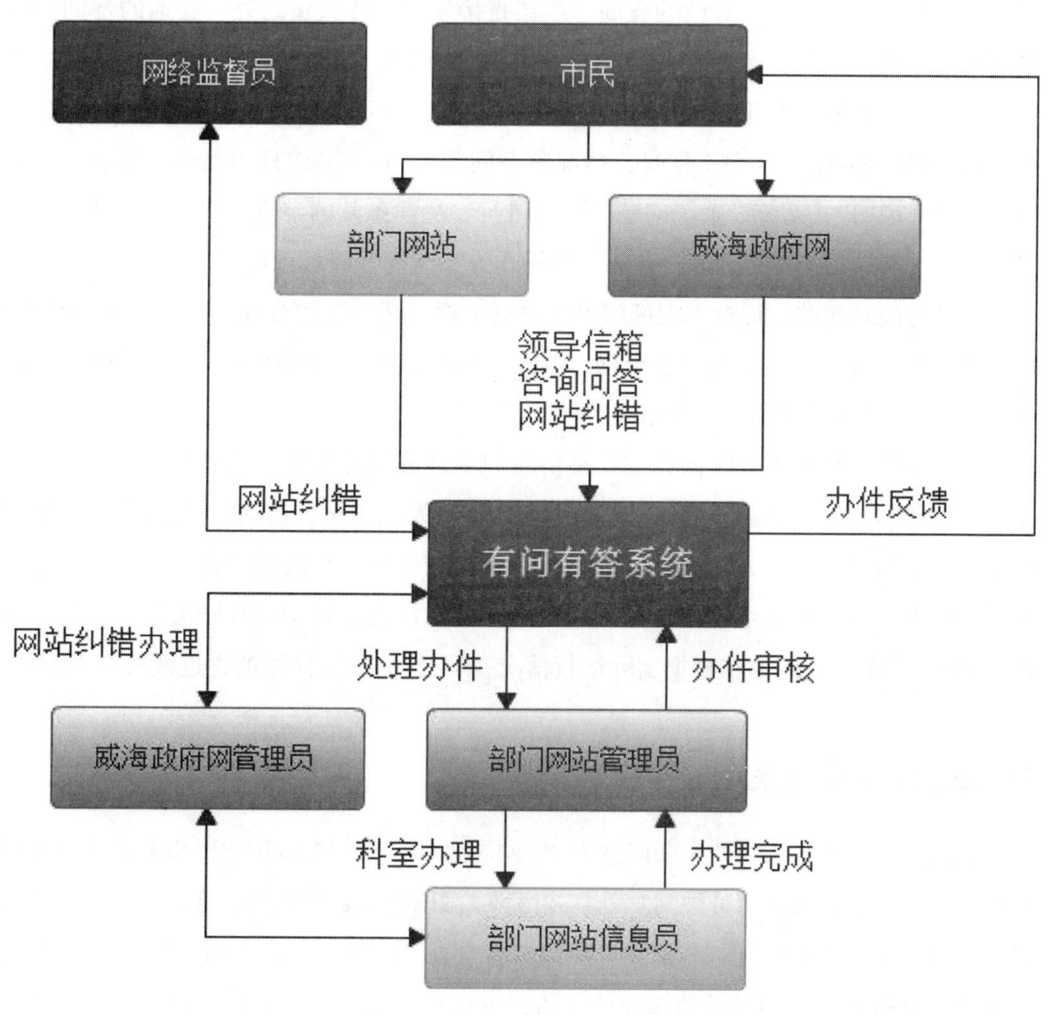

图7–53 有问有答流程

按照互联网思维，我们认为不必特意聘请专门的网站监督员，每位网友都可以做网站监督员；在流程上，充分利用互联网技术，使得网友对网页信息内容的咨询、纠错或者建议可直接与工作人员联系，扁平化工作流程，既提高效率，又提高自由度;在范围上，不限于网站监督，这个系统可同时用在各部门网站当局长信箱使用，是一个多用途的网站交互平台；在功能上，部门之间可以互相转发，部门内部可以分发流转，人人都可以在这个平台上办理自己要办的事项。增设常见问题栏目，管理员在已办理的办件中把一些市民比较关心和经常提问的问题设置成常见问题显示首页，缩短市民提问等待的周期及部门的重复性工作。系统增设统计分析，通过对满意度、监督员、部门、处理类型几方面进行统计分析，全方位分析了解系统运行的基本情况。

除了对网页内容有针对性的咨询、纠错直接发到工作人员之外，普通的咨询任务首先由网站管理员接到，然后在系统内分发给相应的工作人员处理，办理后转回网站管理员审核发布。如不属本部门的咨询任务可转发到相应的责任部门。按市政府办文件要求，“一般问题处理时限为 5 个工作日，情况复杂问题可 10 个工作日内处理，无法办理的应当予以解释说明”。系统设置了问题处理的依据、法律条款的字段，提供红黄绿灯的到期警示提醒，如果到期没有处理，各环节的操作人、时间等将被系统自动公开。

经过这段时间的运行看，大部门单位对这个栏目还是比较重视，有问题能及时处理。也有部门不积极，我们就设置了黑榜，系统自动把超期未办理的前三名上榜公布，由社会舆论对上了黑榜的单位进行评价。

这个系统用的不是大汉的系统，是由我们本地公司开发的，功能总体上与市长信箱差不多，在细节上不断做了优化。市长信箱的终端是到单位，有问有答系统的终端到人，可以在内部流转到经办人员直接办理；与市长信箱的另一个区别是市长信箱是有专门的人员在督办，有问有答系统基本是不用督办人的，由系统自动按规则流转，实现互联网督办思维。目前该系统还在根据实际运行情况，学习优秀地区网站的先进做法中不断完善。

新媒体结合和新技术应用

除系统平台支持了新的互联网技术 HTML5 之外，我们在应用层上也开发了一些新的应用。每一篇信息文章均可被网友分享到微博、微信等新媒体平台，网友可点赞、可评论、可纠错、可咨询。用户管理上，网友可使用匿名，也可实名注册，用户系统与威海市长信箱、威海市民网等互通，即市长信箱或威海市民网的注册用户可直接使用原用户名密码登录威海政府网。

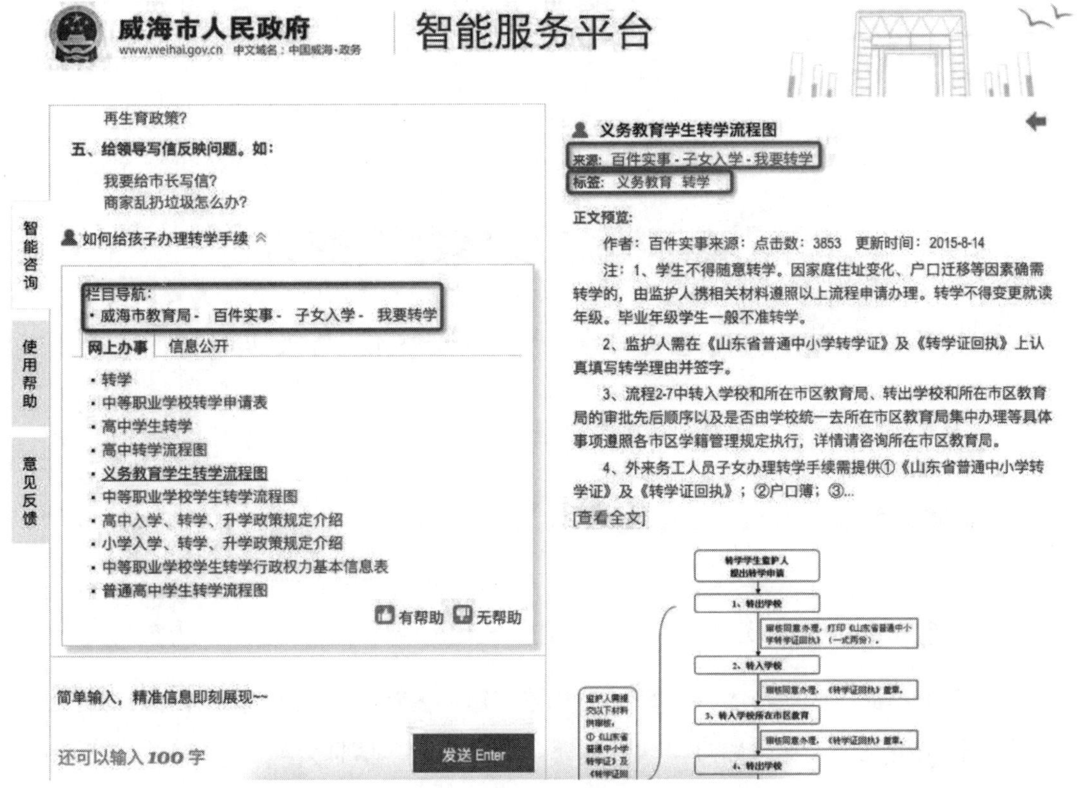

图7–54　智能问答

如图 7–54 所示，通过采购服务的方式，我们建设了智能问答系统，利用分布式云平台服务基础框架，运用大数据整合分析处理、人工智能自然语言语义处理技术，构建在中心信息资源库基础上的智能服务工具，以云计算的方式对外提供服务，实现将威海政府网及 47 个部门网站 130 多万条非结构化政府信息转化为有内在联系的信息知识库，准确地理解用户获取信息的意图，为用户快速提供精准的信息服务。智能服务平台有效地提高了“威海政府网”门户网站的服务便捷性，为政府服务与公众需求之间搭建一座桥梁，打造政务领域的“用户体验至上，懂用户之所需，答用户之所问”。

智慧城市概念及其建设探讨

东营市电子政务和信息资源管理中心副主任 高级工程师 赵军

一、智慧城市案例

1.四川南充市智慧城管

让每个市民都成为城市主人。每一个井盖，每一盏路灯，城市当中所有的部件在地图上显示得清清楚楚。如果路灯出现故障还会自动报警，信息会马上发送到距故障地最近的维修人员的手机上。该系统还可以根据季节的日照时间自动控制路灯的开关时间，下一步路灯监控系统将利用 3G、4G 技术控制，既节能环保，还能实现对路灯开关的单独控制。南充智慧城市推出的全民城管通 App 软件，可让市民随时向智慧中心上传城市问题图片，及时反馈城市管理存在的问题。自 2013 年 6 月运行至今，通过信息采集源上报视频监控、市民举报使城市问题的及时发现率得到很大提高，办结率达到 98.5%，违规执法现象大幅度减少，实现了城市问题处置的快速、高效和公正。

2.佛山南海区的一点通

南海一点通网络平台自 2011 年正式开通以来，致力于打造全天候多渠道的电子政府。统筹全区智能办公平台，实现政务信息更全面，企业服务更高效，公共服务更便捷，互动交流更透明。南海一点通网站的蓝本是新加坡和我国香港的政府服务网，聚集了政府各部门分散的信息，打破了以往信息孤岛的状况。这个平台整合了包括社会保障、市民卡、民政、公安、交通等 48 项服务资源，实现大部分行政审批事项在网上的直接申报。

3.江苏无锡的智慧农业

属于鱼米之乡的美丽的江苏无锡在锡山区一批上规模的行政村已经引入了智慧农业的信息化管理技术。只需要在电脑前轻点鼠标，管理系统自动完成农作物的浇水、施肥等所有中间管理步骤。这是无锡在深入实施智慧农业当中负责推进现代农业精细化生产与物联网技术的优先集合，实现了机器与机器互动、人与机器的互动，以及人与人的互动，构建了全天候智慧农业的应用。

这三个案例都是智慧城市中的典型应用，各个地方的智慧城市建设都有不同的理解和不同的定义。以下针对智慧城市的定义、发展愿景和关键技术进行分析。

二、智慧城市的定义和内涵

1.智慧城市的由来

智慧城市的概念、思想、模型由人类思想家与实践家倪会民在 1993 年提出。自其理念问世以来，倪会民在世界各国进行论证和落地应用。2008 年，IBM 提出重大的社会发展理念叫“智慧地球”，认为世界的基础结构正在向智慧的方向发展，可感应、可度量的信息无处不在。互联网的平台让一切互联互通，让一切变得更加智能。对于智慧城市的概念，国内外的企业以及学者都有不同的解释，IBM 的智慧城市在中国的白皮书中，提出能够充分利用信息和技术手段，感测、分析、整合城市运行核心系统的各项关键信息，从而对包括民生、环保、公共安全、城市服务、工商业活动在内的各种需求做出智能响应，从而为人类创造更好的城市生活。

2.智慧城市的定义

华为的观点：我国的华为公司认为智慧城市就要体现市民对智慧服务每时每刻的体验，通过高效的城市运营管理，提供丰富的智能服务，公共信息平台的建设，解决信息孤岛的问题，使城市资源得到最充分利用和配置，构建高效、平衡、可持续发展的智慧城市。

国内学者的观点：工程院院士王家耀认为智慧城市就是让城市更聪明，通过互联网把无处不在的关于城市物体的智能化传感器连接起来，形成物联网，实现对物理城市的全面感知，利用云计算等技术对感知信息进行智能处理和分析，实现网上数字城市与物联网的融合，并发出指令对包括政务、民生、环境、城市服务等在内的各种需求做出智能化的响应和智能化的决策支持。

两院院士李德仁认为，智慧城市是在城市全面数字化基础之上建立的可视化和智能化的城市管理与运营，包括城市的信息、数据基础设施以及在此基础上建立网络化的城市信息管理平台与综合决策知识平台。李德仁院士认为智慧城市就是"数字城市 + 物联网"。

《关于促进智慧城市健康发展的指导意见》：由八部委共同发布的促进智慧城市建设和发展的官方文件中，他们对智慧城市的定义是，拥有物联网、云计算、大数据、空间地理信息集成新一代信息技术，促进城市的规划、建设、管理和服务智慧化的新理念和新模式，建设智慧城市能加快工业化、信息化、城镇化，这都是对智慧城市不同的定义、理解和看法。

结合国内外智慧城市资料，最受启发的就是这个概念，即"智慧城市就是我们心中的那个城市"，就是我们想要的那个城市。我们想要什么，城市就为我们提供什么。智慧城市的发展愿景，就是使城市发展更科学，管理更高效，生活更美好。

3.为什么要建设智慧城市

智慧城市作用凸显在三个方面：一是保稳定，其作用是基于智慧政务的建设；二是保增长，是基于智慧产业的发展；三是保民生，基于智慧民生的发展和服务。

在 2015 年，政府工作报告中也提出了智慧城市和信息化建设，要全面推进三网融合，加快建设光纤网络，大幅提升宽带网络的效率，发展物流快递。把以互联网为载体，线上线下互动的新兴消费搞得红红火火，发展智慧城市保护和传承历史、地域文化，坚决治理污染、拥堵等城市病，让出行更方便，环境更宜居。关于促进智慧城市健康发展的指导意见提到公共服务便捷化，城市管理精细化，生活环境宜居化，基础设施的智能化，网络安全的长效化。

国家的一些文件和政策都提出了为什么我们要建智慧城市。其实智慧城市可归为三个部分，其建设目标为：一是为了促进产业升级和结构调整；二是促进社会和谐；三是有利于提升国家的竞争力。全国省、市、县均在搞智慧城市，住建部、工信部和科技部也有相关文件政策，住建部推进智慧城市力度大，先后推出第一批、第二批、第三批智慧城市建设试点，约有 290 多个。

三、国内外智慧城市建设现状

1.国外智慧城市建设现状

国外智慧城市建设有美国、欧盟和亚太地区，他们建设智慧城市起步较早。如美国，2008 年 IBM 公司提出智慧地球战略。欧盟很多国家在智慧城市建设方面走在世界前列，比如卢森堡、荷兰、瑞典等国家提出了 2020 年欧盟战略和欧洲宽带战略 2020，亚太地区的日本提出 Smart city 战略，韩国、新加坡等也都提出相应的计划。

2.国内智慧城市建设现状

北京 2010 年发布了“智慧北京”行动纲要，上海公布的“十二五”规划也提到建设智慧城市目标和建设内容。宁波智慧城市建设较早，效果也不错，出台了整体规划、实施意见以及连续多年的年度工作计划。无锡 2016 年出台了无锡三年行动规划纲要，同时入选为全球国际电器和电子工程协会的试点。无锡市是全国第一个搞云计算中心的城市，整体基础比较好。其他地方，如杭州、常州、苏州、南京这些南方的城市建设也比较好，效果也不错。

3.建设经验和存在问题

国外智慧城市建设主要是体现在五个方面：一是均上升到国家的战略层面，美国把智慧地球和信息高速公路战略列为同等重要位置。二是建设目标非常清晰，如新加坡的智慧国 2015，预计成果包括凭借 ICT，增强经济竞争力和创新力，以及促进产业增长，提高产业的竞争力。三是试点的选择和精神务实。四是充分发挥高科技作用。五是建立规则和培养秩序。国内建设经验虽然也比较多，但整体还处于探索阶段。因这项工程投资规模大，建设内容多，周期长，风险高。所以很多地方出台了规划，但真正推动的效果好的城市不多。如宁波、深圳这些城市先行先试，确实为我们提供了一些宝贵经验，包括智慧城市顶层设计和规划，为我们提供了借鉴和参考。

不管是国内还是国外，智慧城市建设都是一个全新的东西，包括国内、国外都是在探索阶段。在国内外存在的普遍问题，一是理论体系还有待完善；二是投资风险的抗击能力需要加强；三是信息安全与隐私泄露风险与日俱增。

4.智慧城市建设方法

通过学习国内外智慧城市建设经验和成果，以及亲身参与东营市智慧城市顶层设计以及垦利、广饶、河口、东营开发区等智慧城市建设，我对智慧城市建设有些体会。智慧城市总的建设方法可分为五步:第一步是定位，建设智慧城市规划时，首先弄清干什么，要结合城市的特点，明确智慧城市定位；第二步是设计，包括顶层设计、总体规划、阶段计划以及年度计划等等，为智慧城市建设提供设计蓝图；第三步是实施，设计出来怎样实施，谁来实施、责任分工要明确，目标要具体，措施要到位；第四步是评价，实施后如何评价方案和实施效果是关键，对进一步提升完善很有意义；第五步是推广。从定位、设计、实施、评价到推广这五步，要统筹规划，科学推进，环环相扣，保障做实基础，以应用带动基础建设，以评价提升基础完善。

智慧城市建设原则上各不相同，但是总体来说，要综合考虑五个方面:一是政府引导、市场运作原则；二是资源整合、基础共建原则；三是民生导向、全民参与原则；四是开放合作、安全高效原则；五是试点先行、稳步推进原则。

至于智慧城市建设内容，要根据各地实际，包括规划、设计、承建单位的理解以及各单位需求，但总体建设框架包括：一是基础设施、基础信息体系，建立全面感知高效的信息基础体系；二是智慧政务，统筹全市电子政务的发展，提升公共服务能力；三是智慧经济体系，建设以信息和创新两大要素为支撑的产业化体系；四是智慧民生，围绕民生为百姓提供生活服务，这是作为智慧城市建设的四大体系。

关于融资体系、资金保障、技术保障、人才保障等，要结合本地政府架构、财政实力、技术体系来定制，各地也是不同的，要因势利导、发挥优势，最后达到以便民、利民、为民为宗旨，实现“我们心中的那个城市”，即以智慧城市建设目标为己任。

襄阳市智慧城市道路上的统与分

襄阳市政务信息管理中心　邹　燕

这个题目源自我们才开的大数据中心建设专题讨论会。在那次会议上，我们的领导、干部、专家为了大数据中心建设是否要先建各部门的大数据分中心而争论不休。通过那次会议，细细想来，我们在智慧城市建设的道路上几乎都是在围绕这个统与分的问题不断摸索前行着。

先给大家介绍下我市智慧政务的情况吧。

一、关于统一——智慧城市（智慧政务）建设情况

1.体制上的统一

2011 年建设全市电子政务平台，包含网格化平台和大数据中心。当时的电子政务平台主要是实现了政府网站群服务器的统一。可以说在当时，我们已经开始了政府网站集约化建设。虽然当时政府网站还没有用“集约化”这个词，我们只是单纯地为了方便管理部门网站，就全市集中采购了机房，从而为全市各部门网站及其他平台应用提供免费空间。

2015 年 3 月，我市成立了全市政务信息化领导小组，市委副书记任组长，办公室设在我们中心，实行“六个统一”，即“统一规划评估、统一项目审批、统一资金管理、统一监理验收、统一安全监管、统一运维管理”。

不到两年的时间，政务信息化办推动全市 40 多个项目建设，项目金额达 4 个多亿。

就在 2016 年 11 月，我市的智慧城市领导小组办公室又从经信委转到我中心，现又成立“大数据落实惠民政策领导小组”，办公室设在中心。

自此，可以说在体制上，我市的智慧城市建设实现了高度的统一，从信息化的基础设施到内容到平台，都已经汇聚到了我们这个只有 11 个编制的小单位。

其实，就连我们本地的大多数市直部门包括我们自己都觉得这么多智慧政务的职能统筹到我们单位来有点不可思议，但仔细想来却是我们这么多年在政务信息化这条道路上深耕细作水到渠成的成果。刚开始我们中心一直是默默地做着基础设施建设。

2.基础设施建设上的统一

（1）政务网络上，从 2011 年开始，截至目前，建成光纤专线和 VPN 连接 800 多条，纵横交错，六级网络［国家、省、市、县、乡镇、村（社区）］，计划明年增加到 1000 条左右。

（2）承载机房广电（380 万 / 年）、华为云计算中心（3500 万 / 年）。

3.应用平台的统一

已建成以及在建的跨部门市政平台有：公共服务一体化平台，这个平台主要是一号一窗一网建设，实现行政审批和政务服务事项的下放。另外，还有从 2011 年就开始做的社区网格化综合管理平台，这个平台是配合社会综合治理工作建设的全市网格员信息系统，方便网格员收集社区信息；以及去年开始做的药品追溯系统；城市一张图；电子日志考评系统；等等。

以上便是我们单位的一些总体情况，我个人将其归纳为三个大的方面的统一的情况。下面来谈谈大家可能会比较感兴趣的政府网站集约化建设情况。我把它归纳为“4 个统一”：

一是服务器的统一。刚刚我已经提到了一些，从 2011 年我们建设了电子政务平台，统一采购了电子政务机房后，全市市直各部门的网站可向我中心申请服务器空间。今年以来，为了铺垫今后政府网站全面的集约化，我们又开始向县市区开放服务器空间。所以说在基础设施及服务器这一块，我们已实现了集约化。

二是统一考核。从 2008 年开始，就已经对县市区门户网站及市直部门网站及公共服务单位网站每年进行考核评测，并以市政府文件的形式下发考核方案及通报结果。

三是统一资源库。2012 年我们网站改版的时候，我们的网站后台建设了统一的资源库，各部门每天向资源库报送信息，而我们编辑部的编辑再对这些信息进行审核和再编辑、分发。

四是统一网民回复中心。这个统一可以说是我们网站的一个特色。很多地方的领导信箱的信件都是行政服务中心在受理，但是我们网站的领导信件则由我们中心成立的专门的机构在转办受理。这种模式让我们在网站上能及时发布信件办理情况，使网民及时得到回应。现在，我们领导信箱每天大约能收到100封信件，我们通过后台转办系统及时转办到相关职能部门，并以曝光办理情况差的单位、定期报送市纪委纠风办及考核的方式进行督查督办。可以说这个强有力的领导信箱大大地提升了我们网站的影响力。

上面的“4个统一”只能说明我们对于全市政府网站的建设与管理实现了部分集约化，我们仍在努力建设更全面更深层次的集约化。在今年的改版工作中已将此考虑进去，明年正式启动。

鉴于目前国办提出来的政府网站要集约化建设的启发，我个人觉得可以把它归纳为智慧城市建设的集约化模式，当然其他大数据交换等智慧城市项目要远比网站复杂得多，但这是一种思路，可能也是一个方向。放开各部门让其各自为政地建设，恐会增加更多的信息壁垒，当壁垒形成，壁垒源自既得利益，要打破这种既得利益恐怕是要剥皮的，谈何容易，所以为什么不在有些部门、行业、领域的信息化程度还不是很高的时候我们就整合来做统一的平台呢？我们需要的是播下一颗智慧的种子，浇灌种子长成一棵大树，大树汲取光、水以及土壤的养分结出甜美的果实。虽然我们能单独获取光、水以及各种营养成分，但即便将这些放在一起仍永远不会结出果实。而那颗智慧的种子是我们设定好的程序，那棵大树是我们统一的平台，按照我们的需求向其他各个分支系统汲取养分。

古语有云“分久必合，合久必分”。但我觉得智慧城市的建设道路上是“分中有合，合中有分”，没有合的分是没有意义的，没有分的合是不实际的。

北京市安全生产监督管理局网站的设计与实践

北京市安全生产监督管理局信息中心副主任 陆金周

一、建设背景

北京市安全生产监督管理局政务网站最早于2005年开通，随着局政务网站社会影响力逐步增强，信息中心在2008年和2012年先后两次对网站进行了改版，网站在传播安全文化知识、解读安全生产法律法规、展现安监系统工作等方面发挥了重要的窗口作用。

近几年，随着服务型政府建设的不断推进，从国家到地方各级政府都下发了一系列文件。在国家层面，国务院办公厅下发了《关于开展第一次全国政府网站普查的通知》，中办、国务院下发了关于《全面推进政务公开工作的意见》，我市下发了《市政府信息公开规定》《关于进一步加强政府网站信息内容建设的实施意见》《网站信息公开专栏管理规定》等文件，对政府网站建设、内容发布、政务公开等工作提供了要求和指引。

对照以上文件要求，市局网站定位、栏目设置、政务公开发布、网站基本功能、网页风格已无法满足现有形势。特别是政务公开方面，根据市政府办公厅关于《北京市2015年政府信息公开第三方评估情况的通报》，北京市安监局政务网站扣分较多。

为做好局政务网站改版工作，统筹提升市局政务公开工作水平，于2016年5月份启动建设。局主要领导连续召开专题会指导工作，明确了职责分工，通过剥茧抽丝的研究，网站问题和改版思路逐步得以清晰。

二、存在问题

对照网站建设规范、政务公开等文件相关要求，以及与主流政务网站对比，市局网站在服务定位、栏目规划、设计风格、内容管理、功能支持方面均存在问题。

1.网站定位不合理，用户关注度不高

原局网站主要定位于局工作宣传，因此在首页栏目设置和功能设置上以市局工作信息推送为主，专项工作栏目中绝大多数信息内容主要是市局工作，缺乏服务公众的信息，与用户需求契合度不高。一些用户最关注、最想看的没有放在显著位置。由于定位不合理，导致网站点击量、用户黏性都不高。而且与现文件中要将政府网站打造成为“政府信息发布、互动交流和公共服务的平台”的要求有一定差距。

2.栏目设置层级较多，重要栏目有缺项

原网站栏目设置、栏目结构较为复杂，栏目之间纵横交错，内容重叠。栏目结构大于4级，栏目设置“处室化”，每一个处室一个栏目，法律法规、标准、数据等内容分散在各处室栏目中，没有形成宣传或服务的合力。加之搜索功能一般，导致用户不能迅速定位到所需信息。

对照市政务网站考评实施细则，以及政务信息公开第三方测评得分，市局信息公开工作在平台功能、处罚、申请、政府信息管理几项得分较低，缺少“行政许可、执法检查、事故调查、行政处罚”“依申请公开”“意见征集”等栏目。

3.网站设计风格散乱，重点内容不突出

随着网站内容的逐年增加，首页整体布局由于临时堆放内容较多，显得较为松散杂乱。在颜色布局上，专题栏目和下方滚动栏目较多，整体色系不够统一，色块多且不美观，不够简洁、大气。网站首页文字内容较多，栏目之间纵横交错内容重叠，与现有主流网站相比，页面风格趋于过时，无论是宣传主题还是服务主题都不够突出，致使网站用户体验度较低。

4.网站内容管理，更新频率不高

2015年10月初，网站运行情况充分征求首都之窗网站考评组专家意见，专家重点提出了市局政务网站信息更新不及时的问题，特别是政民互动类栏目回复及内容更新不及时，如部分信件超时处理、部分回复未做到一站式服务。同时在现有的内容发布考核机制基础上，仅在数量上有考核，导致各处室发布的信息虽然较多，但是主要是反映自身

工作，用户关注度不高。

5.网站后台管理软件功能较弱，安全存在一定风险

原局政务网站所使用的内容管理系统在产品架构上已经十分落后，服务功能在设计上存在先天性不足。一是在网站后台内容查询和访问统计功能欠缺，没有相关统计分析作为工具支撑，无法对网站浏览情况进行数据分析，不能及时掌握各栏目受欢迎程度。二是信息资源共享难，在信息管理上无法实现与市局微信、微博等自媒体的信息同步。三是无视频管理、图库管理功能，无法提供优质的视频和图片服务。四是后台无固定的专题模板支持，一些安全生产月等专题需要单独开发和维护，后台维护成本提高。五是审核流程不够完善，不能够对审核的流程进行自由配置。

网站安全方面，由于网站部署在市府大楼本地机房，共享市府大楼带宽出口，市府大楼断电或断网对网站运行将造成一定影响。同时在安全防护方面，虽然部署了网域防火墙和防 DOS 攻击设备及防篡改软件，但安全防护能力一般，安全方面依然存在风险。

三、网站改版工作思路

（一）网站总体定位

为做好网站改版工作，前期我们对中央各部委、市属委办局的所有网站进行了研究，重点借鉴参考国务院、教育部、市经信委、市发改委、市环保局、市国土局等单位网站设计。结合相关文件要求以及市局工作实际，对照各项考核指标，网站改版工作定位于全面提升市局政务公开、便民服务、政策与工作宣传三方面水平，完成从宣教型向服务型的初步转型。重点在于满足现有政务公开工作考核要求，首页突出显示必要内容。核心在于优化栏目和页面设计，增强网站友好度，使网站信息公开、服务社会、工作宣传三项功能相互补充，有机统一。

（二）优化网站栏目结构

1.改版工作依据

在网站定位方面，中办、国务院在《全面推进政务公开工作的意见》中提出，将政府网站打造成更加全面的信息公开平台、更加权威的政策发布解读和舆论引导平台、更加及时的回应关切和便民服务平台。我市在《关于进一步加强政府网站信息内容建设的实施意见》中提出，要将政府网站打造成为政府信息发布、互动交流和公共服务的平台。

在栏目设置方面，北京市《政务网站内容建设专项考评实施细则》(征求意见稿)要求开设政务公开类栏目、政府咨询类栏目、调查征集类栏目、互动访谈类栏目、办事指南类栏目、附件下载类栏目、在线申报类栏目、政策解读类栏目。政务公开类栏目在几个文件中都有明确要求，其中在《北京市政府网站政府信息公开专栏管理规定》中要求，信息公开专栏要按照“统一系统、统一风格、各自管理”的原则进行建设，政府信息公开专栏是各级政府网站的一级栏目，应在首页予以展示。政府信息公开专栏设置政府信息公开目录、政府信息公开指南、依申请公开、咨询投诉和政府信息公开年报等栏目。

《本市贯彻落实关于全面推进政务公开工作的意见相关工作的通知》要求，推行行政执法公示制度，重点公开安全生产监管信息。《北京市政府信息公开规定》要求，公开财政预算决算、“三公经费”和行政经费信息，生产安全事故的政府举措、处置进展、风险预警、防范措施等信息，企业信用信息系统中的警示信息和良好信息，行政机关对与人民群众密切相关的公共企事业单位进行监督管理的信息。

在网站考评方面，市政府于2016年5月制定了《政务网站内容建设专项考评实施细则》(征求意见稿)，实施细则将网站首页内容、更新频率、政务公开功能作为重要评分项目。

2.栏目规划思路

根据以上文件的相关要求，改版对更新频率低、更新内容少的栏目进行合并；对设置层级深、关系混乱的栏目重新梳理内容，确保栏目层级不大于4级且4级栏目不大于10个，每一个子栏目均有独立二级页面进行支撑，使得查询更有针对性。对缺少或不完善的互动类栏目进行规划建设，如意见征集、依申请公开等；对各处室建设栏目统一规范内容，结合局政务公开制度，确保每个处室有对应的信息发布栏目。

3.改版新增设的栏目和内容

一是按照《北京市安全生产监管监察系统安全生产政务公开工作管理办法》要求，重点整合政务公开栏目，增加并突出行政许可、行政处罚、执法检查、事故调查等子栏目，并将依申请公开功能进行突出展示，体现便民服务的思想。将原政务信息、专项工作中各处室的信息全部整合到政务公开栏目下。

二是增加图片类新闻栏目占比。根据对网民的调查发现，打开一个网站，最先去看的都是图片类的新闻，因此在新闻动态类栏目增加图片新闻栏目，由宣教中心进行统一编辑。

三是设立社会宣传栏目，展示服务企业、服务公众的视频、图片。局网站视频本来应该是网站的一个特色的模块，但因为旧版后台视频功能不够健全，无法更好地突出展现视频内容，改版完善了后台视频管理及展示功能，实现大视频存储、管理及播放功能，将市局建成的演播室成果展示至新版网站。

四是以图表形式展示安监业务。对比各政府网站发现，用直观的图表形式来综合展示部门业务数据的网站还不多，一旦设置就是亮点，改版依靠安监局特有的数据资源，增加综合数据栏目，将执法、举报、事故和协调处的数据进行图文展示。

（三）优化新网站页面设计

北京市安监局门户网站首页是该网站整体形象的浓缩，所以不仅要美观简洁大气，而且在内容及结构框架设计上力求突出定位，体现政府的权威形象。改版注重运用流行元素，使网站充满现代气息，体现整体美感，增强网站的亲和力和认知度。内页设计追求在风格上统一，同时保留相对的特色，不同的功能页面又将体现出和功能内容相符的个性风格。

新版网站主体色系参考国家教育部、市发改委、市经信委等网站，同时结合市局实际有所创新，确保网站首页栏目设置要合理，整体布局要紧凑，色调统一采用蓝色系或红色系。

主页设计采用扁平化思路，风格简洁、大气。主页突出宣传，同时兼顾政务公开、便民服务等要素。采用一级栏目滑动标签切换的方式展现，实现栏目显示的可灵活定制，能按照用户关注程度，适时将专题报道、办事服务、政务公开等内容作为第一屏显示。便民服务内容设计为图标，置于滑动页面下方。按照局办公室和宣教中心需求，将许可结果公示、要闻、政策解读、资料共享以标签栏的形式进行文字展示。

在视觉效果上，考虑到高分辨率电脑的普及，采用蓝天白云作为页面的大背景，使页面在展现形式上更加美观、简洁、大气，并将首页版面控制在一屏半左右。

（四）升级后台管理平台，提升部署环境安全防护

改版采购了成熟的内容管理平台，优化后台发布流程及功能，将建立完善、可调节的审核流程，实现政务公开网上“处室审核→局办保密审核→宣教审核”的全流程办理功能；采购在线访谈系统，支持网上的在线访谈功能；采购政民互动平台、音视频点播

系统，实现多媒体资源的上传下载以及点播功能；采购微门户平台，实现电脑版网站与微信、微博的数据对接功能，使“两微一端”间的数据进行同步，并实现网站手机端登录的自适应功能，便于手机用户的浏览查看。优化网站智能检索功能，实现按资源类别、发布时间、关键字、栏目等进行智能检索。完善访问统计功能，实现对后台数据的综合统计与分析。

在安全防护方面，在正式上线运行阶段，通过信息系统软件质量检测和安全验收测评，根据之前制订的市政务云部署方案，将政务网站迁移至市政务云运行，并依托市政务安全应急处置中心的安全防护技术力量，为市局政务网站增加“CDN”（拒绝服务攻击），增强了市局政务网站主动防御能力。

新版网站于 2016 年 5 月启动建设，10 月 10 日正式上线，截至 2017 年第二季度，浏览量累计 140 多万次，日均浏览量 15 571 次，远高于 2016 年同期浏览量。通过新版政务网站的推广运行，市局政务公开水平不断提升，全局执法检查、行政处罚、行政许可实现了 100% 公开。

天津市财税政务网建设及管理

天津市财政局（天津市地方税务局）办公室 李 谦

为进一步提高天津财政地税政务网服务社会的能力，丰富网站资源和政务公开方式，我局于 2015 年年初完成了对门户网站的升级改造工作。具体情况如下。

一、项目背景

我局旧版网站整体构架比较落后，缺乏必要的拓展功能，无法满足“互联网＋税务”工作要求，主要表现在以下几个方面。

（1）栏目设置交叉混合。我局全称叫作天津市财政局（天津市地方税务局），是目前全国唯一一个财政地税合署办公的机构，一套班子，两套牌子，既有财政职能，又有地税职能。政务网承载着财政、地税两个机构的对外宣传和服务功能，网站在栏目布局、页面设置、对外服务等方面需要同时兼顾财政、地税业务，没有突出各自的特点。特别是国家税务总局对税务网站建设的内容和形式都有明确的规范标准，由于我局网站无法满足有关要求，在总局组织的省级税务系统网站测评中，成绩一直处于中下游水平。

（2）与社会公众缺乏互动。旧版网站出于安全性考虑，加之后台管理功能不强，不具备数据检索、用户留言、在线访谈等功能，甚至无法显示网站点击量和单页浏览量等统计信息，不利于持续提高网站管理水平。天津市政府于 2014 年开始对各委办局网站开展日常监测，明确要求要提高网站互动性。

（3）网站办事能力不强。我局网站经过十几年发展，已经建成了网上报税系统，实现了网上申报、发票管理、咨询培训等服务功能，但仍存在业务覆盖不全面、功能使用不方便、系统运行速度慢等问题，无法满足国家税务总局发布的《“十二五”时期纳税服务工作发展规划》。

（4）对移动终端支持不足。由于现有政务网没有简化版网页，用户在使用手机浏览时操作不便，加之没有开发移动 App，无法实现手机报税功能。

二、建设目标

对财税政务网站的整体风格、技术架构、网站功能、后台管理、安全加固、数据存储方式、数据传输方式几个方面进行改造。实现“一主两副”表现形式，“一主”即“天津财政地税政务网”综合站点，提供财税综合服务；“两副”即“天津市财政局”副站和“天津市地方税务局”副站，两个副站为主站二级站点，栏目设置与主站相对独立，分别提供财政和地税的专业化服务，建设标准参照财政部和国家税务总局有关文件规定。“一主两副”站点风格要求突出层次兼顾整体。开发移动版政务 WAP 站点，要求能够根据 PAD、手机等智能终端自动生成相应页面供用户浏览访问。完善网站功能和互动模块，支持多级结构的网站群。开发网上税务局系统，基于互联网、客户端、移动设备等平台，运用先进的信息技术，将办税大厅办理的各项涉税业务和提供的各项服务进行整合，并扩展更加广泛的办税和服务渠道，为纳税人提供高效、主动、便捷、灵活的涉税服务。网站建成后，将进一步发挥财税系统对我市经济建设的支撑作用，提升对社会公众的服务水平。

三、风格设计

界面设计遵循财政部、国家税务总局以及天津市财政局制定的相关规范和要求，建立整个系统范围内普遍使用的、风格一致的、快捷易用的、安全的用户界面，优化业务人员和系统之间的交互过程，满足操作人员的使用需求。

网站以蓝色为主基调，突出财税工作特点，内容权威，形式精练，风格庄重。门户网站和财政子站采用我局 logo 作为网站 logo，地税子站用新式税服帽徽和“中国税务”组合图案作为网站 logo。网站遵循色彩、结构、风格保持一致性的原则，统一按照 1024 × 768 分辨率的规格标准进行页面设计，长度不超过 2 屏；合理规划网站页面层级，各栏目既丰富、有序，又深度适中，保证最多三次点击即可获取所需服务内容。网站导航采取下拉的形式，鼠标放在导航栏标题上即可看到该栏目下具体内容。网站设置了财税新闻、政务公开、预算公开、办事服务、公众参与、政策宣传六大板块，同时根据用户需求，将点击量较大的财税数据、网上办事、财税专题放在了网站中间部位，方便公众浏览查阅。

四、网站功能

1.局长信箱

用户无须注册，通过填写姓名、手机、邮箱、标题、内容等信息，提交后台审批。支持多附件上传。用户可根据随机生成ID号查询办理情况。管理员对提交内容进行审批、整理、回复等。有代表性的问题可以控制在前台页面显示或进入知识库。支持热点信件的排行、日志查询、办理统计，可以按机构、处理人、办件分类等提供统计数据。

2.在线访谈

通过文字、图片、音频、视频等形式实现与公众实时交流互动。支持访谈主题独立风格样式定义；支持主持人、嘉宾（多个）、书记员、普通用户的多角色管理；支持管理员对用户问题的审核及选择性回复；支持活动预告、问题预提交；支持活动后续参与控制，允许用户与嘉宾在活动结束后仍能进行留言交流；支持资料归档与主题外网发布；可屏蔽相关人员发言；访谈进程可控化管理。

3.在线调查

提供公开投票及结果反馈功能，可设定和管理投票形式、投票项目等；支持问卷批量投票，在线意见填写等；可实时统计投票结果，显示形式可以饼图、柱状图等显示；对于投票结果可控制公开或不公开；系统需具有对投票主题和结果的导出功能；支持投票的模板编辑；具备防止重复投票功能。用户通过前台可以对主题进行反馈与留言，反馈内容通过管理员审核后显示在外网。

4. 意见征集与反馈

通过该功能邀请社会公众共同参与重大活动或重大项目讨论，在门户上就特定的专题征集意见或建议。可以按时间把征集活动设计为“征集中、反馈、即将征集、往期征集”几种类型，社会公众可以浏览各时期的征集活动并便捷地参与其中。通过意见征集功能就所征集的事项，只需简单操作，就可以发表意见或建议。社会公众就自己发表的意见、建议，可以选择“公开、不公开”两种方式，愿意公开并具备共性的建议，管理员可以向社会“公开”该建议。除系统管理员外，还可以指定管理员管理该模块，对意见、建议的具体内容进行“回复、修改、删除、公开、打印”等管理。可以按征集标题、征集内容、征集起始时间、征集结束时间等条件组合查询该意见、建议得到的答复等事项。

5.法规库建设

整合用户现有各种法规库资源，提供统一的法规分类、检索、维护等功能。

支持法规库字段自定义扩展。前台表现方式灵活，管理员可以自由定义法规库前台展现方式，可以将字段全部、部分显示，支持自定义排序。支持关键字模糊查询。

6.信息分享

对网站内信息提供分享功能，用户可以根据自己喜好通过页面分享按钮将信息直接分享到微博、微信等各大网络平台。这个功能目前已作为国家税务总局的一项考核指标。

7.全文检索

实现全站全文检索，查询库与业务库分离以保证查询效率；支持智能检索，可以根据关键字模糊查询，具备语义转换，相关内容提示功能，便于用户快速检索到自己需要的内容；支持对结构化（如：数据库）和非结构化（如 Word、Excel、PowerPoint、HTML、RTF、PDF、TXT 及其他文本文件等）数据资源的检索服务；支持“与、或、非”逻辑组合检索、二次检索、分类检索、模糊检索等。

8.网上税务局功能

网上税务局建设要实现五大目标。一是强服务，以纳税人为核心，增强服务的主动性，实现通知通告主动推送、最新政策全面提供、服务界面个性友好、审批事项公开透明、涉税风险及时提醒。二是全覆盖，实现网上预约服务、网上申报纳税、网上发票服务、网上涉税申请、网上咨询服务、网上变更管理，真正做到足不出户就能办理所有涉税业务。三是大提速，网络带宽由共享改为独享，系统处理响应时间由 1~60 秒提高到 1~2 秒，支持同时在线纳税人数量由 4 万提高到 20 万，提高网上纳税服务质量。四是便利化，优化系统流程，简化操作步骤，统一设计操作界面，把各项服务功能整合到统一界面中，实现“一次登录，一窗服务”，方便纳税人使用。五是多渠道，充分利用网上银行、第三方支付等渠道，实现在线查询缴税、网上代收税款，开发移动缴税、移动查询等功能，为纳税人提供全天候、全方位服务。

五、网站运维情况

成立了网站编辑部，门户网站、移动微门户、微博、微信，由网站编辑部统一管理，网站编辑部由办公室专职人员、信息部门技术人员、机关各处室和基层单位兼职信息员以及网站开发公司运维人员共同组成。办公室选配 2 名人员专职负责网站日常维护管理工作，负责网站内容编辑、文字校对和日常扫网等工作；信息部门技术人员 1 名，负责数据安全和备份、系统升级、数据库优化等工作；软件开发公司技术人员 1 名，负责网站技术支持、栏目建设、功能管理、美工设计等工作；各处室、基层单位网站联络员 2 名（其中 1 人为分管负责人），负责向网站编辑部报送信息。在门户网站首页侧边栏设置了微博、微信、微门户二维码，在微博、微信显著位置增添了门户网站链接，门户网站后台可直接将信息推送至微门户，门户网站前台信息可一键分享至微博、微信，初步实现了“四位一体”的信息发布格局，真正实现“一次审签、统一发布”。将信息报送情况纳入内部绩效考核，按季度进行打分排名，激励各处室、基层单位报送高品质信息。同时，我局将门户网站改版及维保项目列入我局重点信息化项目，在资金上给予了大力支持，通过政府购买服务的方式，将门户网站部署在国家超级计算（天津）中心，保障了网站的安全性和稳定性。

在制度方面，进一步修订完善了《网站管理办法》《政府信息公开实施办法》以及相关应急预案，确保网站发布内容安全及时。

长沙高新区网站建设运维实践

长沙高新区党政办公室（智慧办）　万　莉

大家好，非常高兴有机会在智政院中与各位交流网站建设运维方面的经验和问题。我是长沙市高新区智慧办软件信息管理的万莉。今天想跟大家介绍一下我们园区网站建设改版和运维的情况。

首先我先为各位介绍一下长沙市高新区。

长沙高新技术产业开发区创建于1988年，1991年经国务院批准为首批27个国家级高新区之一，1997年5月原国家科委批准调整为"一区四园"，即由岳麓山高科技园、星沙工业高科技园、隆平农业高科技园、远大高科技园和市内政策区组成，其中岳麓山高科技园（麓谷）为长沙高新区直管核心园区。

核心区麓谷园区规划总面积140平方千米，建成区40平方千米。规划的空间结构为"一城、两轴、三心、三区、五园"。"一城"为长沙科技城，将成为长株潭自主创新示范区的创新腹地；"两轴"为功能联系轴和高端制造产业轴；"三心"由三个园区区域表示，分别为创新服务中心、综合服务中心、生产服务中心；"三区"分别是：右侧的综合产业生活区、中部的综合服务区、左侧的生态保育区；"五园"则围绕着高新区五大主导产业进行规划。

麓谷已经形成完善的交通格局，城轨、地铁、公交、园区穿梭巴士等交通网络覆盖全区，实现高新区范围内任两点20分钟可达。麓谷同时具备完善的城市配套，医院、学校、公园、影剧院、体育中心，各类公共设施一应俱全。

园区管委会管理规范、服务高效，不断优化服务流程、创新服务模式，构建"一心五厅"政务服务体系，实现"一窗式办理、一站式办结"。同时，打造智慧麓谷，搭建集约化、智能化的电子政务服务平台。

其次为各位介绍一下我们园区网站及本次改版的一些特点。

我们园区网站于 2010 年建成，自开通以来发挥了很好的作用，连续 3 年被评为全国高新区前 10 名的优秀网站，并多次在市政府办公厅园区网站绩效考核中排名第一。

2017 年我们进行了升级改版。

此次改版升级，是按照每年国家评价指标体系的变化和省、市政府对网站建设的新要求所进行的调整。为了应对此次门户网站改版升级，更好地发挥新版门户网站的作用，我们在近期组织了多场针对全区各部门、单位网站信息发布操作管理员的培训，效果显著。

园区网站采用集约化站群模式建设，项目站点共计 15 个，主站 1 个站点：长沙市高新区门户网站（主站），经济发展局、招商合作局、教育局、群团工作局、信息产业园（软件园）、创业服务中心，子站 6 个。

改版升级后的门户网站共设置了 8 个一级栏目，61 个二级栏目，内容更丰富，表现形式更新颖。

接下来我从网站用户体验设计方面为大家介绍一下主要的页面。

考虑到我们园区在具有政府单位性质的同时，兼有服务企业性质，在页面设计上更加倾向于便于企业用户接受与认可。

首页的展现方式根据最新的网站技术发展趋势进行了优化调整，版式更具设计感，颜色以蓝白为主色调的基础上予以其他色彩点缀，在彰显国际化的同时也不失麓谷特色（如图 7–55 所示）。

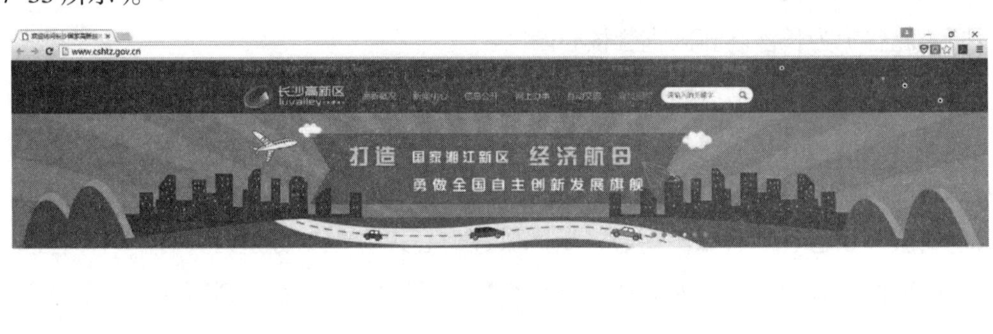

图7–55 长沙市高新区首页首屏导航

同时在网站首页使用了 H5 动效展现，页面空间更大，打破了首屏屏幕限制。点击首屏导航，Y 轴会自动滚动至下方该内容处。

而在整个网站首页上，我们文案上多使用口语化的标题，突显亲切感。比如“我们可以帮助您的”“您想了解的政务公开信息”“您可能需要的办事服务信息”等等。

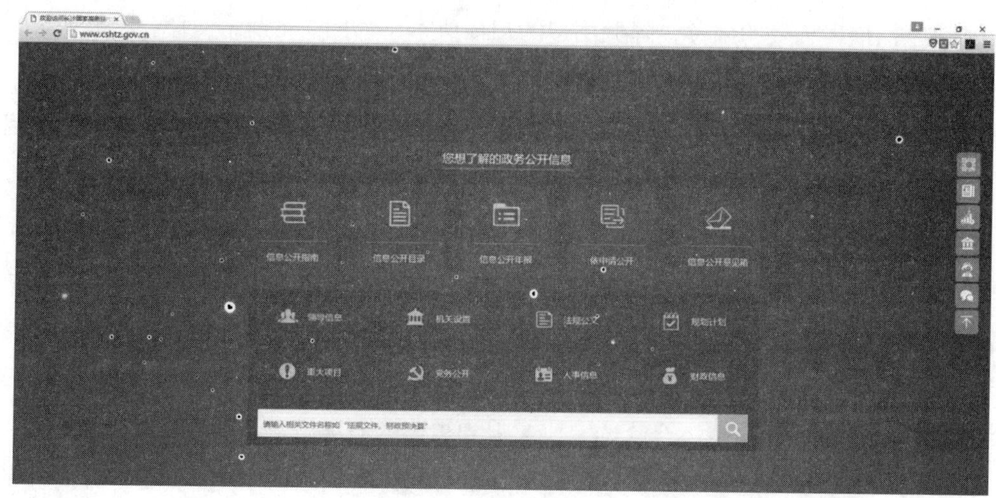

图7-56　长沙市高新区信息公开页面

信息公开页面以内容为中心，减少不相关内容的干扰。当用鼠标向上滚动页面时，其他各页面的直达按钮以悬浮侧边栏的形式出现在右侧，使用无干扰的浅灰色图标（如图 7-56 所示）。

公众访问网站的目的是浏览信息，我们利用这种按钮“隐藏”，最大限度地减少了视觉干扰信息，帮助访问者轻松地把注意力放在内容信息本身，而适时出现的操作按钮又让用户在主体内容无法满足需要时操作。

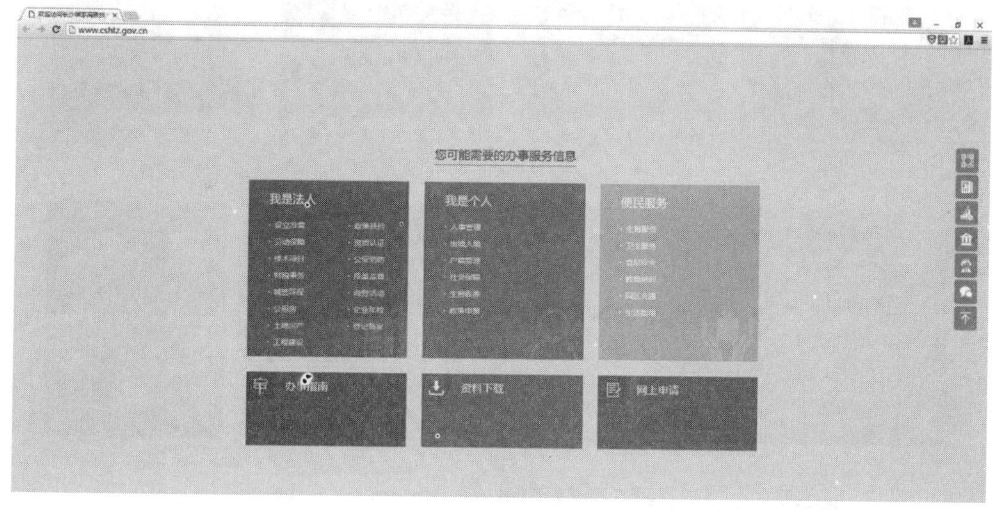

图7-57　长沙市高新区办事服务页面

办事服务页面以"2+4"板块清晰地展现。两种不同身份选择进入的办事入口，有助于降低公众的阅读成本，很快就能选定符合自己的身份。而 4 个板块通过简介的文字标题便于快速扫描出想要的服务，降低用户的扫描成本（如图 7–57 所示）。

接下来从网站功能方面，为大家介绍一下这次的创新设计。

我们本次改版采用了大汉全新的集约化内容管理系统作为基础平台构建，为项目快速部署实施提供了支撑，同时也为后期各部门协同维护网站提供了保障。

网站配套政府信息公开、互动交流、全文检索、视频管理、访问统计、社会化信息分享等系统功能。其中全文检索系统采用智能检索系统，整合多种系统服务数据于统一检索平台中，分为新闻资讯、政务公开、政策解读、办事服务、图片、视频等。用户根据自己的需求选择相应的搜索快速定位，针对信息类型、来源、作用等多维度结构化处理，用户可重新对信息进行自由组合筛选，快速得到需要的服务资源。

同时前台还提供用户搜索热力图，了解用户搜索需求，为用户提供更有针对性的政务服务内容。

图7–58 麓谷TV

麓谷 TV 也是本次改版一个亮点，网站提供嵌入式页面播放，无须下载第三方播放器，采用 FLV 前台播放格式，直接在页面中进行播放，支持点播节目的无延迟拖动，播放窗口支持全屏（如图 7–58 所示）。

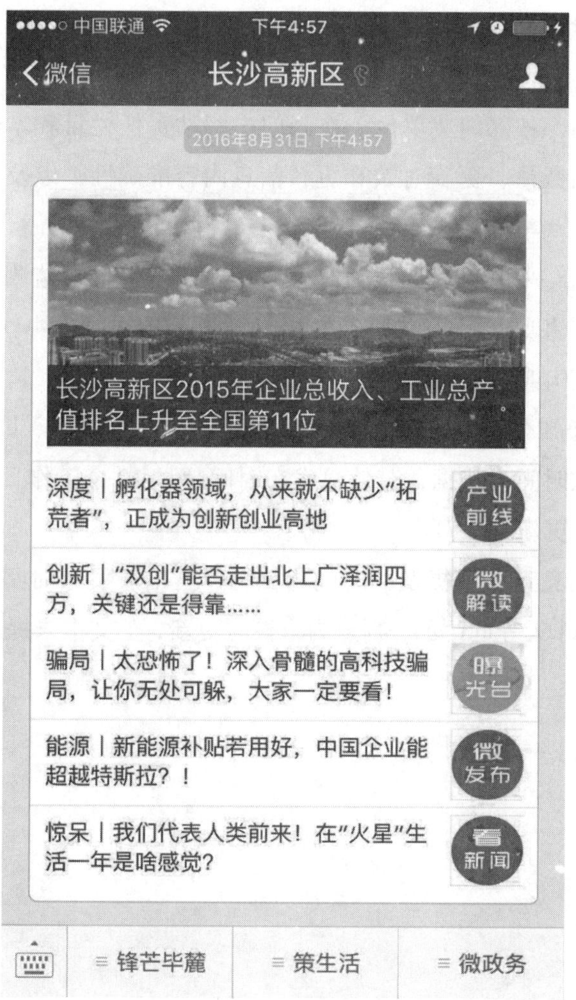

图7–59　长沙高新区微信公众号

另外，我们针对社交化媒体，开通了微信公众号，建立了锋芒毕麓、策生活、微政务等微栏目，为公众提供麓谷新闻、系统报道、新规解读、美食攻略、娱乐休闲、爆料吧、惠生活等信息服务（如图 7–59 所示）。

最后为大家介绍一下网站运维情况。

在园区信息化建设领导小组的领导下，由党政办公室（智慧办）具体负责网站信息发布考核管理，主要负责与市政府办及电子政务办联系，全区门户网站群建设管理，网站信息发布考核，并提出考核结果建议。

各部门（单位）根据职能职责分工，按照“谁主管、谁负责”的原则确定网站栏目责任分工，明确一名部门（单位）副职分管负责，一名专人为网站信息管理员，负责本部门（单位）网站责任栏目信息管理，按照规范和程序发布网站信息，确保网站信息内容发布先审后传、上传信息不涉密、涉密信息不上传。

在考核内容方面，各部门（单位）在区门户网站责任栏目和本部门（单位）子网站栏目的信息内容更新数量、更新时效和更新信息内容准确性，以及对市政府门户网站相关责任栏目支持和保障等方面的情况。

在考核方式方面，采取平时通报与综合考核相结合、日常监测与网站后台系统、网站监测系统自动统计相结合等方式进行，由党政办公室（智慧办）牵头统一组织实施，各成员单位、测评机构或专家参与。

关于时效性，通知公告、法规公文、规划计划、人事信息、财政信息、统计数据，以信息正文中的落款时间为依据，若信息发布时间超过 10 个工作日的，或未注明落款时间的，判定为未按时更新。

工作动态，以信息正文中提及的时间为依据，若信息发布时间超过 10 个工作日的，或采用今天、明天、昨天等词语的，判定为未按时更新，正文中未提及时间的，不做判断。

通州区政府网站内容建设探索与实践

南通市通州区电子政务管理中心副主任 包晓炜

一、人员配备

南通市通州区电子政务管理中心目前挂两个牌子，一个是区政府网站建设管理中心，另外一个是12345市民服务热线办公室，一套班子三块牌子。我们这个机构最初只有3个人，经过8年的发展现在已经达到了28个人，其中12人从事网站建设工作，还有16人从事互动交流，主要是呼叫中心这一块。

在这8年里，人员变动非常频繁，我们区电子政务中心已经成为一个高进高出、快进快出的“人才蓄水池”，基本每年都有年轻干部被选调、提拔到重要岗位工作，有的已经走上领导岗位。

三个层次人才队伍始终贯彻“内容为王、技术为金”思路。

第一层次是核心层的内容保障队伍，是由12名专职的网站编辑及技术维护人员构成。

第二层次是紧密层的内容保障队伍。我们聘请了25名同志作为我们的自主审核员，和我们编辑的区别在于他们是先发后审，其他的稿件是我们的编辑先审后发。

第三层次是半紧密层的信息员队伍。这支队伍大概在600人。加上我们的信箱回复员、公文收发员、联络员（包括参与维护的网友），参与网站内容建设的人员已经达到两千人之多。做好一个网站的确需要不同层次、不同类型、不同专业的人才。

历任的市委书记、市长、区委书记、区长，对网站建设这一块一向很重视，他们在不同时期给我们的网站发展提供了坚强有力的保障。

在2008年初创时期，当时的市委主要领导对网站信息内容的丰富度提出了明确的要求，着重页面的美观度以及栏目体系的系统性。

时任区委书记提出了要在“快”字上做文章，要求当天新闻当天上网，每晚黄金段的电视新闻以及次日的党报要闻都必须在晚 9 点以前发布，从两会直播、党代会直播、政府新闻发布到政策文件解读，对我们信息发布的“快”提出了特别的要求。

再继任的区委主要领导对我们网站的互动性、服务性提出了具体的要求，要求加强媒体融合，增强新媒体平台的互动、管理、服务功能。

无论是哪一任领导执政，通过对高层次人才的配备、网站发展思路的具体指导，为我们创造了良好的政策环境，同时也明确了我们网站信息内容建设的方向。因此从 2008 年初创，到 2009 年 7 月份首次参加省政府网站的内容保障工作，我们当年就取得了全省内容保障工作第一名的成绩。

随着信息内容建设的创新，我们也同时伴随着新载体新技术的应用开发。通州曾经获中国县域网络形象排名榜县（市、区）政府网络履职绩效排行榜示范奖，中国优秀政务平台推荐及综合影响力评估，获得中国政务网站优秀奖。

每年我们组织信息员、联络员、网管员、回复员等举办各类培训会议达到 15 次。我们在每月都会召开工作例会，每周都会进行业务点评工作，集中讨论信息内容的典型案例。在争先创优方面，我们提出政府网站绩效评估、信息内容建设、政府信息公开，这些列入上级考核的各项工作都要争第一、有位置。

二、财力投入

“工欲善其事，必先利其器”。随着业务的拓展、人员的增加，我们在这方面的财政投入逐年增长，国办 57 号文出台以后，2015 年我们率先出台信息稿酬发放办法。这一工作得到区政府的大力支持，区财政安排每年 12 万元的年度预算用于发放稿酬。

在硬件投入上，我们拥有 500 平方米左右的新闻发布厅，350 平方米左右的访谈直播间，在全省处于领先水平。我们的政府网站每年都会进行改版，电子政务网络每年都会进行提速增效，每年都会确定若干个重点电子政务项目，推出若干个网上应用。就信息渠道建设而言，我们在全省县（市、区）中率先建设了“两微一端”，目前正在开发智能业务服务机器人项目，为网站、App、两微等平台用户提供人机互动平台。

我们还对行政中心、市民中心数据机房进行升级改造，目前已经建成了统一分配管理、统一监控调度的云计算中心。目前全区重点业务管理系统包括部门应用系统，都是由我们牵头建设或参与建设，年均达到六七百万之多。

三、内容为王

我们制定了信息发布的内容清单，明确了日常发布、定期发布和随时发布的类别和主体，确保每天发布的信息量和更新速度。

1.高密度

每年发布的信息量要达到上万篇，网友可以通过我们的网站获取各种政府信息，收集各种数据资料，做到随时随地可查可知可用。

2.形式新

开通微信公众平台以后，我们特别注重信息的原创性，采用了漫画式、图表式、点题式的传播方式吸引了不少网友，比如《我叫通州这是我的简历》，这条微信短短几天内就被转发收藏点赞近 10 万次。图解、成绩单这些网络流行语出现在我们网站信息当中，也出现在政务微信中，变网友诟病较多的“假大空”为网友点赞的“短实新”，也改变了网友们对官方媒体的刻板印象。

3.语言活

以往宣传味儿、口号味儿的文风一度让传统媒体失去年轻读者，但是经过换口气的转型探索，特别是我们逐渐适应网络话语体系，经过我们新媒体的转型探索，我们两微以更加适合网络传播的方式贴近了读者，如果我们的政务微信、微博只干过去网站的活儿，那么就失去了手机阅读的优势，我们的官微建设时间不长，还在探索，但是通过改变文风和加强原创，我们的两微已渐入佳境。

我们加强了和传统媒体及其他部门的合作，加强和区文联、互联网新闻中心图书馆、档案馆等兄弟单位的对接，在信息资讯的可读性、时效性和准确性上做文章。我们和文联联办了美丽通州随手拍手机摄影大赛，丰富了反映通州城乡面貌的图库，和党史办档案馆等部门共建通州概况栏目，全面展示通州的经济发展成就，我们和区互联网新闻中心共建通州的政务微博群，建立沟通协调机制，确保权威信息同步发布。

4.选题热

每年我们都会围绕社会关注的一些重点话题，邀请我们的相关部门通过我们的网站做出回应。这里讲几件具体的事情。

群众路线教育实践活动开展以来，各级各部门加大防腐力度，我们抓住中央“苍蝇老虎”一起打的特点，特别邀请了区检察院主要领导和网友在线交流反腐工作的最新进展，访谈独家向公众披露一批职务犯罪案件办案情况，在通州引起了强烈的反响。

我们和区人大、政协合作，首次在网上征集议案、提案线索，共商“十三五”发展大计；我们和发改委合作，征集政府为民办实事项目建议；我们和住建部门合作，对全区的重点城建工程公开向社会征求解决方案。

近年来，我们在网站信息内容建设的重心，逐步由信息服务转到数据服务上来。从“百件实事网上办”到“网上政务大厅”，再到现在的“政务服务网”，便民服务的数据量呈爆发式增长。我们的政府服务热线每年受理各类诉求达到10万件，我们把各个渠道来的数据信息分类入库、分析研判、妥善处置。从2008年以来，我们适应互联网技术的革新，先后推出了领导电子信箱、访谈直播、网络论坛、两微一端以及呼叫中心，实现了条条网路通政府，也实现了一键登录、统一受理、百分百回复的目标，我们的网友向政府反映情况逐渐从匿名发帖演变成实名注册、本人致电，使政府的公信力得到显著提高，网络文化环境也得到有效净化与规范。

正像我们在中国政府网“履职绩效排行榜”受奖时的颁奖词所说，南通通州政务微博、微信及时发布权威信息，弘扬社会美德，传播优秀文化，积极与网民沟通交流，在政府信息公开、新闻舆论引导、倾听民众呼声、树立政府形象等方面起到了积极作用。

四、在线访谈

我们按照“品牌化经营、特色化打造”的思路，使政府网站的信息交流、分享讨论突破时空限制，保证了信息传递的精准、高效、便捷。我们的互动栏目做得最好的是“在线访谈”栏目，最多的一年曾经做了52期。另外我们和电台、电视台合作，将我们网站的互动热点通过“有事您说话”“民生直通车”等专栏进行全媒体的回应，形式灵活，深受群众喜爱。

第一是网站自己的主持人。这一块主要是侧重于新闻发布，没有主持人过多的发挥；

第二是外聘主持人。这一类的访谈也体现出了我们通过政务访谈与网友互动，吸引社会关注度的努力；

第三是我本人主持的访谈。这个访谈我们相对强调和嘉宾的互动性，应该说我们在做线上线下互动工作这一块，做了很多的努力。

我们利用网络的手段去改造传统媒体的信息，更加适应新兴媒体平等的交流互动传播的特点，适应了海量传播的特点，适应了充分开放、富有竞争的特点。经过这些年的探索，我们越来越感觉到：政府网站不能再成为传统媒体“搬运工”。

五、总结

1.在品质上追求专业和权威

依托强大的采编力量，权威的信息渠道，规范的采编流程，进行专业化的编辑，进一步提升信息内容的品质。

2.在传播上注重快捷和精简

多生产精准短小、鲜活快捷、吸引力强的信息，在传播中抢得先机，我们还将加强短视频、微视频、微电影的创作和生产，丰富报道方式，把报道内容直观形象地呈现出来。

3.在服务上注重分众化

现在个性化需求越来越多，倒逼内容生产必须在特色化和分众化上下功夫，必须研究网友不同的需求，有针对性地生产特色信息产品，做到量身定做、精准传播，提高广大网民的关注度和参与度，在互动中参与，在参与中传播。

基于网站群模式构建山东电大门户网站的实践探索

山东广播电视大学信息技术中心 崔行臣

一、网站群建设整体情况

山东广播电视大学网站群项目（http://www.sdtvu.com.cn/）于2014年1月开始实施，项目包括省、市、县三级门户网站的建设和部分业务系统及资源的开发、整合。2014年3月初，项目基本实施完成，开始测试运行。2014年5月，山东广播电视大学网站群开始上线试运行。

山东广播电视大学网站群建成后，实现了全省电大门户网站校校通，全省130余个电大教学点，山东广播电视大学（以下简称山东电大）10余个处室网站都被纳入网站群管理。所有网站均统一规划、统一管理、协调维护，形成了省市县三级综合信息门户，实现了各级网站之间的信息共享。此外，网站群还基于现有的业务平台，开发了更符合山东电大特点的网上应用，重新进行资源整合，提高了资源利用效率，能为广大师生提供更优质的网上教学服务，为山东电大的开放教育事业发挥更大的作用。

此外，作为高校移动门户，山东电大微门户项目于2015年也正式上线运行。网站群和微门户项目都由南京大汉网络有限公司来实施完成。精湛的技术、完好的解决方案、优质的服务得到学校教师及校领导的一致好评。

二、建设背景

随着远程教育、终身教育理念逐渐被社会大众所接受，广播电视大学到开放大学的成功转型，现代信息技术的支撑作用显得尤为重要。另外，开放大学的系统办学优势决定了各级开放大学是一个完整的教学和管理体系。所以，方便实用的门户网站等信息化应用、整合各类优质业务资源，加强各开放大学信息共享、资源共享是开放大学发挥系统优势和现代教育技术优势的关键。但在实际过程中，电大门户网站的建设情况不容乐观。

2013 年上半年，山东电大现代教育技术中心通过电话采访、网络调查、实地考察等方式对全省百余个教学点的网络环境建设情况做了一次调研。调研结果不容乐观。近 15% 的没有网站或网站打不开；40% 的学校利用电大在线平台作为学校网站；近 5% 的网站被病毒木马攻侵；60% 的网站没有使用域名访问；16% 的学校和其他学校合并后共用一个网站，没有独立的电大网站，仅有一个电大在线平台，甚至个别县级教学点连教学平台都没有；仅 15% 的学校有独立门户网站，能正常访问并且信息更新及时，教学资源丰富。通过与有关负责人座谈和对调查结果进行分析，归纳出当前电大网站建设主要存在的问题。

（1）一些教学点技术力量薄弱，信息技术的管理比较滞后，没有专人负责。省校技术部门也难以远程管理市、县电大的网络设施，所以至今仍有很多教学点的网站无法访问。

（2）各个教学点的网站自行维护和建设，信息不能共享。各网站的建设没有统一规划，自主建设在软硬件投入、日常维护、域名管理等方面都存在重复、浪费的现象。没有统一规范，虽有些教学点网站之间实现了相互链接，但处于“一群网站”的状态，省校网站和各教学点网站基本是封闭状态，网站之间不能进行有效的信息共享。

（3）网站中资源缺乏有效整合。各级电大在系统办学的形式下在信息化应用系统建设方面存在很多共性，信息需要共享，各级网站、精品课程、各类业务应用系统（如电大在线、互动平台等）需要整合起来，使用便捷，规范管理。

（4）各网站门户中的多个应用系统相互独立，没有统一的用户认证管理平台，增加管理难度，导致使用不便。

（5）大量的数据资源处于希望进行共享，又希望有特定的权限体系进行控制的两难境地。

三、基于网站群系统的解决方案

（一）解决方案

要解决上述问题，让山东电大信息化建设工作有显著的改善，最行之有效的方法是把学校的门面做好，即要对现有的各级电大门户网站进行改造，避免分散建设、重复建设，规范不统一的弊端，对“一群网站”进行信息资源整合、利用，更好地服务于全省电大师生，已经成为全省电大网站建设面临的迫切需求。在这种情况下，利用网站群模式建设的一个“六统一”的覆盖全省各级电大教学点的门户网站系统便应运而生。“六统一”

即统一网站群域名规划、统一信息资源与栏目规划、统一界面风格、统一技术标准及内容管理技术平台、统一系统运行和安全管理支撑环境及统一的网站群运维管理。网站群平台把全省电大网站作为一个整体进行规划、建设和管理，有效整合分布在各地的信息资源，并大量节省建设和运营维护成本。它是信息整合的有效手段，也是网站建设的主流发展方向。

网站群平台不仅实现门户网站以及二级子网站的建设，也可以成为资源整合的平台。随着应用需求的不断增加，能够基于该平台和学校办学实际，扩展一系列应用，或将已建设的各类应用系统集成起来，能够与学校数字化校园的规划相一致，如数据共享及交换、统一身份认证集成、界面集成等。

（二）网站群建设目标

山东电大网站群系统将是山东电大未来几年信息化建设的纽带，用以整合山东电大种类繁多的网上应用及教学资源。由于我校业务应用较多，每年也会产生新的业务应用，未来还要与国开平台的数据接口进行融合，所以，该工程将是一个长期建设的项目，应根据当前所需分阶段进行实施。建设目标为：以“服务师生、服务地市、突出招生、强化教务教学”为设计理念，建设一个覆盖全省所有教学点，整合电大现有主要业务平台的资源，涵盖招生、教务、教学等信息，集成学生空间、教师空间等功能，具备实用性、先进性、扩展性、高稳定性等特点的门户网站群系统。该系统分为省、市、县三级门户网站，各级门户站点在统一网站群管理系统的支撑下作为单独子站存在，分级授权，协同维护，既相互独立又信息共享，提供丰富的扩展接口实现与数字化校园系统的整合，极大提高各级电大的工作效率。

（三）网站功能

网站的功能主要包括两大方面的内容，一是门户网站校校通，二是业务资源整合。

1.实现电大门户网站校校通，建设统一规划、统一管理、协调维护的省市县三级综合信息门户，并实现各级网站之间的信息共享。

山东电大是利用计算机网络开展远程教育的成人高等院校，门户网站系统在远程教学体系中占据了相当重要的地位，它不仅是学校对外宣传的窗口，更是学校与师生沟通的桥梁。而目前在全省范围内，很多电大教学点的网站建设不科学、不规范、不实用，甚至还有一些教学点没有网站，因此，本次网站建设的首要任务是构建统一规划、统一管理、协调维护的省市县三级门户网站系统。

在该系统中，所有门户网站都进行统一的规划设计，按省、市、县学校的工作特点设置三级模板，网站的版面风格和栏目设置统一，各级站点之间可以实现信息共享和呈送机制。通过这一机制，省电大主站可以将一些信息和资源推送至各市、县电大子站，如省校下发的通知、教学计划、教学活动时间等信息，各市、县电大子站作为独立的网站架构存在，同时作为省电大主站的信息报送基础，也为省电大主站提供丰富的资源。该系统的维护工作可以分配至各级教学点的网络管理人员，实现全省电大的协同维护，同时系统将集中在省校网络中心部署，以保证系统全天候不间断运行，并有效减轻市、县教学点的硬件投入和系统维护压力。

此外，建设远程接待中心，用于开展教学及招生政策咨询、个人学习信息查询、学习过程指导等服务，通过学生常见问题数据库（FAQ）和实时在线咨询系统、公共服务电子邮箱，面向学校和系统师生及社会咨询者提供支持服务。

2.业务资源整合

门户网站群平台不仅仅可以实现多个门户网站的建设，也能够成为学校信息资源整合的平台。在网站群基础上实现对学校核心业务资源展现的支撑，并且实现对于这些资源的有效整合，进一步推动学校远程教育工作的有效开展。结合学校实际，运用南京大汉的统一身份认证平台可以将学校OA、教务、教学、课程资源等系统的数据进行整合和优化，在此基础上建立学生空间和教师空间应用系统。

（1）以“服务学生”为宗旨，建立“学生中心”模块。对现有教务数据库进行数据分析和统计，建立“学生中心”模块。该模块主要展示与学生学习密切相关的信息，使学生能够清楚地了解自己的学习过程，以便合理地安排自己的学习计划，并且能够与电大在线学习平台无缝融合，避免重复登录多个平台。学生以学号登录后，系统能自动显示自己的教学计划，从入学到毕业要完成的课程列表，各门课程的成绩和所修学分如何，最近一次考试的考场安排及考试时间，学习进度展示。学生也能在自己个性化界面中很方便地浏览电大在线学习平台中的学习资源、参加课程答疑活动等。

（2）建立“教师空间”，方便教师网上教学工作。与电大在线平台进行无缝融合，实现教师登录后发布资源、网上答疑活动一步到位。建立教师行为统计系统，在现有基础上开发完善教学平台中教师教学行为的统计分析功能，进一步推进相关绩效考核工作。建立教学提醒功能，教学活动与教学答疑时间还能利用门户网站群系统推送至市、县电大网站，以吸引更多的学生参加省校组织的各种网上教学活动。

（3）课程资源建设是电大信息化建设的核心。集中梳理现有 IP 课件、网络课程、精品课程等多媒体资源并形成一个对外展示的平台，利用网站群的共享机制和权限控制机制在全省电大中充分共享，方便学员学习，也展示学校在课程资源制作方面的实力。

（4）在线互动平台的信息整合。在线互动系统是远程教育中师生交流的重要平台，包括在线问答、意见征集、网上调查、开放教育在线预报名等。互动平台定义个性化的审核流程、办理部门、用户权限等，能实现所有的互动交流。对互动信息提交处理时，网站群系统将其统一汇总到互动模块中，在后台进行统一的操作，形成网站群系统的互动交流体系。

四、网站运行维护

网站群的成功运行，得益于全省电大网站管理员的积极维护。为了让全省电大更好地使用网站群，省电大先后两次举办系统应用培训班。在省校内，依靠各处室信息管理员制度，推广应用网站群，使得各处室的网站信息及时更新。由于省校网站栏目众多，根据业务负责范围，网站群试运行后，为了责任更加明确，内容更加丰富，把网站群主站各栏目应用和管理权限分配到相应的业务处室，并根据网站内容管理系统提供的用户权限功能，细化各用户的功能权限。设置奖励措施，对各处室发文进行统计汇总，统计工作量，对文章更新率及流量进行统计，对网站评比及奖励提供参考，提升信息管理员积极性。

五、山东电大微门户

山东电大微门户项目就是在移动互联网上，以现有门户网站群为基础，整合山东电大教务教学平台和开放服务资源，向社会大众和学生及广大教职工提供移动应用，建立能够提供开放教育教学服务的移动互联平台，按照微门户的内容标准和展现标准，对现有互联网门户网站群的框架、栏目、信息和功能进行整合，并同步到各类手持终端上，让更多的人可以更方便地了解最新教务、教学信息、获取各类学校资源，实现对山东电大门户网站群的随时、随地、随身访问，成为学生和教职工口袋里的服务手册，为实现智慧校园打下良好的基础。

微门户建设内容主要包括以下三个方面。

一是搭建微门户管理平台，实现微门户管理平台与山东电大门户网站群平台的底层数据接驳，从而实现微门户数据与山东电大门户网站群数据的同步，基本实现微门户信息零维护，并实现在微门户管理平台里的信息编辑、发布和同步修改。

二是完成微门户平台与山东电大门户网站群的互动应用系统、教师/学生空间系统、统一身份认证系统和电大在线平台及其他电大业务系统的数据整合和对接。通过合理的方式保证信息传输的完整性和安全性。

三是分别提供针对 Android、IPHONE、IPAD 等不同平台的手机和手持终端的微门户客户端开发，同时完成对主流安卓市场、Apple 苹果商店等的应用申请和推广，公众则可以通过各种移动互联网络下载相应的客户端。

六、总结

山东电大通过网站群和微门户的建设，既统一标准，实现了资源互通共享，提升了电大系统网站建设的水平，也应对了全球网站的发展趋势——整合，成为电大对外宣传和服务的总窗口。当前，山东电大网站群和微门户已经完成预期目标，建成由 1 个主站 140 余个子站组成的网站群体系，并对教务、教学、招生的相关业务进行整合、集成了电大在线平台、OA 平台、在线互动系统等应用。系统运行安全、稳定可靠。